U0685798

纪念《中华人民共和国政府信息公开条例》实施五周年

# 政府信息公开法制比较研究

赵正群　　胡锦光　　王锡锌

王四新　莫于川　　　　等著

南开大学出版社

天　津

图书在版编目(CIP)数据

政府信息公开法制比较研究 / 赵正群等著. —天津：
南开大学出版社，2013.5
ISBN 978-7-310-04170-1

Ⅰ.①政… Ⅱ.①赵… Ⅲ.①国家行政机关－信息
管理－法律－对比研究－世界 Ⅳ.①D912.104

中国版本图书馆 CIP 数据核字(2013)第 082009 号

**版权所有　侵权必究**

南开大学出版社出版发行
出版人：孙克强
地址：天津市南开区卫津路 94 号　　邮政编码：300071
营销部电话：(022)23508339　23500755
营销部传真：(022)23508542　邮购部电话：(022)23502200
*
天津泰宇印务有限公司印刷
全国各地新华书店经销
*
2013 年 5 月第 1 版　　2013 年 5 月第 1 次印刷
230×170 毫米　16 开本　20.125 印张　338 千字
定价：36.00 元

如遇图书印装质量问题,请与本社营销部联系调换,电话:(022)23507125

# 序　言

学界已普遍认同，政府信息公开制度与对公众知情权的保障，是当代民主法制建设与人类文明发展中的一项新成果。如果将美国 1966 年制定的《信息自由法》(FOIA)视为当今信息公开法制化世界潮流的主要源头之一，那么，在近半个世纪之内，这一回应科技化与信息化，经济全球化发展要求的人权保障制度和新型治理制度，就已经在世界范围内获得了前所未有的普及与实施。

据环球信息权评级网站新近发表的分析报告①，自 1766 年瑞典制定世界上首部政府信息公开法——《公文书公开法》以来，到 2012 年 9 月，世界上已经有 93 个国家和地区制定了政府信息公开法。其中，从瑞典首次立法到同属北欧国家的芬兰于 1951 年制定世界上第二部政府信息公开法，间隔了长达 185 年。但自从美国历经了第二次世界大战之后的 20 余年的艰苦博弈，终于在 1966 年制定了专门的《信息自由法》（Freedom of Information Act，简称 FOIA），并于 1967 年 7 月 4 日美国国庆日开始实施该法以来，世界各国政府信息公开法制建设的步伐明显加快了。

笔者统计，除瑞典和芬兰这两个先于美国制定信息公开法的北欧国家以外，在 20 世纪下半叶的 1966 年到 1990 年这 25 年间，在美国之后制定信息公开法的国家有挪威（1970）、荷兰（1978）、法国（1978）、新西兰（1982）、澳大利亚（1982）、加拿大（1983）、哥伦比亚（1985）、希腊（1986）、丹麦（1987）、奥地利（1987）、意大利（1990）等 11 个国家。其中除属于拉美国家的哥伦比亚以外，其余 10 国均为北美和西欧发达国家。

在 20 世纪最后 10 年，即从 1991 年到 2000 年，有 26 国家制定了信息公开法。其中葡萄牙（1993）、比利时（1994）、冰岛（1996）、爱尔兰（1997）、列支敦士登（1999）、英国（2000）等 6 国属于西欧发达国家；以色列（1998）是地

---

① 参见 2012 年发布的 RTI 全球评级统计，Global RTI Rating Website Update Launched（RTI ,right to information）.

1

处西亚的西方发达国家；东亚的日本（1999）一直将自己归属于西方发达国家，韩国（1996）已经名列世界银行、国际货币基金组织和美国中央情报局《世界概况》发达国家名录，东南亚的泰国（1997）属于亚州的新兴工业国家；匈牙利（1992）、乌克兰（1992）、拉脱维亚（1998）、格鲁吉亚（1998）、捷克共和国（1999）、阿尔巴尼亚（1999）、波黑共和国（2000）、摩尔多瓦（2000）、保加利亚（2000）、立陶宛（2000）爱沙尼亚（2000）、斯洛伐克（2000）等12个国家，还有位于中亚的乌兹别克斯坦（1997）都属于原东欧社会主义国家或前苏联的加盟共和国，在苏联解体后，这些国家被通称为转型国家；伯利兹（1994）和特立尼达和多巴哥（1999）系中美洲国家；南非（2000）现为世界金砖五国之一，是非洲的较发达国家。

在进入21世纪以来的12年里，又有53个国家和地区制定了信息公开法，它们分别是：属于拉丁美洲和加勒比海地区的墨西哥（2001）、巴西（2001）、牙买加（2002）、巴拿马（2002）、秘鲁（2003）、圣文森特和格林纳丁斯（2003）、阿根廷（2004）、厄瓜多尔（2004）、多米尼加共和国（2004）、安提瓜和巴布达（2004）、洪都拉斯（2006）、尼加拉瓜（2007）、危地马拉（2008）、智利（2008）、乌拉圭（2008）、萨尔瓦多（2011）等16个国家；属于转型国家的波兰（2001）、罗马尼亚（2001）、亚美尼亚（2003）、塞尔维亚（2003）、克罗地亚（2003）、斯洛文尼亚（2003）、科索沃（2003）、阿塞拜疆（2005）、马其顿共和国（2005）、黑山（2005）、俄罗斯（2009），还有虽地处亚洲但同属于转型国家的塔吉克斯坦（2002）吉尔吉斯斯坦（2007）等共13个国家；属于欧盟和欧洲国家的土耳其（2003）、德国（2005）、瑞士（2006）、马耳他（2008）等4个国家；属于亚洲的巴基斯坦（2002）、印度（2005）、中国（2007）、尼泊尔（2007）、约旦（2007）、孟加拉国（2008）、印度尼西亚（2010）、蒙古（2011）、也门（2012）等10个国家和地区；属于非洲的安哥拉（2002）、津巴布韦（2002）、乌干达（2005）、埃塞俄比亚（2008）、几内亚（2010）、利比里亚（2010）、突尼斯（2011）、尼日利亚（2011）、尼日尔（2011）等9个国家；还有南太平洋岛国库克群岛（2009），等等。

总之，由上述共93个国家和地区构成的世界信息公开法制新版图，报告了当今人类社会政府信息公开制度与知情权保障事业发展现状，并以"大洋后浪推前浪，新浪更比后浪强"的态势汇集成至今仍方兴未艾的信息公开法制化的世界潮流。

笔者至今还清楚地记得，在世纪之交的 2000 年 4 月，在本人刚刚结束了在日本北海道大学的留学和任教，应聘初来南开大学法学专业任教之际，即应清华大学法学院高鸿钧教授之邀，在为纪念清华大学法学院复建一周年而举行的大型"步入新世纪的法理学"全国法理学学术研讨会上，发表了题为"信息公开法制化的世界潮流与政府上网工程的意义"演讲，引起了学术界的关注和较大学术反响。当时笔者用来论证"信息公开法制化的世界潮流"的论据，还只有"北欧是世界上最早建立并普及信息公开法制的地区"；"信息公开法制在英美法系的普及"；"信息公开法制在大陆法系的普及"；"信息公开法制在亚洲的迅速发展"等资料。①还没有来得及整理并向国内学术界报告政府信息公开法制在转型国家和拉美国家也已经迅速展开，并在非洲也初见端倪的情况。

转瞬间，公元 21 世纪前 12 年已经过去，在全球范围内持续强劲发展的政府信息公开法制如今已经使世界上超过 40 亿人口获得了依法获取政府信息的权利。坚持改革开放，保持了 30 多年持续平稳发展的中国，也已经在 2007 年 1 月 17 日制定，并于 2008 年 5 月 1 日实施了《中华人民共和国政府信息公开条例》。"知情权"（Right to Know）已经成为包括中国在内的人类社会在信息时代的一项新兴和新型基本人权。

对于这一深刻影响当代民主与法制建设发展方向，乃至影响人类社会治理方式与文明进程的问题，我们当然不应仅限于当今的平面考察，还应有一些纵向的思考。应该对其来一次"究天人之际，通古今之变，成一家之言"的专门研究。于是，在与我的南开学生，主要是由我指导的法学硕士研究生和四位法学院的中青年同事，还有来自中国人民大学、北京大学法学院、中国传媒大学、哈尔滨工业大学、重庆大学、深圳大学法学院的十几位教授，其中有六位博导学友，共同合作完成了这本偏于对当代政府信息公开法制问题的平面比较研究并取名为"政府信息公开法制比较研究"的学术专著之际，继续深深吸引我的研究课题之一是，如何继续深入认识政府信息公开与知情权的思想和制度源流问题？

检阅中外文化典籍，不难发现政府信息公开与知情权的实践源远流长。就中华文化传统而言，《尚书》这一儒家经典中的商书《盘庚》上、中、下三篇，可作为了解中国上古时期政府信息公开行为的重要文献之一。《尚书》实际是中国

---

① 参见赵正群：《信息公开法制化的世界潮流与政府上网工程的意义》，《上海社会科学季刊》2000 年第 4 期，后被收入夏勇编《公法》第 2 卷，2000 年法律出版社 12 月；另可参见《政府上网工程法律评析》，《法学》2000 年第 10 期。

最早的国家公文总集。其中的《盘庚》三篇，是商王朝的第二十位君主盘庚针对臣下与庶民由于对迁都一事不理解，不习惯，不适应而以君主训示方式，向臣民详尽阐明迁都理由，驳斥流言蜚语的训词。这三篇训词抚今追昔，情真意切又恩威并重，铿锵有力，实为远古王朝君主公开阐明重大国策，实行政务公开与信息公开的经典文献之一。考之史实，自盘庚恩威并重坚持己见，成功说服国人迁殷以后，"行汤之政"，确使商王朝比较成功地克服了长期干扰其安定的水患、战乱和贵族势力过于强大而酿成的内乱等危机，使商代的政治经济和文化发展很快达到了商后期的极盛时期。这则"盘庚迁殷"的故事，后来被"中国11世纪伟大的改革家"、北宋的王安石总结概括为"盘庚不为怨者故改其度"的治国经验。从研究古代政府信息公开制度或行为源流角度，本文将其论证为古代中国试用政府信息公开以求得"善治"的一则成功案例。同时，这一重要的上古文献，也为持有独特学术见解的少数学者，对《论语》中"民可使由之，不可使知之"作出"民可，使由之；不可，使知之"之新解，提供了一项重要实证资料。①

当然，在源远流长的中华传统政治法律文化中，特别是自建立秦汉大一统封建王朝以来，占据中国政治制度与思想文化主流的始终是，"民可使由之，不可使知之"的"唯上智与下愚不移"的封建等级观念，也不乏因滥用官府信息发布的权力，终于遭致国灭君亡，生灵涂炭的悲摧故事。耳熟能详，至少有周幽王的"烽火戏诸侯"和唐明皇李隆基为其宠爱的杨贵妃"飞骑送荔枝"等传奇故事。由此，凸显了科学建设当代中国政府信息公开与知情权保障制度的重要意义。

就西方基督教文化传统而言，《圣经》中的伊甸园故事，或可谓为知情权理念的滥觞。作为人类远祖形象的亚当和夏娃在蛇的诱惑下偷吃伊甸园禁果，一直被视为人类应永远忏悔的"原罪"。然而，从探讨知情权理念起源的角度看来，其内蕴的正是人类始祖渴望摆脱愚昧无知，获取真知灼见的本能与本性的追求。正是为了成为"万物之灵长"，成为具有独立思想和认知能力的主体、自由自在的"人"，亚当和夏娃这一对传说中的人类始祖才甘愿放弃了由上帝无偿赐予的在伊甸园中无忧无虑，同时也蒙昧无知的"永生"。他们"勇尝禁果"，甘愿被流

---

① 大多数学者对《论语》中"民可使由之，不可使知之"的读解为，"唯上智与下愚不移"。但也有少数学者通过对其重新断句标点为，"民可，使由之；不可，使知之"，而将此解读为统治者应该尊重与顺应民意之意。参见庞朴："使由使知"解，《文史知识》1999年第9期；又见《光明日报·理论周刊》第88期，1999年10月22日第5版。

放到尘世，宁愿以终身的辛勤劳作来求生存，求知识，求智慧，求发展。他们愿意以"与天奋斗，与地奋斗，与人奋斗，其乐无穷"的精神来度过有限的人生。正所谓，"永生诚可贵，求知求智求发展的价值才更高"。

以此观之，政府信息公开与知情权保障制度的文化渊源，可谓源远流长。其应该也完全可以成为一项很有意义和很有品位的文化思想史和法律制度史的研究专题。从而为促进当代政府信息制度发展和知情权保障提供更为坚实的思想文化支撑。

就本人而言，自从被 1987 年中共十三大政治报告中"要提高党政机关的开放程度，重大情况让人民知道，重大问题交人民讨论"的精辟论断所触动，并于1996 年秋东渡日本，亲身体验与感受日本形成地方与中央良性互动，社会各阶层积极参与的行政信息公开法治建设热潮以来，就自然而然地把对政府信息公开制度与知情权保障问题研究当作了自己的学术家园。自然地萌生了持续专门研究政府信息公开制度与知情权保障问题的愿望。巴尔扎克在写作《人间喜剧》时曾有言："法国是一部历史，我愿做它的书记。"①而今我亦言："信息公开制度与知情权保障是一部历史，我愿做她的书记。"能够以出版本书迎接中共十八大之后的第一个春天，纪念《政府信息公开条例》发布六周年，实施五周年，这让我感到很欣慰。

当此之时，请允许我将最真诚的感谢，献给为本项比较法研究开辟宝贵学术园地的《南京大学学报（哲学·人文科学·社会科学版）》朱剑执行主编和《南开学报（哲学社会科学版）》姜胜利执行主编。在本项研究"内无粮草，外无救兵"之际，是两位执行主编独具学术慧眼，发现了本项研究的价值与意义，慷慨地在这两份"教育部名刊"上，提供了宝贵的学术版面。自 2008 年起，先后在《南京大学学报（哲学·人文科学·社会科学版）》为本项研究开辟了"信息自由与公开"专题研究；在《南开学报（哲学社会科学版）》开辟了"政府信息公开条例的实施与中国信息法制的发展"和"信息法制与中国社会发展"等专题研究栏目。为已经持续十余年的本项研究注入了新的学术活力，并以此为纽带，结成了一支在国内外有一定影响的学术研究团队。在五年内，共刊出了六个学术专栏，发表了 16 篇专题研究论文。

本书即为本学术团队自 2008 年以来的主要专项研究成果及未能在上述学术

---

①巴尔扎克《人间喜剧》序言。

专栏中刊发的部分研究成果的进一步整理编撰。全书分上、下两编。上编为"中国政府信息公开法制研究",下编为"外国政府信息公开法制研究"。各章篇目和撰稿人为:

第一章　中国的知情权保障与政府信息公开制度的发展进程
　　　　赵正群(南开大学法学院教授)

第二章　中国政府信息公开年度报告制度的生成和发展
　　　　赵正群(南开大学法学院教授)
　　　　朱冬玲(天津政法管理干部学院副教授,南开大学法律硕士)

第三章　中国地方政府的信息公开制度建设实况:以深圳为例
　　　　李薇薇(深圳大学法学院教授)
　　　　潘亚鹏(深圳大学法学院硕士研究生)

第四章　政府预算信息公开的维度
　　　　李健人(南开大学法学院副教授,法学博士)

第五章　预算公开的价值与进路
　　　　胡锦光(中国人民大学法学院教授,法学博士,博士生导师)
　　　　张献勇(山东工商学院政法学院教授,法学博士)

第六章　中国金融信息公开的理论与实践
　　　　杨　静(中国人民银行锦州市支行经济师、南开大学法学硕士)

第七章　中国的环境信息公开制度
　　　　申进忠(南开大学法学院副教授,法学博士)

第八章　税务公开语境下的纳税人信息保护
　　　　李健人(南开大学法学院副教授,法学博士)

第九章　信息公开的制度实践及其外部环境
　　　　王锡锌(北京大学法学院教授,法学博士,博士生导师)

第十章　中国的行政执法信息公开制度实践考察
　　　　莫于川(中国人民大学法学院教授,法学博士,博士生导师)
　　　　雷　震(法学博士研究生)

第十一章　美国信息公开推定原则及方法启示
　　　　　胡锦光(中国人民大学法学院教授,法学博士,博士生导师)
　　　　　王书成(香港城市大学法学院副教授,法学博士)

第十二章　美国公众对政府信息公开实施状况的评价与监督

在此，对以上各项专题研究承担人，即各章的撰稿人也表示诚挚感谢。

除被编为各章的各项专题研究成果外，本书有四项附录。

附录一为笔者受邀担任特邀主持人为上述各期学术专栏撰写的"主持人语"
或"主持者言"。

附录二为国内专家学者对《南京大学学报》"当代西方研究：信息自由与信
息公开"学术专栏发表的三篇评论。

附录三系笔者应邀为《中国社会科学报》主持纪念政府信息公开条例实施两
周年学术专版而编发的两篇文章。①一篇是深圳大学法学院邹平学教授和叶海波
副教授合作撰写的题为"地方政府实施《政府信息公开条例》问题论析——以深
圳为例"的论文；另一篇为重庆大学法学院齐爱民教授撰写的题为"《政府信息
公开条例》的实施与个人信息保护"的论文。这两篇文章虽然也是笔者组织的《政
府信息公开法制比较研究》的组成部分，但为保持本书的学术专著体例和风格，
将这两篇报刊文章编入了附录。在此，也一并向两篇文章撰稿人，还有为本项研
究提供了报刊学术专版的《中国社会科学报》和郭鑠编辑表示诚挚的谢忱。

---

① 2010年5月11日《中国社会科学报》"纪念政府信息公开条例实施两周年"学术专版共发表了3篇文章。除
本文提到两篇外，还有笔者撰稿的题为"政府信息公开报告制度促进信息法制建设"一文，因其主要思想内容
已经被包括在本书第二章"中国政府信息公开年度报告制度的生成和发展"中，就没有再收入本附录。

附录四系各章的英文提要。

这几项附录有助中外读者进一步了解撰写本书及各章的缘起、内容和学界的反响，有利于展开对本书的批评。

最后，还要诚挚感谢耶鲁大学中国法律中心和北京大学公众参与研究与支持中心合作的"中国政府信息公开观察项目"，使本书获得了宝贵的出版资金支持。

"俏也不争春，只把春来报"。在历经了对政府信息公开制度与知情权保障问题长达 25 年的心灵震颤和历时 15 年的持续探索研究之后，在日渐深入展开的知情权研究与方兴未艾的信息公开制度建设背景下，为即将出版的《政府信息公开法制比较研究》一书，写下如上感想和汇报，是为序。

赵正群

2013 年 2 月春节

# 目  录

# 附　录

# 上编　中国政府信息公开法制研究

# 第一章 中国的知情权保障与政府信息公开制度的发展进程*

**摘要：** 当代中国对公众知情权的保障主要通过建立信息公开制度来实现，并已经将这一在信息时代迅速生长的基本人权写入了中共第十七次全国代表大会的报告和中国首部《国家人权行动计划》之中。中国的信息公开制度建设具有中央和地方立法平行，建章立制与维权实践共举的特点。实证资料表明，2009年《政府信息公开条例》的实施情况好于2008年，但还存在着法律落后于制度发展、规则体系和执行机制还有待继续完善以及救济机制的实效性不强等问题。在"十二五"规划期间，应考虑尽快制定"信息公开法"等法律来确认已成为基本人权的知情权，抓紧完善政府信息公开的实施机制和以行政复议与行政诉讼制度为核心的救济机制，不断扩展公众参与的范围，提升其水平。

一、政务公开政策与知情权理念在中国的确立与展开
二、中国政府信息公开制度建设的简要进程与特点
三、《政府信息公开条例》的实施状况
四、继续发展政府信息公开制度与促进知情权保护的策略与途径

**关键词：** 知情权　信息公开制度　法制保障　发展进程

当今世界，伴随信息技术与法治的发展，曾经包含在《世界人权宣言》表达自由之中的信息自由，已经发展成为一项受多种信息法律制度，特别是政府

---

*本章撰稿人赵正群，南开大学法学院教授。本章内容曾发表于《南开学报》2011年第2期"信息法制与中国社会发展"专栏之中。

信息公开制度专门保护的权利。英文通常将其表述为"right to know"，日语表述为"知る権利"。中国将这一在信息时代迅速生长的基本人权表述为"知情权"①并已经给予了多种政策和制度保护，特别是将其郑重写入了 2007 年 12 月召开的中国共产党第十七次全国代表大会的报告，随后又写入了于 2009 年 4 月 13 日发布的中国首部《国家人权行动计划》之中。基于中国对公民知情权的保障主要通过建立政府信息公开制度来实现，而政府信息公开制度的建设又源于中国实行改革开放以来持续推进的政务公开政策，故本文拟从政务公开政策与知情权理念在中国的确立与展开、中国政府信息公开制度建设的简要进程与特点、《政府信息公开条例》（以下简称《条例》）的制定与实施、继续发展信息公开制度与促进知情权保护的策略和途径等四个方面展开。

## 一、政务公开政策与知情权理念在中国的确立与展开

当代中国的信息公开制度建设与对知情权保护的思想源头，至少可以追溯到中国实行改革开放的第一个十年。在 1987 年 12 月召开的中共第十三次全国代表大会的政治报告中，专门强调了"要提高领导机关的开放程度，重大情况让人民知道，重大问题经人民讨论"。其中，"重大情况让人民知道"，反映了对人民群众"知情权"的尊重；"重大问题经人民讨论"则确认了人民群众对国家重大问题的"表达自由"和"有权参与"。由此，奠定了实行政务公开与建立政府信息公开制度的思想和政策基础。在"十三大"精神推动下，于 20 世纪 80 年代后期为促进为政清廉展开的"两公开一监督"活动（公开办事制度，公开办事结果，接受群众监督），可被视为中国在改革开放历史新时期推行政务公开和政府信息公开的最初尝试。而在 1997 年召开的中共第十五次全国代表大会上，政务公开已经被表述为执政党的基本政策。如"十五大"政治报告在政治体制改革和民主法制部分"（一）健全民主制度"一节里，提到要扩大基层民主，健全民主选举制度，实行政务公开和财务公开；在"（四）完善民主监督制度"一节，提到要深化改革，完善监督法制，建立健全依法行使权力的制约机制。坚持公平、公正、公开的原则，直接涉及群众切身利益的部门要实行公开办事制度。最高人民检察院则

---

① 本章作者一直主张，应将"知情权"表述为更具有"人民当家作主"和政府应提供更多、更好的信息服务理念的"得知权"。参见赵正群：《得知权理念及其在我国的初步实践》，《中国法学》2001 年第 3 期。

于 1998 年率先实行了"检务公开"。此后法院、公安、海关等重要司法和行政执法机关分别开始推行审判公开、警务公开和海关关务公开等措施。至 2007 年在中共第十七次全国代表大会上,知情权则和参与权、表达权、监督权一起被写入了大会的政治报告①。随后,又于 2009 年春被写入了中国首部《国家人权行动计划(2009~2010)》②。继 2004 年制定《全面推进依法行政实施纲要》之后,国务院在 2010 年 10 月发布的《关于加强法治政府建设的意见》第六部分"全面推进政务公开"中再次提出了"加大政府信息公开力度;推进办事公开;创新政务公开方式"等三方面具体要求。可以说,在坚持政务公开、保障公民知情权与信息公开制度建设问题上,执政党和国家领导机关已经做到了"不因领导人的改变而改变,不因领导人的看法和注意力的改变而改变"。

为此,应专门阐述一下 1999 年初由包括全国人大常委会和全国政协的办公厅,最高人民法院和最高人民检察院办公厅在内的 48 个中央部委发起的"政府上网工程"项目③,在普及和深化对知情权理念的学理认知与促进中国政府信息公开制度建设方面的突出作用。因为,"政府上网工程"最初仅被发起机关定位为"为解决我国网络上的路多车少问题而采取的振兴我国新兴电子信息产业措施"④。但法学界基于"依法治国,建设社会主义法治国家"的宪法原则很快将其进一步解读为"中国共产党与人民政府顺应公民与社会日益增长的信息情报要求,为保障公民得知权而采取的信息情报公开措施。只是目前还主要停留在政策层面,因而面临依据依法治国这一最新宪

① 中共"十七大"报告"六、坚定不移发展社会主义民主政治"部分指出:"要健全民主制度,丰富民主形式,拓宽民主渠道,依法实行民主选举、民主决策、民主管理、民主监督,保障人民的知情权、参与权、表达权、监督权。"这四项基本权利,已经被中国思想界概括为建设和谐社会的"新四权"。
② 参见国务院新闻办公室 2009 年 4 月授权发布的中国首部《国家人权行动计划(2009~2010 年)》"二、公民权利与政治权利保障"的"(五)知情权"部分。
③ 1999 年 1 月 22 日,由中国电信和国家经贸委信息中心主办,联合 48 家部(办、局)信息主管部门共同倡议发起的政府上网工程启动大会在北京举行,揭开了中国政府上网工程序幕。随后全国人民代表大会、国务院办公厅、全国政协办公厅、最高人民法院、最高人民检察院等国家机关均加入发起单位行列。就此而言,中国的政府上网工程并不限于以国务院为首的行政机关,而是包括了最高国家权力机关、政治协商机关、司法机关在内的全部国家政务机关。
④ 1999 年 1 月 22 日,由中国电信和国家经贸委经济信息中心牵头、联合四十多家部委(办、局)信息主管部门在京共同举办"政府上网工程启动大会",倡议发起了"政府上网工程",政府上网工程主站点 www.gov.cn 开通试运行。见于 1999 年政府上网工程启动大会新闻通稿。

法规范，尽早将其纳入宪政与法制化轨道的任务"①。由此引发了中国学术界在 20 世纪与 21 世纪之交，对知情权与政府信息公开问题的首次较为集中的理论研讨，为确立政务公开政策与知情权理念在中国的展开提供了多层次多角度的理论支持。如南开大学有学者在 2000 年 3 月为纪念清华大学法学院复建一周年举办的"步入新世纪法治理论与实践研讨会"上所作报告中，基于 20 世纪后半叶以来诸多发达国家和发展中国家纷纷制定信息公开法的国际背景与中国政府正在大力推进的"政府上网工程"实践，提炼出"信息公开法制化的世界潮流与政府上网工程的意义"这一重要论题，指出，"政务公开的法理基础是公众的得知权"，"政府上网工程的出现及对其加以制度化和法制化的研究，恰可成为我国逐步构筑起中国的信息法学与信息法部门，完成信息社会必备的诸项信息立法，实现信息法制化的契机"②，引起较大反响。在此期间发表的主要学术成果有赵正群《政府上网工程的法律评析》③，《情报公开法制化的世界潮流与政府上网工程的意义》④，《政务公开的法理基础与政府上网工程的配套与完善》⑤，《得知权理念及其在我国的初步实践》⑥，《以政务公开反腐败论要》⑦，《日本的交际费、食粮费情报公开诉讼及其意义》⑧；杜钢健、刘杰《日本情报公开法的制定与实施》⑨；刘杰《外国情报公开法述评》⑩；张庆福、吕艳滨《论知情权》⑪；刘莘、吕艳滨

①参见赵正群在这一时期连续发表的《政府上网工程的法律评析》；《信息公开法制化的世界潮流与政府上网工程的意义》；《政务公开的法理基础与政府上网工程的配套与完善》，《得知权理念及其在我国的初步实践》等系列论文。

②以上引述分别参见赵正群在这一时期连续发表的《政府上网工程的法律评析》；《信息公开法制化的世界潮流与政府上网工程的意义》；《政务公开的法理基础与政府上网工程的配套与完善》，《得知权理念及其在我国的初步实践》等系列论文。

③赵正群：《政府上网工程的法律评析》，《法学》2000 年第 10 期。

④赵正群：《情报公开法制化的世界潮流与政府上网工程的意义》，《学术季刊》2000 年第 4 期，被收入夏勇编：《公法》第二卷，北京：法律出版社 2000 年版。

⑤赵正群：《政务公开的法理基础与政府上网工程的配套与完善》，《中国行政管理》2001 年第 1 期。

⑥赵正群：《得知权理念及其在我国的初步实践》，《中国法学》2001 年第 3 期。

⑦赵正群：《以政务公开反腐败论要》，《理论与现代化》2001 年第 6 期。

⑧赵正群：《日本的交际费、食粮费情报公开诉讼及其意义》，罗豪才主编：《行政法论丛》第 5 卷，北京：法律出版社 2002 年版。

⑨杜钢健、刘杰：《日本情报公开法的制定与实施》，《国家行政学院学报》2000 年第 2 期。

⑩刘杰：《外国情报公开法述评》，《法学家》2000 年第 2 期。

⑪张庆福、吕艳滨：《论知情权》，《江苏行政学院学报》，2002 年第 1 期。

《情报公开法若干问题研究》①；周伟《中国公共信息公开法律制度的特点、问题与发展》②；周汉华《起草〈政府信息公开条例〉（专家建议稿）的基本考虑》③等论文。稍后，周汉华在《环球法律评论》2002 年秋季号主持了"政府信息公开"主题研讨，李步云主编了《政府信息公开制度》一书。④

目前，对知情权与政府信息公开制度的研究已经成为中国社会科学研究中的热点问题之一，如自 2008 年起，《南京大学学报》在其与《南开学报》合办的重点栏目"当代西方研究"中专设了"信息自由与信息公开"专栏，已经连续三年出版了三期。⑤上海《政治与法律》杂志于 2009 年组织了"政府信息公开法律研究"专栏⑥，《南开学报》自 2010 年起先后设立了"政府信息公开条例的实施与我国信息法制的发展"，还有"信息法制与中国社会发展"研究专栏。⑦《中国社会科学报》于《政府信息公开条例》实施两周年之际，刊出了纪念《政府信息公开条例》实施两周年的专版。⑧ 最近，笔者以"题名" 精确检索中国期刊全文数据库（中国知识资源总库）中 1999 年至 2010 年期间的学术期刊论文，获得数据如下：知情权 1511 篇；信息自由 50 篇；信息公开 3040 篇；政府信息公开 1774 篇；政务公开 1562 篇；政府上网 364 篇；信息法 67 篇；信息法制 13 篇；信息法治 3 篇。以"关键词"检索，获得的数据为知情权 7155 篇；信息自由 422 篇；信息公开 8869 篇；政府信息公开 4886 篇；政务公开 6972 篇；政府上网 1969 篇；信息法 195 篇；信息法治 0 篇；信息法制 33 篇。这些学术研究成果从不同角度和侧面论证了保护知情权的人权保障价值与推进政务公开和建立政府信息公开制度的必要性与必然性，体现了学术界对普及与深化政府信息公开制度与知情权理念的持续努力。

---

①刘莘、吕艳滨：《情报公开法若干问题研究》，《公法研究》第 1 卷，北京：商务印书馆 2002 年版。

②周伟：《中国公共信息公开法律制度的特点、问题与发展》，《行政法学研究》2002 年第 4 期。

③周汉华：《起草〈政府信息公开条例〉（专家建议稿）的基本考虑》，《法学研究》2002 年第 6 期。

④李步云主编：《政府信息公开制度》，长沙：湖南大学出版社 2002 年版。

⑤参见《南京大学学报》（哲学人文科学社会科学）2008 年第 6 期，2009 年第 6 期，2010 年第 6 期。

⑥参见《政治与法律》杂志 2009 年第 3 期。

⑦《南开学报》（哲学社会科学）2010 年第 2 期，2011 年第 2 期。

⑧《中国社会科学报》2010 年 5 月 11 日第 9 版。

## 二、中国政府信息公开制度建设的简要进程与特点

在政务公开政策指导与相关学术研究成果支持下，中国的政府信息公开制度建设与对知情权的保护逐年取得明显进展，并具有中央和地方立法平行，建章立制与维权实践共举的特点。

在国家层面，为回应包括全国人大代表和政协代表在内的社会各界自世纪之交以来不断提出的制定《政务公开法》或《政府信息公开法》以保障公众知情权的提议和呼吁，国务院在 2002 年启动了《条例》的起草工作。2003 年底，《政务信息公开法》被列为第十届全国人大常委会立法规划中的第二类"研究起草、成熟时安排审议的法律草案"项目。在 2003 年 7 月由全国人大常委会通过，于 2004 年 7 月 1 日起实施的《行政许可法》"确立了许可实施的公开原则和一套相应的制约机制"。[①]除在总则第五条规定"设定和实施行政许可，应当遵循公开、公平和公正的原则"以外，另以十余项应当"予以公告"，"公示"，"告知"，"公众有权查阅行政机关监督检查记录"等专门条款突出了行政许可行为的信息公开性与对行政相对人知情权的保护。行政许可法已经成为迄今为止最为强调政府信息公开透明，重视保护行政相对人和公众知情权的法律之一。

在地方立法层面，广州市于 2002 年 10 月 30 日率先制定了《广州市政府信息公开规定》。这部中国首部比较全面规范政府信息公开行为的地方政府规章共五章三十一条。其以"保障个人和组织的知情权"为首要目的，并在第六条规定"政府信息以公开为原则，不公开为例外"。此后，上海、湖北、重庆、河北、辽宁、江苏、吉林等省和直辖市；昆明、汕头、成都、宁波、杭州、济南等较大城市；还有国家环保总局、国家电力监管委员会等国务院直属部门和监管机构也都制定了本地区和本部门的政务公开或政府信息公开规定。截至 2006 年，全国已经有十二个省（自治区、直辖市）、十六个较大城市政府制定了政务公开或政府信息公开规定。山西省大同市人大常委会和广东省人大常委会分别在 2003 年和 2005 年制定了作为地方法规的地方政务公开条例，这为国务院制定《条例》奠定了基础。

自世纪之交以来，获得较快发展的中国政府信息公开制度，还有另外一个重要特点，那就是在经历一系列国内外重大事件的洗礼中不断经受考验并获得

---

① 姜明安主编：《行政许可法条文精释与案例解析》代序，北京：人民法院出版社 2003 年版，第 4 页。

强烈发展动力。如在 2003 年初突然爆发的"SARS（非典）"公共卫生事件中，首次考验了在中华大地上刚刚普及的政务公开和政府信息公开的理念和制度运作情况。在"SARS"初期，部分机关和官员仍习惯对疫情隐瞒不报，以"不透明"的方式工作，导致了疫情蔓延，引起了不必要的恐慌，使社会付出了巨大的生命和经济代价。为扭转被动局面，国务院迅速制定了《突发公共卫生事件应急条例》，建立了突发事件的应急报告制度、举报制度和信息发布制度。后来，中国政府每天公布疫情信息，使人民知道危险性和防治情况，以便恰当应对，尊重并保护了公民对自然灾害信息的知情权。①

"SARS"事件，引起了全社会对漠视公众知情权的不公开、不透明的封闭式管理思路与方式的反思，不仅激发了社会对信息权、知情权以及构建政府信息公开制度的呼声和要求，还使党政机关体会到动辄"封锁消息"、"密室操作"、"关门行政"的治理方式已经脱离时代发展潮流，是一种政治上的短视行为，这有助于扫清建立政府信息公开制度的思想和制度障碍。正是在抗击"SARS"的过程中，《条例》的制定工作才被提交到国务院法制办，正式进入行政立法程序。②同年，各级地方政府和国务院各部门还开始建立了新闻发言人制度，定期或非定期召开新闻发布会，使政务信息更加公开透明，促进了对公民的知情权、参与权、表达权、监督权这"新四权"的制度化保障。

除此之外，在经由 2001 年"中国加入世贸组织"而引发的对"中国加入世贸组织的文件应如何公布"；在 2003 年"制定行政许可法"过程中引发的"行政审批应如何公开、透明"；在 2004 年"抗击禽流感"中引发的对"抗击禽流感与信息公开"；2007 年针对"揭露部分西方媒体对极少数疆独、藏独分子破坏活动的歪曲报道"而展开的网民舆论抗争，还有在 2008 年对"5·12 四川抗震救灾"的信息公开的集中报道或大讨论等，无不成为宣传学习与普及知情权理念的重要契机，推进了政府信息公开制度建设的持续与稳步发展。

正是在面临这一系列重要社会问题的背景下，在相应学术研究成果的支持下，并以多项先行制定的法律、法规和地方政府信息公开规定为基础，"经过 5

①参见中国社会科学院法学研究所：《中国法治发展报告（2004）》，北京：社会科学文献出版社 2005 年版，第 2、4 页。

②参见中国社会科学院法学研究所：《中国法治发展报告（2005）》，北京：社会科学文献出版社 2006 年版，第 80 页。

年多的艰苦努力"①，国务院终于在 2007 年 1 月 17 日举行的第 165 次常务会议上"原则通过"了《中华人民共和国政府信息公开条例》（以下简称《条例》）。经进一步调整完善后，在 2007 年 4 月 5 日由温家宝总理签署公布，于 2008 年 5 月 1 日起施行，从而开启了中国政府信息公开制度建设与对公民知情权保障发展的新阶段。

《条例》共五章三十八条，分别就总则、公开的范围、公开的方式和程序、监督和保障，还有法律、法规授权的具有管理公共事务职能的组织和教育、医疗卫生、计划生育、供水、供电、供气、供热、环保、公共交通等与人民群众利益密切相关的公共企事业单位在提供社会公共服务过程中制作、获取的信息的公开等问题作出了相关规定。《条例》的制定与实施，是坚持改革开放，建设社会主义法治国家所取得的一项重要成果，表明中国对知情权的保护和政府信息公开制度建设正在走上有序与快速发展的轨道，也使与之密切相关的信息法制问题，成为影响中国人权与社会发展和法治建设的重大问题之一。②

### 三、《政府信息公开条例》的实施状况

作为《条例》的制定机关，国务院对《条例》的实施问题予以了高度重视，并作出了一系列重要部署，为《条例》的实施提供了重要组织保障。国务院办公厅于 2007 年 8 月，首先以国办发（2007）36 号文件发出了《关于做好施行〈中华人民共和国政府信息公开条例〉准备工作的通知》，接着又在 2008 年 4 月，以国办发（2008）54 号文件发出了《关于施行〈中华人民共和国政府信息公开条例〉若干问题的意见》③。这两份规章性文件尽可能具体地列出了对各级行政机关实施《条例》的要求。其中（2007）36 号文件提出了充分认识贯彻施行《条例》的重要性和紧迫性，抓紧编制或修订政府信息公开指南和公开目录，

①曹康泰主编：《中华人民共和国政府信息公开条例读本》，北京：人民出版社 2007 年版，第 3 页。关于国务院如何"经过 5 年多的艰苦努力"才完成《条例》制定工作的情况，则还有待于对相关资料与信息的进一步披露、收集和整理。

②2010 年 8 月，温家宝总理在全国依法行政工作会议上的讲话中对《条例》的制定和实施给予如下评价："2007 年国务院公布《中华人民共和国政府信息公开条例》，要求所有政府信息，除受法律保护的国家秘密、商业秘密和个人隐私外，都要向社会和人民群众公开。这个条例的实施，是政府自身建设的一个重大进展，必将发挥越来越重要的作用。"

③国办发〔2007〕36 号文件和（2008）54 号文件已全文刊于中央政府门户网站 www.gov.cn 中的政府信息公开网页。

尽快建立健全政府信息公开工作机制及制度规范，认真落实和制定相关配套措施，有效开展对行政机关工作人员的教育培训，充分发挥政府网站公开政府信息的平台作用，切实加强对施行《条例》的组织领导等七个方面的要求。（2008）54 号文件则提出了关于政府信息公开管理体制问题，关于建立政府信息发布协调机制问题，关于发布政府信息的保密审查问题，关于主动公开政府信息问题，关于依申请公开政府信息问题，关于公共企事业单位的信息公开工作等七个方面的要求。

　　基于《条例》在 2008 年 5 月 1 日才开始实施，有关情况和资料还在继续收集整理、分析研究之中。本文仅以 2008 年至 2009 年间国务院各组成部门和各省、自治区、直辖市依据《条例》第三十一和第三十二条规定所发布的政府信息公开工作年度报告所提供的数据为基本素材，分别整理出 2008 年至 2009 年间国务院各组成部门和各省、自治区、直辖市贯彻实施《条例》的总体情况（详见表 1.1 和表 1.2）和上述机关履行《条例》规定的发布政府信息公开年度报告的情况（详见表 1.3）。

表 1.1　2008 年至 2009 年间国务院各组成部门贯彻实施《条例》基本情况统计表[①]

| 序号 | 部门 | 年份 | 主动公开信息数 | 申请公开信息数 | 同意申请公开信息数 | 申请公开行政复议数 | 信息公开诉讼案件数 |
|---|---|---|---|---|---|---|---|
| 1 | 外交部 | 2008 | 129500 | 6 | 全部答复 | 1 | 0 |
| | | 2009 | 195420 | 3 | 全部答复 | 0 | 0 |
| 2 | 国防部 | 2008 | | | | | |
| | | 2009 | | | | | |
| 3 | 发改委 | 2008 | 38985 | 411 | 188 | 1 | 0 |
| | | 2009 | 38270 | 1005 | 374 | 8 | 1 |
| 4 | 教育部 | 2008 | 353 | 40 | 28 | 0 | 0 |
| | | 2009 | 408 | 68 | 39 | 0 | 0 |
| 5 | 科技部 | 2008 | 10 方面 32 类 | 未提及 | 未提及 | 未提及 | 未提及 |
| | | 2009 | 7793 | 28 | 20 | 0 | 0 |
| 6 | 工业和信息化部 | 2008 | 9552 | 34 | 28 | 2 | 0 |
| | | 2009 | 13889 | 57 | 40 | 0 | 0 |

---

[①]表 1.1 中的原始数据均源于中国中央人民政府门户网站"国务院部门政府信息公开专栏链接"中 27 个部委的 2008 年至 2009 年两年间政府信息公开年度报告中刊载的数据。链接网址：http://www.gov.cn/zwgk/2008-04/23/ Content_952239.htm。

| 序号 | 部门 | 年份 | 主动公开信息数 | 申请公开信息数 | 同意申请公开信息数 | 申请公开行政复议数 | 信息公开诉讼案件数 |
|---|---|---|---|---|---|---|---|
| 7 | 国家民委 | 2008 | 834 | 2 | 全部答复 | 0 | 0 |
| | | 2009 | 2700 | 5 | 全部答复 | 0 | 0 |
| 8 | 公安部 | 2008 | 169 | 9 | 6 | 2 | 0 |
| | | 2009 | 1916 | 26 | 11 | 2 | 0 |
| 9 | 安全部 | 2008 | | | | | |
| | | 2009 | | | | | |
| 10 | 监察部 | 2008 | 162 | 未提及 | 未提及 | 未提及 | 未提及 |
| | | 2009 | 160 | 未提及 | 未提及 | 未提及 | 未提及 |
| 11 | 民政部 | 2008 | 2136 | 19 | 4 | 0 | 0 |
| | | 2009 | 3500 | 18 | 9 | 0 | 0 |
| 12 | 司法部 | 2008 | 2542 | 0 | 0 | 0 | 0 |
| | | 2009 | 6333 | 3 | 全部答复 | 2 | 0 |
| 13 | 财政部 | 2008 | 20000 | 17 | 均办理完毕 | 未提及 | 未提及 |
| | | 2009 | 242000 | 45 | 均答复 | 1 | 0 |
| 14 | 人保部 | 2008 | 2957 | 46 | 未提及 | 0 | 0 |
| | | 2009 | 1038 | 44 | 28 | 0 | 0 |
| 15 | 国土资源部 | 2008 | 54489 | 46 | 全部办结 | 0 | 0 |
| | | 2009 | 14158 | 81 | 全部办结 | 4 | 0 |
| 16 | 环境保护部 | 2008 | 11763 | 68 | 全部答复 | 2 | 未提及 |
| | | 2009 | 5653 | 72 | 67 | 9 | 0 |
| 17 | 住房城乡建设部 | 2008 | 500 | 10 | 均办结 | 0 | 0 |
| | | 2009 | 427 | 78 | 均办结 | 1 | 0 |
| 18 | 交通运输部 | 2008 | 385 | 10 | 3 | 1 | 未提及 |
| | | 2009 | 190 | 13 | 8 | 1 | 未提及 |
| 19 | 铁道部 | 2008 | 523 | 3 | 全部答复 | 0 | 0 |
| | | 2009 | 1418 | 5 | 全部答复 | 0 | 0 |
| 20 | 水利部 | 2008 | 554 | 3 | 均答复 | 0 | 0 |
| | | 2009 | 1192 | 0 | 0 | 0 | 0 |
| 21 | 农业部 | 2008 | 3150 | 102 | 22 | 0 | 0 |
| | | 2009 | 1602 | 224 | 44 | 2 | 0 |
| 22 | 商务部 | 2008 | 1692 | 52 | 48 | 0 | 0 |
| | | 2009 | 526 | 61 | 60 | 0 | 0 |
| 23 | 文化部 | 2008 | 9440 | 5 | 没有数字 | 0 | 0 |
| | | 2009 | 16000 | 2 | 1 | 0 | 0 |

| 序号 | 部门 | 年份 | 主动公开信息数 | 申请公开信息数 | 同意申请公开信息数 | 申请公开行政复议数 | 信息公开诉讼案件数 |
|---|---|---|---|---|---|---|---|
| 24 | 卫生部 | 2008 | 543 | 51 | 19 | 1 | 0 |
| | | 2009 | 2330 | 134 | 57 | 6 | 0 |
| 25 | 国家人口计生委 | 2008 | 996 | 6 | 0 | 0 | 0 |
| | | 2009 | 226 | 26 | 13 | 0 | 0 |
| 26 | 中国人民银行 | 2008 | 无具体数字 | 20 | 15 | 4 | 0 |
| | | 2009 | 4 | 15 | 7 | 0 | 0 |
| 27 | 审计署 | 2008 | 127 | 12 | 7 | 0 | 0 |
| | | 2009 | 3600 | 10 | 8 | 0 | 0 |
| 年度小计 | | 2008 | 291352 | 972 | 368 | 28 | 0 |
| | | 2009 | 560753 | 4046 | 786 | 82 | 1 |
| 两年合计 | | | 852105 | 5018 | 1154 | 110 | 1 |

　　分析表 1.1 可以发现,就国务院各组成部门主动公开的信息来看,各部门之间差别较大,公开信息数量较少的监察部两年分别只有 162 件和 160 件,而数量较多的财政部则有 20 多万件;就纵向比较而言,有些部门 2009 年主动公开信息数量比 2008 年有明显增长,诸如国家民委、公安部、司法部、财政部、文化部、卫生部、审计署,等等。依申请公开信息数量明显少于主动公开信息数量,甚至有些部门没有接到信息公开申请,此外,同主动公开一样,各部门依申请公开信息的数量也差别较大。在对于依申请公开的处理上,可以看出,各部门同意公开的数量一般远小于收到申请的数量,这在一定程度上反映了各部门处理依申请公开的谨慎态度,也反映了依申请公开得到公开答复的比率较低。与之相关的则是,虽然很多申请并没有得到公开答复,但是却鲜有申请人依《条例》规定,提起行政复议或者行政诉讼,特别是行政诉讼,两年内只有 1 起案件。这一方面是由于申请人在寻求救济方面不积极,另一方面也是由于司法和行政救济不力,使得行政复议案件难以立案,诉讼难以被受理成讼。

表 1.2　2008 年至 2009 年间各省、自治区、直辖市贯彻实施《条例》的基本情况统计表[①]

| 序号 | 省或直辖市名称 | | 主动公开信息数 | 申请公开信息数 | 同意申请公开信息数 | 申请公开行政复议数 | 信息公开诉讼案件数 |
|---|---|---|---|---|---|---|---|
| 1 | 北京 | 2008 | 280665 | 3631 | 1477 | 37 | 10 |
| | | 2009 | 101200 | 6889 | 3974 | 216 | 147 |
| 2 | 天津 | 2008 | 10825 | 1020 | 686 | 1 | 0 |
| | | 2009 | 30312 | 2270 | 1263 | 0 | 1 |
| 3 | 河北 | 2008 | 216798 | 338 | 321 | 0 | 0 |
| | | 2009 | 159187 | 732 | 730 | 0 | 2 |
| 4 | 山西 | 2008 | 39792 | 5751 | 均答复 | 0 | 0 |
| | | 2009 | 499000 | 23810 | 未提及 | 0 | 0 |
| 5 | 内蒙 | 2008 | 7050 | 0 | 0 | 0 | 0 |
| | | 2009 | 605620 | 1291 | 均答复 | 0 | 0 |
| 6 | 辽宁 | 2008 | 80181 | 27 | 4 | 0 | 0 |
| | | 2009 | 20132 | 1119 | 均答复 | 12 | 4 |
| 7 | 吉林 | 2008 | 679225 | 45992 | 44929 | 118 | 34 |
| | | 2009 | 1472900 | 99318 | 95309 | 91 | 52 |
| 8 | 黑龙江 | 2008 | 未提及 | 未提及 | 未提及 | 未提及 | 未提及 |
| | | 2009 | 236000 | 758 | 均办结 | 0 | 0 |
| 9 | 上海 | 2008 | 158000 | 9388 | 5607 | 683 | 258 |
| | | 2009 | 82714 | 24545 | 5969 | 878 | 199 |
| 10 | 江苏 | 2008 | 1920 | 29 | 均答复 | 0 | 0 |
| | | 2009 | 373 | 50 | 19 | 0 | 0 |
| 11 | 浙江 | 2008 | 956635 | 553 | 均办结 | 未提及 | 未提及 |
| | | 2009 | 1248000 | 45650 | 44205 | 124 | 112 |
| 12 | 安徽 | 2008 | 663000 | 279 | 131 | 0 | 1 |
| | | 2009 | 617400 | 7934 | 7681 | 6 | 18 |
| 13 | 福建 | 2008 | 417575 | 5381 | 4996 | 12 | 3 |
| | | 2009 | 282966 | 4878 | 3713 | 9 | 2 |

---

①表 1.2 中的原始数据均源于中国中央人民政府门户网站"地方政府信息公开专栏链接"中除香港、澳门、台湾三地以外的 31 个省、自治区、直辖市的 2008 年至 2009 年间政府信息公开年度报告中刊载的数据。链接网址：http://www.gov.cn/zwgk/2008-04/23/content_952239.htm。

| 序号 | 省或直辖市名称 | | 主动公开信息数 | 申请公开信息数 | 同意申请公开信息数 | 申请公开行政复议数 | 信息公开诉讼案件数 |
|---|---|---|---|---|---|---|---|
| 14 | 江西 | 2008 | 913833 | 1975 | 1851 | 0 | 0 |
| | | 2009 | 1459203 | 3031 | 2801 | 0 | 0 |
| 15 | 山东 | 2008 | 1749478 | 16368 | 14600 | 5 | 0 |
| | | 2009 | 1011231 | 25097 | 22283 | 6 | 1 |
| 16 | 河南 | 2008 | 223256 | 15749 | 14854 | 1 | 1 |
| | | 2009 | 939290 | 83054 | 82965 | 40 | 1 |
| 17 | 湖北 | 2008 | 1899800 | 3867 | 3758 | 5 | 0 |
| | | 2009 | 1501700 | 21 | 8 | 32 | 未提及 |
| 18 | 湖南 | 2008 | 12000 | 21 | 10 | 0 | 0 |
| | | 2009 | 7615 | 117 | 85 | 2 | 0 |
| 19 | 广东 | 2008 | 1318 | 10 | 均已答复 | 0 | 0 |
| | | 2009 | 1489 | 31 | 均答复 | 1 | 0 |
| 20 | 广西 | 2008 | 256366 | 1350 | 1242 | 0 | 0 |
| | | 2009 | 2308522 | 11079 | 9864 | 0 | 0 |
| 21 | 海南 | 2008 | 16325 | 0 | 0 | 未提及 | 未提及 |
| | | 2009 | 15636 | 2995 | 2994 | 0 | 0 |
| 22 | 重庆 | 2008 | 325000 | 1000 | 900 | 0 | 0 |
| | | 2009 | 1045000 | 1100 | 85% | 3 | 1 |
| 23 | 四川 | 2008 | 1388390 | 7395 | 7100 | 3 | 1 |
| | | 2009 | 2768800 | 11169 | 10566 | 22 | 15 |
| 24 | 贵州 | 2008 | 644585 | 3998 | 3765 | 0 | 0 |
| | | 2009 | 647698 | 5776 | 4465 | 176 | 2 |
| 25 | 云南 | 2008 | 543435 | 17955 | 均答复 | 1 | 0 |
| | | 2009 | 1985555 | 22618 | 22246 | 1 | 0 |
| 26 | 西藏 | 2008 | 36809 | 62 | 56 | 15 | 0 |
| | | 2009 | 29091 | 2184 | 2017 | 49 | 8 |
| 27 | 陕西 | 2008 | 14639 | 380 | 182 | 0 | 0 |
| | | 2009 | 376611 | 3972 | 均答复 | 2 | 0 |
| 28 | 甘肃 | 2008 | 4317 | 6 | 均答复 | 0 | 0 |
| | | 2009 | 202000 | 1236 | 及时答复 | 40 | 1 |

| 序号 | 省或直辖市名称 | | 主动公开信息数 | 申请公开信息数 | 同意申请公开信息数 | 申请公开行政复议数 | 信息公开诉讼案件数 |
|---|---|---|---|---|---|---|---|
| 29 | 青海 | 2008 | 23000 | 0 件 | 0 | 0 | 0 |
| | | 2009 | 131000 | 9858 | 8807 | 17 | 5 |
| 30 | 宁夏 | 2008 | 18070 | 24 | 未提及 | 0 | 0 |
| | | 2009 | 1068 | 3824 | 均答复 | 0 | 0 |
| 31 | 新疆 | 2008 | 441 | 2 | 均答复 | 0 | 0 |
| | | 2009 | 341 | 3 | 均答复 | 0 | 0 |
| | 小计 | 2008 | 13312443 | 142551 | 212938 | 1762 | 309 |
| | | 2009 | 40120708 | 812812 | 461464 | 3454 | 882 |
| | 合计 | | 53433151 | 955363 | 674402 | 5216 | 1191 |

分析表 1.2 可以发现，就主动公开信息的数量而言，各地之间差别较大，江苏省 2009 年只有 373 件，新疆维吾尔自治区只有 341 件，而广西、四川、陕西等省、自治区则高达几十万件。同国务院各部门一样，各地 2009 年主动公开的数量也明显多于 2008 年，例如青海省 2008 年公开 23000 件，而 2009 年公开 131000 件。同样地，各地依申请公开信息的数量也差别较大，吉林省 2009 年依申请公开数量高达 99318 件，而新疆却只有 3 件。与国务院各部门相同的是，各地同意答复申请公开的数量也远小于申请公开数量的总数，而在行政复议和诉讼中同样呈现出寻求救济的数量较少的特点，原因与表 1.1 相同。

表 1.3　2008 年至 2009 年间国务院各组成部门和各省、自治区和直辖市政府发布政府信息公开工作年度报告情况对比分析表[①]

| 年份和发布机关　报告的发布时间及包含的内容 | 2008 年 | | 2009 年 | |
| --- | --- | --- | --- | --- |
| | 国务院组成部门（百分比） | 各省、自治区和直辖市（百分比） | 国务院组成部门（百分比） | 各省、自治区和直辖市（百分比） |
| 部门（地方政府）总数 | 27 | 31 个 | 27 个 | 31 个 |
| 已经检索到的公布年度报告的部门数 | 25 个（93%） | 31 个（100%） | 25 个（93%） | 31 个（100%） |
| 符合 3 月 31 日前公布的年度报告数 | 18 份（72%） | 22 份（71%） | 23 份（92%） | 30 份（97%） |
| 有"主动公开政府信息情况"的年度报告数 | 25 份（100%） | 28（90%） | 25 份（100%） | 30 份（97%） |
| 有"依申请公开政府信息"的年度报告数 | 23 份（92%） | 27 份（87%） | 24 份（96%） | 30 份（97%） |
| 有"政府信息公开收费及减免情况"的年度报告数 | 21 份（84%） | 22 份（71%） | 22 份（88%） | 28 份（90%） |
| 有"因政府信息公开申请行政复议、提起行政诉讼的情况"的年度报告数 | 22 份（88%） | 25 份（81%） | 24 份（96%） | 29 份（94%） |
| 有"政府信息公开工作存在的主要问题及改进情况"的年度报告数 | 21 份（84%） | 27 份（87%） | 22 份（88%） | 25 份（81%） |
| 有"其他需要报告的事项"的年度报告数 | 2 份（8%） | 3 份（10%） | 1 份（4%） | 1 份（3%） |
| 年度报告的平均字数 | 2965 | 4721 | 2921 | 5522 |

　　分析表 1.3 可以发现，就报告的内容而言，有"申请公开政府信息和不予公开政府信息的情况"的国务院组成部门和各省、自治区和直辖市报告已经分别从 23 份增加到 24 份，从 27 份增加到 30 份；有"政府信息公开收费及减免情况"的年度报告数已经分别从 21 份增加到 22 份，从 22 份增加到 28 份；有"因政府信息公开申请行政复议、提起行政诉讼的情况"的年度报告数已经分别从 22 份增加到 24 份，从 25 份增加到 29 份；有"政府信息公开工作存在的主要问题及改进情况"的国务院组成部门的年度报告数从 21 份增加到 22 份；

---

[①] 表 1.3 中对 2008 年至 2009 年间国务院各组成部门和各省、自治区和直辖市政府发布政府信息公开工作年度报告情况的对比分析的基础数据源于南开大学法学院"信息法与人权法研究中心"自 2008 年以来开始的专项网上调查。另，对政府信息公开报告制度与实践的专门研究可参见赵正群、朱冬玲：《政府信息公开报告制度在中国的生成与发展》，《南开学报》2010 年第 2 期第 30～39 页。

在各省、自治区和直辖市年度报告中包含有"主动公开政府信息情况"的已经从 28 份增加到 30 份，其年度报告的平均字数已经从 4721 字增加到 5522 字。就年度报告发布的及时性而言，在《条例》规定的每年 3 月 31 日前发布的报告已经分别从 18 份增加到 23 份，从 22 份增加到 30 份。报告内容的充实在一定程度上反映出政府信息公开工作内容的充实和实效的提高；发布年度报告及时性的提升在一定程度上反映了政府信息公开工作规范水平和时效的提升。

当然，也可以看到一些不尽如人意之处。如《条例》第三十一条要求"各级行政机关均应"每年 3 月 31 日前公布本行政机关的政府信息公开工作年度报告"，但却一直未见国防部和安全部这两个重要国家机关发布的年度报告或其可以免于发布年度报告的解释和说明。《条例》第三十二条规定各机关发布的年度报告应当包括"（一）行政机关主动公开政府信息的情况；（二）行政机关依申请公开政府信息和不予公开政府信息的情况；（三）政府信息公开的收费及减免情况；（四）因政府信息公开申请行政复议、提起行政诉讼的情况；（五）政府信息公开工作存在的主要问题及改进情况；（六）其他需要报告的事项"等 6 项内容。但却只有中国人民银行在两个年度的报告中包括了这六项法定内容。其余各机关，除住房和城乡建设部在 2008 年的报告中使用"其他"作为本项内容标题外，国务院其他部门的年度报告均缺少"其他需要报告的事项"这一项。另外，还有较多的年度报告缺少了至为重要的"政府信息公开工作存在的主要问题及改进情况"一项，或虽有此项标题，但却明显缺少具体详实的内容。①

通过上述三组统计表格可以看到，以保护公民知情权为主要宗旨之一的《条例》，已经在中国普遍得到了基本实施，公民对政府信息的知情权正在得到前所未有的保障，并且 2009 年的情况在总体上好于 2008 年。我们期待以贯彻实施《条例》为中心的政府信息公开法制建设能够不断积累经验，实施状况越来越好。

---

① 以 2008 年国务院组成部门的报告为例，科技部和监察部的年度报告中完全未涉及"政府信息公开工作存在的主要问题及改进情况"这一内容；在包含了本项内容的 25 份报告中，则多有仅表述为"从目前的工作情况看，工作方式还有待进一步改进"（发展改革委）、"距离公众的要求还存在一定差距"（工业和信息化部）、"信息公开内容与公众需求相比还有差距，公开的便民性还需进一步提高"（交通运输部）等极为笼统的表述。

## 四、继续发展政府信息公开制度与促进知情权保护的策略与途径

在充分肯定我国自实行改革开放以来，依据 1982 年宪法及其有关修正案，实行依法治国，建设社会主义法治国家，在推进对公民知情权的法律保护和政府信息公开制度建设方面已取得了巨大成就的基础上，也应指出还存在的一些问题。主要有：

1. 法律落后于制度。尽管知情权应成为信息时代的基本人权的理念已经在中国社会各界获得了前所未有的普遍认同，对知情权予以法律和政策上的保障日渐完善，但其作为宪法与法律层面上的基本权利属性还未得到宪法和法律的明确认定。自改革开放以来，伴随从 2003 年初爆发的"SARS（非典）"到 2008 年发生的"5·12 四川汶川大地震"等一次又一次突发事件，尊重与保障公众知情权的呼声已经一遍又一遍响彻中华大地；并且在 2007 年中共第十七次全国代表大会上，知情权已经和参与权、表达权、监督权一起被写入了大会的政治报告，随后，又于 2009 年春被写入了中国首部国家人权行动计划。但迄今为止，除 2001 年《人口与计划生育法》等极少数国家法律以正式条文肯定了知情权以外[1]，绝大多数法律、法规都还没有对知情权作出明确的规定。甚至，在被公认为对知情权给予比较全面的行政法规保护的《条例》中，也没有对知情权的直接明确规定。[2]

2. 政府信息公开制度的规则体系和执行机制还有待继续发展和完善。世界多国实施政府信息公开制度的经验告诉我们，信息公开制度在本质上是一项保障公众的知情权以有效监督政府履行职责的制度，因而在实施过程中，必然会遇到作为执行机关的行政部门对有关申请的拖延、积压、推诿，以至处理不当甚至违法作出不予公开决定等问题。实际上，通过对实施《条例》情况的最初专题调查，已经发现了部分中央部委和省、自治区与直辖市在实施《条例》方面存在的诸多问题[3]，更不待说，众多省、部委以下机关也被《条例》明确规定

---

[1]《人口与计划生育法》第十九条第二款规定："国家创造条件，保障公民知情选择安全、有效、适宜的避孕节育措施。"

[2] 对此，可给予的一项逻辑的法理解释为，"行政法规无权创设基本权利"。故《条例》虽有保护公民知情权之实，但却难以赋予其创设并保护公民知情权之名。这从另一角度凸显了对知情权给予宪法和基本法律确认的必要性和迫切性。

[3] 赵正群等：《环渤海各省、自治区、直辖市实施政府信息公开条例情况的首次网上调查与评议》，《第三届环渤海法治论坛论文集》，第 58 页。

应履行信息公开义务的，具有管理公共事务职能的组织和与人民群众利益密切相关的教育、医疗卫生、计划生育、供水、供电、供气、供热、环保、公共交通等公共企事业单位在实施《条例》方面存在着更多亟待解决的问题了。因而，认真检查《条例》的实施状况，贯彻落实《条例》规定的各项规则规范，完善政府信息公开的行政执行机制无疑应成为发展与完善我国信息公开法律制度的基本途径。

3. 知情权救济机制的实效性不强。自各地方人民政府制定政府信息公开规定以来，各地便出现了有关政府信息公开的行政纠纷。《条例》实施之后，无论是政府信息公开行政复议，还是诉讼案件的数量都有了明显增长。然而，无论是从解决相关纠纷的过程，还是从救济机制运行的结果上看，效果都不很理想，特别是相对人一方无论是在政府信息公开行政复议，还是在相关诉讼案件中的胜诉率均未达到较理想状态。

基于已经取得的成就和存在的问题，笔者建议，在今后，特别是"十二五"规划期间，可考虑采取以下策略与途径来继续推进对知情权的法制保护和中国的信息公开制度建设。

1. 基于贯彻实施《条例》已取得的成绩并针对存在的问题，抓住制定"十二五"规划和新一届人大立法规划的有利时机，尽快把制定国家法律层级的"政务公开法"或"信息公开法"或"公众参与法"列入国家立法规划，并在其中确认知情权为我国依法保护的公民基本权利之一，以便将对公民知情权的保护水准从目前的行政法规层次，提升到国家法律层次[①]，以解决我国公民仅被《保守国家秘密法》要求履行"保守国家秘密"这一普遍的公民义务，却缺乏由国家专门的法律来保护知情权这一信息时代的基本人权的失衡现象，实现公民履行保守国家秘密义务与享有知情权或获得信息权的平衡。

2. 以全面贯彻落实国务院《依法行政纲要》为纲，抓紧完善《条例》初创的政府信息公开实施机制。包括更合理地设置政府信息公开的职责机构并保障其具有必要的履行职责的条件与能力；细化主动公开和依申请公开有关信息的规则程序；加强对依申请公开信息的受理与答复行为的规范要求与监督；全面推进并规范政府信息公开工作年度报告制度；依法落实信息公开问责制度等，形成保证知情权与落实政府信息公开的有效执行机制。

---

[①] 赵正群、董妍：《中国大陆首批信息公开诉讼案件论析（2002～2008）》，《法制与社会发展》2009 年第 6 期。

3. 加强对知情权的救济机制建设，不断发展与完善以行政复议和行政诉讼制度为核心的救济机制。实施政府信息公开条例的实践再次证明了"没有有效的救济，就没有真实的权利"这一现代法治原理。应针对在保障知情权中存在的救济不力或救济乏力问题，不断提升对知情权予以行政复议和行政诉讼这两种法定程序保护的实效性。

4. 进一步促进公众对知情权保护法制建设的参与，发展以社会评议为重点的公众参与机制。公众参与是以代议制为核心的现代民主政治与法治体系中的重要组成部分之一。公众参与的深度与广度是衡量一个国家民主发达程度的重要指标之一，是推动社会发展与有序变革的基础力量。公众的有序参与不仅是以稳健的方式平稳缓和调整现有体制和秩序的方法，而且不会因为触及既得利益阶层和统治机构体系的利益而衰竭与疲惫。在"十二五"规划期间，我国应在信息公开法制建设中继续扩大公众参与的深度和广度，把公众参与提升为我国加强社会主义政治文明建设的一项重要内容，并使其逐步达到"组织化参与"、"机制化监督"和"专业化系统化的评议"水平。①

---

①赵正群、董妍：《公众对政府信息公开实践状况的评价与监督——美国"奈特开放政府系列调查报告"论析》，《南京大学学报》2009 年第 6 期。

# 第二章 中国政府信息公开报告制度的生成与发展*

**摘要:** "公布各级行政机关政府信息公开年度报告制度"作为中国信息法制建设中的一项制度创新,已经获得了初步实践和展开。通过对 2008 年度各省部级机关公布的报告文本的实证分析,发现有些机关没有认真履行《政府信息公开条例》规定的"公布报告"职责,主管部门对各级机关有效履行本项职责的指导、监督不够,公众参与不够等问题。建议主管部门针对存在的问题,以编制"报告指南",提供"报告文本模板"的方法来指导各级行政机关做好本项工作。并督促具有管理公共事务职能的组织和与人民群众利益密切相关的公共企事业单位也履行"公布报告"义务,支持社会公益组织对"公布报告"的组织化参与,系统化监督和全面专业化的评议,以促进这一新型法规制度的落实与持续发展。

**一、政府信息公开报告制度在中国的出现与制度创新**
**二、政府信息公开工作报告制度在中国的初步展开**
**三、实施信息公开报告制度面临的问题**
**四、发展与完善中国政府信息公开报告制度的途径**

**关键词:** 政府信息公开条例　公布年度报告　社会评议　组织化参与

**引言:** 将提交"年度报告"规定为实施行政法规的一项"监督和保障"措施,在中国改革开放以来制定的法律法规中,如果不是绝无仅有,也属较为罕见。由此形成了一项颇具特色的新型法律规则与具体制度,有给予专门解读和

---

*本章撰稿人为赵正群,南开大学法学院教授;朱冬玲,天津市政法干部管理学院讲师。本章内容曾发表于《南开学报》2010 第 2 期《政府信息公开条例》的实施与我国信息法制的发展"专题研究中。

研讨的必要。基于我国《政府信息公开条例》实施未久，在认识与实施政府信息公开年度报告制度方面还存在着诸多理论和实践问题，本章拟对我国的政府信息公开工作报告制度的生成过程与展开情况作一些基础性实证考察，归纳整理面临的一些理论与实务问题，提出发展和完善的途径，以裨益于方兴未艾的我国信息公开法制建设事业。

### 一、政府信息公开报告制度在中国的出现与制度创新

中国的政府信息公开报告制度，又被称为信息公开年报制度，被规定于 2008 年 5 月 1 日开始实施的《中华人民共和国政府信息公开条例》（以下简称《条例》）的第三十一条和第三十二条。第三十一条规定了各级行政机关应当在每年 3 月 31 日前公布本行政机关的政府信息公开工作年度报告。第三十二条规定了政府信息公开工作年度报告应包括六项基本内容。

这一新型法规制度的生成渊源，就国内而言，可以追溯到 2004 年 1 月 20 日上海市政府发布的《上海市政府信息公开规定》和 2004 年 5 月 18 日湖北省政府发布的《湖北省政府信息公开规定》等地方政府制定的信息公开规定之中。[①]上海市的规定较为具体详细。其第三十条规定，市信息化委员会应当于每年 3 月 31 日之前，公布本市政府信息公开年度报告，年度报告应当包括下列内容：（一）政府机关主动公开政府信息的情况；（二）公民、法人和其他组织申请公开政府信息的情况统计；（三）政府机关同意公开、部分公开和免予公开的政府信息分类情况统计；（四）就政府信息公开提出复议、诉讼和申诉的情况统计及其处理结果；（五）存在的主要问题以及改进的方案；（六）其他应当报告的重要事项。据此，上海市的政府信息公开职能部门已经先后发布了 2004 年至 2008

---

[①] 在先于国务院《政府信息公开条例》制定的地方政府信息公开规定中，至少有上海市、昆明市、湖北省、武汉市、重庆市、大同市、杭州市、宁波市、鞍山市、海南省等 10 个地方政府规定了政府信息公开报告制度。《湖北省政府信息公开规定》第二十四条对政府信息公开报告制度仅做了简要规定，"政府联席会议应当建立健全政府信息公开的相关制度，并定期对政府机关信息公开情况实施检查和评价，向社会公布政府信息公开情况报告"。但武汉市及其有些职能部门自 2004 年即已开始发布政府信息公开情况年度报告。另，在互联网上还可见有江苏省常熟市政府，以及姜堰市和无锡市的一些政府部门发布的 2007 年的政府信息公开情况年度报告。

年五份上海市政府信息公开年度报告，如表 2.1 所示。①

表 2.1　上海市 2004 年至 2008 年政府信息公开工作年度报告内容分析统计表

| 组成 年份 | 一 | 二 | 三 | 四 | 五 | 六 | 七 | 八 | 发布时间 | 报告字数 |
|---|---|---|---|---|---|---|---|---|---|---|
| 2004 | 概述 | 主动公开政府信息的情况 | 依申请公开政府信息的情况 | 咨询情况 | 复议、诉讼和申诉情况 | 工作人员和收支情况 | 主要问题和改进措施 | 附表 | 2005-03-10 上海政府网 | 9072 |
| 2005 | 概述 | 主动公开政府信息的情况 | 依申请公开政府信息的情况 | 咨询情况 | 复议、诉讼和申诉情况 | 工作人员和收支情况 | 主要问题和改进措施 | 附表 | 2006-03-29 上海政府网 | 7061 |
| 2006 | 概述 | 政府信息主动公开情况 | 政府信息依申请公开情况 | 咨询情况 | 复议、诉讼和申诉的情况 | 工作人员和政府收支情况 | 主要问题和改进措施 | 附表 | 2007-04-04 中国政府网 | 6834 |
| 2007 | 概述 | 主动公开政府信息情况 | 依申请公开政府信息情况 | 咨询处理情况 | 复议、诉讼和申诉情况 | 工作人员和政府支出情况 | 主要问题和改进措施 | 说明与附表 | 2008-03-31 上海政府网 | 8600 |
| 2008 | 概述 | 主动公开政府信息情况 | 依申请公开政府信息情况 | 咨询处理情况 | 复议、诉讼和申诉情况 | 政府信息收费及免除情况 | 主要问题和改进措施 | 说明与附表 | 2009-03-31 上海政府网 | 7920 |

　　正是在以上海为代表的诸多地方政府对政府信息公开工作年度报告制度"先行先试"的基础上，于 2007 年 4 月 24 日发布的《条例》才以第三十一条和第三十二条规定了各级行政机关的政府信息公开年度报告制度。这意味着一项新型成文法规范在中国行政法规层次的正式诞生，构成了我国信息公开法制建设中的一项制度创新。其创新性可以概括为以下几点：

　　（一）政府信息公开年度报告是一种"执法报告"，具有鲜明的执行性，而不具有决策性。其不同于中国执政党文件中的"政治报告"，如中国共产党"十七大"报告，也不同于宪法和宪法性文件规定的"宪政报告"。仅就其"执行性"

---

①上海市 2004 年至 2008 年政府信息公开年度报告的文本均可见于"中国上海"门户网站。另需说明，上海市政府信息公开职能部门最初为"上海市信息化委员会"（以下简称市信息委），故 2004 年至 2007 年的上海市政府信息公开年度报告均由市信息委发布。2005 年 3 月 10 日，上海市信息委在"中国上海"门户网站上首次发布了上海市《2004 年政府信息公开年度报告》，成为中国政府信息公开报告制度的初次实践。在国务院于 2007 年 4 月 5 日发布《条例》之后，为实现"上下对口"，上海市政府于 2008 年 4 月重新制定并发布了新的政府信息公开规定。新规定将职能部门由"市信息委"改为"市政府办公厅"，故 2008 年的上海市政府信息公开年度报告改由市政府办公厅发布。

而言，《条例》规定的政府信息公开报告制度在一定程度上与中国已经加入或签署的诸多国际人权公约中的"履约报告"具有某种相似性。如中国在2001年正式批准加入《经济、社会及文化权利国际公约》之后，根据"有关缔约国在《公约》生效后两年之中提交初步报告"的规定，于2003年6月27日，通过联合国秘书长向经社文委员会如期提交了首次报告，并于2010年继续"完成《经济、社会和文化权利国际公约》第二次履约报告的撰写工作，并将报告提交相关条约机构审议"。[①]

（二）政府信息公开年度报告作为一种"执法报告"，不同于具体工作信息的发布与报告。为了应对发生的多起突发公共事件，中国在近年制定的相关法律法规中已经确立了一种重要的信息报告与发布制度。如在由国务院于2003年5月9日颁布与实施的《突发公共卫生事件应急条例》（以下简称《应急条例》）中，专设了"报告与信息发布"一章，规定国家建立突发事件应急报告制度和突发事件的信息发布制度；国务院卫生行政主管部门制定突发事件应急报告规范，建立重大、紧急疫情信息报告系统；任何单位和个人对突发事件，不得隐瞒、缓报、谎报或者授意他人隐瞒、缓报、谎报；接到报告的地方人民政府、卫生行政主管部门依照本条例规定报告的同时，应当立即组织力量对报告事项调查核实、确证，采取必要的控制措施，并及时报告调查情况。[②]至2007年上述应急报告与信息发布制度又被进一步发展，明文规定在由第十届全国人大常委会第二十九次会议通过，自2007年11月1日起施行的《中华人民共和国突发事件应对法》之中。政府信息公开年度报告制度与国务院《应急条例》和国家《突发事件应对法》中信息报告与发布制度的明显不同之一为，政府信息公开年度报告的主体只限于负有政府信息公开职责的各级行政机关，是各级行政机关履行政府信息公开职责的一种方式，而在《应急条例》和《突发事件应对法》中，则把紧急疫情信息报告的职责除赋予行政机关之外，还把报告义务赋予了获悉突发事件信息的所有公民、法人或者其他组织。

（三）政府信息公开报告制度进一步彰显了政府信息公开体系的"公开性"。一般意义上的报告，具有执行者向主管机关汇报工作情况之意。据此，政府信息公开报告本应是下级政府向上级政府或政府所属部门向本级政府提交的履行

---

①参见国务院新闻办公室2009年4月13日发布《国家人权行动计划（2009～2010年）》"五、国际人权义务的履行及国际人权领域交流与合作"部分。

②参见国务院制定的《突发公共卫生事件应急条例》第三章第十九条至第二十五条的具体规定。

政府信息公开职责情况的汇报，并不必然具有公开义务。但以《条例》规定的政府信息公开报告制度的另一突出特色，则为其明确要求各级行政机关应在每年3月31日前"公布"本行政机关政府信息公开工作年度报告。这就把各级行政机关对政府信息公开工作情况的报告、调查和公布均整合规定在同一法律规范里了，而不同于在《应急条例》和《突发事件应对法》中把对紧急疫情的信息报告、调查和发布规则分别规定为不同的法律规范。从而使《条例》中的政府信息公开报告规范不仅具有通常的"报告"属性，更被特别赋予了其"公开"属性，这进一步彰显并增强了政府信息公开制度的"公开性"。

（四）政府信息公开报告制度已经被《条例》明文规定为一项实施法律法规的"监督和保障"措施。从法律规范角度解析"各级行政机关应在每年3月31日前公布本行政机关政府信息公开工作年度报告"，与其说是一项政府信息公开职责，不如说其是一种将各级行政机关政府信息公开工作实况交与社会的"监督和保障"措施。其不同于《条例》在同一章中规定的个案性的举报、申诉、复议和诉讼的监督与救济，而是一种采用公布年度工作报告方式对履行政府信息公开职责的情况予以整体和全面的监督措施。其既是一种结果监督，也是一种过程监督。虽然在目前仅由行政法规作出规定，无论是就规则制定主体，还是报告主体以及报告内容都具有明显的行政机关的"自我监督性"，但可以预期，在不远的将来必将由国家立法机关制定的"政务公开法"或"信息公开法"给予进一步规范①，从而在保持目前的行政机关"自我监督"属性基础上，进一步转变发展为国家立法机关对行政机关相关工作的宪政监督。

（五）政府信息公开报告制度系中国在成文法律法规制定方面实行改革开放，移植借鉴的一项重要成果。从比较法角度而言，中国的政府信息公开报告制度明显借鉴了以美国信息自由法为代表的美欧国家的信息公开报告规则。有意见认为，《条例》中的公布政府信息公开工作年度报告的规定"借鉴了日本、

---

① 《政务信息公开法》项目曾被列入第十届全国人大常委会立法规划中的第二类：研究起草、成熟时安排审议的法律草案。值得关注的是，在已经公开报道的第十一届全国人大常委会的立法规划中，《政务信息公开法》非但没有顺理成章地"晋级"为"争取在十一届全国人大常委会任期内提请审议"的49件法律草案之列，反而在通常被称为"第二类立法项目"，即"研究起草、条件成熟时安排审议的法律草案"中也消失了踪影。考虑到在20世纪下半叶兴起，至今仍方兴未艾的信息公开法制化的世界潮流中，已经有70余个国家和地区先后制定了信息公开法，显然有必要再次呼吁国家立法机关，应根据党的"十七大"精神，积极考虑把《政务信息公开法》或《信息公开法》重新补列入目前的第十一届全国人大常委会的立法规划之中，并尽快启动该立法程序，以满足日益展开的政府信息公开制度建设的迫切需要。

英国、欧盟等在政府信息公开领域的成熟做法"的表述，显然不够客观全面。[①]
众所周知，近代各国信息公开法制化的世界潮流，虽然可以追溯到瑞典于 1766
年制定的自由出版法（Freedom of the Press Act），但均公认恰在两世纪之后的
1966 年制定的美国信息自由法才实质性地开启了"信息公开法制化的世界潮
流"[②]，而政府信息公开报告制度即滥觞于美国信息自由法 1974 年的修正案之
中。[③]从《上海市政府信息公开规定》对政府机关信息公开年度报告内容的规定
中，也可以明显看到美国信息自由法中的报告制度的影响所在。[④]

## 二、政府信息公开工作报告制度在中国的初步展开

如果说，地方政府对"政府信息公开工作年度报告"制度的"先行先试"
和国务院《条例》的规定，标志一项新型成文法规制度的诞生，那么，截至 2009
年 3 月 31 日，中国各级行政机关依据《条例》规定，对各自政府信息公开工作
年度报告的发布情况即成为政府信息公开报告制度在中国大陆的首次普遍实
践。限于笔者目前已经整理出的实证资料，仅以国务院各组成部门与各省、自
治区和直辖市在 2009 年发布的 2008 年的年度报告文本为例，对政府信息公开
工作报告制度在中国的初步展开问题论述如下。

根据自 2008 年 5 月 1 日起施行的《条例》规定，各级行政机关应当在 2009
年 3 月 31 日前公布本行政机关的政府信息公开工作年度报告，报告应当包括下
列内容：（一）行政机关主动公开政府信息的情况；（二）行政机关依申请公开
政府信息和不予公开政府信息的情况；（三）政府信息公开的收费及减免情况；
（四）因政府信息公开申请行政复议、提起行政诉讼的情况；（五）政府信息公

---

①见曹康泰主编：《中华人民共和国政府信息公开条例读本》，北京：人民出版社 2007 年版，第 130 页。相同
　表述亦见于该读本的"修订版"，北京：人民出版社 2009 年版，第 103 页。
②参见赵正群：《信息公开法制化的世界潮流与政府上网工程的意义》，上海社会科学季刊 2000 年第 4 期。
③参见赵正群、苗苗：《信息公开报告制度研究：以美国信息自由法为例》。该论文作为参会论文，曾提交给中
　国法学会比较法学研究会 2004 年年会（福建武夷山，2004 年 8 月）和首届中国信息化法制论坛暨中国法学
　会信息法学研究会 2005 年年会（北京，2005 年 11 月）并作大会发言，被收入该会议论文集。
④创制于美国信息自由法（FOIA）1974 年修正案的信息公开报告制度，已经历了非常繁复的修改完善过程，
　需要专门撰文梳理。在此概括提示，该报告制度主要包括各行政机关应当向司法部提交的报告和司法部长在
　此基础上汇总整理后向国会提交的汇总报告和诉讼报告两类。对此可进一步参见本章第四部分。

开工作存在的主要问题及改进情况；（六）其他需要报告的事项。<sup>①</sup>以下是我们通过中央人民政府网站和各省市自治区和直辖市政府网站获得的国务院各组成部门与各省、自治区和直辖市政府在 2009 年实际发布本行政机关的政府信息公开工作年度报告的情况统计。<sup>②</sup>

在国务院现有 27 个组成部门中，公布 2008 年年度报告的有 25 个部委。在这 25 份部委报告中，于 2009 年 3 月 31 日前公布的有 18 份。在已公布的这 25 份部委年度报告中，有"概述"、"工作概况"、"工作情况"或"工作情况概述"部分的 21 份，其中司法部用的是"工作概况"；人口计生委是"工作情况"；中国人民银行是"工作情况概述"；其余的 18 个部委都是"概述"。有"主动公开政府信息情况"的 22 份，其中人口计生委用的是"政府信息公开情况"，既包括了政府主动公开信息的情况，也包括了依申请的情况。有"依申请公开政府信息情况"的 23 份，其中包括人口计生委的"政府信息公开情况"。有"政府信息公开收费及减免情况"的 19 份。有"因政府信息公开申请行政复议、提起行政诉讼的情况"的 21 份。有"政府信息公开工作存在的主要问题及改进情况"的 21 份。有"其他需要报告的事项"的只有中国人民银行 1 份，另有住房和城乡建设部在正文的最后一项是"其他"。有"咨询情况"的 7 份。有"政府信息公开的经费支出情况"的 6 份。在报告中附有附件或附表的 8 份。在已经发布的 25 份部委报告中，篇幅最长的为公安部的报告，达 5886 字；最短的为监察部的报告，仅 972 字。已公布的 25 份部委报告每份的平均字数为 2988 字。

根据本章对"各省、自治区和直辖市 2008 年政府信息公开工作年度报告内容分析统计"可知，在《条例》效力所及的中国大陆 31 个省、自治区和直辖市，均已经根据《条例》发布了 2008 年政府信息公开年度报告。<sup>③</sup>在已经查找到的 30 份省、自治区和直辖市的年度报告中，于 2009 年 3 月 31 日前发布的有

①详见国务院《条例》第三十一条和第三十二条。

②限于篇幅在本节中省略了长达 4 页的国务院组成部门和各省自治区和直辖市的"2008 年政府信息公开报告内容分析统计表"。

③根据北京大学公众参与研究与支持中心在与耶鲁大学法学院中国法律中心联合举办的"中国政府信息公开评测指标体系研讨会"（北京，2010 年 1 月 23 日）上提供的资料，截止到 2009 年 4 月 15 日，已经有 29 个省、自治区、直辖市发布了政府信息公开报告。其中包括新疆维吾尔族自治区的报告。由本章笔者之一主持的南开大学法学院"信息法与人权法研究中心"在最近再次进行的网上调查中则找到了除新疆自治区以外的 30 个省市自治区的年度报告。故本章称，我国大陆 31 个省、自治区和直辖市均已经根据《条例》发布了 2008 年度政府信息公开工作报告。

21 份。在已经发布的年度报告中，有"概述"、"基本情况"、"基本（主要）工作情况"、"主要情况"、"基本情况概述"等概述部分的 27 份；有"主动公开政府信息情况"的 27 份；有"依申请公开政府信息情况"的 26 份；有"政府信息公开收费及减免情况"的 21 份；有"因政府信息公开申请行政复议、提起行政诉讼的情况"的 24 份；有"政府信息公开工作存在的主要问题及改进情况"的 26 份；有"其他需要报告的事项"的 3 份；有"咨询情况"的 5 份；有附注、附表、插图、表格或图示的 7 份。在已经查找到的 30 份省、自治区和直辖市报告中，篇幅超过 7 千字的有上海、福建、山东、云南等四省市；篇幅超过 5 千字的有天津、黑龙江、江苏、湖南、海南五省市；最长的是云南省，达 8607 字；最短的系宁夏回族自治区，为 2450 字。这 30 份省、自治区和直辖市年度报告的篇幅平均每份为 4768 字。

另据北京大学公众参与研究与支持中心与耶鲁大学法学院中国法律中心在 2010 年 1 月 23 日联合举办的"中国政府信息公开评测指标体系研讨会上"提供的《中国政府信息公开整体态势评估·2008 年度》一文介绍，截至 2008 年 4 月 15 日，在中国政府网上公布的 112 个国务院机构名录中，扣除 28 个议事协调机构，在纳入其统计范围的 84 个国务院机构中，已有 47 个部委局办发布了 2008 年的政府信息公开报告。"全国共有 31 个省级行政单位（不计港、澳、台）"，已发布年度报告的 29 个。[①]

综上可见，政府信息公开工作报告制度已经在中国大陆获得了基本实施与初步展开。

### 三、实施信息公开报告制度面临的问题

基于上述学理认识与实证考察，可见由《条例》初创的中国政府信息公开工作报告制度尚处于最初实施阶段，至少面临如下一些亟待解决的问题。

首先，有一些省部级行政机关没有严肃认真地履行《条例》明确规定的公布本机关政府信息公开年度报告的职责。至少存在着应当公布年度报告而没有公布，应当在 2009 年 3 月 31 日前公布而没有在法定时限公布，以及没有依据

---

① 北京大学公众参与研究与支持中心撰写的《中国政府信息公开整体态势评估·2008 年度》一文，见于该研究中心与耶鲁大学法学院中国法律中心联合举办的"中国政府信息公开评测指标体系研讨会"（北京，2010 年 1 月 23 日）会议资料。

《条例》要求应予公布的内容公布等三个层次的问题。如，国防部和安全部至今没有公布报告。另据北京大学公众参与研究与支持中心提供的《中国政府信息公开整体态势评估·2008年度》报告，截至2008年4月15日，在纳入其调查统计范围的84个国务院所属机构中，尚有37个部委局办未公布其2008年度的政府信息公开报告。新闻媒体则专门报道过陕西、甘肃、宁夏、山西、湖北、青海、西藏、内蒙古、广西等9个省级地方政府未在2009年3月31日之前公布其2008年的政府信息公开报告。①再从已公布的年度报告的内容来看，在已公布的25份部委年度报告当中，仅有中国人民银行与住房和城乡建设部2份报告含有《条例》要求应予公布的6项内容，其余均缺少其中一项或多项应予公布的内容。②而在已经公布的项目中亦往往缺乏实质内容和实际统计数字的支持。以《条例》要求公布的"政府信息公开工作存在的主要问题及改进情况"为例，在包含了本项内容的25份报告中，多有仅表述为"从目前的工作情况看，工作方式还有待进一步改进"（发展改革委）、"距离公众的要求还存在一定差距"（工业和信息化部）、"信息公开内容与公众需求相比还有差距，公开的便民性还需进一步提高"（交通运输部）等极为笼统的表述。另外，还有部委在年度报告中则完全未涉及本项问题，如科技部、监察部的年度报告就是如此。

从依法行政要求角度，无论是应当公布而至今仍未公布；还是未在2009年3月31日这一法定时限前公布，还有没有依据《条例》要求公布的内容公布，程度虽有不同，但实质均属于"有令未行，有法未依"的行为。③这显然不符合

①参见陈宝成：《"政府信息公开"时限到 很多部门交"白卷"》，资料来源：《南方都市报》，南方报业网，http://nf.nfdaily.cn/nanfangdaily/nfjx/200904030016.asp2009-04-03 08:25:14。

②如科技部的篇幅仅为1377字的年度报告，由"成立了专门的领导机构，进一步完善政府信息公开机制"，"编制完成了《科技部政府信息公开目录》和《科技部政府信息公开指南》"，"制定了《科技部依申请公开政府信息办理规范》，认真做好社会公众依申请公开政府信息的受理工作"，"深化电子政务建设，构建政府信息公开应用系统"等四部分构成。仅从这四部分的标题上几乎看不到有哪部分属于《条例》第三十二条规定的应予公布的内容。只是在具体阅读中，才得以找到了《条例》要求的主动公开政府信息的情况和行政机关依申请公开政府信息的内容，但明显缺少《条例》要求应当公布的其他多项内容。监察部、财政部的年度报告也存在类似问题。

③批评没有依据《条例》要求公布本机关政府信息公开年度报告的行为是"有令未行"，系就《条例》本是以"国务院总理令"发布的中央人民政府政令而言；说其"有法未依"，则因《条例》本身属于由我国《立法法》确认的中华人民共和国法律体系中的重要组成部分。

行政机关应依法行政，建设法治政府，建设社会主义法治国家的有关法律和宪法的要求。

其次，负责推进、指导、协调、监督全国政府信息公开工作的主管部门对各级行政机关有效履行公布政府信息公开年度报告这一法定职责的指导、监督不够。所谓指导不够，如国务院办公厅在为实施《条例》而专门发布的《关于做好施行〈中华人民共和国政府信息公开条例〉准备工作的通知》和《关于施行〈中华人民共和国政府信息公开条例〉若干问题的意见》这两项有关实施《条例》的专项行政规章性文件中①，分别就做好施行《条例》的准备工作和施行《条例》应注意的问题各提出了七个方面的要求，但其中均没有对应做好政府信息公开年度报告的公布工作提出任何具体要求②，也没有就如何科学有效地履行公布政府信息公开年度报告这一新职责提供任何具体指导。这必然影响到各级行政机关对做好公布政府信息公开年度报告工作的重视程度，影响到相关工作的质量。所谓监督不够，如《条例》第二十九条已规定"各级人民政府应当建立健全政府信息公开工作考核制度、社会评议制度和责任追究制度，定期对政府信息公开工作进行考核、评议"，明确赋予了各级政府对贯彻实施《条例》的考核监督职责，但笔者作为一直注重研究《条例》的监督与保障措施问题的研究者之一，在《条例》已经施行近两年之际，一直尚未见有"各级人民政府"对在本章中所列举的"有令未行，有法未依"的行为，或在日常生活中已"司空见惯"的诸多不履行《条例》规定的政府信息公开职责行为，曾有追究过任何机关与任何责任者的任

---

①即国办发〔2007〕54号文件和国办发〔2008〕36号文件。

②国办发（2007）36号文件对做好施行《条例》的准备工作所提出的七个方面的要求分别为：充分认识贯彻施行《条例》的重要性和紧迫性；抓紧编制或修订政府信息公开指南和公开目录；尽快建立健全政府信息公开工作机制及制度规范；认真落实和制定相关配套措施；有效开展对行政机关工作人员的教育培训；充分发挥政府网站公开政府信息的平台作用；切实加强对贯彻施行《条例》的组织领导。国办发（2008）54号文件对施行《条例》做出的若干问题规定为：关于政府信息公开管理体制问题；关于建立政府信息发布协调机制问题；关于发布政府信息的保密审查问题；关于主动公开政府信息问题；关于依申请公开政府信息问题；关于公共企事业单位的信息公开工作。无论是相关要求的要点，还是对相关要求的阐述，都没有提到应如何做好公布各级机关的政府信息公开年度报告工作。

何责任之举，给人以政府信息公开法制监督"雷声大，雨点小"之感。①

其三，公众参与不够。尽管《条例》第二十九条已规定了各级人民政府应当建立健全政府信息公开工作的评议制度，定期对政府信息公开工作进行评议。但在有关施行公布 2008 年度政府信息公开工作的报告中却看不到有任何机关在编制与公布年度报告的工作中邀请了社会公众参与。而笔者在最近见到的一则有关公众参与政府信息公开工作的新闻报道则为："2009 年安徽省首次邀请网友参与政府政务公开考评打分工作。殊为遗憾的是，在此次考评打分中，网友的打分仅占总分值的 5%。而专家评分和考核分别为 30% 和 35%，民主评议占 20%，甚至自评都占了 10%。对比之下，不难发现，网民意见所占的这 5% 虽非完全没有意义，但已经非常有限，甚至有可能被其他选项最大化地稀释掉。"②行政机关在依法履行公布政府信息公开年度报告职责中排除公众参与实质是没有落实中国宪法第二条"人民依照法律规定，通过各种途径和形式，管理国家事务，管理经济和文化事业，管理社会事务"规范的表现，也不符合中共"十七大"报告提出的"要健全民主制度，丰富民主形式，拓宽民主渠道，依法实行民主选举、民主决策、民主管理、民主监督，保障人民的知情权、参与权、表达权、监督权"的要求。

## 四、发展与完善中国政府信息公开报告制度的途径

根据存在的问题，考虑到各级行政机关公布本机关政府信息公开报告在建设发展我国政府信息公开法制中的重要作用与价值，笔者建议通过以下途径来认真落实并发展中国初创未久的政府信息公开报告制度。

（一）全面展开"公布报告"的实践

目前对实施报告制度的关注多限于国家部委局办和省级政府。但根据《条例》规定，公布政府信息公开报告制度是一种普遍规则。不仅要求从中央到地

①提供一个有趣的比较法现象：在本章作者之一专门研讨过的 "解密国家安全资料库"（The National Security Archive，以下简称"解密资料库"）这一美国社会公益研究机构在 2003 年至 2008 年针对美国信息自由法实施状况所发布的"奈特开放政府系列调查报告"中，即有一篇调查报告的题目为"The Ashcroft Memo:'Drastic' Change Or 'More Thunder Than Lightning'?" 笔者将其汉译为"阿什克罗夫特备忘录：大刀阔斧的改革还是'雷声大，雨点小'？"参见赵正群、董妍：《公众对政府信息公开实施状况的评价与监督——美国"奈特开放政府系列调查报告"论析》，《南京大学学报》2009 年第 6 期。另见本书第十章。

②详见吴龙贵：《"政务公开考评"与网评占 5% 之惑》，每日新说时评，2010 年 1 月 4 日《每日新报》（天津）第 2 版。

方行政机关与基层政府均应履行公布报告职责，而且还要求法律、法规授权的具有管理公共事务职能的组织；与人民群众利益密切相关的教育、医疗卫生、计划生育、供水、供电、供气、供热、环保、公共交通等公共企事业单位也应履行信息公开报告义务。①因此，公布信息报告制度的实施不应仅限于国家部委局办和省与省辖市级行政机关，还应进一步落实到县级政府与职能部门，特别是基层乡（镇）政府②，并应进一步扩大到法律、法规授权的具有管理公共事务职能的组织和与人民群众利益密切相关的公共企事业单位。基于国务院办公厅已经在其发布的《关于施行〈中华人民共和国政府信息公开条例〉若干问题的意见》中，对公共企事业单位的信息公开工作提出了一些原则要求，应在此基础上考虑进一步作出有关公共企事业单位也应公布其信息公开报告的具体规定。

基于政府信息公开必将由行政法规规范成长为国家基本法律制度的必然趋势，即目前的《条例》必然要发展成为国家的正式立法的前景，在国家立法机关制定《政务信息公开法》或国家《信息公开法》之后，中央人民政府必将经历一个法律地位的转换，从目前的政府信息公开工作的主要领导者、组织者转变为最主要的责任承担者。目前仅由国务院职能部门和地方行政机关公布本行政机关的政府信息公开报告还不够，有必要从现在起就考虑准备进一步发布全国行政机关以至国家的综合政府信息公开年度报告问题，以体现对"十七大"精神和《国家人权行动计划（2009～2010）》的落实。

（二）责成政府信息公开职能部门切实履行对公布年度报告的指导与监督职责

在国务院办公厅发布的《关于做好施行〈中华人民共和国政府信息公开条例〉准备工作的通知》中，曾对各省、自治区、直辖市人民政府，国务院各部委、各直属机构提出了"务必在2008年3月底之前完成政府信息公开指南和公开目录编制任务，并按时在政府网站和相关政府信息查阅场所公布"的要求，

---

① 详见《条例》附则中第三十六条对具有管理公共事务职能的组织；第三十七条对与人民群众利益密切相关的教育、医疗卫生、计划生育、供水、供电、供气、供热、环保、公共交通等公共企事业单位的信息公开义务的规定。

② 提出这一意见，不仅源于《条例》第十二条对乡（镇）公开政府信息职责的规定，而且源于已经不断出现的农民群众要求县级财政部门与乡镇政府公开扶贫和救济款项等诉讼案件的提醒。对此，可参见赵正群、董妍：《中国大陆首批信息公开诉讼案件论析（2002～2008）》，《法制与社会发展》2009年第6期。

但却忽视了为实现各级行政机关政府信息公开报告的内容与形式的规范化，国务院信息公开主管部门应根据《条例》以不同条款分别规定的各级行政机关的一般和重点信息公开职责，为各级行政机关编制与撰写政府信息公开报告提供必要的指导，特别是应专门制定"公布政府信息公开报告指南"这一行政指导文件的职责之所在。结果导致了目前在施行公布政府信息公开报告实践中出现了诸多不甚理想的情况。对此，建议借鉴已经具有四十余年政府信息公开法制经验的美国政府的较为成功的做法，即由作为联邦政府信息公开主管部门的司法部，根据不断修改完善的美国信息自由法中有关报告制度的规定，针对各行政机关在编制与公布年度报告中存在的问题，编制较为详尽的"报告指南"，并提供统一的"报告文本模板"来指导各级行政机关做好政府信息公开年度报告工作。①

制定规范化的报告指南并不意味排斥报告文本格式可以实现多样化的统一。考虑目前《条例》对各级行政机关的信息公开职责既有统一、又有不同的重点要求，报告文本格式可以体现多样化的统一。可以考虑分别编制适应国务院部委局办、省级政府、省辖市政府、县（市）级政府与部门、乡镇政府等不同的报告文本。相对于美国司法部发布的统一的指南和"报告文本模板"，尚待初创的我国政府信息公开"年度报告指南"和"报告文本模板"，既可以有具有行政指导性"官方版本"，也可以有参考性的"非官方版本"，包括学者建议稿、公益组织稿等，以利于集思广益，早日促成最佳。

在对公布年度报告提供科学指导的前提下，各上级行政机关，尤其是《条例》指定的国务院政府信息公开主管部门还需认真落实对"履行公布报告职责"的监督机制，包括依法追究违法失职的责任，才可有效推进中国政府信息公开报告制度的落实与持续发展。

---

①美国司法部制定《信息公开报告指南》起因于在 1974 年的《信息自由法》修正案中增加了行政机关应提供政府信息公开年度报告的规定。经 1996 年通过的《电子信息自由法》对信息公开年度报告制度予以进一步完善之后，美国司法部于 1997 年制定了第一份《信息公开报告指南》，其英文名称为 "Guidelines for Agency Preparation and Submission of Annual FOIA Reports"。继 2007 年底国会再次修订《信息自由法》之后，美国司法部再次发布了 "2008 Guidelines for Agency Preparation of Annual FOIA Reports"。欲知详情可登录美国司法部网站：http://www.justice.gov/oip/foiapost/guidance- annualreport-052008.pdf，2010 年 1 月 31 日最后访问。国内对美国信息公开报告制度的专门评介可参见赵正群、苗苗：《信息公开报告制度研究：以美国信息自由法为例》一文。该文系中国法学会比较法学研究会 2004 年年会论文和首届中国信息化法制论坛暨中国法学会信息法学研究会 2005 年年会论文。

（三）展开对"公布报告"的社会评议，扩大对公布政府信息公开报告工作的公众参与

在行政法规中明确规定建立对法规执行情况的"评议制度"，并提出定期评议要求，应属《条例》的又一制度创新。因为，即便在可以被称为政府信息公开制度的创始者之一的美国《信息自由法》文本中，也还没有"评议制度"的条文规定。尽管没有书面条款，但美国确实有着很发达的以"社会评议"为代表的公众参与机制。如在本章中已经提到的"解密国家安全资料库"（The National Security Archive）这一公益组织在 2003 年至 2008 年间通过采用依据《信息自由法》等法律向被调查的联邦机关提出信息公开或提供相关解密资料的申请，要求相应机关公开解密资料库所需的数据信息，然后经过分析概括，形成以调查报告的方式方法对美国信息自由法的施行实况连续发布了 7 篇"奈特开放政府系列调查报告"。这样一种"亲历信息公开申请程序，取得相关的数据信息，然后撰写并发表系列专题调研报告"的方法，可谓社会公益组织对政府信息公开施行实况予以较全面社会评议的一个范本。[①]由此形成的对信息自由法制实践的"组织化参与"、"系统化监督"和"全面专业化的评议"则可谓社会公益组织参与政府信息公开法制建设的一个范例。[②]

有关中国以成文法律规范直接支持公众参与国家重要法制建设的实践，至少可以追溯到 1989 年制定的《行政诉讼法》。其第二十九条第二款"律师、社会团体、提起诉讼的公民的近亲属或者所在单位推荐的人，以及经人民法院许可的其他公民，可以受委托为诉讼代理人规定"之规定，已经体现出国家立法机关对社会团体参与国家行政诉讼法制实践的法律支持。可惜，行政诉讼法实施至今已 20 多年之久，在社会团体或社会公益组织参与行政诉讼问题上，仍然没有取得应有的进展。与此形成较鲜明对照的是，伴随改革开放与体制改革的进展，中国在公众参与国家法制建设方面已经取得了一些新进展。以《条例》

---

① 对国外公益组织参与政府信息公开法制建设的专题研究论文，可参见赵正群、董妍：《公众对政府信息公开实施状况的评价与监督——美国"奈特开放政府系列调查报告"论析》，《南京大学学报》2009 年第 6 期；赵正群：《交际费、食粮费情报公开诉讼及其意义——日本行政诉讼在 20 世纪 90 年代的新发展》，载罗豪才主编：《行政法论丛》（第五卷），北京：法律出版社 2002 年版。

② "组织化参与"、"系统化监督"和"全面专业化的评议"等命题，源于赵正群、董妍：《公众对政府信息公开实施状况的评价与监督——美国"奈特开放政府系列调查报告"论析》一文研讨"奈特开放政府系列调查报告"总结出的公众参与政府信息公开法制建设的经验，参见《南京大学学报》2009 年第 6 期第 32～33 页。

为代表的中国政府信息公开法制建设，已经吸引了众多专业人士、新闻媒体和公民的多方积极参与。目前存在的突出问题是，由于社会公益组织发展迟缓，导致我国社会公益组织对国家重要法制建设的参与水平还远未达到"组织化参与"、"系统化监督"和"全面专业化的评议"的水平。而当代公共治理经验已经一再证明，包括国家重要法制建设在内的任何国家公共事业的发展与公共治理工作，如果没有公众的广泛参与均不可能取得较好效果。为此，本章专门强调展开对"公布报告"的社会评议，扩大以社会公益组织为代表的对政府信息公开报告工作的公众参与，当为发展与完善中国初创未久的政府信息公开报告制度的重要途径之一。

综上所述，"公布各级行政机关政府信息公开年度报告制度"作为中国信息法制建设中的一项制度创新，已经在中国大陆获得了初步实践和展开。通过对国务院组成部门与各省、自治区和直辖市发布的 2008 年度报告文本的实证分析，发现了一些省部级行政机关没有认真履行《条例》规定的公布本机关政府信息公开报告的职责；负责推进、指导、协调、监督工作的主管部门对各级行政机关有效履行本项职责的指导、监督不够；公众参与不够等问题。建议主管部门切实履行指导与监督职责，针对在编制与公布年度报告中存在的问题，以编制"报告指南"，并提供统一的"报告文本模板"的方式方法来指导各级行政机关做好政府信息公开年度报告工作。督促法律、法规授权的具有管理公共事务职能的组织和与人民群众利益密切相关的教育、医疗卫生、计划生育、供水、供电、供气、供热、环保、公共交通等公共企事业单位也履行"公布报告"的义务，提倡社会公益组织对"公布报告"工作的"组织化参与"、"系统化监督"和"全面专业化的评议"，以促进这一新型法规制度的落实与发展，裨益于方兴未艾的我国信息公开法制建设事业。

# 第三章　中国地方政府的信息公开制度建设实况：

## 以深圳为例*

**摘要：**《政府信息公开条例》实施已近两年多了。在这两年多来，一些地方政府将信息公开作为建设法治政府的重要指标之一，民众也寄希望于政府信息公开条例能够促进和推动政治体制改革，保障知情权、实现民主、防止腐败。然而，政府信息公开的立法价值和目标与政府信息公开的现实实践之间仍存在一定的差距，依申请获得政府信息仍有一定的阻碍。除了立法技术问题外，依法行政、服务行政观念的确立是政府信息公开工作良性运转的决定性因素。

**一、实验性申请情况**
**二、申请政府信息公开的若干问题**
**三、政府信息公开的法制前景**

**关键词：** 政府信息公开　依法行政　知情权

《政府信息公开条例》（以下简称《条例》）实施已近两年多了。改革开放以来，从来没有哪一部法律法规像《条例》那样被广大民众寄予如此厚望。《条例》具有保障公民的知情权的价值和立法目的，知情权又是公民表达自由这一基本人权的重要前提，因此《条例》属于人权立法范畴。除保障知情权外，《条例》还具有依法行政、防止腐败、强化民主政治等核心功能和价值。[①]《条例》能否得到实施是实现立法目的的关键，两年多来《条例》的实施状况凸显了中

---

*本章撰稿人为深圳大学法学院教授李薇薇；法学硕士研究生潘亚鹏。

①涂四益：《政府信息公开条例的价值缺陷》，《行政法学研究》2010 年第 1 期。

国处于深刻社会转型时期的各种利益的纠葛和思想观点的碰撞，也反映了中国法制道路之艰辛。

深圳市政府信息公开制度建设不可谓不早，早在 2003 年 12 月深圳市就通过了《深圳市行政机关业务公开暂行规定》，2004 年 2 月又通过了《深圳市政府信息网上公开办法》，2006 年 8 月《深圳市政府信息公开规定》正式生效，原《深圳市行政机关业务公开暂行规定》和《深圳市政府信息网上公开办法》同时废止。深圳市 2008 年又颁布了《深圳市法治政府建设指标体系（试行）》，力图通过目标量化促进和提升政府依法行政的效率。《指标体系》共设置 12 大项，其中一项是政府信息公开法制化，它要求政府提供的信息应当全面、准确、及时，确保公民知情权、参与权、表达权、监督权的实现。

## 一、实验性申请情况

为了从政府信息公开申请者的视角发现深圳市依申请公开政府信息工作中的问题，我们"政府信息公开申请调查小组"在深圳市范围内进行了共计 50 份实验性政府信息公开申请，总计涉及 38 个被申请部门，其中向市级政府部门提交申请 23 份，市级以下 27 份。申请内容涉及财政预算、保障性住房申请情况、被行政问责人员等方面。其中有 39 份申请收到回复，有效回复 18 份，完整回复 11 份，超期答复 14 份，有 11 份申请没有收到任何回复。通过 50 份试验性申请，调查小组根据自己的实践体验，发现深圳市依申请公开政府信息工作中存在着以下问题，并提出了改善的意见和建议。本次申请情况统计结果如表 3.1 所示。①

---

①申请情况统计表说明：

收到回复：指被申请单位对申请作出了受理或者不予受理的决定，并不代表提供了申请者需要的信息。其情形包括：（1）被申请单位作出了不予受理的决定；（2）作出了受理的决定并对申请作出答复；（3）作出了受理决定但之后未作答复。

有效答复：指被申请单位向申请者提供的信息部分或全部符合申请者的申请要求。

完整答复：指全部满足申请者的申请要求亦即向申请者提供全部申请信息的答复。

超期答复：指被申请单位的正式答复信息超过法定期限。

不符合形式要求的回复：指被申请单位未按照申请者指定的形式回复了信息。

不具规范性回复：书面回复之规范性依据为加盖公章；电子邮件回复之规范性依据为通过业务部门专门邮箱回复及有正式的标题和落款。不符合上述规范要求的回复为不具规范性回复。

表 3.1　申请情况统计表

| 被申请单位数量 | 50 份 | 市级单位 | 23 份 | 市级以下单位 | 27 份 |
|---|---|---|---|---|---|
| 收到回复 | 39 份 | 回复比例（总回复数/总申请数） | | 78% | |
| 收到有效答复信息 | 18 份 | 有效回复比例<br>（有效回复份数/总申请数） | | 36% | |
| 完整答复申请信息 | 11 份 | 完整回复比例<br>（完整回复份数/总申请数） | | 22% | |
| 超期答复 | 14 份 | 超期答复比例<br>（超期答复份数/总申请数） | | 28% | |
| 未有任何回复 | 11 份 | 未回复比例<br>（未回复份数/总申请数） | | 22% | |
| 不符合形式要求的回复 | 20 份 | 占总回复比例<br>（不符合形式要求份数/总回复份数） | | 51.2% | |
| 不具规范性的回复 | 19 份 | 占总回复比例<br>（不符合规范要求份数/总回复份数） | | 48.7% | |
| 收到电话问询 | 29 份 | 占总申请比例（受到电话问询份数/总申请份数） | | 58% | |

## 二、申请政府信息公开的若干问题

（一）对申请理由的审查

在总计提交的 50 份申请中，有 29 份申请的被申请单位都通过电话问询过申请者，其中半数以上的问询是针对申请理由，有的甚至要求申请者提供书面证明材料。那么申请政府信息公开是否需要告知申请理由呢，被申请的部门是否有权审查申请者的理由呢？

一些被申请单位将《条例》第十三条之规定认定为申请者必须提供申请理由的依据。《条例》第十三条规定："除本条例第九条、第十条、第十一条、第十二条规定的行政机关主动公开的政府信息外，公民、法人或者其他组织还可以根据自身生产、生活、科研等特殊需要，向国务院部门、地方各级人民政府及县级以上地方人民政府部门申请获取相关政府信息。"

对法律规范的某一具体条文的理解，必须结合该法律规范的其他条文，从该法律条文与其他法律条文的关系、该法律条文在所属法律条文中的地位、作用等方面着手，全面系统地分析法律条文所要表达的含义和内容，以免孤立地、片面地理解该法律条文的含义。《条例》第十三条之前的内容，尤其是第九条至

第十二条，意在表明有关政府部门负有主动公开有关信息的责任，第十三条是关于依申请公开政府信息的规定，其意在表明除政府主动公开的信息外，公民、法人及有关组织有根据自己的各种需要申请公开政府信息的权利，宣示权利才是第十三条的本意所在，而非设置义务。而关于"根据自身生产、生活、科研等特殊需要"的规定，最多意味着以下意思：申请者不应该滥用申请权利，以节约行政资源。事实上，这种担忧也是没有理由的，申请政府信息公开，不仅仅需要被申请的政府部门付出行政成本，而申请人自己也需要付出经济、时间等方面的成本，申请者完全会出于自己的理性而根据自己的需求申请公开政府信息。

从法律效力上讲，特别法优于一般法，特别规定优于一般规定。《条例》第二十条对申请政府信息公开作了特别的具体规定，并对申请内容作了详细的要求，即政府信息公开申请应当包括下列内容："（一）申请人的姓名或者名称、联系方式；（二）申请公开的政府信息的内容描述；（三）申请公开的政府信息的形式要求。"《条例》第二十条才是对申请政府信息公开的专门规定，这一专门的具体规定应该被视为属于"特别规定"，是申请政府信息公开的主要依据，而这些规定里并不包括要求申请者提供申请理由。

申请理由不同于申请资格。申请资格是程序性的，它是进行某项活动的先决条件，资格必须是明确列举的，如中国人还是外国人，有无行为能力的人。从《条例》本身来看，没有明确规定申请资格，但从《条例》许多涉及主体的条款使用"公民"一语来推断，应该不包括外国人和外国的组织。申请理由是实质性的，申请理由必须具备现实的可证明性与可审查性。对于申请理由而言，申请人只需要表明或者告知自己根据一定的理由申请公开政府信息，但不需要提供证据来证明这一理由，被申请单位也不能对申请者的申请理由进行事先的审查，事实上，被申请单位对申请理由的审查也是无法做到的。因此，行政机关不应以申请理由作为拒绝公开的借口。《条例》第十三条规定的生产、生活的需要，"已可以囊括个体在社会生存的所有需求。而所谓'特殊'，法律并没有明确规定哪些事实要件可以充分构成判断的基础，而在很大程度上成为一个主观认识问题，系不确定法律概念"[1]，倘若用一个不确定的概念来作为申请政府

---

①钱影：《公开，抑或不公开——对〈中华人民共和国政府信息公开条例〉第十三条的目的论限缩》，载《行政法学研究》2009 年第 2 期。

信息的资格要件，不仅政府机关在政府信息公开实务中去审查申请者的理由和用途既不现实又不经济，而且政府机关对申请理由的要求极有可能作为不愿意公开的借口，并因此构成公民行使监督权利的障碍。

从《条例》的立法宗旨来看，推进和实现政府信息公开的目的在于保障公民的知情权和监督权，使权力在阳光下运行。那么行使公民的知情权和监督权也就是申请政府信息公开的当然理由，也是不证自明的天然理由。

（二）对申请答复的形式要求

《条例》第二十六条规定，行政机关依申请公开政府信息，应当按照申请人要求的形式予以提供；无法按照申请人要求的形式提供的，可以通过安排申请人查阅相关资料、提供复制件或者其他适当形式提供。在我们提交的 50 份实验性申请中，有 36 份要求被申请单位用书面形式提供信息，另 14 份要求用电子邮件回复。但是，在总计 39 份回复中，只有 19 份符合形式要求。

就依申请公开政府信息的形式而言，不同的形式具有不同的特点，如书面形式具有权威性、电子邮件形式回复信息比较方便快捷，申请人之所以对申请公开的政府信息作出形式要求，是基于申请人对信息用途的要求。比如，作为证明材料使用的信息，一般要求规范的书面形式才具有相应的效力。所以，按照申请者所要求的形式提供信息，对申请者是十分重要的，被申请单位不能出于自己便捷或成本的考虑不按照申请者的形式要求提供信息。

被申请部门除应当按照申请人的形式要求提供信息，所提供的各种形式的信息还必须具备规范性。如注明申请编号、有正式的标题和落款等，用电子邮件回复申请信息时还必须使用业务部门专门的邮箱。[①]本次实验性申请的回复中，有一些回复信息就十分随意，既无公章，又没有标题和落款，很不规范。实践中常常遇到的一个问题是业务单位回复信息是否需要加盖印章，本次实验性申请中有 6 份纸质回复加盖了单位的印章。毫无疑问，加盖了单位印章的信息显得更具权威和真实，而政府机关提供信息也应当保证其真实性，但是考虑到信息载体的差异性，对于某些信息载体如光盘、磁盘或者通过电子邮件的方式传递信息，加盖公章有技术操作和成本上的难度。所以笔者认为，只有在申请者要求被申请单位以纸质回复申请信息时，申请者可以要求被申请者对信息

---

① 深圳市首宗政府信息公开案，就是因为被告深圳市司法局用工作人员的个人邮箱回复原告的申请而提起的诉讼。见"深圳首宗政府信息公开案开庭　司法局成被告"，http://news.sznews.com/content/2008-08/25/content_3208332.htm。

载体加盖单位印章。

　　加盖公章的确会增加行政工作量，对于一些部门来说，例如市场监督部门、劳动和社会保障部门经常收到申请工商登记、社会保险等商业需要的信息，行政机关不愿意加盖公章的理由是担心这些加盖了公章的资料被作为证据使用，或被广泛的人知晓。《条例》并没有限制依申请获取的信息不能作为证据使用，这里涉及一个依申请公开与主动公开的范围是否可以重叠的问题。事实上，无论是主动公开，还是依申请公开，除了法定不予公开的外，都是属于可以公开的信息。当应该主动公开的信息，没有主动公开，或因为被视为不属于"社会公众广泛知晓和参与的"而没有主动公开，就自动列入依申请公开的范围。所以不需要担心一个以申请获得的信息，被当作主动公开的信息使用，或被更广泛的人知晓的问题。如果行政机关严格按照体例规定，将应该主动公开的信息，给予主动公开，并逐渐扩大主动公开的范围，依申请公开的事项就会逐渐减少。

　　在实验性申请过程中，被申请单位在接到申请后一般都会与申请者通过电话联系，在总计 50 份实验性申请中，有 29 份申请受到被申请单位的电话询问，其目的一般有以下四种：一是申请者在申请信息时的表述不够清晰，被申请者通过沟通确认申请者所真正需要的信息；二是想知道申请者申请信息的具体用途；三是电话告知该申请不符合受理条件，不予受理；四是通过电话告知申请者所需要的信息。笔者认为，被申请单位在不明确申请人的申请信息时，与申请人进行沟通是可以且必要的，因为电话沟通的目的是最终使得申请人准确地获得所需要的信息。根据《条例》第二十六条，行政机关在无法按照申请人要求的形式提供信息时，可以通过安排申请人查阅资料，提供复制件或其他适当形式提供，但没有规定是否可以电话回复。那么，"以适当形式提供"是否可以包括电话形式呢？从条例规定的救济制度上来看，如果行政机关违反规定，申请人可以依法申请行政复议或者提起行政诉讼。而电话回复不论是拒绝申请，还是答复所申请的信息，都没有文字的记载，在很大程度上使申请人的行政救济权利无法实现。可以推定，电话回复在很大程度上具有故意回避书面行文阻碍信息公开之嫌疑。另外，《条例》第二条界定的政府信息为"以一定形式记录、保存的信息"，所申请的信息是可以记录和保存的，那么电话回复的信息很难具备上述特征。笔者认为，在申请者同意电话回复申请信息的情况下，被申请单位也可以通过电话告知申请者需要的信息。但如果申请者没有选择电话回复的话，依据《条例》第二十六条之规定，被申请者不能采用电话回复的方式，更不能以已经电话回复为理由拒绝公开相关信息。对于电话回复是否构成有效回复，《条例》并没有明确的规定，地方在制定实施细则或实施办法时应对依申请公开政府信息的程序作出明确的规定。

（三）对申请者所获信息用途之审查

被申请者经常会被询问申请信息的用途，在29份被电话询问的申请中，多半都是针对申请信息的用途。在很多情形下，信息的用途和申请信息的理由是同一回事，信息的用途等同于申请信息的理由，以深圳市最新设计的政府信息公开申请表格为例，在所需信息的用途一栏，给出了自身生活需要、自身生产需要、自身科研需要及查验自身信息四项选择，而在其他一些地方设计的政府信息公开申请表格中，也有将所需信息的用途表述为"申请理由"，所以对信息用途的要求同样不能够作为申请资格对申请者进行审查。信息的用途和申请信息的理由的细微差别在于，信息的用途往往更指向信息的具体使用，而申请理由更偏向于对这种使用的概括的阐释，我们在先前的实验性申请中经常遇到的情况是，申请者在已经提供了申请信息的理由（生产、或生活、或科研）的情况下，仍然被一些被申请单位通过电话一再追问申请信息用途。显然被申请单位不应该对申请者追问申请信息的具体用途，更不能以此为由拒绝申请。如前所述，倘若被申请单位可以以"生产、生活、科研等特殊需要"这样一个非常主观的判断作为对申请的审查条件，尤其是在我国政府信息公开无论是制度还是实践都处于刚刚起步、行政机关对信息公开的思想观念尚未完全转变的阶段，无疑将会导致制定《条例》的良好初衷落空。

那么信息的申请者是否可以在获取信息后改变申请当时提供的申请信息用途呢？一种观点认为申请者对于获得的信息，应当按照申请时提供的用途加以利用，如若改变用途，应当征得提供政府信息的单位同意，不能擅自改变用途。笔者不赞同此种观点。笔者认为，政府信息作为一种资源，应当在法律允许的范围内充分发挥其资源效用，只要目的是合法的，信息的流通和使用是正当的，法律就不应该限定信息的使用范围和用途。换言之，不论申请者在申请信息时提供的是何种用途，在生活、生产、科研的范围内并且不违背法律禁止性规定的前提下，申请者可以自由使用该信息，而无需审查和批准。虽然确实存在申请者将得到的信息用于非法目的的可能，但是这也不足以构成对信息用途的审查依据。申请者应当对信息的合法用途负责，当申请者将信息用于非法目的时，有关机关可以依法追究其责任，而不是在申请者提交申请或者改变申请用途时就事先审查其理由或限制其用途。

（四）不予公开的范围

调查小组在申请过程中，某被申请单位对一份申请以"该信息将来会在政府网页上公开"为由拒绝向申请者提供信息。这涉及申请公开政府信息的范围究竟如何确定的问题。我们认为，被申请单位的理由违反了《条例》的规定。首先，主动公开的政府信息应当及时公布，被申请单位显然没有做到这一点。其次，本着以公开为原则、不公开为例外的原则，在主动公开的政府信息之外，除了依法定原因不能公开的政府信息外，都应该是可依申请公开的范围，否则行政机关对该信息迟迟不予主动公开，而又以即将在网上公开（主动公开）为理由拒绝申请，那么就会造成申请者对该信息的权利真空。在调查小组的另外一次申请过程中，被申请单位以某内部文件规定为由拒绝提供有关信息，这种理由显然是不能成立的。内部规定不应该凌驾于《条例》之上，除依《条例》规定不予公开的信息，都应该公开。一个重要的问题是，有必要对规范性文件进行系统的清理工作，及时修改或废除与《条例》有冲突的规定。

《条例》第十四条规定，行政机关不得公开涉及国家秘密、商业秘密、个人隐私的政府信息。但是，经权利人同意公开或者行政机关认为不公开可能对公共利益造成重大影响的涉及商业秘密、个人隐私的政府信息，可以予以公开。因为相关法律对"国家秘密"、"商业秘密"、"个人隐私"的概念一直没有作出明确的界定，这种状况造成实践操作中标准不统一，也造成了某些行政机关以国家秘密、商业秘密、个人隐私为借口不愿提供信息或对申请者的不合法的限制。鉴于此，在地方制定实施细则或实施办法时，有必要对"个人隐私"以及其他内涵比较模糊的概念作出明确的界定，国外的一些立法可以作为参照，如爱尔兰政府信息公开法案中的个人隐私包括以下内容：[①]

（1）与个人的教育、医疗、精神病或者心理方面的历史记录有关的信息。

（2）与个人的经济情况有关的信息。

（3）与个人的就业或工作背景有关的信息。

（4）与个人刑事方面的历史记录有关的信息。

---

①吕艳宾、［英］Megan Patricia Carter：《中欧政府信息公开制度比较研究》，北京：法律出版社2008年版，第128页。

（5）与个人的宗教、年龄、性取向或婚姻状况有关的信息。

（6）公共机构为了确认个人身份而赋予个人的数字、字母、符号、字词、标志或其他事物，以及用作此种目的的任何标志和其他事物。

（7）与个人福利权利、税收负担或财产有关的信息。

申请者申请的信息有时候会同时包含依法可以公开的信息和依法不能公开的信息，但信息依其性质是可以被分割的，即具有可分割性，信息的这种特点决定了应当保密部分可用某种方式屏蔽，不应保密的部分则予以公开。如果被申请的政府信息部分内容可以公开，部分内容依法不能公开，被申请单位应适用信息分割原则，不得借口该信息中有部分内容属于不能公开的范围而拒绝公开全部的相关信息，而是应当删除不得公开的内容，或者将不能公开部分作适当处理后予以公开。《条例》第二十二条也确定了信息分割的原则，申请公开的政府信息中含有不应当公开的内容，但是能够作区分处理的，行政机关应当向申请人提供可以公开的信息内容。

《条例》第二十三条规定，涉及商业秘密、个人隐私的政府信息，必须经权利人同意才可以公开，但是对于何为"同意"，尤其是权利人的"不作答复"究竟是视为同意还是不同意，《条例》并没有明确规定，理论和实践中也有不同的看法，如《湖南省实施〈中华人民共和国政府信息公开条例〉办法》[①]第十条规定，有证据证明权利人已收到书面通知，权利人逾期不答复又不提供不答复的正当理由的，视为同意公开。但亦有学者认为政府不能慷他人之慨，权利人没有明确表示同意公开，则政府不得公开该信息。笔者认为，《条例》已经规定了"行政机关认为不公开可能对公共利益造成重大影响的，应当予以公开"的情形，在该情形之外，已经不存在对公共利益的考量，故出于保护权利人个人隐私及商业秘密的需要，对《条例》第二十三条"第三方不同意公开的，不得公开"之规定应当理解为第三方明确作出表示，方可公开。

（五）便民原则

1. 规范工作流程，统一业务模式

申请过程中，我们发现一些政府部门的依申请处理流程很不规范，业务模式也有很大差别。所以，我们建议，上级主管部门应当督促下级主管部门和各业务部门，实现依申请处理流程的规范化运作，在探索出一套合理、高效、便

---

① 新华网 http://www.xinhuanet.com/chinanews/2009-12/13/content_18484369.htm。

捷的工作机制的基础上，统一业务模式。这样既方便了申请者，使申请者在申请过程中不至于无所适从，同时又能够提高各业务部门的绩效，便于主管部门对各业务部门的绩效评估和业务监督。

2. 政府信息公开申请的处理流程透明化，拓宽与申请者互动与交流的渠道

政府信息公开申请处理流程的透明化有利于优化政府信息公开内部工作机制，促进依申请处理政府信息公开业务工作效率，提升政府服务的质量。同时也有利于上级主管部门利用网络系统监管政府信息公开申请的处理，使申请者的知情权得到更好的保障。

政府信息公开申请处理过程中，公众也需要一种及时、便捷和高效的互动方式来申请政府信息、查询申请状态、得到反馈结果。但是，深圳市申请政府信息公开网络系统并未具备上述服务功能。在深圳政府在线或者区级单位的网站上提交政府信息公开申请，网上政府信息公开申请系统并没有反馈给申请者一个申请编号一类的回执，申请者也无从查询自己申请的处理进展情况。因此，我们建议充分利用并完善网上申请系统的功能，申请系统应当为每一份申请自动生成一个编号。申请者可以在网络申请系统上输入编号查询自己的申请处理流程。对于通过其他途径提交的申请（如书面提交申请），工作人员应手工录入相关申请信息，也应当生成相应的申请编号，并通过各种途径及时告知申请人。这样，申请者可以通过编号及时获取申请处理的状态及其处理结果等反馈信息，申请者与业务部门之间也就开辟了一条互动交流渠道。

3. 为申请者提供指导

由于政府职能的广泛性以及各种原因导致的政府内部结构的复杂性，加之申请者对各个政府部门职能的认知可能出现偏差，申请人很可能在申请时无所适从，或者不知道向何处申请，或者向不掌握其所需的信息的部门提交了申请，由此导致了申请中出现很多麻烦。为了减少申请者的申请成本，节约行政资源，同时最大限度地为申请者满足知情权提供便利，应该建立申请指导制度。信息公开主管部门应该通过开通专门针对申请公开政府信息的网上咨询、电话咨询、邮件咨询等方式，为有申请意愿的申请者提供指导和帮助，告知申请者应该向哪一部门申请其需要的信息，以及通过何种途径进行申请。

## 三、政府信息公开的法制前景

观念是实践的先导。深圳市依申请公开政府信息的状况再次表明，依法行政、服务行政观念的确立是政府信息公开工作良性运转的决定性因素。《政府信息公开条例》的实施从来就不只是一个立法技术的问题，也从来不存在尽善尽美的规定，事无巨细的条文永远也无法关照到现实的每一个角落，只有理念上的转变才是《条例》落实的关键。在实验性申请的过程中，虽然申请者在申请时已经按照申请表的要求完整提交了相关申请信息，但仍然不断地接到被申请部门的询问电话，询问内容最多的就是信息的具体用途和申请者的目的，这固然体现了行政机关及其工作人员对政府信息公开工作的重视，但更多地反映了行政机关对政府信息公开的某种担心和顾虑。在我们的一份关于"地铁票价听证会笔录"的申请中，被申请部门以听证笔录的内容属于听证参加人的隐私为由不予受理；而另一份关于已经考试过的"公务员考试试题及答案"的申请，被以该信息属于国家秘密为由拒绝。虽然相关法律关于个人隐私和国家秘密的界定还比较模糊，但听证会不是秘密进行的，听证会参加人本身代表了一个群体，他们参加听证的目的就是发表自己的看法，每个人的意见是否合理，必须向社会公开才能受到公众的评判，才能发挥听证会的听证效果，相信参加者本人也不会认为其发言属于个人隐私。毫无疑问听证会笔录和已经考过的公务员考试考题及答案不属于个人隐私及国家秘密的范畴。这些部门之所以以这种近乎荒唐的理由拒绝公开信息，其根源非是对相关法律不理解，而是一些行政机关长期以来在管制思维模式下的求稳、怕乱心态的折射以及由此带来的对政府信息公开的恐惧与抵触心理。笔者对政府信息公开工作调研过程中，还常常会听到有政府官员抱怨政府信息公开影响行政效率，认为信息公开浪费了行政资源，提高了行政成本，在信息公开与行政效率之间，行政机关的行政效率是更为重要的考量因素。殊不知，政府信息公开与行政效率并不矛盾，一方面，通过政府信息公开实现了公众的知情权与监督权，权力在阳光下运行，对利益而言，减少了暗箱操作的空间，对责任而言，减少了相互推诿的可能，权力在监督下顺利的运行而"不走弯路"，这本身就意味着行政效率的极大提高，更是对公共资源最好的利用；另一方面，效率是现代行政追求的重要价值，却不是唯一的价值，效率之外还有公平、正义、秩序等，不能仅仅因为行政效率而忽视其他价值。政府信息公开正是为了保障这些重要的价值，使得权力能够在人民的监督和约束下真正地为人民的利益服务，如果这些重要的社会价值不能够得到保障，那效率也就演变成了权力为少数人谋利益的借口。何况所谓的行政效率不能等同于行政方便，更不等同于不讲法律程序的"一步到位"。

温家宝总理在十一届全国人民代表大会第三次会议的政府工作报告中提出，要以转变职能为核心，深化行政管理体制改革，大力推进服务型政府建设，努力为各类市场主体创造公平的发展环境，为人民群众提供良好的公共服务，维护社会公平正义。[①]而公开透明是建设服务型政府的关键，一个政府只有首先做到公开透明，才可能成为一个为全社会提供优质公共产品和服务的服务型政府。一个服务型政府的管理者必须能够正确的定位自己的角色和树立正确的行政理念，那就是认识到自己只是一个公众利益的服务者，而不是一个全能的"家长"，认识到自己所掌握的各种资源都不是属于自己所有的，而是属于他的服务对象——公众所有的，这些资源当然包括各种信息资源，这些信息可以而且应当对其服务对象公开，而不是据为己有，甚至作为自己牟取私利的工具。正是因为如此，温家宝总理还在政府工作报告中强调：要深入推进政务公开，完善各类公开办事制度和行政复议制度，创造条件让人民批评政府、监督政府，同时充分发挥新闻舆论的监督作用，让权力在阳光下运行。[②]

值得一提的是，本次试验性申请分为两个阶段。在第一阶段的 20 份申请结束后，我们将反映出来的问题及时反馈到有关部门。我们欣喜地看到，一些问题很快得到了改善，申请信息的途径更加便捷，申请的流程也更加规范和透明。[③]我们看到了地方政府对政府信息公开所做的努力及其积极的心态，也看到了我国政府信息公开工作进一步推进的希望，更看到了社会对政府信息公开工作的巨大推动力。徒法不足以自行，《条例》的良好运行需要不断地注入动力去推动。政府的推动作用和自我约束无疑是政府信息公开工作顺利进行的重要保证，然而，"理论和实践一再提醒我们，'自我推动'制度变革动力模式存在着极限：当制度变革涉及对改革者原有利益的伤害时，推动力将递减，从而导致动力衰竭和疲惫"，"从制度实施的广度、深度以及可持续

---

① 参见新华网：《政府工作报告》,http://news.xinhuanet.com/politics/2010-03/15/content_13174348.htm。

② 参见新华网：《政府工作报告》, http://news.xinhuanet.com/politics/2010-03/15/content_13174348.htm。

③ 改善的地方包括： 深圳市政务公开电子监察系统提供的申请表格更加合理化，由原来的申请者自己陈述信息用途改变为只需要申请者在自身生产需要、自身生活需要、自身科研需要及查验自身信息四个选项中作出选择，而且申请政府信息公开的网络系统已经基本覆盖全市范围，同时在申请提交后网络自动生成申请编号，各单位统一通过政务公开电子监察系统给申请者发送申请回执等。

度方面看，我们需要鼓励和培育大规模的、可持续的力量来抑制政府自我推动力的衰减，并提供可更新的、持续的动力。这种推动制度不断前行的力量，只能是社会个体以及由他们组织起来的公民社会的力量"。① 所以，每一份申请、每一个质疑都是在为这项美好的制度注入不断前行的力量，来自社会的自下而上的推动就是这项制度良好运行的不竭的动力源泉。

---

① 王锡锌：公众参与是政府资讯公开的永续推动力，http://big5.ce.cn/xwzx/gnsz/gdxw/200805/02/t20080502_
5340373. shtml。

# 第四章　政府预算信息公开的维度*

**摘要:** 从本质上讲,政府预算信息的性质应当界定为公共产品,其产权属于社会公众所有。政府预算信息公开的客体有三个层次:基本信息、基础信息和基准信息。《政府信息公开条例》着重强调公开的是政府预算基本信息。客观地说,国家秘密和政府预算信息之间存在一定的重叠关系,依法合理界定国家秘密的范围就成为影响政府预算信息公开的关键因素。推动政府预算信息公开事业继续发展应当从两个方面展开:一是继续完善政府信息公开法律制度建设;二是改革修订国家秘密法律制度。

一、政府预算信息的性质
二、政府预算信息公开的客体
三、政府预算信息公开的内容
四、政府预算信息公开 VS 国家秘密
五、政府预算信息公开的立法维护

**关键词:** 政府预算信息　客体　公共产品　国家秘密

## 一、政府预算信息的性质

为了研究在资源稀缺的客观条件下更合理地配置有限资源,经济学家们以

---

*本章撰稿人为李建人博士,南开大学法学院(天津 300071)副教授,主要从事财税法律制度研究。本章内容
　曾发表于《南开学报》2010 年第 2 期"《政府信息公开条例》的实施与我国信息法制的发展"专题研究中。

非竞争性①和非排斥性②作为两个指标，对产品或服务作了基本的分类。如果某一项产品或服务同时具备这样两个性质，就被称为公共产品，如空气、航标灯、国防、外交、治安等；如果一项产品或服务同时具有竞争性和排斥性，就被称为私人产品，如住宅、食品等。经济学家们引入公共产品和私人产品分类理论的目的是为了合理确定不同产品的供给策略。③如果在预算法律制度领域适当借鉴上述产品分类理论，则有助于揭示政府预算信息的产权属性，并进而为分析政府预算信息的法律保护、公开范围提供有益的理论支持。

所谓预算，是指一定主体就未来某一特定时期收支情况的安排。从预算性质的角度出发，预算可以分为私人预算（如个人、企业、组织预算）和政府预算。

由于政府预算涉及的内容是一定区域社会公众（包括个人、企业、组织）的共同利益，如国防、治安、环保等，政府预算主要体现为公共预算性质，政府预算活动的产物——预算信息——应当主要属于公共产品范畴。基于政府预算公共产品的主要性质，其产权应当属于社会公众的公共财产范畴，社会公众应当不分经济所有制性质、宗教信仰、受教育程度、党派界别平等地享有所有权（主要表现为知情权）。而且，由于"信息产品"具有可以无限重复复制的特点，因此，政府预算信息具有完美的非竞争性，可以对任何数量的对象充分供给。

如果将政府代表的一定区域的社会公众视为同一个抽象共同体人格，尤其是相比较于其他抽象共同体人格（外国公众），即使是同样的国防、治安、环保等项目的预算性质又具有私人产品的属性。此外，如果将政府预算信息简单界定为公共产品，在满足社会公众对政府预算信息知情权的同时，必定会由于公共产品向无限制的社会公众完全开放的特点，导致其中应当属于国家秘密的政府预算信息外溢，由于政府预算信息无限制公开而发生的负的外部效应则会致

①所谓非竞争性，是指当一个人消费某些产品或服务时，并不对其他人同时消费这种产品或服务构成任何影响。换言之，当无限多的人消费某一特定产品或服务时，他们当中的每个人并不比只有一个人消费该产品或服务时的效用递减。参见储敏伟、杨君昌主编：《财政学》，北京：高等教育出版社2000年版，第14页。

②所谓非排斥性，是指无法阻止人们对于某一项产品或服务的消费。或者说，要阻止人们对某一项产品或服务的消费所要耗费的成本是无限大的。参见储敏伟、杨君昌主编：《财政学》，北京：高等教育出版社2000年版，第14页。

③保罗·A.萨缪尔森、威廉·D.诺德豪斯：《经济学》（第12版），杜月升、张晓光、梁小民、彭松健、潘佐红、宋立刚、黄卫平译，北京：中国发展出版社1992年版，第1193～1196页。

使社会公共利益受损。因此，政府预算信息不能简单定位为公共产品。此外，即使是从纯粹技术角度出发，由于"信息产品"传播途径的特殊性，政府预算信息持有人（政府）可以轻松地控制预算信息供给的数量、内容和对象。因此，政府预算信息本身就具有极强的排斥性。

因此，如果从经济学意义上的纯粹技术指标考量，政府预算信息兼具完美的非竞争性和排斥性，似乎应当划归混合产品。①但是，如果从客观实际出发，由于某些政府预算信息涉及社会公共利益（主要出于国家安全考虑），天然地表现出强烈的私人产品属性。所以，从维护国家安全利益考虑，它们应当首先圈定为私人产品，属于国家秘密范畴。当然，随着时间的推移，这些目前属于国家秘密范畴的政府预算信息也应当依法逐步解密，从而回归公共产品的本质。而如果深入到政府预算信息的细节，又可以发现，事实上，绝大多数预算信息与国家安全利益似乎缺乏直接的、必然的因果关系，而所有政府预算信息却都事关社会公共利益。因此，绝大多数政府预算信息应当直接属于公共产品范畴。

一个基本的结论：在借鉴经济学原理基本分析工具的前提下，政府预算信息的性质既不应当武断地界定为公共产品，也不能刻板地理解为混合产品。就某一财政年度静态的政府预算信息而言，应当定性为兼具公共产品和私人产品性质的复合体。其中，绝大多数政府预算信息属于公共产品范畴，在其诞生伊始就应当进入公共领域，极少数预算信息则应当暂时进入私人产品领域，划归国家秘密。但是，就政府预算信息内容的产权终极归属而言，它仍然应当属于具有一国合法国籍资格的全体国民所有，即属于公共产品的性质，应当最终向社会公众彻底开放。

## 二、政府预算信息公开的客体

基于目前我国政府预算活动主要法律文本（即预算报告和决算报告）的编制现状，结合政府预算编制的基本原理和方法，从纵向公开深度的角度考量，笔者认为，政府预算信息公开的客体应当分为以下三个层次：政府预算基本信息——政府预算基础信息——政府预算基准信息。

---

①在公共产品和私人产品的两极之间，客观存在着许多不具有纯粹的公共产品与私人产品性质，但在一定程度上又或多或少地具有这两种物品性质的产品和服务，即混合产品。参见储敏伟、杨君昌主编：《财政学》，北京：高等教育出版社 2000 年版，第 15 页。

1. 政府预算基本信息

政府预算基本信息反映和体现政府预算活动的概貌，披露政府预算活动的重要宏观数据，总结政府上一财政年度财政政策落实执行状况，表明政府下一财政年度财政政策的基本立场，其载体一般是披露政府预算信息的综合性法律文件，即政府预算报告、决算报告。

政府预算基本信息可以综合反映某一级人民政府预算活动的全貌，能够较为直观地反映政府预算收支科目间的对比关系、政府预算整体收支平衡状况，有助于分析政府财政收入的特点、水平、财政支出偏好，有利于揭示当地或者我国全国社会经济发展的基本态势和轨迹。但是，从实践情况来看，我国政府预算基本信息的一个突出缺陷是，预算决算报告内容过于宏观，在非专业人士看来似乎主要就是一些数据的堆合，而在专业人士看来则又显得有些笼统，没有深入预算决算科目的实质深度。

2. 政府预算基础信息

政府预算基础信息是财政预算法律文件中宏观数据的具体组成部分。就地方政府预算而言，通过各级乡（镇）、县、市、省级政府预算的逐级汇总，相应的各县、市、省级地方预算以及地方政府总预算就浮出水面，这样便可以从横向和纵向两个角度作出对比，反映出各级地方社会经济发展的总体态势。就中央政府预算而言，以不同科目为预算编制基本单位，经过各部门数据汇总，最终形成各个科目的预算收支结论，进而以此为根据形成全部预算收支数据。

不可否认的是，政府预算基础信息是构成政府预算的核心数据，对于揭示政府预算真实状况有着直接的作用。但是，由于政府预算基础信息数据量过于庞大，从技术的角度难以在政府预算报告和决算报告中充分展示。[1]所以，政府预算法律文件中的相关宏观数据的真实构成情况也就无法直接获取了，如果相关政府和财政机关不主动公开政府预算基础信息，从理论上讲，就可能存在一个弊端：在一个较大科目的口袋里，可能会掩盖具体科目项下不合理甚至是不合法的收支现状。

3. 政府预算基准信息

---

[1]即使如此，2008 年，财政部依旧提出：2009 年中央政府预算的重点支出要按政府支出功能分类的"款"级科目列示，地方财政也要争取在 2009 年将报送人大审批的政府预算主要收支按"款"级科目细化，条件不成熟的地方，可先对政府预算的重点支出按"款"级科目细化。参见《关于进一步推动预算公开的指导意见》（财预〔2008〕390 号）。

就政府预算编制的具体程序而言，一个前提工作就是首先确定预算编制的科目分类和相关数据的统计口径。如果政府预算编制采用不同的科目分类、不同的统计口径，就极有可能得出较大差异的政府预算基础信息，然后经过汇总预算，导致最终形成的政府预算基本信息有可能大相径庭。预算编制的科目分类、统计口径、相关数据群以及最终择取的数据均应属于政府预算基准信息的范畴。

提出政府预算基准信息分类的目的，在于提出一个警示：即使是同一个政府的预算，如果经过不同基准信息的组合，将会呈现出不同的甚至是大相径庭的差异，也就是说选择性预算存在的客观可能性是有的。只有向社会公众公开政府预算编制的基准信息，才能揭示政府预算编制的真实路径、轨迹，从而在最大程度上公开政府预算的客观真相。[①]就我国政府预算公开事业而言，公开政府预算报告和决算报告绝不能肤浅地理解为仅仅就是公开相关法律文件。在这里，首先需要彻底抛弃单式预算的思想，真正按照复式预算的编制思路组织政府预算，然后厘定、细化预算编制的科目分类，确定科学的统计口径，最后在可能导致结论偏差的数据群中择取最接近客观事实的数据，从而揭示政府预算资本项目和经常项目下收支的真实状况。[②]

### 三、政府预算信息公开的内容

《政府信息公开条例》（以下简称《条例》）第二章"公开的范围"共六条，较为详细地规定了各级政府应当公开的政府信息范围，并对各级地方政府提出了"重点公开"的信息范围。如果以政府预算信息公开为考量背景，观察《条例》第十条和第十二条的具体规定，可以发现，《条例》对当前我国政府预算信

---

[①]事实上，财政部也已经意识到这个问题，提出：要在进一步规范完善一般性转移支付测算内容、口径、技术方法的基础上，适时向社会公开一般性转移支付的数据来源、测算办法和分配结果。参见《关于进一步推动预算公开的指导意见》（财预〔2008〕390号）。

[②]需要指出的是，对政府预算信息的准确评价必须深入到上述预算信息三层次，尤其是第三层次。但是，客观地说，似乎只有专业人士才可能具有必要的知识储备。但是，从公共财政的角度出发，有必要对社会公众实施必要的知识传授，从而消除普通公众参与公共财政活动的技术性障碍，最终确保公共财政公共参与。有学者介绍，20世纪初，纽约市在引入英国预算制度时，就曾通过宣传、展览、讲座等方式开展预算教育，向社会公众灌输"通晓预算是个好公民"的理念。参见宋彪：《公众参与预算制度研究》，《法学家》2009年第2期。

息公开的内容表明了以下两点明确的立场。

首先，政府预算信息公开的客体是政府预算基本信息。

《条例》第十条规定：县级以上各级人民政府及其部门应当依照《条例》第九条的规定，在各自职责范围内确定主动公开的政府信息的具体内容，并重点公开 11 类政府信息。其中，第 4 类应当重点公开的政府信息就是"财政预算、决算报告"。从法律解释的角度出发，这里的"财政预算、决算报告"应当采纳文义解释为妥，也就是指每年县、市、省、中央权力机关（各级人民代表大会及其常务委员会）审查的"财政预算、决算报告"文本。

如果以本章前面提出的政府预算信息三层次分类理论为标准，"财政预算、决算报告"应当属于基本信息层次。就积极效果而言，"财政预算、决算报告"能够为普通社会公众提供一个基本的、综合的感知，有助于社会公众全面了解政府财政预算的基本立场、状况，有利于公众预判政府未来财政政策的基本态度，从而更趋理性地安排私人生产生活。但是，不可否认的是，观察目前我国各级政府预算编制思路和现状，"财政预算、决算报告"还多是框架性的。如果将政府预算信息"重点公开"的范围仅仅界定到政府预算基本信息的层次，必然会产生一个有效信息供给不足的缺陷：一般公众读不懂，专业人士不够读。

其次，针对乡（镇）政府预算信息提出了附加要求。

《条例》第十二条规定：乡（镇）人民政府应当依照《条例》第九条的规定，除了在其职责范围内确定主动公开的政府信息的具体内容之外，还应当"重点公开" 8 类政府信息，其中第 2 类就是"财政收支、各类专项资金的管理和使用情况"。

这条规定的合理推理似乎应当是这样的：在独立设立乡（镇）一级预算[①]的前提下，乡（镇）人民政府应当公开其"财政预算、决算报告"，其中重点公开"财政收支、各类专项资金的管理和使用情况"。当然，一般情况下，包括乡（镇）一级政府的各级"财政预算、决算报告"中都会有"财政收支、各类专项资金的管理和使用情况"。从表面看，这条规定似乎没有必要。但是，如果从深层次上讲，它的意义却是深远的。因为，"财政收支、各类专项资金的管理和使用情

---

① 《预算法》第二条第一款规定："国家实行一级政府一级预算，设立中央，省、自治区、直辖市，设区的市、自治州、县、自治县、不设区的市、市辖区，乡、民族乡、镇五级预算。"第二款规定："不具备设立预算条件的乡、民族乡、镇，经省、自治区、直辖市政府确定，可以暂不设立预算。"可见，由于地方社会经济发展情况不一，有些乡（镇）规模偏小，《预算法》没有苛求必须设立乡（镇）一级政府预算。

况"是社会公众（尤其是基层群众）关注的焦点，《条例》的上述立场表明了立法机关（即中央政府）对政府预算信息公开改革的积极立场。

当然，也许会有这样的质疑：那么为什么《条例》不直接规定各级政府（包括中央政府）都应当将"财政收支、各类专项资金的管理和使用情况"作为其重点公开的政府信息之一？出现上述结果，可能至少有以下两方面的因素：一是不排除实践中某些地方乡（镇）政府预算过于笼统，预算透明度明显不够，客观需要对其加强监督管理；二是地方政府预算实行的是汇总编制的方法，乡（镇）政府预算是四级地方政府预算的基石，只有以此为突破口，才能逐级夯实地方政府预算（最终实现地方政府汇总预算）的可靠性和透明度。相比而言，中央政府预算中的"财政收支、各类专项资金的管理和使用情况"已经在相关文件中作了比较具体的说明（当然这并不排除中央政府预算在这些方面继续改革的必要性）。①总而言之，通过强化乡（镇）政府预算信息公开的重点内容，表明了中央政府渴望向社会公众深度开放预算收支细节的基本立场，其中蕴含的积极改革的态度以及从基层政府入手的稳健工作作风可见一斑。

但是，就乡（镇）政府预算信息公开而言，《条例》也存在一个较为明显的软肋。如果乡（镇）政府没有独立设立一级预算，则只能由县级人民政府公开县级"财政预算、决算报告"。根据目前我国各级人民政府预算、决算报告的基本编制方法，县级预算、决算报告中一般不会以横向的各乡（镇）为编制单元，而是以纵向的收支科目为编制单元。因此，具体的某个乡（镇）人民政府"财政预算、决算报告"、"财政收支、各类专项资金的管理和使用情况"就无法直接从县级"财政预算、决算报告"中获悉了。

---

①如 2008 年中央政府决算报告显示：中央财政收入包括国内增值税收入、国内消费税收入、进口货物增值税消费税收入、出口货物退增值税消费税收入、营业税收入、企业所得税收入、个人所得税收入、证券交易印花税收入、车辆购置税收入、关税收入、非税收入、地方上解收入等12个科目；中央财政支出包括农林水事务支出、教育支出、医疗卫生支出、社会保障和就业支出、文化体育与传媒支出、科学技术支出、环境保护支出、公共安全支出、国防支出、外交支出、一般公共服务支出、城乡社区事务支出、交通运输支出、工业商业金融等事务支出、其他支出、地震灾后恢复重建支出、对地方税收返还支出、对地方财力性转移支付支出、预备费使用支出等19个科目。此外，还有"中央政府性基金收入"和"中央政府性基金本级支出"两个科目，其内容亦较丰富。

## 四、政府预算信息公开 VS 国家秘密

就理论和实践而言，制约政府预算信息彻底公开的主要法律因素是国家保密制度。为了进一步推动政府预算信息公开事业，同时依法准确界定政府预算信息公开和保守国家秘密的法律边界，就必须深入研讨当前我国国家保密制度的某些内容。

首先，何谓"国家秘密"？《保守国家秘密法》（以下简称《保密法》）第八条规定：国家秘密包括下列秘密事项：（1）国家事务的重大决策中的秘密事项；（2）国防建设和武装力量活动中的秘密事项；（3）外交和外事活动中的秘密事项以及对外承担保密义务的事项；（4）国民经济和社会发展中的秘密事项；（5）科学技术中的秘密事项；（6）维护国家安全活动和追查刑事犯罪中的秘密事项；（7）其他经国家保密工作部门确定应当保守的国家秘密事项。

可以看出，《保密法》对国家秘密的界定采取了"领域+秘密"的界定模式，择取了六个关系国计民生的重大领域，将其中的"秘密事项"界定为国家秘密。但是，如果将政府预算信息与国家秘密涉及领域作比较，就会发现政府预算几乎囊括了国家秘密涉足的全部领域（除了追查刑事犯罪之外）。[①]所以，政府预算信息公开与保守国家秘密之间的冲突就是难以避免的了。

其次，何谓"秘密"？根据《保密法》"总则"的规定，国家秘密是"关系国家的安全和利益，依照法定程序确定，在一定时间内只限一定范围的人员知悉的事项"。[②]很明显，《保密法》对国家秘密的界定提出了三个指标：（1）重要性指标，即关系国家的安全和利益；（2）程序性指标，即依照法定程序确定；（3）.公开性指标，即在一定时间内只限一定范围人员知悉。但是，如果就这三个指标具体来看，《保密法》"分则"没有对重要性指标提出限定性标准，对于程序性指标则授权国家保密工作部门和产生国家秘密事项的机关

---

[①]对此有学者曾提出批评意见，认为目前我国的《保守国家秘密法》与阳光政府建设的目标存在着很大的距离，其奉行的"以保密为原则，以不保密为例外"以及"全民保密"的宗旨与"以公开为原则，不公开为例外"的政府信息公开制度之间的矛盾十分明显。参见沈福俊：《建立与政府信息公开制度相适应的保密制度——以〈保守国家秘密法〉的修改为视角》，《法学》2009 年第 9 期。

[②]《保守国家秘密法》第二条。

单位确定国家秘密及其密级的具体范围①，对于国家秘密知情人范围也没有提出精确的界定。②当然，国家保密局也曾与相关中央机关对个别涉及国家秘密的领域做出过联合立法的尝试，但是，仍然没有就具体领域明确界定出国家秘密的范围，而是实际上将解释权授予了国家保密部门。③具体到本章探讨的政府预算信息领域，似乎还没有见到国家保密局和财政部就该领域的保密范围作出过联合规定。

就上述当前我国保密制度立法现状而言，可以发现，国家秘密的法律界定采取了"宽泛框定，模糊界定，授权审定"的立法思路。这种立法思路的好处是有助于实现对国家秘密的严格控制，确保国家利益不受损害。但是，就政府预算信息公开而言，其缺陷则至少有两点：（1）实体法缺陷，由于《保密法》对国家秘密的界定较为宽泛，客观上有可能导致社会公众合理的实体法知情范围受到不应有的限制；（2）程序法缺陷，《保密法》授权产生国家秘密事项的机关单位有权具体确定国家秘密的范围，有可能导致这些机关单位不当行使国家秘密确定权，从程序上限制社会公众合理的知情权。

从目前由《保密法》构建起来的我国国家秘密保护制度来看，很明显，是不利于政府预算信息公开的。因为，如果根据《条例》的规定，政府预算报告和决算报告不仅是应当主动公开的，而且还属于重点公开的范畴。但是，如果根据《保密法》的规定，相关政府和财政部门则有权力依法确定其是否属于国

---

① 《保守国家秘密法》第十条规定："国家秘密及其密级的具体范围，由国家保密工作部门分别会同外交、公安、国家安全和其他中央有关机关规定。国防方面的国家秘密及其密级的具体范围，由中央军事委员会规定。关于国家秘密及其密级的具体范围的规定，应当在有关范围内公布。"第十一条规定："各级国家机关、单位对所产生的国家秘密事项，应当按照国家秘密及其密级具体范围的规定确定密级。对是否属于国家秘密和属于何种密级不明确的事项，由国家保密工作部门，省、自治区、直辖市的保密工作部门，省、自治区政府所在地的市和经国务院批准的较大的市的保密工作部门或者国家保密工作部门审定的机关确定。在确定密级前，产生该事项的机关、单位应当按照拟定的密级，先行采取保密措施。"
② 《保守国家秘密法》第二十七条规定："国家秘密应当根据需要，限于一定范围的人员接触。绝密级的国家秘密，经过批准的人员才能接触。"
③ 如2006年11月7日，国家保密局与中国气象局联合颁布了《涉外气象探测和资料管理办法》。其第九条第二款规定："涉及国家安全、国家秘密的，省、自治区、直辖市气象主管机构初步审核时，应当征求当地国家安全、保密等部门的意见。"第十八条规定："向境外组织、机构和个人提供参加世界气象组织全球和区域交换站点以外的气象资料，应当由中方合作组织向省、自治区、直辖市气象主管机构提出书面申请，报省、自治区、直辖市气象主管机构或者国务院气象主管机构批准。涉及国家秘密的，应当按照国家有关规定征求保密部门的意见。"

家秘密,并有权力最终决定是否公开。一个基本的法理是:上位法优于下位法。所以,在《保密法》面前,《条例》的约束力是有限的。也正是因为如此,才有诸多的地方政府和相关机关屡屡拿出《保密法》赐予的"尚方宝剑"对要求公开政府相关信息的申请说"不"。比如 2009 年 10 月 9 日,一个来自深圳的民间"公共预算观察志愿者"李德涛就曾向上海市财政局递交了市级部门预算公开的申请。几天后,他的申请被拒绝,理由是市级预算属于 "国家秘密",不能公开。当然,如果从合理性的角度出发,上海市财政局的决定和理由似乎难以服众。但是,如果仅从法律程序的角度观察,上海市财政局拒绝公开政府预算的做法确实有充分的法律依据。而作为主管全国财政工作的财政部也曾存在类似情况。比如,2003 年至 2007 年全国政府决算信息就没有在当时即时公开,而是直到 2008 年,财政部才在其官方网站予以公开;而每月全国财政收支数据则曾被要求保密三年。①

### 五、政府预算信息公开的立法维护

如前文所述,政府预算信息的性质是公共产品和私人产品的复合体。从法理上讲,其中的公共产品属性要求绝大多数政府预算信息应当向社会公众即时开放,其中的私人产品属性则要求少数政府预算信息应当在适当范围、适当时间给予适当控制。鉴于政府预算信息中公共产品占据主体地位,因此,政府预算信息应当以公开为原则,以不公开为例外。具体而言,应当表现为以下三点:(1)绝大多数政府预算信息应当即时向社会公众公开;(2)暂时属于国家秘密范畴的少量预算信息也只是不对普通社会公众公开,但是对权力机关及其代表还是应当依法履行报告义务,并依法接受质询和询问;(3)即使是属于国家秘密范畴的政府预算信息也应当依法定期解密,最终向社会公众彻底公开。

应该承认,要让各级政府(尤其是某些地方政府)主动在最大可能范围内及时公开预算信息确实有一些困难,尤其是当政府预算存在某些不当或者违法

---

①参见《推进预算公开透明的重要一步——解读财政部第一时间向社会公布中央财政"四张预算表"》,资料来
　源:中央政府门户网站(www.gov.cn)。

情况时。①但是，应当肯定的是，自2008年5月1日《条例》实施以来，包括预算信息在内的我国政府信息公开事业有了基本制度依据，还是取得了长足进步，某些地方政府和财政部甚至主动降低了政府预算领域国家秘密的"门槛"，对政府预算信息公开的力度和措施甚至超过了《条例》规定的水平。2009年10月9日，前述的"公共预算观察志愿者"李德涛，同时也曾向广州市财政局递交了市级部门预算公开的申请，几天后广州市财政局接受了他的申请，随后在政府网站上公开了广州市整个政府部门的预算。原先对公开地方政府预算持抵触态度的上海市财政局也很快改变态度，重磅推出了大力公开当地市级政府预算信息的多项制度。2009年3月20日，财政部则史无前例地在全国人大审议通过后的第一时间在其官方网站公开了中央财政预算，具体包括2009年中央财政收入预算表、2009年中央财政支出预算表、2009年中央本级支出预算表以及2009年中央对地方税收返还和转移支付预算表。

应当说，在政府预算信息公开工作中，上述地方政府和财政部起到了良好的示范作用。当然，也应该看到，这些示范单位的做法对其他地方政府和中央机关并不具有强制约束力。现在亟待做的一项重要工作是，应当继续进行制度建设，重点完善相关核心法律制度，努力突破某些制度瓶颈，提升我国政府预算信息公开的整体水平。

首先，继续完善政府信息公开基本法律制度。目前，《条例》是调整我国政府信息公开的基本法律制度，它的历史地位和客观功绩是毋庸置疑的。作为更进一步的改善，《条例》仍然有一些需要继续改进的地方。就本章探讨的政府预算信息公开而言，如前文所述，《条例》第十条要求县级以上人民政府"重点公开""财政预算、决算报告"，这对于督促某些地方政府公开预算信息而言，确实有一定的进步意义。但是，不可否认的是，"财政预算、决算报告"属于政府预算信息中的基本信息层面，对于社会公众呼声强烈的公开某些地方政府预算中的行政事业经费支出项目并不能形成有效的约束。因此，应当考虑继续完善《条例》第二章"公开的范围"，逐步实现公开政府预算信息中的基础信息甚至

①在这一点上，似乎各国政府均存在类似问题。比如，即使是作为政府信息公开典范的美国，就联邦政府信息公开而言，客观上也普遍存在着积压、迟延回复、"伪秘密"、网站建设不力等弊端。参见赵正群、董妍：《公众对政府信息公开实践状况的评价与监督——美国"奈特开放政府系列调查报告"述评》，《南京大学学报》2009年第6期。

是基准信息，进而从根本上向社会公众开放政府预算信息。①

其次，尽早颁布《政务信息公开法》或者《政府信息公开法》。客观地说，从立法位阶的角度而言，《条例》有一个难以避免的软肋：行政机关颁布公开政务信息制度，难免让人有"运动员当裁判"的感觉。此外，立法位阶偏低，权威性不足也是一个缺陷，尤其是当《条例》与其他法律发生冲突时，就更为突出。事实上，早在 2003 年底，《政务信息公开法》就被列入第十届全国人大常委会立法规划。但是，值得关注的是，2008 年底公开的第十一届全国人大常委会的立法规划中，《政务信息公开法》不仅没能进入"争取在十一届全国人大常委会任期内提请审议"的 49 件法律草案，而且竟然也从"研究起草、条件成熟时安排审议的法律草案"中消失了，这不能不说是一个遗憾。②但是，即便如此，就规范政府信息公开的制度建设而言，制定《政务信息公开法》或者《政府信息公开法》仍然是必由之路。

最后，完善《保密法》，努力突破某些制度瓶颈。《保密法》是 1988 年 9 月 5 日七届全国人大常委会第三次会议通过的，自 1989 年 5 月 1 日起施行，至今已经运行了 20 多年。其间，国际社会政府信息公开制度建设有了长足发展，我国政府信息公开事业也取得了重大突破。不能回避的是，目前我国政府信息公开实践中迫切需要对国家秘密的某些法律规定作出与时俱进的完善，修订《保密法》就成为左右下一阶段推动政府信息公开事业发展的重要因素。在完善《保密法》时，以下几方面的问题需要格外关注。比如，如何更加合理地界定国家秘密的范围？能否在目前"领域+秘密"的立法模式下，适当收缩国家秘密存在的领域，对秘密给予相对明确的界定，从而为政府预算信息公开提供更加广阔的空间。此外，对于产生国家秘密的单位的国家秘密确定权似乎也有必要加以适当控制，否则就可能难以从根本上遏制某些地方政府和机关滥用国家秘密确定权的现实性和可能性。

---

① 此外，从修订完善《预算法》的角度出发，则应当强化规范预算条款的制度建设、增设关于预算信息公开透明的规定、确保人大代表能够获得充分、独立的政府预算信息。参见程岚、马海涛、秦强：《落实人大预算权利 推动公共预算法制化建设》，《财政研究》2008 年第 12 期。

② 赵正群、董妍：《中国大陆首批信息公开诉讼案件论析》，《法制与社会发展》2009 年第 6 期。

# 第五章　预算公开的价值与进路*

**摘要：**预算公开指年度财政收支计划的编制、审批、执行的全过程都应当以适当方式向公众公开。预算公开在保障公民知情权、建立责任政府、遏制财政腐败等方面具有重要价值。预算公开在许多国家直接由宪法进行规范，反映了对该事项重要程度的判断。各国宪法对预算公开的规定，通常由预算基本法、信息公开法、代议机关议事规则等法律具体调整。我国应立足于现阶段实际情况，在借鉴域外有益经验的基础上，由《预算法》对预算公开作出详细规定。应按照循序渐进的原则，增强预算的完整性、具体性、易懂性；并公开预算审议过程，注重主动公开与依申请公开相结合。

**一、预算公开的内涵**
**二、预算公开的价值**
**三、预算公开的域外经验**
**四、预算公开的进路**

**关键词：**预算公开　内涵　价值　域外经验　进路

自 2008 年 5 月 1 日《政府信息公开条例》施行以来，几则有关预算公开的新闻报道引起了社会普遍关注：其一，财政部在 2009 年 3 月 20 日在其官方网站上正式公开 2009 年中央财政预算。这是这个极具权力的中央部委首次在全国人民代表大会批准预算草案后的第一时间将其向全社会详细公开。财政部此次在其官方网站上公布的是 2009 年中央财政收入预算表、2009 年中央财政支出

---

*本章撰稿人为胡锦光博士，中国人民大学法学院教授、博士生导师，主要从事宪法与行政法研究；张献勇博士，山东工商学院政法学院教授，主要从事财政宪法研究。本章内容曾发表于《南开学报》2011 年第 2 期"信息法制与中国社会的发展"专栏中。

预算表、2009 年中央本级支出预算表以及 2009 年中央对地方税收返还和转移支付预算表。①其二，2009 年 10 月 22 日，广州市财政局网站公布了《2009 年广州市本级部门预算》，114 个部门预算均供免费下载，这是广州市首次在网上公开年度"账本"。②其三，国土资源部 2010 年 3 月 30 日在其官方网站发布了"2010 年部门预算"，这是我国政府决定"三年内公开中央部门预算"③后，第一个公开部门预算的中央部委。④截至 2010 年 5 月 5 日，已有 38 家中央部门公布部门预算。⑤

在我国，长期以来，预算对公众一直是秘而不宣的，公众所能看到的只是关于上年预算执行情况和当年预算安排的报告，即预算报告。预算报告虽能为公众提供一个基本的综合的感知，有助于公众全面了解政府预算的基本立场、状况和预判政府未来财政政策的基本态度，但却存在有效信息供给不足的缺陷。⑥广州市财政局和财政部、国土资源部等中央部委在网站公开预算，可谓推动预算民主化的重要一步。但也应看到，我国预算公开的状况还处于初级阶段，还很不乐观。据上海财经大学公共政策研究中心发布的《中国省级财政透明度状况（2009）》评分结果显示，我国大陆 30 个省份财政透明度平均得分只有 22 分，达到及格的只有福建一个省份。⑦国际预算合作组织（The International Budget Partnership）在 2010 年 10 月发布了《预算公开调查（2010）》报告。据该组织对 94 个国家预算公开情况的调查结果，中国与沙特阿拉伯、赤道几内亚、塞内加尔和伊拉克等四个国家属于极少或没有实行预算公开的国家。⑧因而，有必要对预算公开的内涵、价值、域外经验及我国预算公开的路径等问题进行研究。

---

① 《我国首次第一时间公开中央财政预算》，http://politics.people.com.cn/GB/9000105.html。

② 《广州市首次公开 114 个市级部门财政预算》，《广州日报》2009 年 10 月 23 日。

③ 2009 年底，在国家审计署向全国人大常委会作的《落实审议意见报告》中，提出将继续推动中央部门预算公开，争取再经过两三年的努力，使所有的中央部门预算都向社会公开。

④ 《国土部网上"晒"账本　成首个"吃螃蟹"中央部委》，http://politics.people.com.cn/GB/1027/11262172.html。

⑤ 《中央部门公开部门预算进程（附表）》，http://politics.people.com.cn/GB/99014/11289180.html。

⑥ 李建人：《政府预算信息公开的维度》，《南开学报（哲学社会科学版）》2010 年第 2 期。

⑦ 上海财经大学公共政策研究中心：《2009 中国财政透明度报告——省级财政信息公开状况评估》，上海：上海财经大学出版社 2009 年版，第 9 页。

⑧ Just Released! Open Budget Survey 2010, http://www.internationalbudget.org/what-we-do/open-budget-survey/。

## 一、预算公开的内涵

"预算"一词可以在静态和动态两种意义上使用：在静态意义上，它是指根据法定程序编制、审查和批准的政府年度财政收支计划；在动态意义上，它是指按照法定程序编制、审批、执行年度财政收支计划以及对该计划的执行进行监督的过程。[①]据此，预算公开亦有两种理解：静态的预算公开是指公开了的政府年度财政计划；动态的预算公开则是指年度财政收支计划的编制、审批、执行的全过程都应当以适当方式向公众公开。

公共资金"取之于民，用之于民"。为了保障公共资金的取得和使用符合公共利益的目的，仅仅公开议决后的预算是不够的，尽管它是动态预算公开的基础和中心环节，而必须将预算的全过程予以公开，置于公众的监督之下。本章所称的预算公开即动态的预算公开。它要求预算过程每个阶段产生的信息都被及时公布。具体地说：首先，在预算编制之前至少一个月，应该公布预算前报告，向公众说明预算得以编制的宏观经济假设和各种参数；其次，要及时公布代议机关通过的预算，使公众了解政府在未来财政年度内的各种活动和资金供给情况，了解政府的政策重点和资金安排的优先顺序；再次，要及时公布政府预算执行信息，包括预算执行的月报、季报、半年报告和年终报告；最后，在财政年度结束后要及时公布由独立审计机关对政府预算执行过程的审计报告，使信息使用者了解预算与实际执行情况的差别和存在的问题。[②]

考察预算理论发展史可以发现，预算公开一直被视为一项重要的预算原则。意大利财政学家尼琪提出预算原则包括六个方面的内容：公开性、确实性、统一性、总括性、分类性和年度性。尼琪认为，公开性是指预算的内容应该力求详尽通俗，以便于代议机关和公众能够了解政府收支的全部情况。全部预算收支必须经过代议机关审查批准，成为公开性的文件。[③]德国财政学者诺马克提出了公开、明确、事前决定、严密、限定、单一、完全、不相属等八个预算原则。诺氏认为，预算公开是指政府预算内容应该公开，以使所有公民都能充分了解政府的收支状况、财务计划及施政纲领的运行成本。预算公开包括程序公开与结果公开两个方面。程序公开是指政府预算的编制流程和审议批准程序应该公

---

① 张献勇：《预算权研究》，北京：中国民主法制出版社 2008 年版，第 19～20 页。

② 上海财经大学公共政策研究中心：《2009 中国财政透明度报告——省级财政信息公开状况评估》，第 55 页。

③ 马蔡琛：《政府预算》，大连：东北财经大学出版社 2007 年版，第 53 页。

开透明,置于代议机关的全程控制之下。结果公开是指政府预算的执行结果(决算)的公开,以便于公众对政府预算实际执行结果有全面的了解,并据以提出批评和建议。[1]尼琪预算原则和诺马克预算原则是传统预算原则的代表。此后,德国经济学家瓦格纳就预算提出了六原则:完整性、统一性、年度性、可靠性、公开性和法律性。公开性要求预算要向全体民众公开而且要详细地公开,让民众了解国家或地区的真实的财政情况,不得以机密、内部资料或其他理由阻止民众的要求。[2]

## 二、预算公开的价值

预算公开在保障公民知情权、建立责任政府、遏制财政腐败等方面具有重要价值。

(一)预算公开是保障公民知情权的需要

预算公开是公民享有的宪法上知情权在预算法中的具体体现。知情权作为一项国际社会普遍认同的基本人权,是建立现代民主政治的基础性权利,是民主社会的基石,也是现代法治国家的一个基本特征。我国宪法虽然没有明确规定公民的知情权,但是宪法第二条规定:"人民依照法律规定,通过各种途径和形式,管理国家事务,管理经济和文化事业,管理社会事务。"第四十一条规定:"中华人民共和国公民对于任何国家机关和国家工作人员,有提出批评和建议的权利。"无论是公民管理国家和社会事务,还是对国家机关和国家工作人员提出批评和建议,都需要以公民对国家机关工作有相当的了解为前提。因而,公民知情权是可以从这些宪法规定中推导出来的一项权利。而公民知情权实现的必要条件之一,就是包括预算行为在内的政府行为的公开。

(二)预算公开为建立责任政府的必需

政府的"权力来自人民,并以人民的名义进行治理,对于运用权力的方式,他们要向人民负责"。[3]信息公开是建立责任政府的客观要求,"关于政府活动结

---

① 马蔡琛:《政府预算》,第54页。

② 上海财经大学公共政策研究中心:《2010中国财政发展报告——国家预算的管理及法制化进程》,上海:上海财经大学出版社2010年版,第562页。

③ 迪特尔·格林:《现代宪法的诞生、运作和前景》,刘刚译,北京:法律出版社2010年版,第154页。

果的公共信息缺乏，对政府的公开控制就是盲目的、摸索中的"。①而公开发布的预算可以通过一份独特而清晰的文件，提供关于政府活动的完整报告。一份结构有序、宣传充分的预算能够保证政府对人民负责的基础，从而建立公众与政府之间的联系。② "公开是责任的关键，预算不得不广而告之，这样，公民才能够乐于利用其信息来评判公共官员。"③我国宪法第二十七条规定，"一切国家机关……实行工作责任制"，这表明，中国政府也是一个责任政府，它同样有义务向公众公开预算，接受公众监督。"如果政府收支没有一本账，如果政府收支不受监督，它就是一个看不见的政府。一个看不见的政府，不可能是一个负责任的政府；一个不负责任的政府，不可能是一个民主的政府。要建立一个民主的政府，首先要让它看得见；要让它看得见，它就得有一个统一的、受监督的预算。"④

（三）预算公开是遏制财政腐败的重要途径

"阳光是最好的防腐剂。"近年来，我国反腐败形势一直十分严峻，实行预算公开有助于遏制腐败现象高发态势。譬如，土地管理属于腐败情况最严重领域之一，如果政府每年将土地征收的计划面积、价格和用途，土地出让的计划面积、价格和用途，以及土地征收、出让、开发利用实际情况向社会公布，接受社会监督，必将减少土地管理部门的权力寻租空间。英国和美国预算制度的历史在这方面也作了很好的注脚。在英国，"预算制度形成的最大贡献是解决财政腐败问题。18世纪中期之前，英国各种各样的财政腐败是触目惊心的。进入18世纪中后期，议会通过预算控制财政，大体上杜绝了腐败。到19世纪，财政腐败已成为偶然的例外"。⑤在美国，1905年纽约州市政研究局（布鲁金斯研究所的前身）的研究人员利用涉及影响力购买和腐败两大丑闻促成的政治真空，将监督与公开作为重建政府在公众眼中合法性的手段，创设出了预算制度，"预算可以通过将权力限制在适当的范围以及将权力公开分配到特定的部门，从而

①乔纳森·卡恩：《预算民主——美国的国家建设和公民权》，叶娟丽等译，上海：格致出版社、上海人民出版社2008年版，第96-97页。

②乔纳森·卡恩：《预算民主——美国的国家建设和公民权》，第61页。

③乔纳森·卡恩：《预算民主——美国的国家建设和公民权》，第92~93页。

④王绍光：《从税收国家到预算国家》，马骏等主编：《国家治理与公共预算》，北京：中国财政经济出版社2007年版，第22~23页。

⑤焦建国：《英国公共财政制度变迁分析》，北京：经济科学出版社2009年版，第168页。

消除腐败"。①纽约的经验在全美起到了示范作用，到 1919 年，美国已有 44 个州通过了预算法；到 1929 年，除阿拉斯加外，所有的州都有了自己的预算法。美国国会在 1921 年通过了"预算与会计法"(The Budget and Accounting Act)，预算改革可谓大功告成。这一看似不起眼的预算改革对美国后来的政治发展产生了巨大的影响。"它将各级政府行为的细节第一次展现在阳光下，有效地遏制了腐败的势头，从而改善政府与民众的关系，增强了政府正当性"。②

### 三、预算公开的域外经验

（一）预算公开的宪法规范

预算公开在不少国家直接由宪法进行规范。由一国法律体系中具有最高法律效力的宪法来调整预算公开事项，反映了本国制宪者对该事项重要程度的判断。例如，阿联酋宪法（1971 年）第 130 条规定："年度总预算以法律公布执行。"摩纳哥宪法（1962 年）第 39 条规定："预算须列为法案，经投票通过后以法律形式予以公布。"奥地利宪法（1929 年）第 42 条第 5 款规定，国民议会所通过的批准联邦预决算等法案"应立即予以确认并公布"。厄瓜多尔宪法（1984 年）第 71 条规定，"预算每年公布一次，包括国家的全部收入和支出，也包括公共事业及执行社会经济发展计划的自治性企业的收入和支出。"尼加拉瓜宪法（1986 年）第 150 条规定，共和国总统行使的职权之一是"制定国家总预算，并在国民议会视情况批准或了解后予以公布"。日本宪法（1946 年）第 91 条规定："内阁必须定期，至少每年一次，就国家财政状况向国会及国民提出报告。"

（二）预算公开的法律规制

虽然宪法具有最高法律效力，但由于宪法本身所具有的原则性的特质，其对预算公开的规定大都比较概括，通常需要由普通法律来具体调整。普通法律调整预算公开事项大体有如下三种模式。

一是通过预算基本法具体化。如法国《预算组织法》第 56 条规定："本组织法所提及的法令和决定都要刊登在公报上。除涉及国防、国家内部和外部安全或外交机密外，所有的提案报告也要刊登在公报上。"日本《财政法》第 46 条规定："在预算成立后，内阁必须及时将预算、上年度财政收支决算、公债、

---

① 乔纳森·卡恩：《预算民主——美国的国家建设和公民权》，第 60 页。

② 王绍光：《美国进步时代的启示》，北京：中国财政经济出版社 2002 年版，第 3 页。

借款、国有财产余额及其他相关财政事项，以印刷品、演讲或其他适当形式通报国民。"此外，"内阁必须至少每个季度向国会及国民，报告预算执行情况、国库状况以及其他相关事项"。俄罗斯《联邦预算法典》第36条规定："公开性原则是指经批准的预算和决算必须在公开刊物上公布，要充分地提供有关预算执行过程的信息，以及让公众了解国家立法（代表机关）及地方自治机关作出决定的其他信息。""审查、通过预算草案决议的过程，包括国家立法（代表）机关内部或立法（代表）机关与执行权力机关之间产生分歧的问题，都必须向社会和媒体公开。""秘密条款只是作为联邦预算组成部分来批准。"以预算基本法规范预算公开事项可以对公开的主体、内容、方式、程序、责任等作出较为全面的规定。

二是通过信息公开法调整。1766年瑞典制定《新闻出版自由法》，在世界上首开信息公开法之先河。但在世界上影响最为深远的是美国的信息公开立法。美国的信息公开制度由1946年的《行政程序法》、1966年的《情报自由法》、1972年的《联邦咨询委员会法》、1976年的《阳光下的政府法》、1974年的《隐私权法》，以及1996年的《电子情报自由法》等一系列法律组成，内容丰富，体系完备，成为各国仿效的典范。《情报自由法》规定，除该法明文列举的九项免除公开的情况以外，一切政府文件必须对公众公开。该法于1974年、1976年和1986年进行了三次修订，进一步限制了免除公开的范围，规定了免除公开的信息必须具备的条件，并明确规定行政机关答复请求的期限等内容，使信息公开法进一步完善。1996年的《电子情报自由法》，要求每一个政府机关以电子数据方式为公众提供索引材料或本机关指南，以便利公众提出信息申请。受美国影响，其他国家和地区纷纷效仿进行信息公开立法。据统计，到2006年12月为止，已有七十多个国家和地区制定了信息公开法。[①]各国信息公开立法中所指的信息公开机构通常仅指行政机关，即政府，而不包括代议机关在内。预算信息是政府的收支信息，是反映政府行使一切与公共资源筹集和使用有关的权力的信息，是最重要的权力信息，自然应当属于信息公开的范围。

三是通过代议机关议事规则规范。代议机关是由选民选举产生的通过召开会议方式行使立法、财政、监督等职权的机构。为规范其权力的行使，各国代议机关普遍制定有《议事规则》；为保障其向选民（公众）负责，各国代议机关

---

①周汉华主编：《外国政府信息公开制度比较》，北京：中国法制出版社2003年版，第10～12页。

《议事规则》大都确立了议事公开原则。如美国国会《众议院议事规则》设专章规定了众议院活动的转播、官方记者和新闻媒体席、全院大会记录等议事公开问题。在第十一章"委员会程序及未完成事务"中特别规定:"每个委员会应以电子形式使公众在最大方便限度内获得其出版物。"日本国会《众议院议事规则》第十七章为"旁听",就公众和报社通讯社的旁听问题作出了规定。事实上,代议机关"最重大,也是费时最长的职能是检查政府的财政"①。代议机关议事公开制度保证了公众对预算审批监督过程和结果的知情权。

(三)预算公开的域外实践

"在发达国家,财政预算活动公开、透明运行,几乎是通行的惯例。"②如在美国,从总统预算草案的编制,到国会的审议通过,再到预算的执行审计,每个环节都有较高的透明度,给予公民知情权。美国政府每年都将所有与联邦政府预算有关的正式文件,不论是提交总统的,还是提交国会的,均通过互联网、新闻媒体、出版物等渠道向社会公布。通过财政信息的广泛披露,纳税人可以详尽地了解政府税收政策、支出政策以及财政资金的安排、使用情况。此外,联邦政府还为普通公民编写题为《预算公民指南》的通俗读物,通过清晰、直观的图表和简单的分析性文字,对公民进行有关国家财政、政府预算知识的教育和传播。③又如在德国,财政部门编制预算过程中,要在其网站上开辟专栏,广泛听取和搜集公民对预算安排的建议和意见,同时向预算单位和社会公众公布与预算编制相关的全部文件。联邦及州议会在审查和辩论预算时,不但允许公民自由旁听,有时还进行实况转播。如果公民需要更详细地了解预算内容,还可以直接向财政部门索要预算文本,财政部门一般都及时提供相关资料。④

值得注意的是,预算公开还越来越得到国际社会组织的广泛重视和认可。1998年4月,国际货币基金理事会临时委员会第五十届会议通过了《财政透明度良好做法守则——原则宣言》,其中第三条基本原则就是预算编制、执行和报

①龚祥瑞:《比较宪法与行政法》,北京:法律出版社2003年版,第222页。

②王加林:《发达国家预算管理与我国预算管理改革的实践》,北京:中国财政经济出版社2006年版,第7页。

③张志超:《现代财政学原理》,天津:南开大学出版社2006年版,第82页。

④蒋伟:《德国预算管理:比较与借鉴》,胥纯主编:《预算审查监督理论与实践》,成都:四川出版集团、四川人民出版社2008年版,第285页。

告的公开。①2000 年 9 月，世界经合组织发布了《经合组织关于预算透明度的最佳做法》，经合组织最佳做法准则和《财政透明度良好做法守则》相比又前进了一步，不仅对中央政府和预算规范、透明作出规定，而且包括了全部财政和准财政活动。②这表明，预算公开和透明不仅仅是国家规则，也正在向世界规则发展。

### 四、预算公开的进路

"随着中国逐渐转向税收国家，政府的收入预算和支出预算必须实现民主原则。正如财政史表明的，预算民主是任何现代税收国家都绕不过去的一个坎。"③实行预算公开是预算民主化改革的基本要求和应有之义。笔者认为，应立足于我国现阶段实际情况，在借鉴域外有益经验的基础上，按照循序渐进的原则推进我国的预算公开。近期似应围绕以下几个维度展开。

（一）增强预算的完整性、具体性、易懂性

预算可以规划政府提供公共产品的水准，从而确保政府不在需要之外加重纳税人的额外负担。预算这一功能的实现必须以政府的全部财政收支都纳入预算为前提，预算应覆盖包括一般政府基金、社会保障基金和各专项基金以及国有企业基金在内的所有公共资金，即要求预算具有完整性。但是，我国目前仍然有大量的财政收支没有纳入预算。以问题最为突出的土地出让金为例，2010年全国土地出让成交总价款 2.7 万亿元，同比增加 70.4%。④而这 2.7 万亿土地出让金目前均属于政府预算外收入。⑤即它是游离于政府提交人大批准的预算草案之外的，当然也脱离了公众的监督。

预算不仅应该涵盖所有公共资金，而且收支项目还必须是具体的。所谓"魔鬼隐藏在细节中"——离开了预算信息的具体性就很难对特定的部门、单位、项目的收入和支出作出评价，也很难对预算过程进行监督。首度公开的中央部门预算信息，过于粗略，缺乏细节。公开的内容大都局限在"类"级，个别项

---

①国际货币基金组织编著：《财政透明度》，财政部财政科学研究所整理，北京：人民出版社 2001 年版，第 47～80 页。

②王加林：《发达国家预算管理与我国预算管理改革的实践》，第 8 页。

③马骏：《中国公共预算改革：理性化与民主化》，北京：中央编译出版社 2005 年版，第 44 页。

④王迎晖：《天量土地出让金背后的连环因果》，《经济参考报》2011 年 1 月 11 日。

⑤荆宝洁：《我国 2.7 万亿土地出让金属于政府财政预算外收入》，《21 世纪经济报道》2011 年 1 月 13 日。

目细化到"款"级，并均未涉及"项"级，公众很难了解详情。这就要求预算编制尽可能地详细具体。

易懂性是指政府公布的预算信息能够让议会和公众明了公共资金的来龙去脉，清楚资金由谁在使用，用在了什么地方，提供了哪些公共产品，使用的效果如何，由此判断政府的规模是否适当，公共支出结构是否合理，公共资金的使用是否违背公共利益，是否遵循了经济、效益和效果的使用原则。对于预算的编制者来说，应该给人大代表和公众提供"看得懂"的材料，数据资料是枯燥难懂的，但无论多艰涩、枯燥的东西都是可以用较为通俗和直观的语言表达出来的，这只是一个技术问题，做到并不十分困难。①

（二）公开预算审议过程

"国家的收入及支出，每年以预算的形式向国会提出，并由国会审议决定，这是现代国家通行的重大原则。"②代议机关的这一权力对于控制政府具有重要意义。早在大约一个半世纪之前，J. S. 密尔就已经指出代议机关在税收和支出方面的唯一权力是预算同意权："……要求于它的只是表示同意，它所具有的唯一权力就是拒绝同意。"③我国人大也享有预算审批权，但长期以来，该权力基本上处于虚置状态。"只有当人大真正地控制了政府的预算，人大才能真正控制政府。实际上，正如西方政治历史表明的那样，预算民主可以在选举没有完全铺开的情况下取得实质性的进展，并且为政治民主与选举民主的发展创造一个非常好的制度平台。"④推进人大预算审议过程的公开，可以形成公众对人大的倒逼机制，使人大真正成为国家权力机关。

为此，笔者建议：一是通过修订人大《议事规则》，明确议事公开制度；二是激活人大现有的质询、调查等程序；三是将听证制度广泛引入预算审批监督过程。

（三）主动公开与依申请公开相结合

主动公开，是指根据法律规定的义务，行政机关主动公开某些信息。主要方式有：及时公开、定期公开、设立官方信息出版物、出售官方信息出版物、

---

① 李炜光：《李炜光说财政》，保定：河北大学出版社 2010 年版，第 241~242 页。

② 芦部信喜原著、高桥和之增订：《宪法》（第三版），林来梵等译，北京：北京大学出版社 2006 年版，第 315 页。

③ J.S.密尔：《代议制政府》，汪瑄译，上海：商务印书馆 1997 年版，第 71 页。

④ 马骏：《中国公共预算改革：理性化与民主化》，第 32~33 页。

公众任意查阅公开的信息等。依申请公开，是公众根据法律规定的权利向义务机关提出申请，由该机关向其公开特定的信息。对于这两种公开方式，《政府信息公开条例》（以下简称《条例》）均有所规范。

问题在于，一些信息公开机构缩小了《条例》规定的信息公开范围，除了《条例》规定主动公开并重点公布的信息——财政预算、决算报告之外，其他信息都不予公开。这显然不符合《条例》的规定，是对《条例》的曲解。财政预算、决算报告只是《条例》规定应主动公开信息中的重点。在主动公开的信息之外还有通过申请可公开的信息；在重点公开的信息之外还有其他应公开的信息。这些信息都是《条例》规定应公开的信息。哪些信息要公开，应根据《条例》第九条的四项基本要求来判断，而不应该将公开的范围限制在《条例》规定的必须主动重点公开的信息范围内。

随着纳税人意识的日益觉醒，公民申请预算公开的清醒会愈来愈多。公民申请预算公开，如果被拒绝，除法律规定的保密事项外，义务机关有义务公开。公民公开申请被拒绝，有权获得司法救济。这也是各国的普遍做法。如瑞典1776年就在宪法中规定，公众有权向专门负责收集意见的部门，就任何政府扣留信息的决定提出上诉。美国《情报自由法》也规定，当行政机关拒绝公开时，当事人有权向机关首长提出申诉，如果首长部分或全部维持拒绝提供记录的决定，机关必须通知申诉人该决定可以申请司法审查。

这里还需提及的是，《条例》规定了我国的政府信息公开报告制度，或称信息公开年报制度。根据《条例》的规定，报告应当包括下列内容：（1）行政机关主动公开政府信息的情况；（2）行政机关依申请公开政府信息和不予公开的信息的情况；（3）政府信息公开的收费及减免情况；（4）因政府信息公开申请行政复议、提起行政诉讼的情况；（5）政府信息公开工作存在的主要问题及改进情况；（6）其他需要报告的事项。[①]鉴于前述预算公开的价值，笔者认为，行政机关在报告第（1）项和第（2）项中，应专门说明主动公开政府预算信息的情况以及依申请公开政府预算信息和不予公开预算信息的情况。

---

① 《政府信息公开条例》第三十二条。2008年度各省部级机关政府信息公开报告制度执行的实际情况：在国务院现有27个组成部门中公布报告的有25个部委，其中于2009年3月31日前公布的有18个；《条例》效力所及的我国大陆31个省、自治区和直辖市均发布了报告，在已查到的30份省、自治区和直辖市的报告中，于2009年3月31日前发布的21份。参见赵正群、朱冬玲：《政府信息公开报告制度在中国的生成与发展》，《南开学报》（哲学社会科学版）2010年第2期。

（四）由《预算法》而非《预算法实施条例》对预算公开作出具体规定

据报道，预算法修订草案会原则规定"预算公开"，但不会作出具体规定，该工作将由今后的预算法实施条例等行政法规解决。[①]笔者认为，预算公开事项应当由修订后的《预算法》而不是《预算法实施条例》加以规范。因为：其一，作为法律的《预算法》的位阶和效力高于作为行政法规的《预算法实施条例》，尤其是《预算法》可以就各种不依法公开预算的行为的法律责任作出严格规定，由《预算法》规定预算公开具体事项可以促使预算公开主体积极履行公开义务；其二，预算包括中央预算和地方预算，中央预算的编制和执行机关是国务院，而如由国务院以行政法规规定中央预算公开事项，有自己为自己立法之嫌；其三，预算公开，不仅指人大批准后的预算应当公开，而且还指人大审批预算和监督预算执行过程的公开，但行政法规制定机关国务院无权就各级人大审批监督预算问题作出规定，因而行政法规所规范的预算公开事项也将是不完整的。

---

①杨华云、杨万国、吴鹏：《预算法修订草案今年提请审议 预算公开明确入法》，《新京报》2010年3月6日。

# 第六章　中国金融信息公开的理论与实践*

摘要:《中华人民共和国政府信息公开条例》颁布实施后,我国中央银行积极践行《条例》规定,采取了一系列行之有效的政务公开措施,促进了公众金融信息知情权的实现。货币政策透明度的提升是中央银行信息公开的重要侧面。然而,与国际准则的要求和国外中央银行提高货币政策透明度的实践相比,我国中央银行货币政策透明度的广度与深度还有待加强。在不断提高我国货币政策透明性的过程中,还必须注意金融信息公开的适度问题。

**一、从货币政策透明度看中央银行信息公开**
**二、国外金融信息公开的理论与实践**
**三、中国中央银行的信息公开实践**
**四、完善中国金融信息公开的建议**

**关键词:** 中央银行　金融信息公开　货币政策透明度

在过去相当长一个时期,各国中央银行是一个带有几许神秘色彩的机构,一般并不明确宣布货币政策的目标,也不向公众详细说明所采取政策的原因与目的等。传统观点认为,有限制的透明度甚至完全没有透明度是最优的,央行在远离公众的监督至少部分避免公众监督的条件下才能最有效率地运转。因为央行可以隐蔽地采取合适的行为,而这些行为也许是不受政治欢迎的,或者是很难向不精通复杂财政金融知识的公众解释清楚的。如果央行不让市场参与者了

---

*本章撰稿人为杨静,南开大学法学硕士,现为中国人民银行锦州市中心支行经济师。

解其行为意图，央行就可以控制某种政策实施的效果。[①]但是到了20世纪90年代，大部分工业化国家的中央银行放弃了保持神秘的做法，日趋走向公开与透明。一向以神秘著称的各国中央银行，纷纷主动进行货币政策信息披露，通过《货币政策委员会纪要》、会议新闻公告、研究报告、经济金融数据、央行负责人讲话等向公众提供货币政策的决策依据、宏观经济形势分析与预测、货币政策实施效果、存在的问题及未来货币政策取向等。货币政策的透明性已成为现代中央银行运作的一项重要特征。

## 一、从货币政策透明度看中央银行信息公开

货币政策透明度（The Transparency of the Monetary Policy）是指中央银行披露有关政策制定过程信息的程度，主要内容是中央银行对货币政策决策的结果和货币政策操作理由的解释。从各国中央银行的实践来看，货币政策透明度大致可以分为三类：（1）目标透明度，即关于货币政策最终目标的透明程度，这种透明度的提高可以通过公布通货膨胀率目标、产出目标和中央银行在稳定通货膨胀及促进产出上的相对权重达到。（2）知识透明度，即中央银行公布在政策决策过程中所使用的经济数据、经济模型等方面的透明程度。这些数据和模型包括关于未来通货膨胀的预测值、对经济金融形势的分析判断、各类经济金融数据和用来预测通货膨胀率的计量模型等。（3）决策透明度，指中央银行在诸如调控短期市场利率、进行外汇市场干预、开展公开市场业务等日常决策及操作结果的及时公告。

货币政策透明度与我国中央银行信息公开密切相关。中国人民银行作为国务院的组成部门，在公开范围的确定上，一方面要体现国家机关应公开的一般性内容。例如，职责、内设机构和派出机构设置情况；由中国人民银行负责实施和监督执行的有关法律、行政法规，中国人民银行发布的规章和规范性文件；依法实施行政许可的事项、程序、条件、期限和受理部门；中国人民银行实施的收费项目、收费依据和标准等；另一方面，更要侧重于体现与其业务活动相结合的部门独有特点。依法制定和执行货币政策是中国人民银行承担的重要职

---

[①]魏永芬《当代中央银行运作的新模式：独立性、责任制与透明度》《大连海事大学学报》（社会科学版），2009年4月第2期，第38~43页。

责之一，与货币政策有关的信息公开使得"货币政策透明度"这一经济学概念与信息公开法制产生了交融。[①]可以说，中央银行在新的历史时期的一个重要特点，就是寻求与公众进行有效沟通，逐步改变相机行事的政策趋向和传统货币政策有效性的思维，增加货币政策的透明度和可预测性，使货币政策有效性的实现与其信息公开义务及保障公众的知情权相统一。

对公众来说，货币政策透明度意味着他们能够及时获得货币政策决定的结果、货币政策决策的依据以及未来货币政策操作的方向等相关信息。制度经济学认为，现代中央银行是由委托——代理制产生的，即民众选举政府，政府再组建中央银行，并把制定和执行货币政策的责任交给中央银行履行。作为非民选机构，中央银行履行稳定物价的职责并对立法机构或政府负责。为了使这种责任制切实有效，监督机构必须拥有足够的信息用以评判中央银行的政策操作情况，因此，增加透明度有利于确保中央银行责任制的实现。实际上，这与信息公开法制所要达到的终极目标是殊途同归。

但是，与其他部门的信息公开不同，中央银行的信息沟通并不是简单的信息公开。信息公开只关注了中央银行在沟通过程中作为信息"传送者"的角色，而忽略了社会公众接收信息和反馈信息的角色。而中央银行的信息沟通是一个信息传送与接收反馈的双向过程，忽略任何一方都不能达到沟通的预期效果。为了增强货币政策的有效性，中央银行需要与市场主体建立有效的信息传送与反馈渠道，这应该成为中央银行实施货币政策活动的一个组成部分。

## 二、国外金融信息公开的理论与实践

Karl Brunnne 曾经针对中央银行作过这样的描述："传统上，中央银行业一直被奇怪的神秘氛围所笼罩……中央银行管理层天生具有智慧、洞察力和相关知识……似乎中央银行业界人士一经任命即自动拥有专业知识，而且只有具有相应职位的人才能彰显这种知识。为人广泛接受的神秘印象是只有中央银行业内行才懂这一艺术。只有一小部分精英才了解和运用它。此外，不能以明白易

---

[①]综观国际货币基金组织《货币和金融政策透明度良好行为准则》及现有理论文献，货币政策透明度可以表述为：建立在货币政策信息对称基础上，中央银行与公众之间的有效沟通和共同理解。就货币政策透明度本身而言，经济学对其研究重点在于是否有助于提高货币政策的有效性。

懂的语言阐述中央银行业的现实，愈发凸显了这门艺术的神秘特性。"①但是到了 20 世纪 90 年代，理论界对于货币政策透明度的态度首先发生了转变，主张中央银行信息公开。经济学家们从不同侧面对货币政策的有效性进行理论实证研究，比较有代表性的有公共选择学派和信息经济学派。

1. 公共选择学派

公共选择学派在政治家的动机、政府干预、财政政策、民主制度等方面得出了一系列不同于西方主流经济学的结论。这一理论认为，政府、政府官员也是一个利益主体，也具有"经济人"的角色，他们在进行决策时，按照自身利益最大化原则行使公共职能，不是为公众福利最大化。为了制约政治机构的权力，任何公共政策都要公开，接受国家立法机构、舆论、传媒的监督，而这种监督能否有效进行取决于透明度。McCallum（1995）认为提高中央银行独立性的制度安排明确了中央银行和政府双方的责任，公众可以更清楚地观察中央银行和政府行为并进行监督，这就增加了政府在失业率较高时实行扩张性政策的约束力，使中央银行能更有效地实现稳定物价的目标。Blinder（1998）认为，公众对中央银行货币政策更多的了解有助于提高市场效率，其原因有二：一是市场对中央银行如何进行货币政策决策的理解，会减少市场上的投机行为；二是公众对中央银行决策规则的了解，可以有助于减小市场中的不确定性，从而有利于公众预测未来金融资产价格的变动。Howells 和 Mariscal（2002）也在研究中指出，增强中央银行货币政策操作的透明度，不但可以使货币政策更加有效，而且能够保证以很小的成本实现中央银行的政策目标。

2. 信息经济学派

信息经济学派认为，信息是不完全和不对称的。在信息不对称条件下，使得在市场上处于信息劣势的一方面临着很大的不确定性，从而影响了交易的顺利进行，降低了市场运行效率。在现实生活中，作为货币政策制定者的中央银行和作为调节对象的公众所拥有的信息是不对称的，央行比公众更具有信息优势，这种非对称信息给公众带来了更多的不确定性，从而影响到政策的可信度与有效性。为降低公众面临的不确定性，央行必须及时披露政策信息，提高政策的透明度。当今信息技术蓬勃发展，公众可获取与货币政策相关的信息渠道增多，这无疑有利于提高其政策预期的准确性；而政策制定者与公众之上述各

---

① 阿兰·S. 布兰德：《中央银行的现代化进程》[M]. 孙涛译，中国金融出版社 2006 年版。

种理论学派都从不同角度提出了政策透明度的问题，对中央银行放弃过去所崇尚的隐蔽性货币政策而不断增强货币政策的透明度起了重要作用。①

与理论探讨并行，各主要国家的中央银行纷纷加快了本国金融信息公开进程，比较有代表性的是美联储和欧洲中央银行。

1. 美联储提高货币政策透明度的进程

20 世纪 80 年代以前，美国联邦储备体系的复杂性和货币政策操作的技术性使其货币政策带有很大的隐秘性。1976 年以前，公开市场委员会会议记录要在 5 年后才对外发表，并且是经过逐字逐句的修改，因而非常原则。这样的政策信息披露只能起到一种历史备忘的作用，对引导公众预期作用不大。1976 年之后，美联储干脆宣布不再保存完整的公开市场委员会会议记录，因而也不再向外界发表。

1993 年，国会议员冈萨雷斯提出议案，要求美联储在公开市场委员会会议结束后 7 天内公布其政策指令，在 60 天内公布完整的会议记录。1993 年 10 月，国会为此专门举行了听证会，驳回了美联储反对货币政策信息披露的理由。面对国会的责难和外界的批评，美联储公布了 1976 年至 1988 年的公开市场委员会会议记录，并恢复了以 5 年时滞公布稍加编辑的公开市场委员会会议记录的做法。1994 年 2 月，美联储开始在公开市场委员会会议的当天立即宣布联邦基金利率的调整目标，并从 1995 年 2 月开始将这一做法制度化。披露的内容还包括货币政策决定及变化原因、公开市场委员会关于经济前景的分析以及美联储主席在国会的听证发言。美联储在公开市场委员会会议 6～7 个星期之后，公布完整的会议记录。

2000 年，美联储宣布以后每次公开市场委员会会议后都发布声明以宣布美联储货币政策立场，并说明经济中存在的风险类型。美联储在每次联邦公开市场委员会会议的当天，就宣布利率是否变动以及变动的幅度，两周后公布会议纪要以及对某一项政策措施的投票率。同时联储主席还经常就货币政策、经济状况等发表演说，表明联储对经济的看法和货币政策取向，阐述影响未来货币政策的因素。公开市场委员会会议结束两个月之后，对外公开发表完整的会议记录。会议记录包括会议讨论的内容、问题、结论，参加会议的人员名单以及有表决权人员对这些问题的态度。评论界普遍认为，与 20 世纪 90 年代以前相

①王燕：《关于货币政策透明度理论与实践问题的研究》，《财经界》，2006 年 6 月下半月刊，第 168～169 页。

比，美联储货币政策的透明度有了明显提高。①

2. 欧洲中央银行加强金融信息沟通的实践

欧洲中央银行是一个"超国家机构"，该机构认为，向公众和市场发布清晰和连贯的信息特别重要，用"一个声音"说话，保持信息沟通的一致性非常重要。为加强欧洲中央银行的民主责任性，欧洲中央银行行长理事会在 1998 年就确定了有关沟通策略的目标和原则。欧洲中央银行一直致力于与公众进行积极交流和沟通，并主要采取四类沟通工具。

（1）欧洲中央银行行长理事会每月召开两次会议，在每月第一次会议后欧洲中央银行行长会召开新闻发布会，详尽阐述行长理事会关于总体经济形势和欧元区货币、价格发展的总体看法，并回答记者提问。在行长理事会后定期召开新闻发布会是欧洲中央银行最重要的对外沟通工具，因为它能实时传递出欧洲中央银行行长理事会对货币政策决策的集体观点。可以说，在货币政策决策会议之后通过召开新闻发布会的方式来与公众就货币政策决策进行实时沟通是欧洲中央银行首创的。

（2）在新闻发布会召开后的一周内对外发布欧洲中央银行月报。欧洲中央银行月报对货币政策决策背后的细节给予了更多关注，一是对欧元区经济和金融发展状况进行详细分析并汇报形成货币政策决策的各种理由；二是用于发布欧洲中央银行收集的各类相关信息，如银行贷款调查等，此外有关欧洲中央银行货币政策制定原则的相关资料也会通过月报对外公布。更重要的是，自 2000 年 12 月起，该月报还用于对外公布欧洲中央银行工作人员所作的宏观经济预测。

（3）欧洲中央银行行长被要求每季度到欧洲议会中的经济和货币事务委员会作证一次，解释行长理事会近期的政策决定。此外，欧洲中央银行董事会成员会在各种场合向社会公众发表定期或不定期演讲以及作出各种专业性的工作报告等，以此向公众解释欧洲中央银行采取的政策决策并阐述欧洲中央银行对现实经济问题的观点和看法。

（4）出版大量统计资料。欧洲中央银行会通过公布、发行大量统计资料，提供给公众、金融市场以及其他权威机构更多的关于欧元区的有用信息。②

---

① 郭子忠：《货币政策透明度的国际实践与经验借鉴》，《浙江金融》，2008 年第 2 期，第 12~13 页。

② 周念利：《欧洲中央银行货币政策透明度研究》，《经济经纬》，2008 年第 2 期，第 140~143 页。

### 3. 比较与评介

分析与比较美联储和欧洲中央银行的货币政策透明度实践，发现两央行信息沟通能力各有侧重。美联储提高决策透明度和欧洲中央银行提高目标与知识透明度的经验都值得我们学习与借鉴。

美联储目标透明度较低，而决策透明度较高。美联储追求多元化货币政策目标，在促进充分就业、保持物价稳定和适度的中长期利率水平之间既无明确定义，也无先后顺序。然而，它致力于提高决策透明度，如在公开市场委员会会议后立即发布新闻公告，及时公布决策结果和政策解释，并表明政策倾向。两个月之后发布会议记录，公布有表决权人员对一些问题赞成与否的观点等。

欧洲中央银行目标和知识透明度都很高，而决策透明度处于较低水平。欧洲中央银行是大国央行中唯一不公开会议记录和投票记录的中央银行。这主要缘于欧元体系的多国性，任何投票信息的泄露都会对各国中央银行代表造成政治压力，偏离欧元区的最终观点。然而，欧洲中央银行以物价稳定为首要目标，规定欧元区货币联盟消费物价调和指数（MUICP）2 年增长率低于但接近 2%，并注重与公众进行多方位、多层次的货币政策沟通，有效弥补了决策透明度较低的缺陷。

## 三、中国中央银行的信息公开实践

2007 年 4 月 5 日，国务院公布了《中华人民共和国政府信息公开条例》（以下简称《条例》），并于 2008 年 5 月 1 日起施行。这对提高政府工作透明度，发挥政府信息对公民生活、生产等经济社会活动的服务作用，具有重要意义。中国人民银行作为中国的中央银行，承担着金融信息公开的重要职责。《条例》实施一年半来，中国中央银行的信息公开形式的转变与内容的不断深入引起了我们的关注。

（一）中国中央银行信息公开形式的改进

1. 公布信息目录与指南，开设政务公开专栏

2008 年初，中国人民银行依据《条例》要求，结合职能特点，遵循"严格依法、全面真实、及时便民"的原则，对各项业务信息进行了全面的梳理，编制了政府信息公开目录和指南，于 2008 年 3 月在人民银行网站公开。目录设置包括机构与职责、法规政策、行政许可、统计与报告、政务公开信息和其他等 6 大类，指南下设主动公开指引和依申请公开指引两个类目。

中国人民银行网站（www.pbc.gov.cn）专门开设了"政务公开"专栏，集中对外公开人民银行机构设置和职责、由中国人民银行负责实施和监督执行的有关法律法规和规范性文件、履行职责所产生的适合对外公开的有关业务信息等 13 类内容。同时，将需要社会周知的、与社会公众生产生活相关的金融业务信息在生成后及时予以公开和更新。社会公众可以方便地浏览、检索、下载、打印相关信息。截至 2009 年 12 月底，中国人民银行网站政务公开专栏点击量已达 143.3 万次。①目前，中国人民银行正积极推进网站改版工作，不断完善功能，进一步发挥网站作为政府信息公开主平台的作用。

2. 开辟多种信息公开渠道

除网站外，中国人民银行选择新闻媒体、电子显示屏和宣传栏等多种载体广泛公开有关信息。实行新闻发言人制度，根据实际需要不定期举行新闻发布会或通气会，发布重大金融政策信息。例如，2008年，根据国际国内经济金融形势的变化，加大了对应对国际金融危机冲击，货币政策调整的方向、力度和重点，金融机构存贷款利率和存款准备金率调整，中小企业、灾区重建信贷支持等权威信息的发布。定期向国家档案馆、公共图书馆赠送文告、年报、报告等资料，及时提供相关信息。

中国人民银行各级分支机构也结合实际，分别利用地方政府门户网站和行政服务大厅，设立公共查阅点、信息公告栏、资料索取点和电子信息屏等，方便社会公众及时获取有关信息。向地方档案馆提供以分支机构名义制发的可向社会公开的有关政策性、法规性的纸质文件、电子文件及相关资料，便利公众查阅。例如，中国人民银行郑州市中心支行开通"9616600"服务热线，枣庄市中心支行开通"16820888"自助查询系统等，社会公众可通过电话查询基准利率、账户管理、反洗钱、现金管理、国库、信贷征信、外汇管理等方面的信息；中国人民银行黄石市中心支行、绵阳市中心支行等结合具体业务，构建了窗口服务平台，通过综合服务大厅公开行政许可项目和对外服务项目的办理依据、条件、程序及服务承诺、投诉方式，达到简事便民的目的。

3. 进行政策解读及虚假信息澄清

针对社会公众对宏观经济金融形势及相关政策特别关注的情况，通过政策解读、新闻专访、网上交流等形式，做好重大金融政策和金融统计数据的解读

---

① 数据来源：中国人民银行网站政务公开专栏。

和权威说明，压缩不实传闻和随意解读的空间，使社会公众通过正常渠道知悉和了解重大金融政策出台和金融数据发布的背景、意义和具体适用范围，引导社会舆论形成稳定的政策预期，为金融调控和金融改革发展创造良好的环境。近年来，中国人民银行多次就实施金融宏观调控、推进金融改革发展、应对国际金融危机、国际金融合作等专题召开新闻发布会，进行政策解读，接受媒体采访，针对虚假信息和不完整信息及时进行澄清和说明，引导社会舆论，为履行货币政策和宏观调控职能创造良好的环境。

4. 依法处理依申请公开事项

为便利申请人，中国人民银行在官方网站上公布了中国人民银行依申请公开指引，及时向社会公布申请方式、依申请公开流程、收费标准和联系方式，并提供通过互联网提出申请、书面申请、口头申请等多种申请方式，节约申请人成本，便利有困难的申请人。分支机构也通过行政服务大厅窗口，接待和受理依申请公开。对于公开申请，严格按照程序办理，及时回复。以2008年为例，该年度，中国人民银行总行依法受理政府信息公开申请20件，均在《条例》规定的时限内予以答复。在20件答复中，以电话等口头形式当场予以答复的3件，以书面形式告知的17件。在答复中，"同意公开"的13件，占65%；"同意部分公开"的2件，占10%；"不予公开"的3件，占15%；告知申请人向其他部门申请的2件（不属于本部门职责范围或非本部门掌握），占10%。[①]

**（二）中国中央银行提升货币政策透明度实践**

作为中央银行，中国人民银行拥有大量备受关注的经济金融信息，哪些信息可以公布、哪些信息不能公布是其面临的一项重要抉择。中国人民银行按照《条例》规定，结合实际工作，对主动公开、依申请公开范围进行了明确，将信息公开的重点放在体现央行和金融业特点的业务信息、统计数据和重要报告上。将适合对外公开的货币金融统计数据，适合对外公开的货币政策执行、金融稳定、金融服务等方面的专题报告，中国人民银行履行职责所产生的适合对外公开的有关业务信息列入主动公开信息的范围。同时，将涉及国家秘密、商业秘密、个人隐私的政务事项或信息[②]，属于中国人民银行内部的工作信息、

---

[①]数据来源：《中国人民银行 2008 年度政府信息公开工作报告》，网址是：

http://www.pbc.gov.cn/zhengwugongkai/zhengwugongkaixinxi/ gongkaibaogao.asp。

[②]但是，经权利人同意或者中国人民银行认为不公开可能对公共利益造成重大影响的涉及商业秘密、个人隐私的政务事项或信息，可以予以公开。

研究信息及议事规则等事项，与中国人民银行行政执法有关，公开后会影响检查、调查、取证等执法活动或者会威胁个人、单位安全的事项列入不予公开范围。

在目标透明度方面，《中国人民银行法》第三条明确规定："货币政策目标是保持货币币值的稳定，并以此促进经济增长。"因此，币值稳定成为我国货币政策的首要目标。

在知识透明度方面，通过《金融时报》和《中国金融》来传递货币政策相关信息，利用《中国人民银行文告》刊载有关金融方针政策、法律法规和金融统计资料以及其他需要公布的事项。每年年初公布年度货币供应量增长率控制目标，每月中旬公布上月末的 M0 和 M2 各层次货币供应量余额及 M1 增长率、金融机构信贷总量、存款货币银行资产负债余额以及外汇储备等月度金融统计数据；按季公布《货币政策执行报告》，阐明我国当前实施货币政策的内涵，回顾和评析过去一个时期政策实施的效果，并对未来经济金融运行进行预测，提出政策调整的对策建议。

在决策透明度方面，每季度召开货币政策委员会会议，并在会后向社会公布会议决议。中国人民银行在调整利率、存款准备金率、再贴现率后都及时向社会发布新闻稿，公布相关信息，解释调整的理由和目的。建立了中央银行与国家有关综合部门和商业银行的月度经济金融形势分析会议制度，形成了中央银行与商业银行以及有关经济综合部门之间的信息沟通机制。每次重大货币政策措施出台以后，中央银行都通过相关媒体发表中央银行负责人的谈话，来表明中央银行的政策意图。及时对重大金融事件的进展情况进行公开，主动解读出台的金融政策。

实践证明，与过去相比，中国货币政策透明度的不断提高，较好地引导了市场的预期，不断增加了公众对货币政策的理解支持，货币政策的传导渠道变得畅通起来，对货币政策效应的发挥起了重要作用。

## 四、完善中国金融信息公开的建议

中国加大货币政策透明度的工作是在边借鉴边探索中前行的。虽然中国人民银行已按照《条例》的规定不断扩大信息公开范围，践行其信息公开义务，但是根据《货币和金融政策透明度良好行为准则》的要求[①]，结合美联储和欧洲中央银行金融信息沟通的实践，可以看出我国货币政策透明度的广度与深度还不够。例如，目前重大货币政策调整的决策后的公告中很少提及货币政策委员会会议记录、投票纪录。而这些可以让我们了解货币政策趋势，分析哪些是政治因素在起作用，便于货币政策的决策信息更有效地传达到基层；现在中国人民银行发布的《货币政策执行情况报告》是总结分析以往情况的报告，是货币政策执行结果的报告，而对决策过程的披露正是中央银行引导公众预期最实质的东西。因此，我国中央银行的信息披露除满足政务公开要求外，还应该作如下改进。

首先，应增强货币政策制定程序方面的透明度。即通过适当方式，向公众详细说明货币政策是如何制定出来的，其依据是什么，目的何在。这里包括对具体货币政策进行解释的内容及意义，以及在政策制定过程中的商议和讨论，包括投票记录和会议记录，等等。货币政策决策的透明度一般包括公布对决策的解释和对未来货币政策取向的透露。一般来说，货币政策具有一定的连续性，未来的货币政策是在以往货币政策执行的基础上并取得一定的效果之后才能进一步行动。所以，应当建立货币政策决策的信息公开制度，规范信息披露的内容、时间与形式，运用多种方法和现代传媒手段增强与公众的沟通。

其次，应增加对货币政策制定所依据经济信息和预测模型的披露。现代社会公共决策的特点是科学、民主和透明，货币政策也应遵循这一要求。为此，中央银行应公布货币政策决策过程中使用了哪些经济数据，根据这些数据如何建立起经济模型，这些模型所统计和模拟的结果与实际经济运行的拟和程度，等等。此外，中央银行还应对预测分析的信息进行披露，因为预测分析是否透明对货币政策的实施有着关键性作用。通过解读中央银行的预测分析，公众可以了解货币政策决策者对宏观经济目标的偏好，对经济金融形势的判断，有助于解决调控者与被调控者的信息不对称问题。

---

①1997 年亚洲金融危机爆发后，国际货币基金组织（IMF）认为，一些国家政策不够透明是危机爆发的主要原因之一，并于 1999 年 9 月发布《货币和金融政策透明度良好行为准则》，对货币政策透明度的定义为：在通俗易懂、容易获取并及时的基础上，让公众了解有关政策目标及其法律、制度和经济框架，政策决定过程和原理，以及与货币和金融政策有关的数据、信息和机构的职责范围。包括：明确中央银行的作用、责任和目标；公开中央银行制定和报告货币政策决策的过程；公众获得货币和金融政策有关信息的难易程度；中央银行的责任心和诚信保证。

再次，应进一步提高货币政策决策的透明度。即中央银行应当详细公告其执行货币政策的具体措施，包括在达到货币政策目标的进程中对调控效果偏差的控制，以及采取哪些措施应对可预测到的国内外经济、政治因素对货币政策目标的冲击。在对前期货币政策操作效果进行总结时，应向公众提供更具深度的货币政策报告，分析并说明货币政策目标实现的途径、政策调控的实际效果与目标偏离的原因，等等。通过上述措施，使公众准确地把握货币政策的取向，更好地引导公众预期，提高货币政策的有效性。[①]

此外，在不断提高我国货币政策透明性的过程中，还必须注意金融信息公开的适度问题。

在实际信息沟通的过程中，并非中央银行向公众沟通的信息数量越多、内容越具体，其效果就越好。这是因为，在中央银行对经济形势分析和判断时，有不少因素是不确定的，中央银行也会根据情况的变化适时调整自己的分析判断。然而，随着中央银行信息沟通范围的扩大，市场主体可能过分依赖中央银行发布的信息，而无法理性地作出自己的独立判断，造成中央银行发布的公共信息对市场主体私人信息的挤出，进而导致真实客观的市场反应无法有效地反馈给货币政策的决策者。这一问题也许在一般情况下并不明显，但如果中央银行的分析判断或政策决策出现失误，中央银行的信息沟通力度的加大就会加剧失误的严重程度。

在中央银行的信息沟通过程中，并不是所有的公众都能完全理解和掌握中央银行公布的完整信息，有些公众和市场主体只是从中央银行公布的全部信息中选取一部分，并以此形成自己的判断并参与市场活动。这种情况的存在对于中央银行的信息沟通也带来了挑战。如果中央银行公布的多数信息无法被公众所吸收，就会增大信息沟通的成本。实际上，各国中央银行对信息沟通限度的判断标准是存在差异的，这种差异不仅与中央银行所处的历史、文化、制度背景有关，也基于各国中央银行对信息沟通收益和成本进行分析比较的结果。清醒地认识到最大限度的信息公开并不意味着最有效的沟通，这一点对于中央银行信息沟通策略的选择十分重要。[②]

---

①郭子忠：《货币政策透明度的国际实践与经验借鉴》，《浙江金融》，2008 年第 2 期，第 12～13 页。

②尹继志、秦响应：《中央银行信息沟通策略的国际比较与分析》，《河南金融管理干部学院学报》，2009 年第 2 期，第 17～22 页。

# 第七章 中国的环境信息公开制度*

**摘要:**《政府信息公开条例》实施后中国环境信息的公开主要体现为政府开始主动公开环境信息。这种政府主导的环境信息公开制度模式有其合理性的一面，也存在明显不足，需要通过相应的制度安排予以完善。未来中国环境信息公开制度的发展应以公众参与为本位，除了健全和落实政府环境信息公开制度之外,还要注意企业环境信息公开的制度建设以及环境非政府组织作用的发挥。

**一、中国政府环境信息公开的实施概况**

**二、中国政府主导环境信息公开制度的理论分析**

**三、中国政府主导环境信息公开的制度安排**

**四、以公众参与为本位：对中国政府主导环境信息公开制度未来发展的几点思考**

**关键词:** 政府信息公开　环境保护　公众参与

## 一、中国政府环境信息公开的实施概况

中国政府环境信息公开是在《政府信息公开条例》（以下简称《条例》）所规定的制度框架之下进行的。2007 年 4 月，国家环境保护部根据《条例》制定了《环境信息公开办法（试行）》，于 2008 年 5 月 1 日与《条例》同时实施。为了了解中国环境信息公开的实施状况，笔者先后访问了中国环境保护部和省、自治区、直辖市的环境保护行政机关门户网站，并对在网站上可获得的环境保

---

*本章撰稿人为申进忠博士，南开大学法学院副教授，主要从事环境法与国际经济法研究。本章内容曾发表于《南开学报》2010 年第 2 期"《政府信息公开条例》的实施与我国信息法制的发展"专题研究中。

护部和 21 个省级环境保护行政机关的 2008 年环境信息公开年报进行了初步分析（详见表 7.1）。结果显示：中国的环境信息公开主要体现为政府主动公开，2008 年中央和 20 个省级环境行政机关①共通过政府门户网站等形式发布各类环境信息 64688 条，各省级机关信息公开的数量从几十条到万余条不等，尽管其中可能存在着统计标准方面的差异，但也在一定程度上反映出各省环境信息公开的不平衡性。从政府主动公开的环境信息内容看，由于环保部和各省级环境行政机关的信息分类过于简单且标准不统一，很难作精确分析和比对。大体情况是：各环保部门都能将有关机构的设置、职能，法规、规范性文件和规划以及环境质量状况等一般性环境信息予以公开，而对于包括主要污染物排放总量指标分配及落实情况、排污许可证发放情况，大、中城市固体废物的种类、产生量、处置状况，污染物排放超过国家或者地方排放标准或者污染物排放总量超过地方人民政府核定的排放总量控制指标的污染严重的企业名单以及发生重大、特大环境污染事故或者事件的企业名单和拒不执行已生效的环境行政处罚决定的企业名单等相对具体的环境信息则很少公布。与政府主动公开环境信息形成鲜明对比的是，公众向环境行政机关申请公开环境信息的数量十分有限，2008 年各环境行政机关共收到申请 204 件，其中 175 件申请集中在环保部、上海和安徽，约占申请总量的 85.8%，其余 11 个省收到的申请数在 1 件至 7 件之间，还有 6 个省为 0 件，另有 2 个省的申请数未见披露。此外，涉及环境信息公开方面的案件也较少，仅有环境保护部发生 2 起行政复议，上海发生 1 起行政复议和 3 起行政诉讼。上述我国环境信息公开的实施情况很大程度上折射出《条例》下我国环境信息公开以政府为主导的制度特点。如何理性认识我国政府环境信息公开的制度化特征，并结合实施中存在的问题对相关制度加以完善是本章探讨的核心问题。

表 7.1　我国环境保护部和 21 个省、自治区、直辖市 2008 年环境信息公开情况一览表

| 环境行政机关 | 主动公开 | 依申请公开 | | | 行政复议 | 行政诉讼 |
|---|---|---|---|---|---|---|
| | 数量 | 数量 | 同意 | 拒绝 | | |
| 环保部 | 11736 | 68 | 未知 | 未知 | 2 | 0 |
| 天津 | 30 | 1 | 1 | 0 | 0 | 0 |
| 河北 | 367 | 0 | 0 | 0 | 0 | 0 |
| 山西 | 775 | 2 | 未知 | 未知 | 0 | 0 |
| 辽宁 | 4949 | 1 | 0 | 1 | 0 | 0 |

①由于重庆市的环境信息公开的统计数据包括 2008 年之前发布的信息，因此，未将其数据计算在内。

| 环境行政机关 | 主动公开 数量 | 依申请公开 | | | 行政复议 | 行政诉讼 |
|---|---|---|---|---|---|---|
| | | 数量 | 同意 | 拒绝 | | |
| 上海 | 329 | 87 | 44 | 43 | 1 | 3 |
| 江苏 | 2188 | 6 | 未知 | 未知 | | |
| 浙江 | 774 | 2 | 2 | 0 | 0 | 0 |
| 安徽 | 1860 | 20 | 2 | 18 | 未知 | 未知 |
| 福建 | 120 | 7 | 2 | 5 | 0 | 0 |
| 江西 | 5602 | 0 | 0 | 0 | 0 | 0 |
| 山东 | 908 | 0 | 0 | 0 | 0 | 0 |
| 湖北 | 5363 | 2 | 未知 | 未知 | 0 | 0 |
| 湖南 | 3674 | 1 | 未知 | 未知 | 0 | 0 |
| 广西 | 1524 | 4 | 3 | 1 | 0 | 0 |
| 广东 | 12639 | 未知 | 未知 | 未知 | 0 | 0 |
| 海南 | 1625 | 未知 | 未知 | 未知 | 未知 | 未知 |
| 重庆 | 7760 | 1 | 未知 | 未知 | 0 | 0 |
| 四川 | 4737 | 0 | 0 | 0 | 0 | 0 |
| 云南 | 5074 | 0 | 0 | 0 | 0 | 0 |
| 宁夏 | 360 | 2 | 未知 | 未知 | 0 | 0 |
| 青海 | 54 | 0 | 0 | 0 | 0 | 0 |

注：1. 重庆主动公开的环境信息包含 2008 年之前发布的信息；

　　2. 安徽拒绝的公开申请中包括对政府已经主动公开的信息的申请。

资料来源：笔者根据各环境行政机关门户网站发布的 2008 年度政府环境信息公开报告相关资料整理而成。

## 二、中国政府主导环境信息公开制度的理论分析

与发达国家自下而上推动政府信息公开的方式不同，我国的政府信息公开进程从根本上讲是政府主导的自我改革与完善过程。[①]这种政府主导的环境信息公开特点体现在制度层面即是突出政府职能的发挥，强调政府对环境信息的主动公开义务。从各国政府信息公开的立法情况看，尽管各国之间存在不少差异，但一般都是将公众依法申请信息公开，也称政府信息的"被动公开"作为信息公开法制的重心所在。[②]而我国的《条例》则将政府主动公开相关信息作为规范的重心，对于政府主动公开之外的信息，公民、法人或者其他组织可以依法申请获取，从而确定了我国以政府主动公开为主，依申请公开为辅的制度模式，

---

[①]张明杰：《开放的政府——政府信息公开法律制度研究》，北京：中国政法大学出版社 2003 年版，转引自周汉华：《〈政府信息公开条例〉实施的问题与对策探讨》，《中国行政管理》2009 年第 7 期。

[②]法治斌：《迎接行政资讯公开时代的来临》，杨解君编：《行政契约与政府信息公开》，南京：东南大学出版社 2002 年版，第 191 页。

其目的在于为各级政府设置主动公开信息的法定义务，以此改变长期以来政府"暗箱操作"的办事方式，鼓励和扩大公民参与国家管理的机会和可能。①

应该说，由政府主动公开环境信息是当前环境信息公开法制建设的重要趋势之一。规定政府负有主动公开环境信息的义务代表了政府环境信息公开制度的理念变迁，即由被动等待公众的申请转为积极通过政府自身的努力来主动推进信息公开的进程。从理论上讲，政府主动公开环境信息至少具有以下两方面的意义。首先，有利于更好地维护公众的环境知情权。进入20世纪60年代以来，在全球环境危机不断加深和公众环境权利意识迅速觉醒的背景之下，赋予公众环境知情权得到国际社会和世界各国的广泛认同。一般认为，保护公众知情权构成了政府环境信息公开制度的理论基础和主要动因。由于环境信息直接关系到公众的生命、健康和财产等利益保护问题，而对公众的基本权利的维护本来就是政府应尽的职责，因此，环境知情权实现的主要方式应当是政府主动披露环境信息。② 体现在环境信息公开立法中，一方面应从法律上确立公众的环境知情权，即公众有权向政府机关申请获知其所拥有的环境相关信息，另一方面也应规定政府对相关环境信息的主动公开义务。例如，1998年联合国欧盟经济委员会签署的《奥胡斯公约》在公共获取环境信息方面，不仅规定了公众获取环境信息的请求权，而且同时还规定了政府收集和主动公布环境信息的义务。2003年，欧盟颁布了《公众获取环境信息的指令》，要求成员国政府采取必要措施收集相关环境信息，并运用电子信息技术等方式主动向公众发布。③规定政府主动公开环境信息意味着政府不仅要在公众申请时依法予以公开，更应当积极创造条件来主动提供环境信息，尤其在互联网和信息技术高速发展的今天，政府借助现代信息技术，可以充分、及时、有效地公布相关环境信息，从而将相关环境信息在最短的时间内使尽可能多的公众知晓，相对于通过申请公开而言，由政府主动公开信息更有利于保障公众的环境知情权，维护公众的环境权益。其次，由政府主动公开环境信息是建设绿色政府和推行环境治理的实

---

① 钱影：《公开，抑或不公开——对〈中华人民共和国政府信息公开条例〉第十三条的目的论限缩》，《行政法学研究》，2009年第2期。

② 朱谦：《论环境知情权的制度构建》，吕忠梅主编：《环境资源法论丛（第6卷）》，北京：法律出版社2006年版，第202页。

③ The European Union, Directive 2003/4/EC of the European Parliament and of the Council of 28 January 2003 on public access to environmental information and repealing Council Directive 90/313/EEC, Article 7.1.

际需要。于今，积极履行环境保护职责，建设环境友好的绿色政府成为各国政府的重要任务，通过环境信息公开制度将政府的环境管理置于公众的监督和批评之下，以确保相关环境行政行为的公开、透明和民主是建设绿色政府的基础和前提条件，从这个意义上讲，政府主动公开环境信息应成为建设绿色政府的重要内容。

规定政府主动公开环境信息在我国尤其具有重要意义。一方面，我国"民可使由之，不可使知之"的政治文化传统根深蒂固，由政府主动公开环境信息无疑是政府走向透明、民主的重要体现。另一方面，从公众的环境意识看，尽管近几年我国公众的环境意识有一定程度的提高，但总的看来，公众的环保素质依然处于较低的水平，具体表现为，公众的环境保护知识缺乏，主动参与社会性环保活动的积极性不高，等等。[1]正是从这样的现实出发，我国的环境保护政策自 20 世纪 70 年代以来，一直采取了政府主导和推动的模式，政府环境信息公开也是如此。自 2000 年 10 月原国家环保总局推行以排污收费和环评审批为重点的政务公开开始，我国的环境信息公开一直都是以政府的主动公开为主。总之，从我国的实际情况看，相较于以申请为主公开的制度模式，采取由政府主动公开环境信息的制度模式更切合我国的实际。

然而，由政府主导的环境信息公开制度也存在着明显的劣势。毕竟政府主动公开的动力主要源于其自身，规定政府负有主动公开环境信息的义务，无异于政府自己给自己套上"紧箍咒"，动机和出发点固然很好，但实践中政府容易受自身因素的影响，对环境信息公开存在诸多"不适"和"不愿"情形。第一，行政机关往往从自身利益出发，将政府信息公开当作一项行政任务来抓，受行政领导主观意志的影响较大。如果领导注意力发生转移，就会使信息公开制度失去动力，被边缘化，而如果领导重视，又可能导致运动式执法的局面，造成严重的制度闲置和浪费。[2]第二，出于政府利益方面的考量，政府所公开的环境信息通常具有选择性和不全面性。一般而言，对政府有利的正面信息、结果性信息、原则性信息公开较多，而涉及负面的环境信息以及政府决策过程等方面的信息则政府很少、也不愿主动公开。第三，就政府环境信息的公开情况而言，来自地方政府方面的阻力尤为明显。在我国现行体制下，地方政府出于发展地

<hr>

[1]参见中华环境文化促进会：《〈中国公众环保指数（2008）〉综述》，中国环境文化促进会网站，2010 年 1 月 3 日访问。

[2]周汉华：《〈政府信息公开条例〉实施的问题与对策探讨》，《中国行政管理》，2009 年第 7 期。

方经济和提高政绩等方面的考虑，往往以牺牲环境为代价来求得 GDP 的快速增长，对于其间涉及的环境信息则讳莫如深①，那些本应依法由政府主动公开的环境信息，却遭到地方政府"雪藏"，以致在《政府信息公开条例》实施近一年之际，仍发生诸如黑龙江省对企业的违法排污情况以属于内部保密资料为名，拒绝向媒体公开的事件。②

可见，中国政府主导的环境信息公开制度既有其积极合理的一面，也存在着需要克服的缺点。而在实施过程中，该制度模式实际成效的好坏在很大程度上取决于具体的制度安排。因此，有必要对中国环境信息公开制度的具体安排作进一步的考察。

### 三、中国政府主导环境信息公开的制度安排

中国政府主导的环境信息公开制度是指由政府主动公开制度、依申请公开制度以及信息公开的监督和保障制度所构成的一个有机整体。由于中国未确立"公开为主，不公开是例外"的原则，使得政府主动公开与依申请公开之间没有形成良好的互动关系，而监督制度的不完善则使得违反信息公开的行为得不到有效的约束，从而影响到环境信息公开制度的整体实施效果。

第一，与各国政府环境信息公开制度普遍遵循的"以公开为原则，不公开为例外"的原则不同，中国政府主导的环境信息公开制度是以限定性的、列举式的公开原则为基础建构起来的。分析《条例》关于政府主动公开信息的规定不难发现，《条例》第九条首先对政府应当主动公开的四类信息作出界定，随之《条例》第十条至第十二条通过采取列举的方法将各级政府应当主动公开的信息予以强调和具体化。推究其立法本意，可以认为，凡列入上述规定的政府信息均属于公开范围，没有列入的政府信息，可以理解为不属于公开范围。③ 这种不完全的、以列举式设定的政府主动公开信息义务致使政府在环境信息公开方面牢牢掌握了主控权，公开何种信息，公开到何种程度完全由政府决定，这或许体现了中国政府信息公开立法的阶段性和渐次性特点，但这种"不公开是原

---

① 2009 年发生的山西凤翔血铅案以及湖南浏阳的镉污染案等都存在这方面的因素。

② 唐述权：《政府信息公开条例实施快 1 年黑龙江何时曝光排污企业？》，人民网 2009 年 4 月 23 日。

③ 章剑生：《知情权及其保障——以〈政府信息公开条例〉为例》，《中国法学》，2008 年第 4 期。

则，公开是列举"①的制度安排显然与其他国家在政府信息公开方面所遵循的理念存在不同。具体到政府环境信息的公开来看，一方面，按照《条例》的模式，环境保护部在《环境信息公开办法（试行）》中，将政府主动公开的环境信息具体分为17类。同时，又对环境信息本身作了进一步的限定，特指"环保部门"在履行环境保护职责中制作或者获取的信息。实际上环境信息不应仅仅限于"环保部门"的信息。按照我国的现行环境监管体制，除了我国环境行政主管部门之外，还包括国家海洋行政主管部门、港务监督、渔政渔港监督、军队环境保护部门和各级公安、交通、铁道、民航管理部门以及县级以上人民政府的土地、矿产、林业、农业、水利行政主管部门等。上述这些部门在履行相应的环保职责过程中都会产生或获取相关环境信息。然而，对环境信息的部门限制是作为部门规章的《环境信息公开办法（试行）》本身所无法克服的。解决的途径有二：一是制定专门的环境信息公开法②，打破部门立法限制；二是健全《条例》所规定的信息发布协调机制，在环境信息公开方面，强化各相关部门之间在环境信息公开方面的协同与整合。就目前情况看，后者更具可行性。

第二，在限定性公开原则的基础上，政府主动公开环境信息和依申请公开环境信息作为政府公开环境信息的两种主要方式，二者之间未形成有效的互动关系。在中国政府主动公开为主、依申请公开为辅的信息公开制度模式下，依申请公开应该对政府主动公开起到补充和促进的作用。对于政府没有主动公开的信息，公民、法人和其他组织可以向政府申请公开，并通过申请公开来推动政府主动公开信息义务的履行，从而弥补政府主导环境信息公开模式的不足。考察各国对申请公开政府信息的规定，出于保护公众知情权的需要，当前各国立法对信息公开申请人的身份资格以及申请理由等一般都没有限制性的规定。环境信息公开领域也是如此，无论是《奥胡斯公约》还是欧盟2003年的《公众获取环境信息指令》，都明确规定包括自然人和法人在内的申请者均可以向政府提出申请要求公开环境信息而无需说明理由。中国的《环境信息公开办法（试行）》第五条虽然也规定公民、法人和其他组织可以向环保部门申请获取政府环境信息，这表面看来似乎也没有对环境信息公开的申请作出限定，但作为其上位法的《条例》却将申请者的信息公开申请限定在"自身生产、生活、科研等

---

① 章剑生：《知情权及其保障——以〈政府信息公开条例〉为例》，《中国法学》，2008年第4期。
② 孔晓明：《环境信息公开制度立法探析》，《学术交流》，2008年第4期。

特殊需要"范围之内。国务院办公厅 2008 年发布的《关于施行〈中华人民共和国政府信息公开条例〉若干问题的意见》进一步明确指出:"行政机关对申请人申请公开与本人生产、生活、科研等特殊需要无关的政府信息,可以不予提供。"这种限定对于公众申请环境信息公开自然也同样适用。对依申请公开的限定可能出现两方面的问题:一是由于我国政府主动公开环境信息以限定性公开为主,而依申请公开的又仅限于与本人生产、生活和科研有关的环境信息,这就使得两种公开方式都不能涵盖环境信息的全部,依申请公开对政府主动公开的辅助作用被打了折扣,两种环境信息公开方式之间没有建立起有效的互动机制。二是将出于环境公益目的而与本人生产、生活、科研等特殊需要无关的环境信息的请求排除在制度之外,不利于发挥环境信息公开制度应有的功能。因此,取消对依申请公开的理由限制,将政府的主动公开置于依申请公开的有效补充和制约之下,更有利于发挥政府主导环境信息公开制度模式的优势。当然,取消对依申请公开的限制,可能在实践中会遇到这样的问题,即如果任何人都可以无需说明理由地要求政府公开相关环境信息,是否会因为请求量过多,而使环境行政机关不堪重负?笔者以为,出现这种情形的可能性不大。首先,政府已经将各种一般性的环境信息等主动予以公开,对于已经公开的环境信息自然无需再申请。其次,取消对申请公开的限制后,除了依照现行规定公众可以基于本人原因提出申请之外,主要体现为出于环境公益目的而提出的申请。而这种公益性的申请由于与申请者本人缺少直接的利害关系,并需要申请者投入相当精力,从我国目前公众参与环境保护的情况看,不太可能在短时间内集中出现大量申请。而且即使出现申请量过大的情形也并非没有解决办法,实际上早在《条例》的准备实施过程中,有关部门就已经就此类问题作出了预设性安排。国务院办公厅 2008 年发布的《关于施行〈中华人民共和国政府信息公开条例〉若干问题的意见》中规定:"在条例正式施行后,如一段时间内出现大量申请公开政府信息的情况,行政机关难以按照条例规定期限答复的,要及时向申请人说明并尽快答复。"而事实上这种大量申请的现象并未出现。

第三,政府环境信息公开的监督制度有待改善。首先,在中国政府主导的环境信息公开制度模式下,环境信息公开制度的实施在很大程度上取决于政府的行动,因此强化行政机关的责任就具有了特别重要的意义。这方面可以借鉴日本的做法,明确政府行政首长的责任,规定环境信息的公开由环境行政部门首长负责，健全行政首长问责制。其次，在救济程序设置方面，对于违反政府信息公开义务的行为，一方面健全行政机关内部受理申诉程序和行政复议程序，同时应当强化司法救济手段的运用。我国《条例》第三十三条规定："公民、法人或者其他组织认为行政机关不依法履行政府信息公开义务的，可以向上级行政机关、监察机关或者政府信息公开工作主管部门举报。收到举报的机关应当予以调查处理。"但是对于行政机关不依法履行政府信息公开义务的，可否向法院提起行政诉讼存在不同的理解。[①]对此，2009年9月2日发布的《最高人民法院关于审理政府信息公开行政案件若干问题的规定（征求意见稿）》在设定确定受案范围时，将"认为行政机关主动公开或者应当主动公开而未公开政府信息侵犯其合法权益的"列入行政诉讼的受案范围。然而，对于所侵犯的"合法权益"中是否包含环境权益，如何界定环境权益等都有待进一步澄清和实践检验。另外，根据我国现行《行政诉讼法》的规定，作为原告的主体资格仍然以传统的"行政利害关系人"为限，这种对原告资格的限制明显不适用于环境信息公开方面的案件。因为，在信息公开法治的背景下，机关保有的信息属于社会公共资源，并非保有机关所专有。人们对政府拥有的信息享有平等的请求权，任何人请求机关公开信息遭到拒绝，都应有权提起诉讼。[②]而具体就环境信息公开而言，引入环境公益诉讼机制，在维护公众环境权益的同时，对于监督和促进政府积极履行其公开环境信息的义务具有重要作用。[③]此外，在有关信息公开诉讼的举证责任、费用收取等方面的规则也有待进一步研究和完善。例如在案件受理费用方面，根据英国对其1992年《环境信息法规》的实施情况所作的调查报告，费用和成本成为制约公众寻求司法救济的重要障碍。[④]有鉴于此，英国在其2004年的《环境信息法规》中采取了免收相关诉讼费用的做法。这种免收诉讼费用的做法对于鼓励和支持公众提起相关行政诉讼具有促进作用，值得借鉴。

---

① 韩永：《政府信息公开诉讼尴尬》，《中国新闻周刊》，2009年5月18日。

② 赵正群，宫雁：《美国的信息公开诉讼制度及其对我国的启示》，《法学评论》，2009年第1期。

③ 遗憾的是，对于因环境信息公开而提起的环境公益诉讼没有得到司法实践的支持。具体可以参见孙农诉珠海市环境保护局不履行环境信息公开职责案。

④ Christine Johnson，Improved Access Regime for Environmental Information and the Role of the Information Commissioner，*Environmental Law Review*，2004，Vol. 6 Issue 4.

### 四、以公众参与为本位：对中国政府主导环境信息公开制度未来发展的几点思考

从本质上看，政府信息公开在于为形成监督行政和参与型行政提供不可或缺的基础条件[①]，其本身不是目的，而是为公众参与和监督政府行政行为提供方式、手段和途径。对于我国政府主导的环境信息公开制度而言，明确这一点尤其重要。就环境保护来说，公众参与已经成为当今国际和世界各国环境保护的重要理念，而公众参与离不开公众对环境信息的获取。1992年《里约宣言》原则10提出："环境问题最好是在全体有关市民参与下，在有关级别上加以处理。在国家一级，每一个人都应能适当地获得公共当局所持有的关于环境的资料，包括关于在其社区内的危险物质和活动的资料，并应有机会参与各项决策进程。各国应通过广泛提供资料来便利及鼓励公众的认识和参与，应让人人都能有效地使用司法和行政程序，包括补偿和补救程序。"《奥胡斯公约》进而将里约宣言的原则具体化为具有内在关联的公众获取环境信息的权利、参与环境决策的权利和获得救济的权利。就我国的情况看，公众参与业已成为我国环境法的一项基本原则。考察我国的环境立法，除了原国家环保总局所作的在环境影响评价等具体活动的公众参与规定以及立法工作的公众参与规定之外，地方政府更是充当了先行者，纷纷对公众参与环境保护作出了专门性的规定，并将环境信息公开作为公众参与环境保护的重要内容。例如2006年1月1日实施的《沈阳市环境保护公众参与办法》第五条明确将获得和使用环境公共信息作为公众参与环境保护所应当享有的一项权利。2009年8月山西省政府办公厅印发的《山西省环境保护公众参与办法》对公众获取环境信息进行了专章规定，明确了公众的环境知情权。2009年7月修订的《深圳经济特区环境保护条例》也对公众参与作出了专章规定，明确提出了环境权的概念，规定"单位和个人享有在良好环境中生活、获取环境信息、参与环境监督管理以及得到环境损害赔偿的权利"。总之，以公众参与为本位，赋予公众环境知情权，将政府环境决策和环境管理行为通过环境信息公开置于公众的监督之下，当是我国未来政府主导环境信息公开制度必须坚持的基本发展路径。其中，尤其需要处理好以下几个方面的问题：

---

[①] 杨建顺：《政务公开与参与型行政》，载杨解君编：《行政契约与政府信息公开》，南京：东南大学出版社2002年版，第218页。

首先，就政府而言，以公众参与为本位的制度理念要求政府在主动公开环境信息方面，不能仅仅是为公开而公开，而要逐渐转向如何更好地服务于公众参与，信息公开也不能仅仅限于环境信息的简单发布，还要考虑是否方便公众获取、能否满足公众的需要。具体到制度建设方面，一是应当将政府主动公开环境信息与为公众提供环境信息服务有机结合起来，加强对环境信息的收集、整理、分类和加工，不断满足公众对环境信息的需求。二是将环境信息公开与环境影响评价等各项环境管理制度的实施有机结合起来，通过政府公开环境信息，切实保障公众参与到环境决策与具体环境监督管理之中。

　　其次，就公众而言，其对环境信息的需求具有广泛性，除了政府所拥有的环境信息之外，还需要了解企业相关的环境信息，因为实践中企业的活动是影响公众环境权益的主要因素。从信息获取途径看，除了政府公开依法获得和保存的企业环境信息之外，还包括企业主动公开的环境信息。实际上，我国《环境信息公开办法（试行）》已经注意到了企业环境信息的重要性，并将企业环境信息的公开纳入了法律规制的范围。按照我国目前的法律规定，企业环境信息公开包括强制性和自愿性环境信息公开两种。其中，强制性公开是企业的法定义务，即是由政府确定违反环境管制、超标排放的企业名单，而所涉违法企业必须按照规定向社会公布相关环境信息。这种违法企业的强制性环境信息公开实际上是由政府公开与企业公开相结合来完成的。而自愿性公开则指的是企业主动公开的环境信息，并以此作为企业履行其社会责任，提升其绿色环保形象的重要手段。企业自愿性公开的环境信息可以作为政府公开企业环境信息的必要补充。国外十分重视和鼓励企业主动公开环境信息，目前欧盟和美国等发达国家都普遍建立了行之有效的企业环境信息公开制度，而我国在这方面的工作才刚刚起步。健全和完善企业环境信息公开制度，并使之与我国政府环境信息公开制度相互协同，是我国未来环境信息公开制度发展的重要内容之一。

　　第三，充分发挥环境非政府组织在环境信息公开方面的积极作用。当代公众参与正在由个体参与走向以非政府组织参与为代表的"组织化参与"方式，美国和日本的经验表明，组织化公众参与正在成为政府信息公开法制发展的社会基础与根本动力源泉。[①]在环境信息公开方面，环境非政府组织可以发挥多重

---

①赵正群、董妍：《公众对政府信息公开实施状况的评价与监督——美国"奈特开放政府系列调查报告"论析》，《南京大学学报（哲学·人文科学·社会科学版）》，2009年第6期。

作用。首先，环境非政府组织可以代表公众对政府信息公开的实施情况实行有效监督，并依法对政府违反环境信息公开义务的行为进行举报，直至提起环境行政公益诉讼。其次，这些环境非政府组织还承担了部分向公众提供环境信息的职能，它们可以将政府有关环境信息作进一步的加工、整理，以一种更容易为公众所接受的方式提供高质量的环境信息。例如，我国的公众环境研究中心在其网站上绘制了我国水污染和空气污染地图，方便公众查询，并提供环境监管数据的查询。同时，在环境信息公开方面，公众环境研究中心(IPE)还与自然资源保护委员会 (NRDC)共同开发了污染源监管信息公开指数（PITI 指数），并据此对全国 113 个城市 2008 年度污染源监管信息公开状况进行初步评价①，为公众及时了解我国环境信息公开的实施情况提供了重要参照。总之，环境非政府组织对相关环境信息的发布不仅有助于增强公众对环境信息的了解，同时也可以在相当程度上缓解政府在环境信息公开方面所承受的压力。此外，环境非政府组织在开展环境教育与培训，提高公众环境意识，帮助和带动公众参与环境保护等方面也具有非常重要的作用。可以肯定，今后随着我国环境非政府组织的发展，其在环境信息公开方面的作用将会日益显现。

---

① 评价结果显示，环境信息公开在许多地区取得进展，但仍处于初级水平：PITI 指数的分值满分为 100 分，其中超过 60%的分值依据法规要求设定，余下部分则主要依据公众实际需要而设定的倡导性指标。但在 113 个被评价城市中，得分在 60 分以上的城市仅有 4 个，不足 20 分的城市多达 32 个，113 个城市的平均分则刚刚超过 30 分。详见公众环境研究中心：《环境信息公开艰难破冰——污染源监管信息公开指数暨 2008 年度 113 个城市评价结果发布》，公众环境中心网站，2010 年 1 月 3 日访问。

# 第八章 税务公开语境下的纳税人信息保护*

**摘要：** 在税务公开语境下，纳税人信息是至少包含纳税人商业秘密信息、正常生产经营信息、个人隐私信息和涉税负面信息等四类信息在内的私人物品。纳税人对其自身信息享有所有权，具体包含占有、使用、收益、处分四项权能。纳税人信息保护的立法和实践应当围绕上述四项权能全面、均衡地展开。目前，税务机关偏重于维护纳税人涉税秘密信息的保密（即占有权能），而对纳税人针对自身信息的使用、收益、处分权能的维护则显得十分薄弱。改革现行纳税人信息保护立法的首要前提是，将纳税人信息权利定位为进取型的财产权，而不是防卫性的隐私权。

**一、纳税人信息的产权概要**
**二、纳税人信息保护的层次**
**三、纳税人信息保密与合理使用的法律分析**
**四、纳税人信息所有权的权能**
**五、纳税人信息披露义务的解读与反思**
**六、纳税人信息保护立法改革展望**

**关键词：** 税务公开 纳税人信息 纳税人信息保护

## 一、纳税人信息的产权概要

美国数学家仙农（Shannon）认为，信息是用来减少随机不确定性的东西。我国信息科学家钟义信先生将仙农对信息的概念分为两个层次：一是本体论层

---

*本章撰稿人为李建人博士，南开大学法学院副教授，主要从事财税法律制度研究。

次上的信息，是指事物运动的状态和状态变化方式的自我显示；二是认识论层次上的信息，是指主体所感知或表述的关于事物的运动状态及其变化方式，包括状态及其变化方式的形式，等等。[1]本章探讨的纳税人信息属于本体论层次上的信息。

笔者认为，所谓纳税人信息，是指以纳税人个体可识别性为基础产生的各种信息的总称。纳税人信息可以分为以下四种类型：（1）商业秘密信息——这些信息是纳税人生产经营的核心信息，对其利润的增减具有直接的影响，比如著作权、专利权、非专利技术等技术信息和客户名单、营销渠道、重组计划等经营信息；（2）正常生产经营信息——这些信息属于工商税务等公共管理机关进行税务管理时必备的基本信息，包括纳税人所属国民经济行业、生产经营范围、工商税务登记证件号码等；（3）个人隐私信息——这些信息多表现为纳税人个人私生活信息，比如个人身份信息、家庭成员身份信息、社会关系信息以及家庭生活内部信息等；（4）涉税负面信息——这些信息是可能对纳税人良好商业信誉产生减损作用的不利信息，比如欠税记录、税务处罚信息等。

纳税人信息的特征有以下三点：（1）产权私有性——从法理上讲，包括上述四类信息在内的所有纳税人信息的产权都属于纳税人私人所有，纳税人对它们应当具备所有人的资格；（2）身份可识别性——纳税人信息是纳税人个人或企业的标志性标示，通过掌握纳税人信息就能精确锁定纳税人的自然人或企业的准确个体身份；（3）利益风险性——由于纳税人信息与纳税人的生产经营利润息息相关，进而可能与自然人纳税人的人身安全息息相关，所以这些信息的不当外泄往往会对纳税人的商业利润或人身安全产生威胁。

随着信息社会的到来，人类社会经济的组织越来越依赖信息产权的维系。有学者认为，信息产权是信息所有人或其他信息权利人对相关信息在采集、使用、转让、存储、修改等活动中所享有的人身权与财产权；也有学者认为，信息是物的一种形式，信息产权属于物权的范畴，个人信息保护法关于个人信息权利的规定，应该采取所有权保护模式。[2]按照 20 世纪 50 年代以后美国兴起的产权学派和新制度学派代表学者之一的 A. A. 阿尔钦的观点，产权是一个社

---

①李扬：《信息产品责任初探》，《中国法学》，2004 年第 6 期。

②张振亮：《论信息产权的法律属性》，《南京邮电大学学报（社会科学版）》2009 年第 2 期。

会所强制实施的选择一种经济物品的使用的权利。私有产权将这种权利分配给一个特定的人，它可以同附着在其他物品上的类似权利相交换，是对必然发生的不相容的使用权进行选择时的排他性权利分配。[①]笔者认为，纳税人信息的主要意义是识别纳税人身份，对纳税人财产状况和纳税结果产生直接影响，而与著作权中的署名权等精神权利的关系不大，对其研究应当着重从物权（即所有权）的角度展开。

从法学的角度而言，纳税人对其自身信息应当依法享有所有权，亦即经济学意义上的产权。具体而言，这种信息所有权表现为以下四项权能：（1）占有——纳税人有权利对产权属于自己的涉税信息拥有排他性的控制权利，税务机关只有在符合法律严格限制条件的前提下才可以依法获取纳税人的涉税信息，从而与纳税人对涉税信息形成共同占有的事实状态；（2）使用——纳税人有权利依法对自己的涉税信息从税务机关查询、调取、拷贝、复制，限制其他机构或个人在缺乏法律授权和纳税人同意的前提下从事上述活动；（3）收益——纳税人有权利将自己的涉税信息用于商业活动，并由此获得孳息收益；（4）处分——纳税人有权利对自己的涉税信息依照法定程序、在法定范围内实施编辑、修改、更新、上传、删除、转让等处置行为，并限制其他机构或个人实施上述行为。

纳税人在对自己的涉税信息基于所有人的身份依法享有、行使上述所有权的四项权能的同时，还受到针对所有权的某些法律限制。观察《税收征管法》、《政府信息公开条例》以及相关规范税务公开事务的部门行政规章，笔者发现，至少存在以下五种纳税人信息所有权合理限制的类型：（1）纳税人应当向税务机关公开其部分涉税信息，比如履行税务登记、建制建账、报备会计核算软件、安装使用税控装置、纳税申报、接受检查、报告全部银行账号、申报处分大额资产等；（2）纳税人应当向税务机关及时提供其他非直接涉税信息，如歇业、经营情况变化、遭受各种灾害、与关联企业之间的业务往来资料、企业合并与分立等；（3）纳税人向抵押权人、质权人说明自己的欠税情况；（4）税务机关有权公开纳税人的税收违法行为[②]；（5）税务机关可以披露纳税人的部分涉税信息，主要是根据纳税人信息汇总的行业性、区域性等综合涉税信息、税收核

①[美] R. 科斯、A. A. 阿尔钦、D. 诺斯等：《财产权利与制度变迁——产权学派与新制度学派译文集》，上海：上海三联书店1994年版，第166～167页。

②《关于纳税人权利与义务的公告》（国家税务总局公告2009年第1号）。

算分析数据、纳税信用等级以及定期定额户的定额等信息。①

## 二、纳税人信息保护的层次

所谓税务公开，或称税务信息公开、办税公开，是指税务机关在依法收税过程中向纳税人公开办理涉税事务信息的活动。②税务公开的对象是纳税人。税务公开的客体是纳税人办理涉税事务必须知悉的相关公共管理信息。

根据《北京市国家税务局公开办税制度（试行）》（京国税征〔1999〕165号）的规定，税务公开的客体是以下五类信息：（1）公开有关税收法律、法规、规章和制度；（2）公开办税服务厅各窗口的职责范围；（3）公开经市局转发市物价局批准的收费项目、依据和收费标准；（4）公开税务稽查的有关规定、办案程序、执行程序和应曝光的案例及法事人在案件查处过程中应享有的权利；（5）公开税务人员工作纪律、廉政规定、职业道德规定和税务人员守则。

从税务公开的概念分析来看，它似乎是单向的税务机关向纳税人信息公开的活动，公开的内容也紧紧限制在纳税人办理涉税事务时必须知悉的相关信息。从这个意义上讲，似乎并不存在纳税人向税务机关披露自身涉税与非涉税信息，也就不存在税务机关向纳税人提供信息保护的问题。

但是，如果从信息传递的角度来观察税务监管实务，可以发现，至少存在三个方向的信息传递模式：（1）税务机关"税务公开"，即将办理纳税的涉税信息告知纳税人；（2）纳税人"纳税申报"，即将法定涉税信息依法向税务机关申报；（3）税务机关处置纳税人涉税信息，即计算纳税人应纳税金的数额、

---

① 《纳税人涉税保密信息管理暂行办法》（国税发〔2008〕93号）第四条。

② 笔者发现，实践中围绕税务机关信息公开事务有三个容易混淆的概念：（1）政府信息公开；（2）政务信息公开；（3）税务信息公开。所谓政府信息公开，是指税务机关依照《政府信息公开条例》第九条至第十二条的规定，向包括纳税人在内的所有社会公众依法披露税务机关信息的活动。公开范围是除了涉及国家秘密、商业秘密、个人隐私之外所有的税务机关的信息，尤其包括税务机关的行政事业性费用开支，比如"三公"费用开支等。所谓政务信息公开，是指税务机关作为公共管理服务机关依法向社会公众和内部职工披露相关信息的活动，其中包括干部人事任免、公务员录用和专业技术职务任职资格评审程序、条件、结果等情况，以及涉及干部职工切身利益的住房、医疗、保险、福利、培训、奖励等重大事项的决策和办理情况等。参见：《国家税务总局关于深入开展政务公开的意见》（国税发〔2006〕69号）。从上述三个概念的关系来看，税务公开和政务公开都是政府信息公开的下位概念。目前，学术界从政府信息公开背景下对个人信息保护已经进行了较为充分的前期探讨。参见赵正群：《中国的知情权保障与信息公开制度的发展进程》，《南开学报》2011年第2期。

生成纳税人的涉税状态（如减免税等税收优惠待遇、欠税、逃避纳税的税务处罚等）。

因此，在税务公开实践中，客观上是税务机关和纳税人双向提供各自信息的互动过程。笔者认为，纳税人信息保护应该包含两个层次：（1）纳税人对税务机关的办税信息享有知情权；（2）纳税人对自身的个人信息享有受法律保护的权利。

从理论上讲，税务机关向纳税人及时充分开放办税信息不仅可以降低纳税人的纳税成本，更重要的是，这对自己也是"有益"的——它可以促进税款依法及时足额入库，而不会对自己产生任何损害。因此，可以推定：税务机关有主动维护纳税人此项知情权的积极性。但是，客观上仍然不排除一种可能性，即个别税务机关或者工作人员怠于履行职责，导致纳税人不能及时便捷地缴纳税款，从而增加纳税人的纳税成本，甚至可能由于纳税人不知情而迟延纳税并受到税务处罚。所以，维护纳税人对办税信息的知情权应当是税务公开中纳税人信息保护的第一层次要求，其核心内容是知情权。从实践情况来看，税务机关对税务公开语境下的纳税人应当知情的信息确实给予了较为充分的主动供给。[1]在此问题上，纳税人信息保护工作面临的矛盾关系并不突出，因此它不是本章重点探讨的焦点。

在税务监管过程中，纳税人向税务机关依法提供自身涉税信息的结果是纳税人由此必须履行纳税义务，从而产生纳税人私人财产减损的消极后果。所以，从保护私人财产的角度来说，纳税人向税务机关披露自己的涉税信息是"有害"的。但是，由于依法向税务机关提供涉税信息、依法纳税是纳税人的一项法律义务，所以纳税人必须容忍这种"合法"损害。[2]与此同时，面对纳税人提供的涉税信息（尤其是涉税保密信息），税务机关就负有一项法律义务：依法保守秘密。否则，就会对纳税人产生涉税秘密信息外泄的"非法"损害。因此，保守纳税人涉税秘密信息就成为纳税人信息保护的第二层次要求，其核心内容是保密权。

笔者认为，除了上述两个层次之外，税务公开语境下的纳税人信息保护还

---

①于波吉、滕凯：《乳山国税局加强新办企业管理》，《中国税务报》2011年11月21日，第4版；张毅、王跃峰：《QQ群缩短征纳之间的距离》，《中国税务报》2011年11月23日，第11版。

②[日]金子宏：《日本税法原理》，刘多田、杨建津、郑林根译，胡志新、刘多田校，北京：中国财政经济出版社1989年版，第6页。

应当有第三个层次，其核心内容是财产权。比如，税务机关向纳税人采集的信息应当严格限制在履行收税职责所必需的范围内，不能为了保护国家税收利益最大化而随意或穷尽对纳税人采集生产经营信息，否则就构成了对纳税人信息产权的侵权。再比如，纳税人对自身涉税信息应当享有所有权，并据此行使所有权人可以依法享有的各项权能，充分实现对纳税人信息的占有、使用、收益和处分。

## 三、纳税人信息保密与合理使用的法律分析

（一）纳税人信息保密的工作准则与简要分析

实践中，包括税务机关在内的行政机关用不同方式、从不同角度掌握了大量相对人的个人信息。在信息能够创造更大价值的现代社会中，个人信息的丢失、滥用、泄露已经成为了一种普遍存在的信息公害。[1]在税务监管实务中，税务机关对纳税人信息保护工作确实给予了很高的关切，关注重点集中在保守其掌控的纳税人涉密信息。《纳税人涉税保密信息管理暂行办法》（国税发〔2008〕93号）第七条规定：税务机关税务人员在税收征收管理工作各环节采集接触到纳税人涉税保密信息的，应当为纳税人保密。

在税务机关看来，所谓纳税人涉税保密信息，是指税务机关在税收征收管理工作中依法制作或者采集的，以一定形式记录、保存的涉及纳税人商业秘密和个人隐私的信息。主要包括纳税人的技术信息、经营信息和纳税人、主要投资人以及经营者不愿公开的个人事项。但是，纳税人的税收违法行为信息不属于保密信息范围。[2]

对于保护纳税人涉税保密信息的工作态度，国家税务总局的立场很明确：各级税务机关应指定专门部门负责纳税人涉税非保密信息的对外披露、纳税人涉税保密信息查询的受理和纳税人涉税保密信息的对外提供工作，要制定严格的信息披露、提供和查询程序，明确工作职责。为此，税务机关从"内部管理"和"外部查询管理"两个层面设计了保守纳税人涉税保密信息的工作准则。就"内部管理"而言，税务机关设计了五道"关卡"：（1）专职接收；（2）专人管控；（3）专人销毁；（4）保密协议；（5）安全防盗。就"外部查询管理"而

---

①张邹：《行政调查中个人信息保护初探》，《学习与实践》2011年第7期。
②《纳税人涉税保密信息管理暂行办法》（国税发〔2008〕93号）第二条。

言，税务机关设计了三重"防火墙"：（1）开放对象；（2）身份验证；（3）交付信息。①

此外，根据《纳税人涉税保密信息管理暂行办法》的规定，税务机关在以下四种情况下可以公开纳税人的涉税信息：（1）根据法律、法规的要求和履行职责的需要，税务机关可以披露纳税人的相关涉税信息，主要包括根据纳税人信息汇总的行业性、区域性等综合涉税信息、税收核算分析数据、纳税信用等级以及定期定额户的定额等信息；（2）法定第三方依法查询的信息；（3）纳税人自身查询的信息；（4）经纳税人同意公开的信息。②

从表面上看，《纳税人涉税保密信息管理暂行办法》确实从"内部管理"和"外部查询管理"两个层面对防范纳税人信息不当外泄设置了重重保护措施。但是，该《办法》却没有对泄密税务人员的法律责任给予适当的规定。该《办法》第四章"责任追究"第二十二条至二十五条规定的最严重的法律责任无非就是《税收征管法》第八十七条规定的"行政处分"。客观地说，这项罚则规定是很轻的。因为，"行政处分"的具体表现是警告、降级、降职、撤职等内部人事处分，没有延伸到行政处罚和刑事处罚，也没有设计对纳税人由此遭受到的经济损失给予相应赔偿的规定。此外，由于这种内部人事处分属于内部行政行为的范畴，对其是否处罚得当，作为相对人的纳税人不能提出异议或提起行政诉讼。这不仅直接导致立法者保护纳税人涉税秘密信息的初衷存在落空的危机，而且纳税人维权诉讼的救济程序被人为切断了。

（二）纳税人信息合理使用的法律界定与技术措施

纳税人信息是纳税人的私人物品，属于纳税人财产所有权的客体。《纳税人涉税保密信息管理暂行办法》等文件在坚持保守纳税人信息的基本立场的同时，也在事实上圈定了纳税人信息合理使用的某些情形。比如，根据纳税人信息汇总的行业性、区域性等综合涉税信息、税收核算分析数据、纳税信用等级以及定期定额户的定额等信息就可以依法向社会公众开放。但是，如果观察上述文件，又可以发现，税务机关对纳税人信息公开的对象和客体均设计了比较窄的范围。笔者认为，至少还可以从专业研究人士、普通社会公众、公共行政管理机关的角度探讨纳税人信息合理使用的法律可能性。

---

① 《纳税人涉税保密信息管理暂行办法》（国税发〔2008〕93 号）第八条至第十九条。
② 《纳税人涉税保密信息管理暂行办法》（国税发〔2008〕93 号）第三、四条。

首先，关于专业研究人士。一个基本的事实是，在学术研究范围内，存在着一定数量的专业研究人士对纳税人信息具有较强的学术兴趣，他们可能会从税收制度史、税收经济理论、税收法律理论、政府信息公开等角度希望获取纳税人的一定数量的涉税信息。对此，国家税务总局没有在其发布的上述相关文件中对此表明自己的态度，地方税务机关对此也没有给予表态。从纳税人隐私权的角度而言，基于前文所述，纳税人信息属于私人产品的范畴，纳税人有权将这些信息保持排他性占有状态。但是，客观地说，专业人士的学术研究需要一定数量的实务素材，如果不允许专业人士获取必要的纳税人信息，整个学术发展就可能会受到消极限制。所以，权衡利弊之后，笔者的立场是：纳税人信息应该在适度范围内、采取适当技术措施后向专业研究人士开放。

其次，关于普通社会公众。普通社会公众是否有权利获取纳税人信息？一个可以想象到的场景是这样的：A（普通社会公众）是 B（纳税人）的商业合作伙伴，他是否有权利通过税务机关调查 B 是否处于欠税状态，是否曾经受到过税务处罚，以及处罚事由和处罚决定是什么。所以，笔者的建议是，出于交易安全的考虑，债权人有权利了解纳税人可能危及债权安全的涉税信息，比如纳税人的欠税状态或税务处罚状况等。

再次，关于公共行政管理机关。实践中，出于社会公共管理服务工作的需要，很多行政机关对纳税人信息共享怀有迫切的愿望和要求，比如税务、公安、工商、海关、房地产、金融、教育、体育，等等。[1]而且即使是在税务机关内部，也存在不同类型的税务机关（如国税和地税、上级和下级）之间就纳税人信息的情报共享需求。[2]因此，出于承担公共管理服务职能的考虑，这类行政机关应当可以依照法定程序获取纳税人的必要涉税信息。当然，在构建实施信息共享机制时，应当对纳税人信息给予充分保护，其主要工作是防止不当泄露和非法使用纳税人信息。[3]

为了均衡设计纳税人信息合理使用过程中的权益，在承认专业研究人士和普通社会公众对纳税人信息适度知情权的前提下，应当从纳税人信息公开的技

---

[1]杨进平：《借三方信息加强税收征管》，《中国税务报》2011 年 12 月 2 日，第 3 版。

[2]谢忱、汪惟峰、杨凯：《国地税联手搭建数据交换平台》，《中国税务报》2011 年 11 月 23 日，第 9 版。

[3]美国税务机关的经验表明，即使在税务机关内部对纳税人信息共享机制也是非常必要的，当然这是以各机构之间签署书面严格的保密协议为前提的。潘孝珍：《美国加利福尼亚州的纳税人信息共享制度》，《涉外税务》2011 年第 4 期。

术层面展开进一步的分析，采取适当的技术措施，对纳税人信息的私人产权给予必要的尊重和保护。

就专业研究人士而言，他们研究的兴趣和热情在于一定范围或行业纳税人的税法遵从度、税负状况、对税务机关的执法感受等，而具体纳税人的可识别身份对他们而言并无多大的研究价值。所以，笔者的建议是：在对纳税人身份采取模糊技术处理后，在确保纳税人商业秘密和经营信息安全的前提下，可以在最大限度内向专业研究人士开放纳税人信息，这样可以兼顾纳税人安全和学术研究利益最大化。

就普通社会公众而言，由于他们申请公开纳税人信息的主体目标对象很明确，在此就应当采取其他特殊技术措施保护纳税人涉税秘密信息的安全。在这个工作细节上，笔者建议，不要因为被申请公开文件中包含有不应公开的细节就"一刀切"地作出不予公开的决定，可以借鉴美国财政部在政府信息公开实务中的经验，采取以下两种技术处理措施。第一，重新编辑（redact）。根据现行法律、行政法规和国家税务总局相关规定，对被申请公开的纳税人信息进行仔细审查，在剔除涉及商业秘密的技术信息和经营信息、个人隐私信息的前提下重新汇总编辑纳税人信息，然后交付申请人。第二，抹黑处理（black out）。针对申请人要求公开的明确指称的纳税人信息文件，可以将相关商业秘密信息和个人隐私信息的内容用黑笔涂抹掉，然后将该文件交付申请人。[1]

## 四、纳税人信息所有权的权能

纳税人信息保护是一项复杂的课题，有学者提出，个人对自己的信息享有支配权、获取权、知悉权以及删除、修改和补充权。[2]笔者认为，挖掘纳税人信息保护的理论基础，应当从纳税人对其信息依法享有的所有权——尤其是它派生出来的四项权能——重点进行法理剖析。

从法理上讲，所有人对所有物享有的四项权能中，占有是最基本的权利，只有享有完整的、排他的独占权，所有人的使用、收益权能才能发挥最大的效用。基于此，笔者认为，纳税人信息所有权保护的第一要义就是保护纳税人对

①The Freedom of Information Act Handbook (U.S. Department of the Treasury Disclosure Services, December 2005).

②吴洁、王文敏、王铮瑛：《公民个人信息保护行政立法初探》，《海峡科学》2011年第5期。

自身信息的合法垄断独占状态。但是，正如前文所述，税务机关由于法律的授权合法地成为法定范围内纳税人信息的共享者，与纳税人一道成为纳税人信息的共同占有人。在这里，从法理上讲，税务机关并不是纳税人信息的所有权人，它对自己获得的纳税人信息只能用于法定的收税用途，除此之外，绝对不能用于其他用途。因此，税务机关对其依法知悉的纳税人信息负有一种十分沉重的保密义务，实践中这项保密义务也成为税务机关必须给予充分重视、高度关注的法律责任。

在纳税人占有权能的保护方面，税务机关的主要职责就是保守它们依法获取的纳税人的涉税秘密信息不外泄。简单地说，税务机关承担的是一种消极不作为的法律义务，笔者称之为"消极保护"。当然，这并不意味着税务机关对纳税人涉税秘密信息可以采取无动于衷的态度。

正如笔者在前文提到的，纳税人对自身信息基于所有人的资格还享有使用、收益、处分三项权能。

关于使用权能。既然纳税人信息属于纳税人的私人产权范畴，纳税人就有权利来对自己的信息从税务机关那里实施查询、调取、拷贝、复制等积极作为，也可以主张限制税务机关在依法收税之外使用自己的信息（比如税法宣传等），或者禁止其他机构或个人非经纳税人同意之外的非合理使用行为。实践中，某些税务机关不仅对自身控制的政府信息或政务信息向纳税人开放程度不够，甚至是对纳税人了解自己的涉税信息都设置了门槛较高的管理障碍，比如纳税人不能便捷地查询、下载自己缴纳个人所得税、企业所得税的纳税记录，限制纳税人及时充分使用自己的其他涉税信息。从本质上讲，这种做法违背了纳税人对自己的涉税信息依法享有所有权的基本法理，这不应该被简单地理解为是税务机关服务不到位的表现。严肃地说，这是对纳税人私人产权的侵权行为。

关于收益权能。作为一种特殊类型的无形财产，纳税人对自己的涉税信息理应依法享有财产性的收益权。比如，纳税人有权利对自己的涉税信息进行编辑、整理，用于商业出版，或者授权他人用于商业用途。纳税人在行使这项收益权时，一般情况下，税务机关不能实施任何限制（国有经济单位披露涉税国家秘密信息之外）。同时，税务机关也不能擅自运用纳税人信息进行商业活动，比如与私立机构联合设立培训项目等。如果税务机关侵犯了纳税人的收益权，在承担侵权责任的同时，应当将由此获得的非法收益返还给纳税人。纳税人对自己的涉税信息还享有处分权。

关于处分权能。从法理上讲，作为自己信息的所有人，纳税人应当有权利依法对自己的涉税信息记录根据自己的意愿及时或择机实施更新、修正、上传、删除或转让行为。假设：纳税人曾经因为迟延纳税、逃避纳税、财务违规、欠缴税款等违法行为受到税务机关的依法处罚，纳税人在依法承担相关法律责任后，应当有权利对自己的负面涉税信息施加后续的补充"添附"——向社会公众披露其接受整改、重新达标、完善管理等信息。再比如，纳税人应当有权利登录税务机关的纳税人信息系统及时更新自己的相关企业信息，比如，获得最新的诚信纳税表彰，由于节能环保、录用一定数量的下岗工作人员或残疾人而享受到最新税收优惠待遇等。同理，纳税人也应当有权利登录自己的信息档案依法及时删除违法记录或陈旧信息，或者转让自己涉税信息的著作权等财产权。

在保护纳税人的使用、收益、处分三项权能方面，税务机关必须对纳税人信息实施必要的、充分的积极作为，笔者称之为"积极保护"。比如，税务机关有义务建立针对纳税人开放的纳税人信息库（或信息平台），设置针对纳税人身份的电子识别技术平台、设计纳税人信息维护权限系统等。所以，在这里，我们可以发现，税务机关保护纳税人信息并不是简单的消极保密义务，而且还负有复杂的积极建设义务，考量税务机关对纳税人信息保护水平的高低也应当以上述四项权能（尤其是后三项）的维护和实现程度作为重要的参照指标。

就纳税人信息所有权的四项权能而言，占有权能的保护相对比较健全，税务机关设计了较为详细的保密规则，也投入了比较多的人力物力。但是，对于其他三项权能而言，则在实践中存在不少薄弱环节。每项权能究竟包含哪些具体表现形式，纳税人可以据此依法主张哪些权利，税务机关又应当履行哪些职责？客观地说，对于这些疑惑，处于实践中的纳税人和税务机关尚未提出明确的要求和解释，理论界展开的探讨也是寥寥无几。凡此种种都说明，纳税人信息保护的第三层次并没有被大家给予应有的关注，纳税人信息维权和税务机关完善纳税人信息保护的道路还很漫长。

## 五、纳税人信息披露义务的解读与反思

关注纳税人信息保护，除了从正面的积极角度保障纳税人对自身信息享有所有权的各项权能外，还应当从反面的消极角度来观察某些法定的纳税人信息披露义务，审视这些"义务"设计的合理性，以及它们是否从另外一个途径侵

犯了纳税人对自身信息的所有权。就纳税人信息保护课题而言，《关于纳税人权利与义务的公告》（国家税务总局公告 2009 年第 1 号）也是税务机关颁布的具有代表性立场的典型文件。该《公告》对纳税人规定了十项义务。笔者认为，其中，第九、十项"及时提供信息"和"报告其他涉税信息"的两项信息披露义务的规定十分值得琢磨和反思。

**（一）"及时提供信息"的义务**

> 您除通过税务登记和纳税申报向我们提供与纳税有关的信息外，还应及时提供其他信息。如您有歇业、经营情况变化、遭受各种灾害等特殊情况的，应及时向我们说明，以便我们依法妥善处理。

在这里，笔者有一个基本立场：保护纳税人信息应当不仅要防止纳税人涉密信息从税务机关不当外泄，还应该阻止税务机关超过法定范围向纳税人过度采集涉税或非涉税信息。

基于税收法定原则①或者税收法律主义②的基本要求，税务机关有权力在税法规定的范围内依法课税，纳税人有义务按照税法的规定解缴税款。其中，准确计算纳税人应纳税金的依据就是相关涉税信息。比如，就增值税而言，纳税人当期应纳税金的计算公式是：

$$当期应纳税额=当期进项税额-当期销项税额。$$

那么，从法理上而言，税务机关可以掌握的涉税信息就应当限制在"当期进项税额"和"当期销项税额"的具体构成科目。但是，在税务机关规定的上述第九项义务中，税务机关要求纳税人除了提供"与纳税有关的信息外"，"还应及时提供其他信息"。严格地说，这项规定是有问题的。税务机关有权依法获得的信息就应当被限制在"与纳税有关的信息"，"其他信息"与计算纳税人的应纳税金并无直接关系，税务机关无权向纳税人索取，而纳税人亦有权拒绝提供。

---

① 刘剑文：《西方税法基本原则及其对我国的借鉴作用》，《法学评论》1996 年第 3 期。张守文：《论税收法定主义》，《法学研究》1996 年第 6 期。

② [日]金子宏：《日本税法》，战宪斌、郑林根等译，北京：法律出版社 2004 年版，第 57 页。[日]北野弘久：《税法学原论》（第 4 版），吉田庆子、汪三毛、陈刚、杨建广、林剑锋、骆梅芬、郭美松译，陈刚、杨建广校，北京：中国检察出版社 2001 年版，第 62 页。

此外，税务机关还明确要求纳税人提供三类信息：（1）歇业；（2）经营情况变化；（3）遭受各种灾害。在这里，有必要对这三类信息逐一剖析，从而判断税务机关是否具备索取这些信息的合理性，以及相应的合法采集范围。

第一，"歇业"。关于歇业，所谓歇业，是指企业在较长时间停止生产经营活动的客观状态。歇业的法律后果是，工商登记机关应当对企业注销登记。[①]根据《税收征管法》第十六条的规定，纳税人发生歇业事实后，在向工商机关办理工商注销登记前，应当先行向税务机关办理注销税务登记。因此，税务机关只有在为了办理税务注销登记手续时才可以向纳税人采集歇业信息，而所谓的"依法妥善处理"，实际上就是而且只应该限制为办理税务注销登记手续。

第二，"经营情况变化"。笔者认为，总的来说，要求纳税人向税务机关提供自己"经营活动变化"的信息存在过度采集非必需涉税信息的嫌疑。试想，纳税人生产经营情况发生剧烈波动（比如资产重组、为其他企业设定担保、巨额应收账款等），当然会导致当期应纳税金发生调整的连锁反应。应该说，这也是一种"正常"的生产经营状态，税务机关应当有足够的心理预期。一个基本的事实是，企业当期发生的索赔诉讼、合同退货、仓库被盗等负面事件，或者政府采购、国外订单、接受捐赠等正面事件，这些都属于"经营活动变化"的范畴，同时也属于商业秘密的范畴。所以，必须警惕一种工作作风：为了保护国家税收利益最大化，只要是保守纳税人信息不外泄，即使是过度采集纳税人的生产经营信息甚至是商业秘密也是可以理解的。从本质上讲，这是漠视纳税人信息私人产权的下意识做法，也是对纳税人信息保护狭隘理解和片面曲解的体现。

第三，"遭受各种灾害"。就行政职责来说，税务机关不是灾情统计机关，自然没有权力向受灾纳税人采集灾害数据。那么，税务机关为什么要求纳税人将"遭受各种灾害"的信息及时向其报告，以便"依法妥善处理"？按照一般常理来推测，税务机关最有可能实施的、或者受灾纳税人最希望出现的"处理"结果就是税务机关依法给予迟延纳税或税款减免等税收优惠待遇。从法律规定和法理分析来看，因灾申请税收优惠政策是纳税人的一项权利。[②]既然这是一项权利，纳税人就有权利放弃。但是，按照《公告》的规定，这项报告行为却

---

① 《企业法人登记管理条例》（2011年）第二十二条。

② 《企业所得税法》第三十六条、《个人所得税法》第五条。

已经变成了一项法律义务。因此，从理论上讲，如果不（为申请税收优惠政策）履行灾情报告义务，纳税人就可能要受到相应的处罚。很显然，这在逻辑上是荒谬的。

**（二）"报告其他涉税信息"的义务**

> 为了保障国家税收能够及时、足额征收入库，税收法律还规定了您有义务向我们报告如下涉税信息：……您有欠税情形而以财产设定抵押、质押的，应当向抵押权人、质权人说明您的欠税情况。……如您的欠缴税款数额在5万元以上，您在处分不动产或者大额资产之前，应当向我们报告。

第一，纳税人将欠税情况向抵押权人、质权人的信息披露义务。

这项规定的立法来源是《税收征管法》第四十六条。[①]从法理上讲，纳税人有权依法在自己的私有财产上设置抵押或者质押。作为公法人，税务机关没有法律义务介入纳税人的私人债权债务事务，并站在债权人的立场上为纳税人施加欠税信息强制披露义务。因此，笔者建议，修改《税收征管法》时，应该删去前述第四十六条的第一句话，取消欠税纳税人向抵押权人、质权人履行欠税信息报告义务。

第二，欠税纳税人处分不动产或大额财产的报告义务。

税务机关要求欠税纳税人在处分不动产或大额资产前的报告义务无非是为了保护国家税收利益最大化。笔者认为，这项规定有两个瑕疵。其一，税务机关无非是担心欠税纳税人为了逃避纳税义务而恶意处分不动产或大额资产，使得国家税收利益受损，这种担忧是可以理解的。但是，事实上，如果纳税人发生了欠税情况，税务机关完全可以依法要求强制执行、要求设定担保等，从而对国家税收利益实现充分保护。观察《税收征管法》第五十条第一款，法律已经为税务机关设计了代位权和撤销权，这项规定是不是显得有些重复？其二，可以假设一个情况，如果纳税人发生了欠税事实，但是已经为自己的税收债务设定了担保，在这种情况下，如果还要求纳税人要将自己处分不动产或大额资产的情况向税务机关报告，这无异于纳税人必须要将自己的重大资产重组等商

---

① 《税收征管法》第四十六条规定："纳税人有欠税情形而以其财产设定抵押、质押的，应当向抵押权人、质权人说明其欠税情况。抵押权人、质权人可以请求税务机关提供有关的欠税情况。"

业秘密向税务机关披露，这无疑存在税务机关过度采集纳税人信息的侵权行为的涉嫌。

## 六、纳税人信息保护立法改革展望

客观地说，纳税人信息保护是一项综合复杂的系统工程。观察规范税务公开事务的主要法律制度——《税收征管法》、《纳税人涉税保密信息管理暂行办法》和《关于纳税人权利与义务的公告》，就纳税人信息保护而言，上述制度存在三项亟待完善的不足之处：（1）纳税人涉税秘密信息被税务机关不当外泄诉讼救济机制缺失；（2）狭隘界定纳税人信息财产权的内涵；（3）过度采集纳税人信息，侵犯纳税人信息所有权。

从本质上讲，之所以出现上述纳税人信息保护方面的种种缺陷，其根本原因在于税务机关对纳税人信息并没有从产权人拥有的所有权的高度加以理解和对待。当前，在税务机关的视野中，纳税人对自身信息的权利被狭义地限定为人对物（信息）的一种排他性占有权利。这导致在税务机关的工作逻辑中，纳税人信息产权被界定为一种防卫性质的信息隐私权，纳税人信息保护就是保守纳税人涉税秘密信息，防止其非法外泄。可以肯定的是，这种看法无疑是对纳税人信息保护的狭隘曲解，必将对纳税人信息保护产生深远的消极影响。笔者认为，消除纳税人信息保护工作实务中出现的种种有悖法理的不当行为，首先必须革新观念，将纳税人对自身信息的权利从隐私权转变为财产权，并从所有权人的角度来评估、改革现行纳税人信息保护制度。

就产权经济学理论而言，产权的意义不能被狭隘地局限为权利人对物的关系。从本质上而言，其意义恰恰在于人们对物的使用所引起的相互认可的行为关系，它是用来界定人们在经济活动中如何受益、如何受损，以及他们之间如何进行补偿的规则。因而，产权的主要功能就是帮助一个人形成他与其他人进行交易时的预期。[①]因此，作为纳税人信息保护制度构建的逻辑起点，笔者建议，纳税人信息应当被定位为专属于他们自己的私人物品，纳税人信息保护是纳税人财产所有权保护的一种具体类型。立足于财产权的平台构建纳税人信息保护制度，尊重、挖掘、设计和保护纳税人信息所有权的使用、收益、处分权

---

① [美]R. 科斯、A. A. 阿尔钦、D. 诺斯等：《财产权利与制度变迁——产权学派与新制度学派译文集》，上海：上海三联书店1994年版，"译者的话"，第6页。

能是必需的。

为此，笔者提出以下三项具体立法完善建议。

第一，明确规定税务机关及其工作人员违法泄露纳税人涉税信息的法律责任。笔者认为，纳税人信息是纳税人的私人物品，属于私人财产范畴，纳税人对其依法享有所有权。然而，从《税收征管法》第八十七条和现有相关部门规章的规定来看，税务机关对其工作人员违法泄露纳税人涉税秘密信息的处罚制度排除了行政处罚和民事损害赔偿。这就意味着，即使税务人员泄露纳税人涉税秘密信息也难以受到足够严厉的处罚，其结果是对纳税人信息最基本的隐私权意义上的法律保护也可能落空。所以，保护纳税人信息首先要防止税务工作人员违法泄露纳税人信息。因此，完善法制的首要任务就是修改《税收征管法》第八十七条，明确承认税务人员违法泄露纳税人信息必须承担具体、严厉的行政法律责任，同时还必须明确规定该行为应当承担相应的民事损害赔偿责任。

第二，明确承认纳税人对自身信息享有所有权。正如前文所言，从法理上讲，纳税人对自身信息应当享有的是财产权意义上的所有权，这种所有权应当包含完整的占有、使用、收益、处分四项权能。毫不夸张地说，是否承认纳税人对自身信息享有所有权将从根本上左右纳税人信息保护立法和实务的发展方向。基于上述考虑，笔者建议，应该在将来修正《税收征管法》时在"总则"部分增加一个条文："纳税人对自身涉税信息享有所有权。"唯有如此，纳税人才能获得直接的、充分的法律依据，在遭遇税务人员非法泄露其涉税信息或非法过度采集纳税人信息时凭借所有权人的身份依据——《侵权责任法》提出相应的维权主张。

第三，明确禁止税务机关及其工作人员非法过度采集纳税人信息。从法理上讲，纳税人信息是纳税人的私人物品，纳税人对其拥有排他性的独占权，税务机关只能在法律规定的范围内和通过合法程序才能向纳税人采集直接影响计算当期应纳税金的各项变量的涉税信息，而无权采集潜在影响当期应纳税金的基础生产经营信息，否则就构成对纳税人信息产权的侵权行为。这充分说明，某些税务机关及其工作人员存在一个理论误区：纳税人信息保护＝纳税人信息不外泄。因此，笔者建议，将来修正《税收征管法》时，在"总则"部分增加上述条文"纳税人对自身涉税信息享有所有权"之后，再补充一句——"税务机关及其工作人员不得滥用权力非法采集纳税人信息"。

此外，笔者发现，在完善纳税人信息保护法律制度时还涉及税收授权立法的程序法问题，而这个程序法问题对纳税人信息所有权保护的实体性权利也将直接产生重大影响。①《税收征管法》第四十九条规定："欠缴税款数额较大的纳税人在处分其不动产或者大额资产之前，应当向税务机关报告。"作为设定纳税人向税务机关履行信息披露义务的重要制度，该条没有对"数额较大"直接作出具体界定。但是，《税收征管法》第九十三条却规定："国务院根据本法制定实施细则。"这意味着，全国人大常委会将《税收征管法》的立法解释权整体授予了国务院来行使。随后，《税收征收管理法实施细则》（国务院令〔2002〕362 号）第七十七条规定："税收征管法第四十九条所称欠缴税款数额较大，是指欠缴税款 5 万元以上。"这就意味着通过全国人大常委会的授权，国务院"获得"了对《税收征管法》第四十九条"数额较大"的立法解释权。此后，《公告》亦将"欠缴税款数额较大"界定为"欠缴税款数额在 5 万元以上"。对此，笔者提出以下两点质疑。

首先，如何实施税收授权立法行为？《立法法》第十条也明确规定："授权决定应当明确授权的目的、范围。被授权机关应当严格按照授权目的和范围行使该项权力。"如果严格对照上述规定，《税收征管法》第九十三条无疑采取了"一揽子授权"的行动策略。但是，正如有关学者批评的那样，如果观察我国税收立法实践，类似空白授权现象十分普遍，授权立法缺乏相关权威机关的必要监控，极有可能发生不合理地扩张税收行政权力而加重民众财产负担、侵害纳税人权利的消极后果。②

其次，税收问题可以授权立法吗？税收立法权能否由立法机关授权行政机关行使本身就是一个必须严肃面对的重大问题。有关学者指出，税收立法权是国家主权的组成部分，根据民主宪政的通例，其立法事项理应是最高代表机关不可推卸、不得转让的最重要的专有立法事项，它是不能被授予其他主体代为行使的。③此外，《立法法》第八条规定：财政、税收的基本制度"只能制定法律"。从法理上讲，这条规定应该是我国税收法定原则的基本法律表达。就立法原理而言，如果某一机关获得了立法授权，它就不能把这一权力再授予其他机关，

---

①我国立法实践和学术研究都存在偏好实体规则的倾向，对程序正义和程序合理性则缺乏应有的关注热情，而程序恰恰应当成为中国今后法制建设和社会发展的一个真正焦点。季卫东：《法律程序的意义——对中国法制建设的另一种思考》，北京：中国法制出版社 2004 年版，第 11～14 页。
②安晶秋：《关于我国税收授权立法制度的法律思考》，《税务研究》2007 年第 6 期。
③刘剑文、沈理平：《〈立法法〉与税法的两个基本问题》，《税务研究》2001 年第 7 期。

除非母法或授权法以明示或暗示的方式授权它可以行使这一权力。①根据各国通行的税收法定原则以及《立法法》的上述规定，笔者认为，《税收征管法》第四十九条"欠税数额较大"的具体标准应当由《税收征管法》直接规定，而不宜通过授权立法的方法授予其他机关来行使立法解释权，否则行政机关就有可能为了保证自身税收利益最大化，不适当地加重纳税人信息披露的法律负担。

---

①陈伯礼、贾海洋：《有关授权立法的两个问题》，《沈阳师范学院学报（社会科学版）》1997 年第 2 期。

# 第九章　信息公开的制度实践及其外部环境*

**摘要：**《政府信息公开条例》自身的不足和其他外部法律制度的缺陷构成了当前政府信息公开的主要障碍。公开与保密之间的逻辑矛盾、制度安排之间的冲突，成为制约信息公开的制度因素；司法对知情权保障不足，官员保密思维的传统，构成制约信息公开的外部环境。要让政府信息公开得更加顺畅，就必须从当前的制度实践出发，着力解决《政府信息公开条例》第八条的逻辑矛盾、《保密法》与《政府信息公开条例》的衔接、"档案信息"的公开、信息公开的司法审查等问题。

　　一、《政府信息公开条例》第八条的逻辑矛盾
　　二、信息公开与保密制度
　　三、信息公开与作为"准国家秘密信息"档案
　　四、法院作为外部监督者的"无力感"

**关键词：**信息公开　保密　档案信息　司法审查

　　《政府信息公开条例》（以下简称《条例》）实施以来，信息公开的理念不论是在政府层面还是社会层面都得到进一步张扬，信息公开的制度实践也在多层面得以展开。但同时，传统的保密行政文化思维、公开与保密的制度纠结、信息公开外部支持环境欠缺等因素，仍然对政府透明度建设和信息公开理念的"落地"，构成很大的制约。

　　如何让信息的公开更加顺畅，是当前信息公开制度建设所必须解决的现实

*本章撰稿人为王锡锌博士，北京大学法学院教授、博士生导师。本章内容曾发表于《南开学报》2011年第2期"信息法制与中国社会发展"专栏之中。

问题。这些问题主要包括思维层面的公开与保密的逻辑矛盾、制度层面公开与保密的制度安排、对知情权予以保障的外部环境缺失等方面。本文试图对这些问题进行展开和讨论。

## 一、《政府信息公开条例》第八条的逻辑矛盾

《条例》第八条规定：

> 行政机关公开政府信息，不得危及国家安全、公共安全、经济安全和社会稳定。

本条是关于政府信息公开应当维护公共利益的规定。[①]但换个角度来看，这却是有关政府信息不得公开的规定——如果相关政府信息的公开危及国家安全、公共安全、经济安全和社会稳定，就不得公开。[②]那么怎么来判断政府信息的公开是否危及国家安全、公共安全、经济安全和社会稳定呢？《条例》并没有提供可参照的标准和可操作的程序。那么，《条例》是否有提供可参照的标准和可操作的程序的空间呢？在逻辑上，这似乎是不可能的。按照正常的逻辑，只有在政府信息公开以后，其公开的后果才能出现，也才能据此判断该后果是否危害了国家安全、公共安全、经济安全和社会稳定。如果信息不公开又怎么能判断其公开的后果呢？

也许有人会讲，有些信息的公开，比如军事机密，显而易见会危害国家安全——这是无需等到军事机密公开也可以得出的结论。这一论证逻辑无视了《条例》有关保密审查规定的存在。《条例》第十四条规定：

> 行政机关应当建立健全政府信息发布保密审查机制，明确审查的程序和责任。
>
> 行政机关在公开政府信息前，应当依照以《中华人民共和国保守国家秘密法》及其他法律、法规和国家有关规定对拟公开的政府信息

---

① 曹康泰主编：《中华人民共和国政府信息公开条例读本》，北京：人民出版社 2007 年版，第 50 页。

② 对此，国务院办公厅在《国务院办公厅关于施行〈中华人民共和国政府信息公开条例〉若干问题的意见》中作了明确的解释："（六）行政机关要严格依照《中华人民共和国保守国家秘密法》及其实施办法等相关规定，对拟公开的政府信息进行保密审查。凡属国家秘密或者公开后可能危及国家安全、公共安全、经济安全和社会稳定的政府信息，不得公开。"

进行审查。

......

如果《中华人民共和国保守国家秘密法》（以下简称《保密法》）定密科学、合理、全面，那些"显而易见"地危害国家安全等的信息就必然是法定的秘密信息；如果《条例》有关保密审查程序得到严格遵守，那些法定的秘密信息就不可能被公开，进而，也就谈不上存在某些信息的公开可能"显而易见"地危害国家安全了。

因此，如果前面两个条件成立的话，对于非法定秘密信息的公开，判断它们是否危及国家安全、公共安全、经济安全和社会稳定，只能根据公开后的结果进行评估。

也许有些人还会讲，《条例》第八条的规定是总则条款，作为一般规定，其所指并未将法定的秘密信息排除在外。如果是这样的话，那么该条款可以作两种理解：第一种理解是，该条款所指内容是在强调《条例》的其他条文，即第六条的信息澄清（为防止虚假或者不完整信息影响或者可能影响社会稳定、扰乱社会管理秩序，行政机关应当在其职责范围内发布准确的政府信息予以澄清）、第七条的政府信息发布协调机制（避免政府信息发布不一致带来的社会不稳定）、第十四条的保密审查（避免涉及国家秘密的信息公开）等内容，以使政府信息公开工作能够有利于国家安全、公共安全、经济安全和社会稳定[1]；第二种理解是，该条款是在为《保密法》把关，即通过此规定为《保密法》未能定密成"国家秘密"的信息提供概括保护。如果严格遵照第一种理解去执行该条例倒也没有多大问题，对于信息公开似乎不会造成多大的障碍。可问题在于，很难期望作为公开义务主体的行政机关在实践中照此执行——更多的可能是将此作为逃避公开义务的"避风港"。因此，即便有这样的立法初衷，通过如此"弹性"的条款来"重述"，无疑在立法技术上也是有问题，立法效果与这种立法原意也是有矛盾的。第二种理解表面上似乎言之凿凿，但是在理念上却是与《政府信息公开条例》有关政府信息"公开是原则、

---

① 曹康泰主编：《中华人民共和国政府信息公开条例读本》，人民出版社2007年版，第53页。

不公开是例外"①的要求相背离的。更何况，如果定密有不足和缺陷，通过修改《保密法》及其配套法规来解决才是正途。

从法律规范上，我们已经可以清晰地看到《条例》第八条的逻辑矛盾。这为实践中政府信息的怠于公开提供了极大的规避空间，很可能成为政府信息公开的"七寸"或"软肋"。让政府信息公开很可能因此而大打折扣。果真让政府信息公开，就必须解决《条例》的这一"逻辑分裂症"。

## 二、信息公开与保密制度

就信息公开的外部配套制度而言，保密制度无疑是最关键的。在任何国家，保密与公开都是一对天然共生的矛盾体。保守国家秘密需要将知悉秘密信息的人员控制在最小范围，而政府信息公开则要最大限度地保障公民知情权。保密过宽过滥，公开就必然受到限制。目前，《条例》中关于保密的规定，仍然过于宽泛，概况指向了《保密法》的规定。

2010 年 4 月 29 日，第十一届全国人大常委会第十四次会议审议通过了新修订的《中华人民共和国保守国家秘密法》。虽然修改后的《保密法》通过上收定密权、建立定密责任人制度、设立保密期限制度、健全自行解密与解密审查相结合的解密制度②，从主体、时空、程序等多个角度作了调整，缩小了国家秘密的范围。但是，这与当前政府信息公开的制度和社会需求相比，仍有改进的空间。

第一，修改后的《保密法》对于国家秘密的范围、定密、解密等的规定仍然过于弹性化——秘密范围抽象、定密程序简单、解密程序不明确，这在实践中容易导致秘密过于宽泛的情形。一方面，《保密法》的修改并未触及既有的秘密标准，现有第九条基本沿袭了原第八条的内容，宽泛的兜底款项依然存在。尤其令人不解的是将"国民经济和社会发展中的秘密事项"列入国家秘密的范围。毕竟政府的工作在目前主要围绕"国民经济和社会发展"而展开，若将这

---

① 对于此，温家宝总理在 2010 年全国依法行政工作会议上有专门论述，见《温家宝在全国依法行政工作会议上的讲话》，http://www.ce.cn/xwzx/gnsz/szyw/201009/19/t20100919_21832888_4.shtml；在《中国的反腐败和廉政建设》白皮书中也有专节阐述，见《中国的反腐败和廉政建设》白皮书，http://news.qq.com/a/20101229/001553_4.htm。

② 《解读新保密法的新亮点新要求》，《解放军报》2010 年 5 月 19 日第 6 版。

一领域内的事项轻易地归为国家秘密，那么政府信息公开的空间还有多大？更有甚者，国家秘密还包括"经国家保密行政管理部门确定的其他秘密事项"。这一概括的"口袋"条款更是赋予了国家保密行政管理部门设定国家秘密的极大裁量权，国家保密行政管理部门确定国家秘密的自由裁量权基本没有限制。这一极为宽泛的立法性授权，缺乏具体标准的控制，很容易导致保密主管部门和机构对定密权的滥用，使大量本应公开的信息被界定为"国家秘密"。[1]另一方面，《保密法》定密规定过于抽象，只规定了定密体制，并未规范具体的定密程序，从而给有关主体从严定密留下了空间，进而会大大压缩信息公开的范围和空间；与之相对应的是，有关密级变更和解密的具体操作程序也是缺乏的，《保密法》第十八条规定了"国家秘密的密级、保密期限和知悉范围，应当根据情况变化及时变更"，却对什么构成"情况变化"没有具体规定，第十九条也只规定了解密的一般条件，没有涉及如何解密，从而使得有关主体怠于变更密级和解密有隙可乘。如此的制度空间加上传统的保密文化影响，使得"有人定密、无人解密"、国家秘密"一定终身"的现象在实践中非常突出。[2]"定密容易解密难"大大增加了国家秘密的强度和政府信息公开的难度。解决这一问题，可以参考美国现任总统奥巴马发布第 13526 号总统行政命令。该命令一是确立疑密不定的原则。对定密必要性有重大疑虑的，不得定密；对定密密级有重大疑虑的，定为较低密级。二是建立国家解密中心，简化解密流程，保障、规范和促进信息解密。[3]

第二，虽然《保密法》修订后在第四条强调："既确保国家秘密安全，又便利信息资源合理利用。法律、行政法规规定公开的事项，应当依法公开。"但是，其对于信息公开的基本原则并没有确立好，未见在该法中将这一原则具化为相应的操作性条款。尽管官员可能往往连哪些是国家秘密范畴都不知道，但却完全动辄可以以国家机密为由拒绝信息公开。这主要是因为对于官员随心所欲"利用"秘密拒绝履行公开义务很难追究法律责任。《保密法》第四十九条第二款规定："机关、单位违反本法规定，对应当定密的事项不定密，或者对不应当定密的事项定密，造成严重后果的，由有关机关、单位依法对直接负责的主管人员和其他直接责任人员给予处分。"只有对不应当定密的事项定密造成严重后果，

---

① 王锡锌：《政府信息公开语境中的"国家秘密"探讨》，《政治与法律》，2009 年第 3 期。
② 《保密法比较研究》课题组编著：《保密法比较研究》，金城出版社，2001 年版，第 358 页。
③ 蒋文：《美国保密政策：从克林顿到奥巴马》，《保密工作》，2010 年第 6 期。

才能追究责任。因为定密不当造成信息公开申请被拒能构成"严重后果"么？《保密法》和《条例》中都没有具体涉及。

　　第三，结合信息公开的实际操作来看，对于曾被定密但在申请公开时并无必要维持秘密状态的政府信息，即《保密法》第十九条所指的"在保密期限内因保密事项范围调整不再作为国家秘密事项，或者公开后不会损害国家安全和利益，不需要继续保密的，应当及时解密"的政府信息，应当如何公开，《保密法》也没有具体程序化的回应。从而造成了《保密法》与《条例》之间的脱节。对于，这一点美国经验可资借鉴。美国规定了强制保密审查制度，即除了一些例外情形外，如果（1）申请人提出的请求包含足够细节使得被请求机关通过合理努力找到相关信息；（2）该信息不属于根据 1947 年国家安全法第 105C、105D或者 701 所规定的免于搜查和审查的范围；（3）该信息在过去的 2 年中并未被解密审查过，那么这些定密信息就应由最初产生定密信息的机关进行强制解密审查。①如果现有信息公开保密审查机制中能够加入强制解密审查程序，对于信息公开将会非常给力。

　　《保密法》刚刚完成修订，短期内解决上述问题只能寄希望于《中华人民共和国保守国家秘密法实施办法》或者《中华人民共和国政府信息公开条例》的修改。

## 三、信息公开与作为"准国家秘密信息"档案

　　在我国，政府信息公开除了受《保守国家秘密法》中国家秘密概念限制之外，还受到《档案法》中"档案信息"概念的限制。在档案法制度背景中，政府信息可以被分为档案信息和非档案信息。在其他国家，如美国，档案也是一种特殊的信息，但这并不能必然导致它免予受《信息自由法》的调整———只要有关档案不在免予公开的范围内，则档案应该与其他政府文件一样对公众公开。但根据我国《档案法》及其实施办法的规定，档案信息的公开事实上会受到限制，因而出现所谓"准国家秘密信息"等问题。《档案法》第十九条规定：

　　　　国家档案馆保管的档案，一般应当自形成之日起满三十年向社会
　　开放。经济、科学、技术、文化等类档案向社会开放的期限，可以少

---

①参见：*Executive Order 13292 of March 25, 2003*，Sec. 3.5. Mandatory Declassification Review.

于三十年，涉及国家安全或者重大利益以及其他到期不宜开放的档案向社会开放的期限，可以多于三十年，具体期限由国家档案行政管理部门制定，报国务院批准施行。

很明显，以档案形式存在的信息，具有相当长的保密期，公众难以获取，这事实上使档案信息具有了类似于"国家秘密"的不予公开的属性，可以称为"准国家秘密信息"。

《档案法实施办法》第二十条规定：

各级国家档案馆保管的档案应当按照《档案法》的有关规定，分期分批地向社会开放，并同时公布开放档案的目录。档案开放的起始时间：（一）中华人民共和国成立以前的档案（包括清代和清代以前的档案；民国时期的档案和革命历史档案），自本办法实施之日起向社会开放；（二）中华人民共和国成立以来形成的档案，自形成之日起满30年向社会开放；（三）经济、科学、技术、文化等类档案，可以随时向社会开放。前款所列档案中涉及国防、外交、公安、国家安全等国家重大利益的档案，以及其他虽自形成之日起已满30年但档案馆认为到期仍不宜开放的档案，经上一级档案行政管理部门批准，可以延期向社会开放。

第二十二条规定：

《档案法》所称档案的利用，是指对档案的阅览、复制和摘录。中华人民共和国公民和组织，持有介绍信或者工作证、身份证等合法证明，可以利用已开放的档案。外国人或者外国组织利用中国已开放的档案，须经中国有关主管部门介绍以及保存该档案的档案馆同意。机关、团体、企业事业单位和其他组织以及中国公民利用档案馆保存的未开放的档案，须经保存该档案的档案馆同意，必要时还须经有关的档案行政管理部门审查同意。机关、团体、企业事业单位和其他组织的档案机构保存的尚未向档案馆移交的档案，其他机关、团体、企业事业单位和组织以及中国公民需要利用的，须经档案保存单位同意。各级各类档案馆应当为社会利用档案创造便利条件。提供社会利用的档案，可以按照规定收取费用。收费标准由国家档案局会同国务院价格管理部门制定。

据此，我们发现：档案文件所承载的政府信息，自其形成之后并不是立即对社会公开的。恰恰相反，在相当长的期间里，公众对档案信息的查阅、了解等知情权是无法行使的。就结果而言，档案信息的这种封闭属性事实上导致了保密的效果。正是在这种意义上，可以将这些档案信息称为"准国家秘密信息"。当然，这里的用语并不是严格意义上的，毕竟不开放的档案信息是可能与国家秘密信息存有交叉的。但这里要凸显的是，正是由于《档案法》的这一规定，使得实际意义上国家秘密比《保守国家秘密法》中宽泛界定的范围还要大、还要广，其结果是大大限制了按《条例》应予公开信息的范围。[①]

在实践中与此相关的案例很多。北京大学公众参与中心（以下简称"中心"）2008 年曾向北京市发展与改革委员会提交了有关"首都机场高速公路的投资总额及其中贷款总额；其收费依据；1993 年通车至今收费总额及其去向"的信息公开申请，其后北京市发展与改革委员会只提供了 2004 年以来的部分信息，针对 2003 年以前的信息则以已转交档案馆存档为由未予提供。显然，对于北京市发展与改革委员会而言，政府信息转为"档案信息"，就可以规避其公开义务。而当中心转而再向档案馆问询的时候，得到的答复却是冷冰冰的：档案馆不受《政府信息公开条例》约束，只遵照《档案法》及相关法规规章办事。他们的理由也是响当当的——《档案法》效力高于《政府信息公开条例》！如此踢皮球，那么，对于申请人而言，其权利又该如何保障？

按照《条例》的规定，只要是行政机关在履行职责过程中制作或者获取的，以一定形式记录、保存的信息，就属于政府信息，就应当成为政府信息公开的对象。而按照《档案法》的规定："档案，是指过去和现在的国家机构、社会组织以及个人从事政治、军事、经济、科学、技术、文化、宗教等活动直接形成的对国家和社会有保存价值的各种文字、图表、声像等不同形式的历史记录。"档案显然属于政府信息，而且事实上在当前的政府信息中也占有相当大的比例。如果档案信息不能有效的纳入公开范围、进入公开程序，对于政府信息公开的供给必然会造成极大的障碍和制约。因此，将来非常有必要把档案信息的公开程序纳入《档案法》的修改内容之中。短期来看，既然档案信息根据《档案法》的规定与《条例》中政府信息的界定并无冲突，完全可以通过《条例》的修改

---

① 王锡锌：《政府信息公开语境中的"国家秘密"探讨》，《政治与法律》，2009 年第 3 期。

将档案信息的公开程序具体规定出来。

## 四、法院作为外部监督者的"无力感"

自《条例》实施以来，应当说法院的作为是不给力的。事实上，《条例》中是写明可以向法院提起行政诉讼的。但在过去两年里，法院的大门对信息公开案件申请人来说是很难跨进的。在许多城市，法院甚至连不予受理这一程序都不做，什么材料都不收，实际上是关上了司法救济的大门。这有体制上的问题，也有技术上的问题。

法院对于政府信息，尤其是涉密信息的判断基本上是被动的。在维稳的大体制下，法院很难对涉及国家秘密和社会稳定的政府信息的公开案件进行审理，甚至连立案受理都很困难。司法能动主义的发挥必须有强有力的政治动力和法律推力。就此而言，《条例》仅有的一个可以提起行政诉讼的"重述性"条款[①]，显然是苍白无力的。这也是《最高人民法院关于审理政府信息公开行政案件若干问题的规定》迟迟未能出台的原因之一。

前面说的是司法何以介入，这里则要涉及司法如何介入。很多技术问题不解决，法院即便受理也很难审理。大量申请被拒绝，理由都涉及国家秘密和社会稳定。碰到国家秘密基本上就没办法进行下去了，这对法院来说是个挑战。所以现在大家对《最高人民法院关于审理政府信息公开行政案件若干问题的规定》的出台很期待，不光是民众，法院内部也很期待。因为法院要"开门"，也必须先要有审理的规则。这其中最核心的是，法院如何对秘密信息进行审查。

对此，域外的借鉴经验是美国的 In Camera Review，即所谓的"暗室审查"或者"法官办公室审查"。美国国会 1974 年修正了《信息自由法》，正式授予美国法院对秘密信息进行审查的自由裁量权，针对机密文件，允许法院用自己对事实的判断代替行政机关的判断。[②]但是考虑到信息公开诉讼争议标的的特殊性，为避免争议文件的内容在举证过程中被泄露，法律授权法官在其办公室内

---

① 指《条例》第三十三条第二款规定的"公民、法人或者其他组织认为行政机关在政府信息公开工作中的具体行政行为侵犯其合法权益的，可以依法申请行政复议或者可以提起行政诉讼"条款。即便《条例》无此规定，也并不能构成有关权利人提起行政诉讼的制度障碍。行政机关作出政府信息公开与否的决定，作为典型的具体行政行为，根据现行《行政诉讼法》，是不可能被排除于司法审查范围之外的。

② 赵正群、宫雁：《美国的信息公开诉讼制度及其对我国的启示》，《法学评论》，2009 年第 1 期。

秘密审查而不是在法庭上公开审查相关文件。这一修正案曾因总统认为不可行并危及国家安全而遭到否决，但国会又以压倒多数再次通过。In Camera Review并非自动进行。在进行审查之前，法院可以要求行政机关就被申请公开的政府文件提供一份详细的说明，对每一项不公开信息进行分类和整理，并就不公开该信息说明理由（即美国法上的 Vaughn Index）。在审查过程中，法院一般会尊重行政机构的专业判断，只要归类合乎逻辑且在表面上诚实，法院就维持归类。[1]但是，法院在必要的情况下将启动 In Camera Review。主要包括以下情形：第一，争议不能通过其他方式得到解决。第二，行政机关提供的证据不充分，如行政机关提交的宣誓证言只是"结论性"的，没有详细说明免除公开规定为何得以适用。第三，有证据表明机关存在"恶意"（bad faith），这是最有可能适用秘密审查的情况。第四，涉及国家安全的案件，在行政机关的详细证言可能造成损害国家安全的后果时，法院通常会采取秘密审查方式。在这类涉及国家安全的案件中，除了法院可能秘密审查文件之外，必要时，机关还可以通过"秘密陈述"（In Camera Declaration）来解释其不公开信息的原因。机关的秘密陈述只对法院作出，不向原告和外界公开。一旦决定允许机关作秘密陈述，法院必须公开解释这样做的原因，并确保机关在不泄露文件内容的前提下，已经尽最大可能公开解释了不公开的原因，而对文件的更进一步描述则有可能泄露受免除公开保护的信息。法院也会有限制地允许被告提供秘密口头证言。秘密口头证言应由法院作笔录并盖章保存。[2]可见，法院还是有给力的方式的。只要有合适的切入点和妥当的程序安排，既可以平息有关秘密泄露的担忧，也可以充分保障相对人的知情权。通过出台相关司法解释或者修改《条例》，建立有效的保密审查监督救济机制，就可以创新法院在信息公开中给力的突破点。

## 结语

《论语·泰伯第八》有这样一句名言："民可使由之不可使知之"。对此有两种断句方法：其一为"民可使由之，不可使知之"；其二为"民可，使由之；不可，使知之"。译为现代汉语即分别是："对于老百姓，只能让他们照着[统治者的]命令去做，不能让他们知道为什么要这样做"；"老百姓认为可行的，

---

[1] 张千帆、赵娟、黄建军：《比较行政法》，北京：法律出版社 2008 年版，第 500~501 页。

[2] 赵正群、宫雁：《美国的信息公开诉讼制度及其对我国的启示》，《法学评论》，2009 年第 1 期。

就让他们如此干下去；老百姓认为不可行的，就告诉他们为什么要这样干才是对的"。①显然，两种断句蕴涵着两种截然不同的政治理念。可以说，就前者而言，公权力行为笼罩在国家秘密之下；而对于后者，公权力行为则为阳光所辐射——向社会公开。但正如温家宝总理所指出的那样，现有的法律已经确立了"公开为原则，不公开为例外"的要求。按照"立党为公，执政为民"的要求，我们显然在遵循着"民可，使由之；不可，使知之"的执政思路，迈上了开放政府的历史征程。既然如此，我们就必须果断地跨越政府信息公开的上述障碍，为政府信息公开提供更好的制度环境。

公开是一种向上的力量；公开是一种自信的姿态。但是，信息公开不能仅仅只是理念和口号。公开的理念是否能够在制度实践过程得到落实，依赖于信息公开的制度设计和外部环境改善。不然，那些美好的理念可能总如雾里看花，甚至成为镜花水月。

---

①庞朴：《"使由使知"解》，《文史知识》，1999年第9期。

# 第十章　中国的行政执法信息公开制度实践考察*

**摘要：** 中国的行政执法信息公开正努力前行，具有代表性的质检领域、工商领域、城管领域的行政执法信息公开的正反经验表明，行政执法信息公开方式的多样化、行政执法信息公开功能的复效化、行政执法信息的整合、共享趋势、行政执法信息从单向公开走向双向交流等特点值得关注。当下行政执法信息公开存在的突出问题是：制度参与者的认识水平制约了行政执法信息公开制度的有效运行，有关法律规范的模糊和空白给行政执法实务造成困扰，行政执法信息公开制度的类型化、针对性不足，行政执法信息公开制度设计简单粗糙，缺乏刚性，难以实现制度目标，行政执法信息公开的监督制度软弱无力。应当针对这些突出问题并顺应阳光政府建设的世界潮流，秉持现代行政法治理念作出积极改进，确立行政执法信息公开制度的完善路向，采取切实有效的对策举措，发挥出信息公开法治的力量。

引言：知情权保护与行政执法信息公开
一、行政执法信息公开的基本理念和发展脉络
二、关于行政执法领域信息公开现状考察分析
三、行政执法信息公开的突出问题和完善路向
结语：行政执法信息公开法治任重道远

**关键词：** 行政执法　信息公开　制度分析　完善路向

---

*本章撰稿人为莫于川博士，中国人民大学法学院教授、博士生导师；中国人民大学法学院博士研究生雷振。

本章内容已经发表于《南开学报》2012 年第 4 期 "信息法制与中国社会发展" 专栏中。

## 引言：知情权保护与行政执法信息公开

《中华人民共和国政府信息公开条例》（以下简称《公开条例》）颁行以来，取得不少成效与经验，但也遇到多方面阻力，亟待加以总结、研究和解决。行政执法领域的信息公开就是其中的一个重大课题。我们于 2011 年 7～9 月，在前期文献研究的基础上，先后走访了国家质检总局、北京市工商局、南京市建邺区城管局，对行政执法信息公开法制的运行状况开展了专门调研。选择走访上述单位，一是因为这三个单位在纵向上呈梯次分布，在横向上来自三个重要的行政执法领域，具有较强的代表性；二是它们都积累了不少信息公开实践经验，其官员对信息公开也有较多的认识。在此次专题调研中，我们主要采用了走访、座谈会、文献资料分析以及专题问卷调查等实证研究方法。通过上述调查，我们获得了许多第一手的认知和信息并从中强烈地感受到，尽管我国行政执法领域的信息公开还处于稚嫩的"童年"，但方针既定、民智已开，行政执法信息公开可谓已是大势所趋、民心所向，实践正在倒逼体制作出更深刻的观念更新和制度创新。

## 一、行政执法信息公开的基本理念和发展脉络

我国的行政执法信息公开制度发展进程并非一帆风顺，还未形成足够的社会共识和完善的制度体系、社会环境。本章首先就行政执法信息公开的基本理念、发展脉络和制度框架略作分析介绍，以便展开后面的实证分析和路径探索。

（一）行政执法信息公开的基本理念

人们对行政执法的理解宽窄不一，按从广义到狭义的顺序，一是将其等同于"行政"，以说明现代行政的性质从"管理"到"执法"的转变；二是将其与"行政立法"、"行政司法"对应使用，以区别行政的不同内容；三是将其视为行政主体创制具有普遍约束力的一般规范的行为和行政司法以外的所有行政活动，既包括行政命令、行政征收、行政许可、行政处罚、行政强制等高权行为，也包括行政指导、行政合同、非拘束性行政计划和规划、行政给付、行政资助、行政奖励等非强制行为；四是将其视为行政主体对相对人实施的影响其权利和义务的外部具体行政行为，包括行政命令、行政征收、行政许可、行政处罚、行政强制等，五是将监督检查、实施行政处罚和采取行政强制措施等特定类型

的具体行政行为称为"行政执法"。①从行政实践和相关规范性文件对行政执法的界定来看，第五种理解较为符合行政管理实际，本文也在此意义上使用这一概念。②行政执法大多具有高权性、强制性、单方性，但与非强制的行政方式并不矛盾，两者可以结合进行。③由于行政执法以恢复行政秩序为直接目的，追求高效率，还具有紧迫性的特征。

行政执法信息公开应贯彻系统的、有层次的一系列理念。首先应遵循行政法的各项基本原则。其次应遵循政府信息公开的一般理念，如公正、公平、公开、服务、便民、及时、准确、保障公共利益等。④再次，应根据行政执法的自身特点，遵循一些特有理念，我们初步概括出以下几项：其一，及时性原则。行政执法对公民权益的影响是直接的、现实的、即时的，缓冲余地小，及时公开信息的意义比其他行政活动更大。职是之故，应严格规定行政执法信息公开的时限。其二，主动性原则。行政执法具有过程的紧迫性、效果的即时性等特点，而依申请公开的过程较慢，难以满足维权之需，因此应赋予执法主体更多主动公开的义务。其三，明确性原则。从实务来看，已经公开出来的执法依据往往简单模糊，说理不足，故有必要尽可能地明确执法信息公开的构成要素和格式规范。⑤

（二）行政执法信息公开的发展脉络

行政执法信息公开作为政府信息公开的一环，经历了一个"地方先行、积累经验，中央立法，全国推行"的发展历程，也即所谓"地方包围中央"的常见立法经历。

---

①第一种、第二种和第五种理解参见姜明安：《论行政执法》，《行政法学研究》2003年第4期；第三种理解参见杨解君、蔺耀昌：《综合视野下的行政执法——传统认知的反思与校正》，《江苏社会科学》2006年第6期；第四种理解参见青锋：《行政执法体制改革的图景与理论分析》，《法治论丛》2007年第1期。

②如中编办2002年颁布的《关于清理整顿行政执法队伍，实行综合行政执法试点工作的意见》。

③参见莫于川：《应以发展的眼光和宽容的心态看待当下的行政革新举措——兼谈现代行政法治观念及其对于建设法治政府的意义》，《河南省政法管理干部学院学报》2007年第2期；莫于川：《推行柔性管理与建设服务型政府——透过城管执法纠纷案例及其解决思路看行政管理改革创新的方向》，《行政论坛》2008年第5期。

④参见莫于川主编：《中华人民共和国政府信息公开条例释义》，北京：中国法制出版社，2008年版，第58-88页。

⑤如"依据xx法xx条，对你作出xx处罚决定。"又如"根据xx文件规定，对你公司进行xx检查。"其弊端在于这些法规、政策与执法事项之间往往缺乏关联。

1．萌芽和生长阶段

我国的信息公开始于 20 世纪 80 年代初期的村务公开实践，实践中相继探索出村务公开、镇务公开、厂务公开、公开招标、警务公开、司法公开等类型，其中的警务公开可视为行政执法信息公开的起步探索。2001 年，中国加入世界贸易组织（WTO），承诺愿意遵守 WTO 透明度原则，这是政府信息公开法制建设重要的外部推力。2004 年，国务院颁布《全面推进依法行政实施纲要》，对政府信息公开法制建设提出了一系列具体要求。在地方，2002 年 11 月，广州市政府制定了《广州市政府信息公开规定》并于次年 1 月 1 日起施行，这是中国第一部系统规范政府信息公开行为的地方政府规章，此后，上海、北京、成都、杭州、深圳等地相继出台类似立法文件。

2．正式化和全面推行阶段

2007 年 4 月 5 日，国务院第 492 号令颁布了《中华人民共和国政府信息公开条例》（2008 年 5 月 1 日起正式施行，以下简称《公开条例》。《公开条例》位阶较高，是信息公开领域第一部全国性的规范性法律文件，具有里程碑意义和总纲领地位。目前，以《公开条例》为龙头，行政执法信息公开法制正在不断实践和完善中。①

《公开条例》构建了政府信息公开制度的基本框架，主要包括：（1）明确了公开的主体是制作或保存政府信息的行政机关；（2）明确了公开的方式包括主动公开和依申请公开；（3）明确了应当公开的范围和豁免公开的范围；（4）建立了政府信息公开的程序制度；（5）建立了政府信息可分割提供制度；（6）建立了政府信息公开发布制度；（7）建立了政府信息公开的监督和保障制度。这些制度构成政府信息公开制度的一个完整体系，各地、各部门以此为指引相继出台了实施细则、办法等位阶渐低的规范性法律文件加以具体化，这些都成为行政执法信息公开的法律制度基础，或者说在此过程中促进行政执法信息公开规范化、制度化。

---

①最新的发展是：最高人民法院经过长达数年时间的酝酿协调，于 2010 年 12 月 13 日由最高人民法院审判委员会第 1505 次会议通过《最高人民法院关于审理政府信息公开行政案件若干问题的规定》，此后经过半年多的积极协调，于 2011 年 7 月 29 日予以公布，自 2011 年 8 月 13 日起施行。这个重要的司法解释总共 13 个条款，力图发挥出司法审查机制在政府信息公开争议解决和相对人知情权保护的司法功用，但其积极努力能否得到有关机关、组织和社会各方面的正确理解和大力支持尚不确定，还需要时间来检验。

## 二、若干行政执法领域信息公开现状考察分析

在我国的行政执法领域，城管、工商、质检都是非常重要、广受关注的领域，也是主要的行政执法部门，它们在行政执法方面的做法经验和问题矛盾颇具代表性，所以我们以这三个领域、三个层级的行政执法机关的做法为研究样本（国家质检总局、北京市工商局、南京市建邺区城管局），主要采用走访座谈、资料分析等方式，于 2011 年 7～9 月开展了实证研究和必要的规范分析，获得一些富有启发性的认识和素材，简要分析如下。

（一）质检领域：调查对象——国家质检总局

质检执法近年来被媒体密集报道的是三鹿奶粉被曝光含有三聚氰胺事件。此后，质检系统进行了深刻反思，加强了信息公开工作，逐步推进了改革创新，值得充分关注和深入研究。我们对国家质检总局的调研，采取了走访负责官员和分析文献资料的方法进行。

1. 国家质检总局执法信息公开工作的基本做法

关于质检执法信息公开的体制。一是加强协调，归口管理，设立了政府信息公开领导小组及其办公室，以总局局长、党组书记为组长，一位副局长和纪检组长为副组长，各司局及机关服务中心、信息中心主要负责人为成员；总局办公厅主任兼任领导小组办公室主任，监察局局长兼任办公室副主任，总局各组成单位确定联系人。办公厅下设一个处级单位专职负责执法信息公开的指导、协调、监督等日常工作。二是各司其职，各负其责。国家质检总局层面的执法信息统一以办公厅名义对外公开（盖办公厅的章），但就内部来说，由各个司局具体负责本业务领域的执法信息公开工作。三是依法办事，健全制度。国家质检总局制定了专门的信息公开方面的规范性文件《国家质检总局政府信息公开工作管理程序》，按《公开条例》的规定设置了工作流程。四是加强培训，提升能力。通过举办专题讲座或开设相关课程，对信息公开工作人员和各类、各层次行政执法人员进行了培训，提高了他们的业务水平。五是风险管理，未雨绸缪。运用风险分析管理的理念，对总局政府信息公开工作进行风险分析，提出预防和解决措施。

关于质检执法信息公开的方式和场所。一是主动公开居多，依申请公开数量较少。2010 年，国家质检总局所收到的信息公开申请仅为 123 件。二是主动公开的方式多样化，包括总局网站、在线访谈、新闻发布会、政务大厅面对面

接待、文档内部自动甄别筛选、①12365 热线电话、受理公众咨询、听证会等，其中一些具有重大创新意义。2010 年，共组织网上在线访谈 47 次，召开新闻发布会 5 次。国家质检总局政务大厅共接待咨询人员 4625 人次。三是按需设置公开场所和设施。在总局设置政务大厅，设有指示牌、宣传栏、触摸屏等设施，摆放宣传册、工作简报、业务指导手册等资料，在基层设置公共查阅室、资料索取点、信息公告栏、电子信息屏等设施。四是加强信息化建设，进行大范围的信息资源整合，加强总局门户网站建设，使之具有质检信息公开、在线办事、行政审批事项网上办理、政民互动等功能。五是注重政民互动，开展了网上在线访谈、不定期的新闻发布会、重大事项实施前的听证会等活动。

关于质检执法信息公开的范围。一是在法定裁量标准模糊的情况下，通过设置合理程序（《国家质检总局政府信息公开工作管理程序》）来判断公开的界限。从实务来看，其动向是采取宽松标准，尽量扩大公开范围。二是公开的种类较多，包括公开目录、公开规定、公开指南、公开年报、组织机构、法律法规、人事信息 政府采购、计划规划、总结汇报、专项工作、热点专题、行政许可、行政处罚、企业不良记录等，可以说基本覆盖了全部执法信息。三是向社会提供专题执法信息，主动为市场经济服务，包括通过乳制品重新审核企业名单、质量竞争力指数、产品质量信用记录、产品质量抽查公告、每周质量报告、进出口食品风险预警、产品质量抽查公告、行政许可、名牌战略、食品质量安全市场准入、缺陷产品召回等专题信息。四是形成了层次分明的信息体系，将本系统的执法信息分为国家质检总局层面、各业务司局层面和地方局层面等层级，但不同层级均可在总局网站上找到入口。②

关于质检执法信息公开的程序。一是严格遵守《公开条例》规定的时限制度，例如，国家质检总局办公厅每年都会按时在 3 月 31 日前发布年报，对于应当主动公开的文档，通过内部自动甄别筛选后当即上网，等等。③二是建立了信息发布协调机制。规定各司局在办理文件时，即应确定该文件是否公开，对应该公开的文件，在经过各级保密审查后，按规定时间予以公布；依申请公开信

---

①指某一规范性文件形成后，内部办公系统会自动提问是否予以公开。

②质检总局网站有各地方局的网站链接，质检总局网站的二级页面"网上政务信息公开目录"有各业务司局的
信息公开目录链接，http://www.aqsiq.gov.cn/，2012 年 5 月 1 日。

③例如，质检总局 2012 年的信息公开工作年报即发布于 2012 年 3 月 26 日，
http://www.aqsiq.gov.cn/xxgkml/xxgknb /index.htm，2012 年 5 月 1 日。

息内容涉及多部门或其他部委的，国家质检总局主动协调有关部门或商其他部委提出办理意见；对重要或敏感内容的信息，由总局领导召开专题会议进行研究后确定是否公开。总之，已经形成了常态化运作。三是根据《公开条例》和国务院办公厅有关文件精神，制定了《国家质检总局政府信息公开工作管理程序》，以此作为执法信息公开的程序规则。四是建立了依申请公开政府信息督办制度，要求信息公开工作部门加强对依申请公开政府信息办理工作的指导、协调和监督，每周编制《国家质检总局依申请公开政府信息事项办理动态表》报总局领导，并抄送各司局主要领导。①

关于质检执法信息公开的监督。一是建立健全考核制度。制定了《国家质检总局行政权力运行监管体系实施方案》，对各司局行政权力进行全面梳理和定位规范，把执法信息公开的工作情况纳入其中，但没有单独为此制定问责制度，其理由是已有关于行政问责的统一规定，认为无必要为执法信息公开而另起炉灶。二是通过受理举报投诉来加强监督。从中可见，由于内部监督一般难以发现问题，因此举报投诉有渐成主渠道的趋势。

2. 国家质检总局执法信息公开工作的成效和经验

经过近年来的反思和探索，国家质检总局的主要成效和经验可概括为如下几个方面：（1）注重方式方法创新，特别是注重运用科技手段，使相关信息能够产生较大的社会效益；（2）规范化、制度化水平高，以往在信息公开实务中存在的零散、疲软、不规范等现象逐步得到改变，与日常工作的结合更加紧密；（3）服务意识较强，主动开展了许多旨在为社会经济和公民服务的信息公开工作；（4）经过三鹿事件的洗礼，对执法信息公开较为重视；（5）积极与社会沟通，公众认同度有所提高，单位的社会形象有所改善。②。

3. 国家质检总局执法信息公开工作的问题和困惑

尽管国家质检总局的执法信息公开工作收到了一定成效，但由于实践时间

---

① "二、三、四"参见《质检总局2009年政府信息公开工作年度报告》，http://www.gov.cn/gzdt/2010-04/02/content _1572010.htm，2012年5月1日。

② 2010年度，申请人对国家质检总局做出的政府信息公开答复（或者告知）不满意，提出行政复议的案件有5件，均已审结。2010年度，因政府信息公开问题，相对人以国家质检总局为被告，向法院提出行政诉讼的有2件。其中1件经与相对人协调，相关业务司局重新做出答复后，相对人撤回起诉，法院未立案；另1件正在协调中，目前法院未立案。参见《国家质检总局2010年政府信息公开工作年度报告》，http://www.gov.cn/gzdt/2011- 04/06/content _1838738.htm，2011年11月15日。

较短，相关配套制度不尽完善，执法信息公开的大环境也不够宽松，不可避免地面临一些问题，产生了一些困惑，主要有：（1）虽然经过几次重大质量安全事件的洗礼，质检执法人员的信息公开意识有所增强，但是彻底转变"为了避免失密问责所以能不公开就不公开"的传统思维还有待时日；（2）地方政府的地方保护主义是质检执法信息公开的一大障碍，地方质检执法机关在很大程度上受制于地方政府，客观上存在一些禁区；（3）信息的获取、整合还有一些体制和技术的瓶颈有待突破；（4）信息发布的方式还不够理想，国家质检总局的同志认为，最快捷的发布方式应该是短信查询，但目前还难以达到这一水平；（5）社会公众的信息接受水平还不够成熟，许多信息公开的现状看似不合理，其实合理，反之亦然，例如，受技术水平、人员规模和资金预算的限制，有的质量问题检不出来，有的质量问题检不过来，但公众对此缺乏"同情的理解"；（6）负责信息公开的工作人员对孰为"国家秘密、商业秘密和个人隐私"缺乏足够的判断能力，相关法律法规提供的裁量标准不够清晰，只能通过设置低位阶的合理程序摸着石头过河。

除了我们的上述总结以外，国家质检总局的同志还主动谈到了几点认识，颇有见地，足资借鉴，特转述于此。（1）行政执法信息公开是一种职责，也是一种权力，实践中，有的行政机关利用手中掌握的信息资源对相对人开展裁量性的行政评价（如"xx信用评级"），对这种活动应加强约束。这是因为，第一，这种行政评价对行政相对人具有深远影响，虽然看似公允中立，但是由于相关信息并未公开，实际是给行政机关增加了裁量权，催生出寻租空间，容易导致腐败；第二，由于评价结果遮蔽了原始信息，也容易误导受众；第三，由于评价的权重难以科学化，容易主观臆断；第四，评价不如公开，受众的集体智慧足以做出准确判断，不必执法者代替公众思考。（2）执法信息公开是一个任务，也是一个手段，应尽量放大其功用，积极为经济生活服务。例如，通过公开执法检查记录，可以消减市场经济中的信息不对称，弥补市场机制的不足。（3）2011年8月13日开始施行的最高人民法院关于信息公开案件的最新司法解释（《最高人民法院关于审理政府信息公开行政案件若干问题的规定》），进一步明确和强化了执法机关信息公开的责任，对行政执法机关是一件好事，具有规范执法信息公开工作的正面意义：一是可以更好地履行职责；二是可以更好地管理队伍；三是可以更好地教育和保护执法工作人员。

（二）工商领域：调查对象——北京市工商行政管理局

北京市工商局在全国工商系统的执法信息公开方面起步较早、抓得较紧，积累了丰富经验。我们此次对北京市工商行政管理局的调研，采取了个别访谈、举行小型座谈会和分析文献资料等方法进行。

1. 北京市工商局执法信息公开工作的基本做法

关于北京工商执法信息公开的体制。该局方式方法创新较多，我们归纳为如下几个方面。一是建立了高位协调的领导机制。成立了以市局主要领导为组长，办公室、法制处等处室和直属单位领导为组员的信息公开工作领导小组。领导小组的具体工作由市局办公室牵头承担，法制处和其他业务处室协助。二是建立了专职的信息公开工作队伍。配备了 19 名全职工作人员，18 名兼职工作人员，设立了 19 个专门的信息公开窗口，提供公共查阅、资料索取和依申请公开的受理服务。三是建立健全各项规章制度。早在 2003 年，北京市工商局就出台了《关于进一步规范行政处罚行为，强化行政处罚公开的若干意见》（京工商发[2003]156 号），该《意见》规定了"首次询问告知制度"、"公开听取意见会制度"、"实施公开行政处罚决定书以及相关的案卷档案制度"等信息公开制度，走在全国工商系统的前列。在《公开条例》实施后，北京市工商局又先后制定了《北京市工商行政管理局政府信息公开实施细则》、《北京市工商行政管理局政府信息公开属性审核和保密审查工作制度》等规章制度。①四是通过不定期发布信息公开工作通报、召开座谈会等方式加强经验交流，提升业务水平。

关于北京工商执法信息公开的方式和场所。公开方式分为主动公开和依申请公开两类。主动公开主要采取网上公开和在公共查阅窗口公开两种方式，此外还有一些非正式的公开方式。值得关注的是以下情况：（1）主动公开占了绝大部分，依申请公开的信息极少，如 2010 年北京市工商局主动公开政府信息 129 条，通过网站发布各类政府信息 2570 余条，而截至 2010 年 12 月底，全北京市工商系统共受理申请才 9 件，全部是有市局受理的，各区县分局受理数量为零；（2）加强"北京工商"门户网站建设，设立政府信息公开专栏，包括政府信息公开指南、政府信息公开目录、政府信息公开申请等多个子栏目，及时发布各类工商信息，宣传工商法规，解读工商政策；（3）加强信息公开窗口建设，目前全市工商系统共设置 19 个政府信息公开窗口，在所有的窗口放置目录、

---

① 参见《2010 年北京市工商行政管理局政府信息公开年度报告》，http://zfxxgk.beijing.gov.cn/fgdyna.prorghome.pr
Org HomeFrame.do?menuType=1&GM_T_CATALOG_INFO/SYS_ ORGAN_ID=87，2011 年 11 月 15 日。

指南和便民手册，配备互联网和工商业务网电脑，便利相对人查询主动公开内容；（4）设置电子触摸屏，公开工商行政管理部门涉及行政许可、行政检查、行政强制、行政处罚、行政收费、行政救济等 11 大类、49 项事项的近千条信息；（5）加强与报刊、广播、电视等大众媒体的联系，放大执法信息公开效果；（6）开通三种申请途径[①]，便利相对人获取信息；（7）加强与法院系统和检察院系统的互动，协助其办案；（8）针对企业信用问题建设专门的北京信用网，公开企业身份信息、信用良好信息、警示信息（黑名单），净化市场环境，加强信用建设；（9）开通"12315"热线电话，方便相对人咨询投诉；（10）实行资讯通报会制度，由市局新闻发言人及时向社会各界公布最新的市场主体动态、市场整顿进展情况、消费维权概况和政策法规资讯，以及市场上的敏感、热点问题的情况分析和政策指引。

关于北京工商执法信息公开的范围。总体来看范围较广，具体可分以下几类：（1）组织结构、人员队伍等组织信息；（2）抽象行政行为的信息，即企业登记与监督管理、市场监督、反不正当竞争与经济检查、商标管理、广告管理、合同管理、食品安全和消费者权益保护、综合类等方面的规范性文件及与其他部门会签的规范性文件；（3）具体行政行为的信息，包括：行政处罚决定、行政许可决定、行政强制决定等案件信息；（4）在执法过程中获得的一些相对人信息，如企业信用信息、企业年检状况、企业注册登记基本信息、注（吊）销结果、企业信用等，这些信息可以查询获取；（5）各类公共服务、便民服务类信息，如食品安全信息、商品质量检测报告、规范性文件解读、广告监测报告等；（6）工商机关履职的其他信息，如执法检查大队工作动态、"三公经费"财政拨款情况、部门决算、长期发展规划、实事任务办理情况、折子工程执行情况、业务统计数据、突发事件应急预案等。[②]

关于北京工商执法信息公开的程序。这方面值得关注的是以下两个情况。

---

①通过北京市工商局网站提出申请（填写并发送电子申请表）；信函、电报、传真申请；当面申请。为了方便相对人理解，北京市工商局还在其网站上列出了相应流程，http://zfxxgk.beijing.gov.cn/fgdyna.prorghome.prOrg HomeFrame.do?menuType=3&GM_T_CATALOG_INFO/SYS_ORGAN_ID=87，2011 年 11 月 15 日。

②折子工程是系统工程的对称，具体是指根据当地政府的中心工作由相关领导分工负责，相关单位协调配合的重要工作实施工程项目，它往往由一个总的工作主题项目，分门别类解析出几个大类别，又分解出一些既关联又有相互独立的子项目，通过分工负责到人来逐项实施完成的工作。换言之，它是一个组织在一定时期内的中心工作或者重点工作的具体化。折子工程常能表现出政府工作的较高办事效率，此点受到民众的关注和肯定，但这种由分管领导人各自集中资源分头督办工程、任务的做法也受到一些批评置疑。

（1）确立了抽象行为公开和具体行为公开的不同程序。对于抽象行为要求实时报备、实时公开，其流程是，本局的规范性文件经局长签批后，在7个工作日的期限内报市法制办备案，并由市法制办在密级允许的范围内，通过市政府的信息公开系统，在"首都之窗"网站实时公开，这种机制显然大大提高了抽象行为公开的效率。具体执法行为通过内部的"案件管理系统"审查后，在市局网站公开。值得一提的是，北京市工商局的"案件管理系统"颇具特色，该系统将市局与各区县分局互联，从立案到结案全程均为电子化管理，曾受到干以胜、吴仪、王岐山等领导同志表扬。（2）严守信息公开的法定期限。例如，按时发布年度报告，按法定时限答复相对人的公开申请等。对于应当主动公开的信息，该局不但严格遵守法定期限，更进一步在内部规定必须在每月5日之前将上个月的执法信息全部公开。

关于北京工商执法信息公开的监督。建立了执法信息公开的考核制度、问责制度、内部督导与行政相对人举报相结合的监督制度。

2. 北京市工商行政管理局执法信息公开工作的成效和经验

从上述罗列数据和事项的文字叙述可见，北京市工商局的行政执法信息公开工作创新点较多，取得了较好成效：一是公开及时，效率较高；二是内容丰富，种类齐全；三是程序严密，井然有序；四是手段齐全，方式多样；五是公众满意度高，社会效果好——2010年，该局创造了零复议、零诉讼、零申诉的记录。我们将其主要经验概括为：（1）对待执法信息公开工作的态度积极主动，敢于大胆创新，在全国工商系统中相对领先；（2）注重公益与私益的平衡，优先保障公共利益，对公共利益与私人利益的关系认识比较到位；（3）按照服务型政府的精神，为社会提供信息服务；（4）注重科技手段的运用，信息化程度高，搭建了诸多信息发布平台；（5）注重制度建设，规则意识强。

3. 北京市工商行政管理局执法信息公开工作的问题和困惑

尽管取得了诸多成绩，但北京市工商局的同志仍然感觉存在一些尚待解决的问题，包括：（1）《公开条例》多为原则性规定，许多关键环节又语焉不详，缺乏解释，如公开界限的判断标准问题、与《档案法》的衔接问题等等，这些也是近年来信息公开实务普遍面临的问题；（2）对于相对人的一些要求，《公开条例》还存在立法空白，如能否应相对人申请在复印资料上盖章、能否公开一些政治上的敏感信息等等；① （3）相对人对于执法信息公开缺乏了解，虽然工商部门做了很多工作，但相对人对其工作成果的利用率和利用水平较低；（4）市局与各分局和基层单位对执法信息公开的认识、标准、质量不尽一致。

（三）城管领域：调查对象——南京市建邺区城管局

加强执法信息公开是改善城管形象的一种途径，已为一些城管机关所逐步认识和重视，南京市建邺区城管局就是其中的一个例子。我们采取了访谈、座谈会和分析文献资料的方法进行了调研。

1. 建邺区城管局执法信息公开工作的基本做法

关于建邺区城管执法信息公开的体制。这方面值得关注的情况有：一是设立局政府信息公开工作领导小组，由局长任组长；二是由该局综合科承担日常工作，配备了专职人员和兼职人员各两名；三是重视内部管理的信息化，在此基础上实行模块化管理②，尽管这种模块化管理以精细化内部管理、提高执法效率为目标，但在客观上也为完善执法信息公开奠定了基础，今后的关键是能否以及如何将内部掌握的大量执法信息对外公开，需要观念更新和制度创新；四是重心下移，渠道延伸，通过居委会、社区管理服务站等组织，协助开展城管执法信息公开工作。

关于建邺区城管执法信息公开的方式和场所。主动公开的方式还是较为传统：一是利用电视、广播、报纸等新闻媒体进行公开；二是通过服务窗口、服务大厅公开，在便于公众知晓、方便群众办事的地点设立公开栏、告示板和电子显示屏；三是通过建邺区政府网站和本局网站进行公开。总的来说，城管局网站是主要平台，但网站的内容较为单调，科技含量较低，功能限于发布新闻，在检索、申请、互动等观察指标上尚不能令人满意。依申请公开的方

---

① 指是否属于国家秘密尚难判断，但政治上较敏感的信息，对于这类信息，如果行政机关不便公开而被告到法院，国外多通过秘密审查（即不开庭审理）来解决。

② 南京的试点做法是，将城市划分为若干管理模块，以社区（或村）为核心，以社区周边主次干道的中心线为边界，建立"一体两翼若干模块"的城市模块化管理机构。"一体"指建邺区城市管理指挥部。由区领导任总指挥。"两翼"指"信息督查中心"和"综合协调中心"。信息督查中心设在区信息中心，承担城市管理的监督功能，负责城市管理信息收集、整理、发布，问题处理结果监督及管理状况评价工作和模块信息员的管理工作。综合协调中心设在区城管局，承担城市管理的指挥功能，负责指挥、协调相关职能部门处理城市管理问题、反馈问题处理结果等工作。"若干模块"是指：以社区（或村）为核心的管理模块，在每个管理模块中配备1名模块信息员，信息员承担城市管理的信息报送和督查核准功能，负责城市管理信息的采集、发送，各职能部门处理结果的督查、核准工作。

式比较传统。

关于建邺区城管执法信息公开的范围。建邺城管将主动公开的范围概括为十个方面："公开部门职责、机构设置以及具体办事人员的职务姓名、工作范围和权限；公开法律法规、规章制度，主要是行政事业性收费（垃圾费）、执法办案、监督检查及行政处罚等方面的法律法规依据；公开国家有关政策、规定、标准；公开办事条件、办事要求、办事程序；公开办事时限，主要是法律法规、规章制度规定的时限和承诺办理的时限；公开办事结果及理由；公开承诺的便民措施；公开办事纪律和廉政勤政制度；公开监督举报电话，设立政务公开电子信箱；以及需要公开的热点难点问题。"①这基本等于《公开条例》所界定的范围。值得注意的是，建邺区城管局规定了"免予公开"制度，将免予公开的事项分为六类：一是属于国家秘密的信息；二是属于商业秘密或者公开可能导致商业秘密被泄露的信息；三是属于个人隐私或者公开可能导致对个人隐私权造成不当侵害的信息；四是属于正在调查、讨论、处理过程中的信息；五是属于与行政执法有关，公开后可能会影响检查、调查、取证等执法活动或者会威胁个人生命安全的信息；六是属于法律、法规规定免予公开的信息。②这样的范围界定虽然不乏合理之处，但其问题，一是缺乏上位法依据；二是有超出《公开条例》第十四条规定范围的嫌疑。

关于建邺区城管执法信息公开的程序。建邺城管建立了信息报送程序、网络信息发布程序等，所有上网的政府信息由局领导亲自把关、逐条审批。有创新意义的是，建邺城管将拆除违建的执法程序分为"'喝茶'—责令拆除——强制拆除"三个步骤。据悉，大部分拆违案件在"喝茶"后，相对人主动拆除了违建。我们认为，"喝茶"通过当面交流公开执法信息，易于获得相对人理解，减少执法阻力和执法成本，是一种值得借鉴的柔性执法方式。

关于建邺区城管执法信息公开的监督。这方面值得关注的情况有：一是不断完善内部制度，落实"查实待岗制"、"首问负责制"、"行政问责制"、"社会服务承诺制"、"末位淘汰制"等制度；二是不断完善外部监督制度，召开行风监督员联席会议，通报工作，听取建议和意见，加大社会监督、群众监督和舆

①南京市建邺区城管局：《2010 年南京市建邺区城市管理（行政执法）局政府信息公开年报》，2011 年 3 月 28

  日，http://www.nickdy.cn/njsr/zwgk.asp?id=3638，2011 年 8 月 21 日。

②参见南京市建邺区城管局：《2010 年南京市建邺区城市管理（行政执法）局政府信息公开年报》，2011 年 3

  月 28 日，http://www.nickdy.cn/njsr/zwgk.asp?id=3638，2011 年 8 月 21 日。

论监督的力度，主动深入各个城区上门征求意见，适时组织人大代表、政协委员、新闻媒体以及社会各方面的人士对公开内容的真实性、全面性、有效性进行评议；三是不断完善信息反馈机制，对于市民、企业、媒体和其他政府部门、街道办事处、社会团体等各个层面通过各种渠道反映的意见，及时分办转办，及时反馈办理结果。

2. 建邺区城管局执法信息公开工作的成效和经验

从成效来说，据该区城管局领导介绍，因执法信息公开引起的纠纷较少，行政复议案件一年仅三四件，行政诉讼案件约两三年一件，从这个角度来看，社会评价还算不错。从经验来说，值得借鉴之处有：一是以南京市"大城管"模式为背景，在体制上有所创新，注重发挥基层自治组织的信息传送作用，拓宽了信息公开的渠道；二是在区政府信息中心统一协调下，城管执法工作的信息化水平高，为下一步提高信息公开工作的信息化水平打下了基础；三是注重柔性执法，将信息公开、说服教育作为执法的前置程序。

3. 建邺区城管局执法信息公开工作的问题和困惑

第一，对依法行政理解不够到位，有较大的随意性，存在一些明显违反《公开条例》的制度，如前述的"免予公开"制度。第二，信息化工程成本较高，但未能与信息公开对接。根据我们的观察，建邺区城管执法工作的效率比较高，这是因为他们有强大的信息系统支持，运用信息化技术实现了城市管理全过程的信息实时传递与处理，解决了在很多地方都难以解决的信息不充分问题，这背后是较高的运营成本支撑。但是，这种高成本的信息化成果主要局限于执法管理之中，未能延伸运用到信息公开之中。此外，还存在网站功能简单、认识水平不高、监督机制不健全、公众理解支持不足等执法信息公开在基层的常见问题。

## 三、行政执法信息公开的突出问题和完善路向

通过上述理论论证、资料分析、实地调研以及问卷调查等研究工作[①]，我们

---

① 为及时、全面和具体地了解当下中国大陆的行政执法信息公开制度运行及社会公众认知现状，笔者曾于2011年7～9月在北京、山东、甘肃、重庆、陕西等省市开展了行政执法信息公开制度运行现状专题问卷调查，获得大量调查数据、素材和若干有价值的研究结论，形成约5千字的调查报告并作为本章第三部分，惜因篇幅限制，在修改定稿时只能将此部分内容删去，以后有机会将另行成文发表。

对目前行政执法信息公开制度的成效经验、突出问题和完善路向形成了基本看法和思路，简要报告如下。

（一）行政执法信息公开制度的成效和经验总结

从上述调查情况可见，行政执法信息公开领域已产生一些具有示范性、导向性的理念和制度创新，我们从总体上将其概括为以下几个方面。

1. 公开方式的多样化

多样化是指在保持原有公开方式（存量方式）的同时，增加了新型公开方式（增量方式）。一是行政执法信息公开的数字化。随着电子政务的广泛推行，出现了网络服务平台、微博、热线电话、电子信息屏、短信平台等互动性更强的公开方式。作为执法信息公开"第一平台"的执法机关网站，其内容、功能、影响日益扩大，较高层级的执法机关的网站大多已经具备检索入口、申请渠道、互动平台三种功能。二是行政执法信息地面公开方式的体系化。形成了服务中心、服务大厅、听证会、政府信息公开窗口、宣传橱窗、资料发放点、小区告示、走访、座谈、讲座等构成的地面公开方式体系。三是非正式公开方式的类型越来越多样，运用越来越广泛，地位越来越重要。《公开条例》规定的正式公开方式类型较少，且因注重法定程序，效率相对较低，而微博、热线电话、走访、座谈、讲座、听证会等实践中生长出来的非正式公开方式，发布信息快速及时、针对性强，更适应信息时代的快节奏需求，对正式公开方式具有很大的补强作用。

2. 公开功能的复效化

人们逐渐认识到，信息公开的功能并不局限于提高政府行为的透明度，而是能够借此服务社会经济发展，体现关注民生、促进发展的服务型政府的品格。一方面，行政执法中形成的信息是宝贵的社会资源，将其公开有助于让社会各界充分利用这些资源，减少经济发展中的信息不对称，另一方面，现代行政的方向是服务行政、给付行政，行政执法的直接目的是维护秩序，但最终目的仍是服务于社会经济的发展，行政执法信息公开作为行政执法的一个环节，理应服从于这个大局。

3. 信息整合与共享已渐成趋势

这里说的整合是指执法信息在行政系统内的共享（内部公开），其背景是互联网时代的科技革命和电子政务的全面推行。其机制，一是横向整合，即不同行政执法系统之间的信息共享；二是纵向整合，即某一地域范围内同一执法系统的信息共享；三是在前两者基础上的全面整合。这些工作改变了信息分布的碎片化面貌，是对信息的深入开发利用，增加了原始信息的价值：首先，它消减了执法中的信息不对称，满足了联合执法、协同执法、综合执法、科学决策等实务需求，增强了行政机关的执法能力；其次，它也便于相对人了解更多的执法信息，提高了外部公开的质量；再次，它是建立社会信用体系的抓手，有利于促进社会进步和经济发展，这在工商、质检、环境、卫生等执法领域效果较为明显。

### 4. 从单向公开走向双向交流

政民互动的必要性和重要性逐渐为执法机关所认识，他们主动加快了双向交流的步伐，逐渐建立了技术平台、规章制度和工作机制。其目的，一是了解社情民意；二是增进公众认同，减少执法阻力；三是借助外部力量加强监督。交流方式各地做法不一，有网站论坛、微博、在线访谈、网上调查、网上咨询、热线电话（咨询和投诉）、信箱，等等。

### （二）行政执法信息公开制度的突出问题及原因分析

尽管现有制度在运行中产生了一些成效和经验，但是通过调研我们也发现了一些突出问题。这里将这些问题及其成因概括如下。

### 1. 制度参与者的认识水平制约了行政执法公开制度的有效运行

通过实际调研我们发现，面对信息公开这一中国历史上前所未见的新事物，无论是执法者一方还是相对人一方都显得准备不足。在执法者一方，大体来说，执法机关层级越高，态度越趋积极，究其根底，或因行政层级越高，公务员素质越高，也较有时间和精力运作此事。相对而言，基层的问题更多一些。这或许就是为什么相关法律法规层出不穷，但社会评价并无太大改观的症结。而在相对人一方，对何为信息公开，自己有何权利，执法机关有何职责等重要问题的认识，也告贫乏。人的因素是制度运行的软环境。我们担心，即便制度在将来得以完善，也可能因此而难获较大改观。

### 2. 法律规范的模糊和空白给行政执法信息公开实务造成困扰

立法的滞后、模糊（不确定性规范和相对确定性规范），如公开信息的裁量基准、审查机制（程序和责任）、何谓"自身生产、生活、科研等特殊需要（《公开条例》第十三条）"等；立法的空白，如内部行政管理信息、行政过程信息、历史信息应否公开，信息公开之诉的要件究竟为何，等等，均表明现有立法已经面临新的瓶颈。

3.行政执法信息公开制度的类型化和针对性不足

行政执法信息公开不同于一般的政府信息公开，有其自身特点——它应当更强调公开的及时性、主动性和明确性。但这些原则尚未成为人们的共识，尽管某些执法机关或许已经意识到了这一点。此外，尽管政府信息公开的总纲领已经确立，但不同执法领域的信息公开制度还比较雷同，还没有根据本领域的特点对公开工作进行"类型化"。

4.制度设计简单粗糙，难以实现行政执法信息公开制度目标

我国的政府信息公开的推进属于典型的变法模式，依靠中央集权强力向下推行。变法模式需要警惕的是向下落实中的变形问题。为此，变法需要尽可能明确具体，需要尽可能刚性，才能防止被扭曲。就此角度观察，《公开条例》在诸多方面还显得简单粗糙，难以发挥出对制度运行的足够指导力。

5.行政执法信息公开的监督制度比较软弱

从《公开条例》的规定来看，监督、责任和救济制度设计在形式上是丰富的，大致包括十一类制度。①这里仅就其中的考核、责任追究、社会评议、年度报告等制度略作分析如下。从考核制度来看，考核的主体是政府信息公开工作主管部门和监察机关，其本质是一种自我考核，由于行政系统内部存在紧密的利益关联，在完成信息公开指标上存在不言自明的共同利害关系，故在缺乏外部制约时，这种考核往往会流于形式。从责任追究制度来看，各执法机关大多准用一般性的行政问责制度，没有根据执法信息公开的特殊性单独建制，合理性有所不足。年报制度虽然建立起来了，但普遍存在假大空现象，越往基层越是如此。总之，原有监督模式以行政自我监督为基本模式，是其主要不足。从社会评议来看，这种机制并未普遍地、真正地建立，还有形式主义倾向。从公众参与来看，大多呈非正式性，对行政执法信息公开的约束力和推动力不足。

（三）行政执法信息公开制度的完善路向及政策建议

从上述问题分析中，我们可以看到完善行政执法信息公开制度的基本路向，这里举其要者加以强调。

第一，对于立法滞后问题，应从加强基本权利保护的角度予以更多重视，以法律解释和能动行政作为常态的修补机制。法律的滞后性是与生俱来也是不

---

①公开条例第四章规定的监督、责任和救济制度共有11类，包括考核、社会评议、责任追究、监督检查、年度报告、举报、行政复议、行政诉讼、责令改正、给予处分、追究刑事责任等。就监督和责任制度而言，本文在此分析了其中4种主要的制度。

可避免的，虽然可以通过修法或立法解决，但修法立法需要较为漫长的过程。对此，能够实时地提供制度支撑的方法大致有二：一是加强法律解释，二是提倡能动行政。需要特别说明的是"能动行政"理念。行政的任务在于及时为人民提供秩序、服务等公共产品。不应机械地将"依法行政"的"法"仅仅理解为既有的法律条文，在无相关法律条文时就以"依法行政"为名墨守成规、毫不作为，那样将是对依法行政的误读和背离。相反，行政可以在法律原则延伸出的范围之内能动地、自由地积极实施。就行政执法信息公开而言，就是要大胆地在《公开条例》规定的公开、平等、服务、便民、及时准确等原则的空间内开展制度创新。

第二，应当认真研究掌握行政执法信息公开的特殊性，以"更及时、更主动、更明确"为理念，推动行政执法信息公开制度的类型化、精细化革新。行政执法具有不同于其他行政活动的特点，行政执法信息公开也具有不同于一般政府信息公开的特点，制度的类型化、精细化，已成为完善政府信息公开制度的必由之路和当务之急。

第三，应当扩大公众参与，通过公众参与来提高人们的认识水平，来加强对行政执法机关的外部监督。要改变公务员和公众对信息公开的态度和冷漠态度和知识匮乏，固然可以通过专门教育培训来提升，但这一方案一是成本过高，二是从以往经验来看效果也有限，三是与具体利益缺乏关联因而缺乏吸引力和渗透力。故此，扩大公众参与（包括新闻媒体监督），让人们在实践中完成自我教育并积极行使监督权，当是既经济又有效的对策。

## 结语：行政执法信息公开法治任重道远

"从行政神秘主义转向阳光政府理念是一场深刻的行政管理革命，不可能一帆风顺，行政模式转型受到许多因素的阻碍，发展还不平衡。"[1]这既是对信息公开革命的历史总结，也可以用来概括我们此次调研的总体感受。从各国经验来看，法治环境和法律手段对政府的信息公开革命起着关键作用，制度化水平的高低决定了信息公开的成效大小，信息公开若不以法治为手段将难以稳步前行。《公开条例》作为当下我国的政府信息公开的总纲，确立了一系列重要原则和基本制度，也为行政执法信息公开奠定了制度基础，对于公民知情权保护

---

① 莫于川：《政府信息公开法制若干问题再思考》，《行政论坛》2009 年第 6 期。

发挥着特殊作用；但当前制度运行中暴露出来的诸多问题，表明现行法律制度须要革新发展。面对现实问题的严峻挑战，实现变革既需要勇气也需要智慧，需要行政执法机关和执法人员重视和努力，需要立法机关和司法机关更多共识和共同努力，更需要公众的热情参与和积极推动，才能不断取得新的突破和发展，展现出行政执法信息公开法制化的巨大力量。

下编　外国政府信息公开法制研究

# 第十一章　美国信息公开推定原则及方法启示*

摘要：虽然政府信息公开是建设透明政府的必然要求，但是政府信息公开制度的实践离不开实践中的方法论。虽然在规范上可以通过对政府信息进行分类、对免除公开信息进行规定等方式来划定信息公开的范围，但是必定会存在诸多裁量性政府信息，即没有明确具体的公开要件的信息。而对于这些信息如何公开，则须有方法论上的支撑。美国奥巴马政府重新启用的公开推定原则，是与公开政府理念相一致的重要方法，其将举证责任负担置于政府机关，而推定政府机关在无法充分举证证明信息属于免除公开情形时，将政府信息一律予以公开。之前采取的"合理说明"、"实质性基础"等都是形式上符合公开政府的理念，但是在方法论上实际上与政府信息公开制度是相悖的。美国公开推定方法的原理及实践，对于中国政府信息公开制度在方法论上的进一步完善具有重要的价值。

**一、美国历史脉络下的方法演进**
**二、公开推定原则的方法层次**
**三、举证责任分配：由公众到政府**
**四、司法方法：消极中的积极**
**五、结语：方法论之启示**

关键词：信息公开　公开推定　方法　原则　举证责任

政府作为民意的执行者，将其所掌握的信息公之于众，是法治的要素之一。

---

*本章撰稿人为中国人民大学法学院胡锦光教授、王书成博士。本章内容曾发表于《南京大学学报》2009 年第
　6 期"当代西方研究：信息自由与信息公开"专栏。

诸多法治国家均通过相关的法律等规范来对政府信息公开予以规范化，如美国制定了《信息自由法》、我国制定了《政府信息公开条例》，等等。政府信息公开对于建设透明政府、公开政府、民主政府具有重要的意义。但是相关法律规范的存在，并非就可以当然地使得规范所蕴涵的价值得以淋漓尽致地发挥出来。从方法论的角度来看，信息公开如欲达到建设透明政府、防止权力腐败等目的，必须具有完备的方法论体系，使得信息公开规范的价值能够在司法实践的层面得以实现，否则仍然无济于事。可以说，如果没有相应的方法论，即使国务院及地方已经颁布施行了相关的政府信息公开规范，仍将会"事倍功半"，收效甚微。而从美国的经验来看，从当初制定《信息自由法》，到数次修改和其他法律的制定等，其也经历了从规范适用的困境，到逐步摆脱，而逐渐使得政府信息公开制度与其民主、宪政、人权制度相适应，走出了一条方法论逐步完善之路。近来，以奥巴马为首的美国政府重新对以往政府信息公开的解释方法进行了方法论上的变革，从以往的限制性解释方法转变为推定方法（Presumption of Disclosure），更是将政府信息公开制度推向了一个新时期，而将带来政府信息公开制度的范式更新。所谓公开推定，意旨在执行《信息自由法》时，"对相关信息是否公开存有疑虑时，应优先适用公开原则。政府不应仅仅因为一旦信息披露将令政府官员尴尬，或可能会暴露政府的错误和疏失，或因为一些假设或抽象的顾虑，而不公开信息。各行政部门不得出于保护政府官员利益的考虑，而以牺牲公众利益为代价不公开信息"。信息公开的推定应适用于涉及《信息自由法》的所有决定。而在布什当政时期，政府却被要求捍卫隐瞒政府信息的任何决定，除非这种决定缺乏有效的法律基础。①规范的适用离不开实践性的方法，因此，对属于"原则"（principle）层面的公开推定原则（Presumption of Disclosure）进行方法论上的梳理和研究，可以更深入地把握美国政府信息公开在新范式下的方法精髓，同时对于我国政府信息公开在方法上的完善具有重要价值。

## 一、美国历史脉络下的方法演进

虽然在理念上，麦迪逊指出："一个民治政府必须是一个民享信息的政府，否则毋宁只是一幕喜剧的序言，或直接就是悲剧，或两者皆是。知识将永远压

---

① See *Memorandum from John Ashcroft*, Attorney General, to Heads of all Federal Departments and Agencies re: The Freedom of Information Act (Oct. 12, 2001).

到无知。人民作为自己的统治者,必须利用知识所给予的权力去武装他们自己。"①政府作为人民的代言人,其公开、透明、有效是任何社会追求的目标。然而具体到信息公开制度,美国是一个具有相对漫长历史和丰富经验的典型国家。从美国信息公开制度的历史脉络来看,其并非始终完美无缺,而毋宁是面临不断的挑战而一直处于完善的过程之中。不过从信息公开制度发达的美国的历史脉络,仍然可以窥见信息公开制度发展中始终面临的规范难题。

虽然美国信息公开制度规范的体系化是以 1966 年的《信息自由法》为主体,迄今已经过 1974 年、1976 年、1978 年、1984 年、1986 年、1996 年等多次修改,但从信息公开制度的起源来看,最早的规范表现形式为美国的《管家法》(*Housekeeping Act*),其授权行政机关长官控制其所主管机关的文件的散布。行政文件是否公开,在没有其他法律规定时,由行政机关长官自由决定。行政机关长官可以主张行政特权拒绝提供大量的行政文件。②这种信息公开的模式,完全是一种行政权主导,而明显与民治政府的理念不相吻合,因为民治政府的基本要求是要求政府将其所掌握的人民的信息公之于众。然后随着民主的进步发展,美国于 1946 年制定了《行政程序法》,其规定公众可以得到政府文件,但同时规定了广泛的限制。例如规定了因"公共利益"、有"正当理由"等都可以拒绝。③从规范的角度来看,从《管家法》到《行政程序法》的转变,使得信息公开制度在规范上实现了理念上的突破。因为《管家法》完全是由行政权控制的一种非民主的理念模式,而《行政程序法》则是一种信息排除模式,即公众有权得到政府文件,这是原则,而政府同时可以采取诸如"公共利益"、"国家安全"等理由而拒绝公开文件。从理念的层面来看,《行政程序法》的模式已经采取信息应该公开的原则,与现代民主、法治的理念相互吻合。但是从规范的角度来看,《行政程序法》的规范并不具有规范向度,因缺乏方法论而不具有可操作性与适用性,因为对于"公共利益"、"国家安全"等概念从法教义学的角度上来说,只是一种口号式的宏大叙事。对于何为"公共利益"等,这一涉及信息公开制度操作的环节,最终仍然操控在政府手中。这些模糊的概念反而有助于行政机关为其掌握信息在方法论上提供理由,而与当初制定该法律所要

---

①The Letter from James Madison to W. T. Barry, Aug. 4, 1822, in *The Complete Madison*, Padover ed.1953, p.337
②参见刘杰:《知情权与信息公开》,北京:清华大学出版社 2005 年版,第 95 页。
③参见刘杰:《知情权与信息公开》,北京:清华大学出版社 2005 年版,第 95 页。

达到的目的背道而驰。①由于信息公开与否的最终决定权仍然掌握在政府手中，理念性的信息公开原则，并不能发挥应有的法律效果。从本质上说，从《管家法》到《行政程序法》，很大程度上是从完全的行政权管制模式到理念上公开但效果上由行政权管制的模式，只是两者规范形式上存在差别而已。

由于规范上的不可操作性，公开政府理念在《行政程序法》下也是徒有公开之"名"。而1966年制定的《信息自由法》则在规范上有了质的突破。其除了明确政府信息以公开为原则，不公开为例外，同时列举了九项免除公开的情形，而取消了《行政程序法》中规定的诸如"公共利益"、"正当理由"等模糊概念。而除了国防和外交政策信息等九项明确列举的不公开情形之外②，其他的均应当公开。这九项的明确列举，给公开原则带来了操作性。因为这九项明确列举的排除情形，自身也进行了规范上的细化，如对于第（3）项"其他法律明文规定不予公开的事项"必须符合两个条件：第一是对于免于公开的事项规定得十分具体，不留任何自由裁量余地；第二是规定不予公开的明确标准或列举不予公开事项的具体种类。然而虽然从规范的结构形式上看，《信息自由法》规定的九项免除公开事项在很大程度上已经具有了可操作性，但是从方法论的角度看，其仍然会存在一定的规范难题，因为法律规范不可能对诸如"国家安全"、"国家外交政策"等概念进行客观化、标准化的"数学式"界定。法律规范虽然具有操作性，其永远无法达到科学意义上的标准化，因为由法律规范自身所决定，其在操作中必定在一定范围内存在局限性和模糊性。而对于这些留下的"模糊地带"仍然可能成为行政机关操控的"黑色地带"，虽然《信息自由法》与《行政程序法》相比取得了进步，使得这块"黑色地带"的空间已经大大缩减了。

"公开为原则，不公开为例外"是现代信息公开制度普遍的理念，也即信息公开的范围是所有的信息，除非那些免除公开的例外。从方法论的角度来说，这一理念的落实，必须解决好"不公开为例外"这一问题。如果作为

---

①See *The Freedom of Information Act: A Critical Review*, 38 Geo. Wash. L. Rev. 1969. p150.

②这九项分别为：（1）国防和外交政策的某些信息；（2）纯属于行政机关内部人事规则和习惯的文件；（3）其他法律明文规定的不予公开的事项；（4）贸易秘密以及由个人提供并且具有特许性或机密性的商业或金融信息；（5）在行政机关作为一方当事人的诉讼中，法律规定不得向非机关当事人公开的机关内部的或机关之间的备忘录或信件；（6）人事和医疗档案，以及其他公开会侵犯隐私权的档案；（7）执行法律的记录和信息；（8）关于金融机构的信息；（9）地质和地球物理信息、资料、包括有关矿井的地图。

例外的不公开信息的范围"模糊不清",则"公开为原则"很大程度上将受制于飘忽不定的"不公开为例外",而无法具有操作性和时效性。但是从方法论的角度看,"不公开为例外"的范围界定,由于法律规范自身的局限性等,也不可能完全地客观化、标准化。因此,即使对于"不公开为例外"这一范围界定,仍然要通过指导性的"原则"和操作性的"规则"这一对基本方法论范畴来进行架构。由公开推定原则可知,在无法知晓信息是否应当公开时,推定其应当公开,则便属于解决"不公开为例外"这一规范难题时所采用的方法。

## 二、公开推定原则的方法层次

从方法论的角度来看,信息公开的司法操作,必定离不开体系化的方法论。美国信息公开制度的发展变迁,也是方法论不断完善和变化的过程。从当下我国信息公开的方法论来看,仍缺少体系化的方法论,对于公开推定原则仍缺少方法论上的认识。如有学者指出,我国信息公开是以"以公开为原则,以不公开为例外"为原则,并针对"敏感信息"等概念在方法论上也认识到,"对于可能危及国家安全、公共安全、经济安全和社会稳定的敏感信息的界定,具有主观和客观相结合的特征。除客观信息外,还有一定的主观特征,它是一种预先的人为判断。比如对'可能危及',不是必然危及,更不是已经危及。因此,行政机关对敏感信息的判断实际上具有一定的自由裁量权余地"。进而指出,"行政机关根据什么样或然程度作出的判断才是合理适度的"并没有作出规定。[1]以上的论述只是对问题进行了描述,却也体现了目前对信息公开在方法论认识上的贫乏。因为从美国信息公开方法论的演进可见,"公开为原则、不公开为例外"并非是方法论上的原则,而毋宁是一种公开政府的理念。而作为信息公开制度的理念在方法论上并不具有规范向度和可操作性。同样,对于行政机关的裁量权并不能通过制定具体的规范来进行客观化、标准化的约束,也就是说,对"行政机关根据什么样或然程度作出的判断才是合理适度的"没有作出规定,其本身并不是一个规范"问题",也无法在规范上得到彻底的解决。其最终解决之道得寻求方法论。而公开推定则

---

①参见杨小军:《政府信息公开范围若干法律问题》,《江苏行政学院学报》,2009年第4期。

是解决这种由规范无法解决的"问题"的一种解决方法。

　　法治价值的实现离不开规范作为载体。信息公开制度的实现也需要通过规范来落实，其中最核心的规范环节便是信息公开范围的确定。而根据"公开为原则、不公开为例外"的理念，则政府信息公开的范围是所有的政府信息，并没有任何原则性的限制。在这个"所有信息"的范围前提下，才在其中存在一些涉及国家安全、外交政策等例外。因此从方法论的角度可知，政府信息公开的范围的确定，便取决于对于信息免除公开情形的确定。而这些免除信息的排除则必须通过明确列举的方式来进行，而不能采取概括的方式，否则便会与"所有信息都公开"这一前提性原则产生规范逻辑上的冲突，因为在规范逻辑上，原则中的排除必须是明确具体的。如果免除信息没有方法论的约束，则完全可能出现政府通过免除事项来无限扩大不公开信息的范围，如在布什政府时期，布什政府备忘录便是通过利用《信息自由法》的免除事项来扩大免除信息的范围，而鼓励对敏感信息等进行保护。[①]

　　当然从规范语义的角度来看，规范语义包括两种可能：明确规范、模糊规范。免除性规范也存在着两种可能，即明确性和模糊性，虽然在规范向度上要求免除规范必须明确、具体、可直接操作。但明确性规范的可操作性也是相对的，而对于不可避免的部分模糊性规范，则操作具有一定合理的弹性。这种规范上客观存在的弹性，则必定要寻求方法上的解决之道。公开推定原则，便是这一层面的方法，即在对免除信息界定时，在出现规范等方面的困难而无法确定时，推定这些信息都属于必须公开的范围。这样，借助公开推定方法，便可在方法上完全确定例外信息的范围，进而可以使得政府信息公开的范围得以确定，而可以在司法层面予以操作。具体可图示如下：

　　由图 9.1 可知，公开推定原则在方法层次上是针对例外信息确定时出现"模糊"困难时的一种方法。因而，"公开为原则、不公开为例外"并不具有方法论的操作可能性，其只是作为信息公开的一种理念。

① See *Memorandum from Laura L.S. Kimberly*, Acting Director, Information Security Oversight Office, to Departments and Agencies re: Safeguarding Information Regarding Weapons of Mass Destruction and Other Sensitive Records Related to Homeland Security (Mar. 19, 2002).

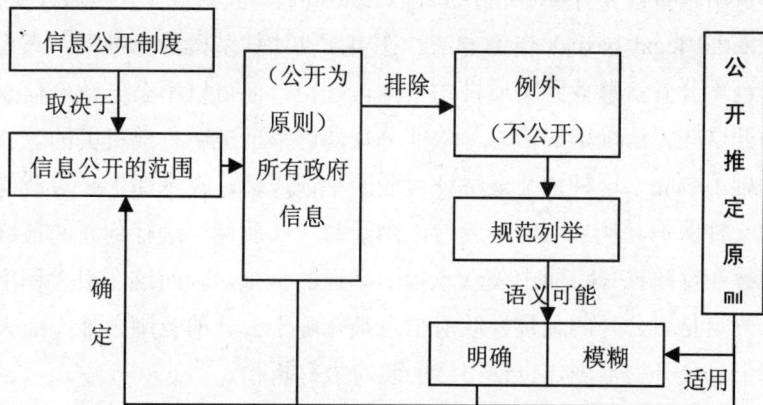

图 9.1　公开推定原则的方法定位

### 三、举证责任分配：由公众到政府

从《行政程序法》到《信息自由法》，举证责任已经发生了理念上的转变。《行政程序法》在举证责任上，公众有责任承担举证证明他享有信息公开的权利，否则政府可以不公开该信息。而《信息自由法》的举证理念则不同，其在明确授予公众有知情权的前提下，要求政府机关必须举证证明他有拒绝公开政府信息的理由，而与《行政程序法》的举证逻辑截然相反。①《信息自由法》对于举证责任分配作出了明确的原则性规定，即一切人都享有获得行政信息的权利。政府的各种文件具有公共财产的性质，公民都享有同等的权利，没有申请人资格的限制。个人申请得到文件，不需要任何说明理由，只要能指明辨别文件的标志以便行政机关查找，并且按行政机关规定履行一定的手续、缴纳一定的费用，就可以得到所要求的文件。行政机关拒绝提供文件要说明理由，负有举证责任。例如行政机关证明该文件属于免除公开的情形。如果行政机关不能给出拒绝提供文件的理由，则必须按申请人的要求提供文件。②

而虽然《信息自由法》为信息公开提供了方法论的框架，但是如果在不同的方法之下，则会产生完全不同的法律效果。在里根政府时期，对于规范无法

①See Kristen Elizabeth Uhl, *The Freedom of Information Act Post-9/11: Balancing the Public's Right to Know, Critical Infrastructure Protection, and Homeland Security*, 53 Am. U. L. Rev. 261 2003.

②参见刘杰：《知情权与信息公开》，北京：清华大学出版社 2005 年版，第 95 页。

解决的自由裁量性公开（discretionary disclosure），其采取了"实质性法律基础"（substantial legal basis）作为方法。在实质性法律基础的标准下，只要政府能够为自己不公开信息找到实质性的依据、理由，便可以不公开政府信息。而如果要公开这些无法确定的信息，除非公众能够举证证明行政机关的"实质性"法律基础不成立。这种由公众举证反驳的举证逻辑，在本质上是对政府不公开信息的一种保护。从规范的角度看，由于对"实质性"进行判断的最终主导权仍然掌握在行政机关，而由公众承担了举证的负重，因而这在很大程度上将使得无法确定是否公开的裁量性政府信息被排除于公开的范围之外，而大大缩小了政府信息公开的范围，也使得透明政府大打折扣。

1993年克林顿总统签发的信息公开备忘录，重申了自由和开放社会的价值。[1]在克林顿政府时期，便始终坚守公开推定原则作为解决裁量性政府信息的方法，而此时举证责任则由政府机关来承担，即由政府机关来证明其不公开的信息是完全属于例外排除情形。如果政府不能证明，则必须公开这些裁量性的政府信息。Reno进一步通过备忘录发展了具体的实现政府公开的原则方法，而改变了之前里根政府为行政机关设定的"实质性法律依据"（substantial legal basis）标准，而采用了"合理预见"（reasonably foresees）的标准。[2]所谓合理预见，是要求政府如果不公开政府信息，必须是属于能够完全合理预见公开信息之后将会对排除事项（exemption）保护的政府和私人利益造成损害。如果一个信息仅仅是技术上的，或者仅仅有理由在排除的事项范围内，则不能作为信息不公开的理由。[3]这样，在举证责任上，政府必须举证证明它对于不予公开的信息，是基于公开该信息会可预见地对免除事项所保护的政府或个人利益造成损害。如果属于信息公开仅仅可能对政府或个人利益造成损害的情形，则也不能成为不公开的理由而必须公开信息。

但是，在布什政府时期，经历了"9·11事件"之后，其对于信息公开所采取的方法则转变为"合理说明"的方法，而与公开推定的方法又截然不同。

---

[1]*Memorandum from William J. Clinton*, President of the United States, to Heads of Departments and Agencies re: The Freedom of Information Act (Oct. 4, 1993).

[2]*Memorandum from Janet Reno*, Attorney General, to Heads of All Federal Departments and Agencies re: The Freedom of Information Act (Oct. 4, 1993).

[3]*Memorandum from Janet Reno*, Attorney General, to Heads of All Federal Departments and Agencies re: The Freedom of Information Act (Oct. 4, 1993).

美国司法部长 Ashcroft 授权司法部（Department of Justice）只要发现了"合理性基础"，便可以证明行政机关行为的合理性。①这样的"合理说明"方法便赋予了行政机关极大的自由空间，进而扩大了排除事项的范围。

Ashcroft 强调，司法部只要发现了行政机关推理中的合理性法律基础（sound legal basis），便可以维护其行为的合理性。依这样的逻辑，如果公众认为存在不充足的行政救济，则联邦法院面对行政机关的"合理性"也将无能为力。司法部的官员认为，司法部长 Reno 的备忘录提高了政府拒绝信息的门槛，而 Ashcroft 的备忘录则采取的是与之前克林顿政府截然相反的标准。②由此可见，布什政府所采取的标准，在很大程度上在举证责任分配的标准上，又重新将重担分配给了公众而使得行政机关的行政权在信息公开案件的举证中处于支配地位。因为，对于何谓"合理基础"，行政机关具有信息上的支配权，而公众必须反驳政府所提出的"合理性基础"不具有合理性，才能够获得政府公开的信息。而从方法论的角度可知，对于双方都无法举证完成的裁量性政府信息，则将不被公开，因为对于裁量性的信息，行政机关的"合理说明"明显优势于承担举证负担的公众的"反驳"。这样的举证分配逻辑在方法论上，本质上是一种对于裁量性政府信息的不公开推定。同样，对于合理性基础，行政机关可以轻易地通过借助"公共利益"、"国家安全"等理由来进行辩护，这些理由往往由于公众缺少信息来源渠道等而在客观上是无法反驳的，因为相关信息资料均由政府机关主导和掌控。合理说明的举证逻辑则可图示如下：

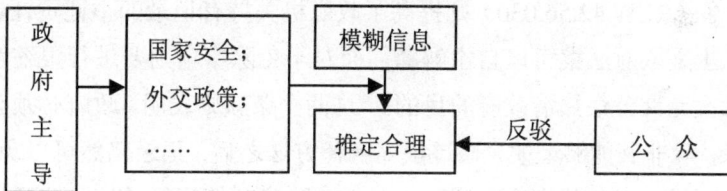

**图9.2 合理说明的举证逻辑**

由图9.2可知，在"合理说明"方法之下，政府可以通过"国家安全"、"外

---

①See *Memorandum from John Ashcroft*, Attorney General, to Heads of all Federal Departments and Agencies re: The Freedom of Information Act (Oct. 12, 2001).

②See Kristen Elizabeth Uhl, *The Freedom of Information Act Post-9/11: Balancing the Public's Right to Know, Critical Infrastructure Protection, and Homeland Security*, 53 Am. U. L. Rev. 261 2003.

157

交政策"等概念来作出"合理说明",而由于政府在信息掌控上居于主导地位,这在逻辑上便推定了这些"国家安全"等理由的合理性,除非公众可以举证反驳之,因此,"合理说明"方法本质上就是借助于"国家安全"等概念来推定政府信息不公开,除非公众可以反驳这种不公开推定。因此,"合理说明"方法很大程度上免除了政府公开信息的义务和责任,其实质上是一种与"所有政府信息都应该公开"的公开政府理念相悖的。

进入奥巴马政府时期后,2009年初,奥巴马政府便命令美国总检察长颁布了《信息自由法》新的解释方法,即公开推定方法。其包含有三个核心要素:[①](1)如果基于公共目的(public purpose)的排除而不予以公开,则必须有明确的排除(exemption)规定;(2)存在可能的时候,不能将整个文件不公开,而是要对信息进行编辑;(3)不能声称一项排除事项仅仅是为了隐藏错误或者因为抽象性考虑。这样,对于裁量性政府信息,则对于公众原则上都要公开。如果政府不公开信息,必须负举证责任来证明公开信息将会产生危害,而不能仅仅因为公共官员可能由于公开而陷入尴尬等而不公开政府信息。

在2009年新备忘录发布后,美国一些州的法律也进行了修改而采纳了公开推定原则,如南达科他州。[②]华盛顿州的法律也启用了公开推定原则,其通过《公共记录法案》中的两个条款对推定进行了具体规定:其中一条(RCW 42.56.550(1))规定,举证责任应该由行政机关来承担,证明其拒绝允许公众进行检查和复制是与法律关于禁止或者免除部分或全部信息公开的规定相一致的;另一条(RCW 42.56.030)则提高了政府机关持有记录的举证责任,从而在解释方法上采取对法案可以自由解释,而对于免除事项则要进行限缩解释,从而实现法案允许公众知情政府的目的。[③]这两个条款则表明,政府必须公开任何公共记录,除非其能够证明,通过限缩解释方法之后,记录仍然可以免于公开。

由此可见,在公开推定方法下,对于免除事项的解释是信息公开制度实践中的关键。其应该采取一种限缩解释方法来进行,即对政府机关不公开信息进行严格的限制,从而将举证负担都分配给政府机关,由其说明不公开的理由。公开推定原则所要求的对于《信息公开法》中免除事项的解释应该采取限缩解释方法。如果政府机关在限缩解释方法下无法举证证明所不公开的信息会预见

---

①See Ramsey Ramerman,*The Presumption of Openness,* Posted on May 31, 2009, www.localopengovernment.com.

②See Chet Brokaw, *Governor signs open records law*, The Seattle Times, March 19, 2009.

③See RCW 42.56.550(1) and RCW 42.56.030, *Public Records Act*, Washington State.

性地产生危害，则根据公开推定方法，必须公开信息。

当然，"9·11事件"之后，布什政府之所以采取"合理说明"作为政府信息公开的方法，其初衷是基于保护国家安全、敏感性商业信息及个人隐私，而在逻辑上认为保护国家安全、打击恐怖活动等必须采取"合理说明"这种实质上推定信息不公开的方法，从而达到保护国家秘密，保护国家安全的目的。但是这种逻辑方法明显是将保护国家安全与政府信息公开置于相互对立的位置，其不具有合理性。首先，《信息自由法》已经明确规定了基于保护国家安全和打击恐怖活动等公开政府信息可能产生危险的情形，因此，对于确实属于国家安全的信息，则政府完全可以举证而将其纳入不公开的免除情形。但是如果将所有裁量性政府信息，都借助于所谓的"国家安全"等作为合理基础而不公开，从而将举证负担置于公众，则此方法将与"所有政府信息原则上都应当公开"的理念相悖。同时，对于保护国家安全，打击恐怖活动，并非仅仅通过保护所有的政府信息才可以达到目的。对于保护国家安全的任务，需要通过外交、国家政治等多种手段来完成。[①]因此，如果对政府信息采取不公开推定，一方面明显与公开政府的理念相悖，另一方面也并不能有效阻止危害国家安全的可能性。如果基于保护国家安全的目的，则《信息公开法》的排除情形已经在规范上解决了任务，即由政府举证证明属于国家安全即可。而如果极端地对于所有的政府信息在方法上采取"合理说明"这种不公开推定的方法，则将有过之而不及。[②]

## 四、司法方法：消极中的积极

从方法论的角度来说，对于信息公开制度的实践，如果最终没有法院进行司法性的审查，则最终仍然将无法发挥公开推定原则的方法价值。美国《信息自由法》最初并没有明确可以对信息分类提出挑战的主体，不管是行政主体还是司法主体。此时，免除事项很大程度上便成为了政府机关不公开信息的"正当"理由，而使得政府信息处于完全由行政机关掌控的"任意不公开"状态之中。1966年的修改法案则首次包含了私人主体可以通过司法审查的方法来对行政机关对于文件分类的决定提出审查要求。诉讼当事人则可以通过诉讼的方式

①See *Obama's Speech on National Security*, New York Times, May, 21, 2009.

②See Kristen Elizabeth Uhl, *The Freedom of Information Act Post-9/11: Balancing the Public's Right to Know, Critical Infrastructure Protection, and Homeland Security*, 53 Am. U. L. Rev. 261 2003.

来检查行政权在文件分类上的裁量范围是否恰当，而希冀法院能够扩大他们对于分类决定（classification decisions）的审查。当然法院往往让他们失望。①而当法院来对行政机关的分类决定进行审查，信息公开制度进入司法实践之时，司法权在对信息分类是否恰当进行审查，则要面临司法审查的基准与限度问题，即处理司法权与其他公权力之间的关系。美国的 *Epstein v. Resor* 案②，便是第一起涉及在《信息自由法》排除规范下对于行政机关所掌握信息的决定进行司法审查的恰当范围的问题。该案中，一位历史教授要求公开"二战"后强制遣返那些反共产主义的俄罗斯人的相关文件。但是这部分文件被分类为"最高机密"，但是原告认为这种分类是没有根据的，因此法院应当对于文件的内容进行审查，从而对于分类的适当性进行判断而作出自己的决定。而法院拒绝去审查对于这些文件进行分类的决定。法院认为，如果行政机关即使在免除条款（exemptions）下也要负担证明他们的行为是恰当的，那么将导致这些免除条款是没有任何意义的。如果法院重新对陆军司令部的分类决定进行判断是恰当的，而将举证负担分配给部长去证明他的行为，那么法院在对待由机关掌握的信息是否属于免除条款情形时，将给予同样的处理。通过这种推理可以看出，法院实际上已经使得《信息自由法》赋予法院对于机关决定的重新审查权失去了意义。这样简短概括就使得九种法定的免除情形的任何一种都会解除了机关所负的责任。也有学者认为，法院应该积极地进行审查。1974 年美国对于信息自由法的修正案授权法院可以对分类的秘密文件依照行政命令进行审查。法院也被允许对于被要求的机关的决定进行重新审查。修正案的历史背景表明国会的目的确定无疑地是鼓励法院去积极地审查各项分类的决定。③

法院的司法审查是政府信息公开的实践保障，那么法院应该采取积极还是消极的方法来进行审查呢？笔者认为，法院毋宁须采取一种消极中积极的方法来进行审查。法院如果一味地采取消极的态度进行司法审查，则将会出现使得政府轻易将信息分类为免除事项的情形，从而使诸多本来应该公开的信息无法予以公开，公开推定也将无法发挥功效。而如果法院一味采取积极的姿态，则

①See *National Security and the Public's Right to Know: A New Role for the Courts Under the Freedom of Information Act*, 123 U. Pa. L. Rev, 1975.

②See *Epstein v. Resor*, 421 F2d 930 (1970).

③See *National Security and the Public's Right to Know: A New Role for the Courts Under the Freedom of Information Act*, 123 U. Pa. L. Rev. 1439 1975.

也会出现司法权侵涉政府权力的可能。从司法实践来看，法院已经认识到行政机关在外交领域具有一种特殊的专业职能，因而倾向于尊重这些较为敏感的行政决定。而行政机关对一个文件进行分类则倾向于在国防或全面的外交政策这样的宽广的语境下理解。[①]这样，法院在诉讼中只能利用极少数的数据。然而这样一味地依赖行政机关的决定也将是不科学的。1973年政府住房委员会的报告则将标准定为"相当程度的滥用"（considerable abuse）。[②]

由此可见，法院在审查的时候一方面需要基于对行政权专业性的考量，而在一定程度上尊重行政权机关对于文件的分类。但是这种尊重的前提必定是属于行政机关自己专业职能领域内的事项。对此，行政机关必须举证证明其属于免除事项的范围，法院才会予以尊重。同样，虽然"被授权能够对文件进行分类的行政机关的数量是不可计算的。据估计有55000个联邦雇员有权将一个文件标贴为'机密'（confidential）。18000之多有权使用'秘密'（secret）这一标签。有近3000机关可以将一个文件分类为'头等秘密'（top secret）。数以千计的政府雇员，虽然只熟悉其中一小部分范围的国家安全或政策，都有权对文件进行分类，从而免除公众的监督。虽然联邦法官不能像政府雇员那样对某个方面的问题进行专门性的工作，但至少法官可以要求政府提交其对于分类决定的解释"。[③]如果政府不能作出令人信服的解释，则公开推定原则仍将适用，而将这些无法确定公开标准的信息予以公开。另一方面，对于政府的裁量性信息，则法院应该积极地运用公开推定原则进行审查，如果政府不能充分举证，则将裁量性信息予以公开。

因此，法院的消极审查和积极审查，在公开推定原则之下，通过举证责任倒置于政府机关，两者相通相容，并不冲突。

## 五、结语：方法论之启示

从美国政府信息公开的过程可以看出，政府信息公开经历了由政府主导控

---

[①]See *U.S. v. Marchetti*, 466 F.2d 1309, 1318 (4th Cir.), cert. denied, 409 U.S. 1063 (1972).

[②]See *National Security and the Public's Right to Know: A New Role for the Courts Under the Freedom of Information Act*, 123 U. Pa. L. Rev. 1439 1975.

[③]See *National Security and the Public's Right to Know: A New Role for the Courts Under the Freedom of Information Act*, 123 U. Pa. L. Rev. 1439 1975.

制而排除司法审查模式到有限司法审查模式的转变，而每种模式下的方法论体系也具有截然不同的内容，虽然规范的目的具有一致性，都是致力于构建民主、透明政府。而目前我国的政府信息公开建设还处于摸索阶段。虽然已经构建了以建设透明政府为目标的相关法律规范，如《政府信息公开条例》，但是从方法论的角度来看，仍有许多未尽的课题有待于进一步深入研究。从以上的美国经验可以看出，未来我国政府信息公开制度的"司法化"，则必须探求符合我国本土的方法论体系。借鉴美国的发达经验，笔者认为从方法论的角度而言，必须着力于以下两点：

首先，必须对政府信息公开的范围进行规范上的分类、界定，且对每一类免除信息进行详细地规范界定。目前我国的政府信息公开制度整体上仍然是司法操作性不强、方法论欠缺。这很大程度上和规范的规范性弱具有直接的关系。如有学者指出的，从政府信息公开的制定法规范来看，无论是《广州市政府信息公开规定》、《上海市政府信息公开规定》等地方政府行政规章，还是国务院《政府信息公开条例》，对政府的信息公开规定都还比较粗疏，特别是对免除公开的政府信息范围仍停留在已经被学术界公认为落后于国家经济、社会和法治发展的、早在1988年9月制定的《国家保密法》层面。[①]《政府信息公开条例》强调"行政机关公开政府信息，不得危及国家安全、公共安全、经济安全和社会稳定"和"行政机关不得公开涉及国家秘密、商业秘密、个人隐私的政府信息"。这些规定偏于笼统，从美国的历史经验来看，这容易使行政机关作出扩张解释从而在事实上大大扩张不公开的范围，与政府信息公开法制追求的信息公开的基本价值目标不相吻合。因此，必须在规范上细化各类排除不得公开的信息，使其具有可操作性，这样才能使得公开为原则具有规范效能。

其次，在规范分类的前提下，须形成以"原则"为指导的司法方法体系。虽然规范上的分类，对于免除事项的详细规定，可以在规范层面解决政府信息的公开范围。但是当政府信息公开制度进入司法实践的时候，必须具备体系化的方法论体系。从上面美国的经验可以看出，缺乏方法论的信息公开制度，最终仍然会在本质上演变成一种行政主导的非公开信息制度。而这种方法论的建构，应该以"公开推定"、"举证责任倒置"等与公开政府理念相一致的方法为

---

①赵正群、崔丽颖：《判例对免除公开条款的适用——对美国信息公开诉讼判例的初步研究》，《南京大学学报》（哲学.人文科学.社会科学版）2008年第6期。

主线，而不能仅仅采取形式性的"合理说明"、"实质性基础"等本质效果上与公开政府相悖的方法。

从美国相对成熟的信息公开制度的发展历史来看，所有的总统都会宣誓致力于建设一个自由和开放的政府。但是这些宣誓从来都没有绝对化。每位总统也都理解他们基于国家利益的需要而有保卫信息的义务。[①]虽然有学者统计目前已有 70 多个国家都制定了全国性的信息公开法。[②]但是这些公开信息法律对于政府信息的公开都存在排除公开的情形，基于国家利益、公共利益等考量。如戴维斯（Davis）教授深刻指出的，应该恰当地去寻求信息需求方与受信息公开影响的利益方之间的平衡。[③]而这种平衡的寻求，必须在方法论的指导下才有章可循。从以上美国的经验分析可知，公开推定应该成为一种原则性的方法，适用于信息公开制度之中，这与公开政府的理念相一致。"判断一部法律是良法还是恶法的一个方法就是，良法的逻辑起点是推定所有的信息都是公开的，然后才存在排除情况。而恶法恰恰作相反的推定，然后去界定哪些是应当公开的。"[④]公开推定原则应该成为中国政府信息公开制度实践过程中的原则性方法！

---

[①]See Elias Clarkt, *Holding Government Accountable:The Amended Freedom of Information Act*, 84 Yale L.J. 745 (1975).

[②]莫于川、肖竹：《公开法制的巨大力量》，《行政法学研究》，2008 年第 2 期。

[③]Davis, *The Information Act: A Preliminary Analysis*, 34 U. Cnt. L. Rav. 761, 765-66 (1967).

[④]See Ramsey Ramerman,*The Presumption of Openness*, Posted on May 31, 2009, www.localopengovernment.com.

# 第十二章　美国公众对政府信息公开实施状况的
## 评价与监督*

**摘要:** 美国《信息自由法》的文本虽然缺少在今天看来必不可少的公众参与规则,但在实施时社会公众的广泛且组织化地参与已经构成《信息自由法》有效实施与持续发展的一个显著方面。美国"解密国家安全资料库"作为公益性非政府组织在 2003 年至 2008 年持续发布了七篇"奈特开放政府系列调查报告",已经成为对政府信息公开实况予以社会评议的一个范本。该系列报告综合运用了政府信息公开申请与答复规则和国家保密文件定期解密规定,揭示了美国联邦信息公开中普遍存在着积压与迟延回复、"伪秘密"、网站建设不力等问题与产生这些问题的原因。该系列调查报告反映了公众对联邦信息公开工作的组织化参与,对信息自由法实施状况的机制化监督和专业、系统化的社会评议,对蓬勃发展的信息公开法制化的世界潮流和我国的信息公开法制有诸多有益启示。

**一、系列调查报告概述**
**二、系列调查报告发现的主要问题**
**三、产生问题的原因**
**四、系列调查报告的意义及启示**

**关键词:**《信息自由法》　政府信息公开　"奈特开放政府系列调查报告"社会评议

---

*本章撰稿人为南开大学法学院赵正群、董妍。本章内容已经发表于《南京大学学报》2009 年第 6 期"当代西方研究:信息自由与信息公开"专栏。

随着政府信息公开法治理念在世界范围的广泛传播以及政府信息公开制度在各国的逐渐确立，制定时间较早、制度构建堪称完备、实施效果比较显著的美国《信息自由法》日益被各国广泛借鉴，甚至被作为相关立法的范本。①然而，在考察其文本制度规则时可以发现，《信息自由法》的文本规定仍限于对行政机关与个人之间权利义务的直接规范，缺少在今天看来必不可少的公众参与规则。只有当我们把考察视野从《信息自由法》的文本扩展到其实施状况时，才会发现社会公众的广泛且组织化地参与，已经构成《信息自由法》有效实施与持续发展的一个显著方面。而尚处于起步阶段，实施未久的《中华人民共和国政府信息公开条例》（以下简称《条例》）亦在其监督和保障一章中规定了"社会评议制度"②，展现出"公众参与"在政府信息公开法治中的独特价值。考虑到国内多方面均缺乏对公众在信息公开中的组织化参与情况的了解，更缺乏相关实践经验，而《条例》仅对社会评议制度作了原则性规定，未制定任何具体规范，为支持《条例》的有效实施，本章以美国的"解密国家安全资料库"（The National Security Archive，以下简称"解密资料库"）③这一社会公益研究机构在 2003 年至 2008 年发布的"奈特开放政府系列调查报告"为素材，对美国信息公开法制中的"社会评议制度"予以专门考察论析，以期作为施行《条例》中的"社会评议制度"的参考，裨益于我国政府信息公开制度的发展。

## 一、系列调查报告概述

"报告制度"本是美国《信息自由法》的特色之一。但《信息自由法》中的"报告制度"仅指该法（e）条第（1）款规定的由每个行政机关作为报告主体，向司法部长提交的实施《信息自由法》情况的报告；（e）条第（2）

---

① 参见王名扬：《美国行政法》，北京：中国法制出版社 1995 年版，第 953 页。

② 参见《中华人民共和国政府信息公开条例》第二十九条："各级人民政府应当建立健全政府信息公开工作考核制度、社会评议制度和责任追究制度，定期对政府信息公开工作进行考核、评议。"

③ "The National Security Archive" 通常被直译为"美国国家安全档案馆"或"美国国家档案局"。为避免将其误认为系国家机关或机构，特依据该机构的非政府组织性质，将其译为"解密国家安全资料库"（参见 http://www.gwu.edu/~nsarchiv/nsa/foia/audits.htm，最后访问时间 2009 年 10 月 8 日）。

款规定的每个行政机关通过包括计算机通信手段在内的各种方式向公众公开的报告；第（5）款规定的司法部长在每年 4 月 1 日以前发布的年度报告等内容①，而作为本章考察研究对象的"奈特开放政府系列调查报告"则是由作为社会公益组织的"解密国家安全资料库"，为监督美国《信息自由法》的实施情况而提供给全社会的非政府组织的调查报告。两者的区别在于：一是由美国《信息自由法》明文规定的由包括全部行政机关在内依法提交的官方报告；一是由社会公益组织向社会公布的非政府组织报告。后者无论在性质、内容结构还是在研究方法上都有别于官方发布的报告而别具特色。

（一）系列报告的篇目与构成

奈特开放政府系列调查报告的第一个特点是每份报告均题目鲜明、贴切生动，要么是谚语，要么采用夸张或者拟人的修辞手法，生动地概括了该调查的主题，简明扼要又形象生动地向读者传达了该调查所关注的主要问题。2003 年至 2008 年间共完成七篇调查报告，各篇在形式上相互独立，但是在内容上密切衔接，有的是前面发布的调查报告的继续和延伸，有两份调查报告则从不同角度阐述了同一个问题。这七篇调查报告依次为：

1.《阿什克罗夫特备忘录：大刀阔斧的改革还是"雷声大，雨点小"？》（The Ashcroft Memo: "Drastic" Change Or "More Thunder Than Lightning"?）2003 年 3 月 14 日发布，是第一份奈特开放政府调查，共 35 页。该报告以 2001年 10 月 12 日时任美国司法部长阿什克罗夫特发布的备忘录为切入点，考察了行政机关对于该备忘录的执行情况。调查结果显示，该备忘录并未对行政机关政府信息公开工作产生重大影响。另外该调查也从行政机关答复的内容中发现了行政机关政府信息公开工作中的一些问题，比如不能识别申请的位

---

①The Freedom of Information Act (2007), 5 U.S.C. § 552 As Amended By Public Law No. 110-175, 121 Stat. 2524;

《信息自由法》的英文本详见美国法典第 5 章第 552 节（5 USC 552）。曹康泰主编《中华人民共和国政府信息公开条例读本》附有该法的较新近中译本。北京：人民出版社 2007 年版第 337～388 页。

序、丢失申请、过度积压等。①

2.《迟到的正义是非正义》（Justice Delayed is Justice Denied）2003 年 11 月 17 日发布，是篇幅较长的一篇，共 65 页。该调查报告集中论述了美国政府信息公开工作中的迟延回复和积压问题，这也是奈特系列调查报告自始至终关注的一个主要问题。该调查以大量的表格细致地列出了每个被调查行政机关及其所属部门答复的时日及其拖延的时间，并依拖延程度不同，将这些机关划分为几个层次。另外，调查还以柱形图的方式统计了部分行政机关中拖延最久的未决申请的提出时间，使得调查的内容更为量化和直观，有力地支撑了报告的观点。

3.《一则政府信息公开申请庆祝它 17 岁生日》（A FOIA Request Celebrates Its 17th Birthday）发布于 2006 年 3 月，仅 6 页。该调查与前一份调查报告时隔三年，讨论的依然是积压与迟延回复问题，不过这次的视角发生了变化。如果说上一篇《迟到的正义是非正义》是从宏观角度勾勒出了美国政府信息公开工作中迟延与积压的全景，那么这篇报告就是从微观的角度，以一个在 1989 年就提出但一直未获答复的申请为切入点，由此来分析政府信息公开工作中迟延问题的严重性，可谓鞭辟入里。

4.《伪秘密：一份关于美国政府敏感但未归入密级信息政策的调查》②（Pseudo-secrets: A Freedom of Information Audit of the U.S. Government's Policies on Sensitive Unclassified Information）2002 年发布，共 49 页。该调查报

①在实施《信息自由法》的宏观政策方面，美国有三个具有代表性的备忘录。第一个是发布于 1993 年 10 月的雷诺备忘录（Reno Memorandum），该备忘录强调联邦政府信息公开中应当严格限制不予公开信息的数量，把不予公开的情形严格限定在《信息自由法》所列举的九项免除公开条款范围之内，并且特别强调应当尽量减少对于第二项和第五项免除公开条款的适用。该备忘录发布之后，联邦各行政机关作出积极反应，纷纷制定了本机关实施备忘录的规则。"9·11 事件"之后，美国政府又相继发布了两个备忘录：一个是于 2001 年 10 月发布的阿什克罗夫特备忘录，另一个是于 2002 年 3 月发布的卡特备忘录（Card Memorandum）。这两个备忘录在信息公开问题上所采取的态度与雷诺备忘录大相径庭，都强调政府信息公开中的保密问题。阿什克罗夫特备忘录特别强调应当强化对于《信息自由法》第二项和第六项免除公开条款的适用。卡特备忘录则针对"9·11 事件"后国内情势的变化，特别强调对于"敏感而未归入密级"信息的保护。

②Sensitive unclassified information 一词常被译为"敏感但不保密信息"，本章认为此种译法不妥，"不保密"意味没有被定密而可以公开。然而事实上，美国政府提出此政策的目的就在于对此类"敏感但不保密信息"予以保密，不予公开。此类信息通常是涉及有关国防和国家安全等敏感信息，但是在规定级别上尚不能被归入密级。美国政府因此要实行这一特殊政策对该类信息进行保密。所以本章将该词重译为"敏感但未归入密级信息"。

167

告集中考察了"9·11 事件"后联邦政府对政府信息公开工作态度的转变。由于"9·11 事件"的影响，美国政府对政府信息公开作出了重大政策调整，由传统的倾向于积极公开而转变为对于某些敏感信息倾向于保密。该调查在美国政府发布保护敏感但未归入密级信息保密政策之后，采用实证研究的方法，考察了联邦行政机关实行此政策的效果及其影响。调查报告更多地指出了实施这一政策的不当与不合理，并批评该政策为政府信息公开工作带来了极为不利的影响，甚至违背了《信息自由法》的基本精神与价值。

5.《文件未找到：电子信息自由法实施十年后多数机关仍然违法》(File Not Found: 10 Years After E-FOIA, Most Federal Agencies Are Delinquent) 2007 年 3 月 12 日发布，共 8 页。该调查报告主要考察了联邦行政机关信息公开网站建设的情况。调查显示，行政机关网站建设不力，只有五分之一的网站符合法律的要求，大多数机关的网站都存在着诸多问题。

6.《40 年的信息自由法，20 年的迟延：拖延最久的未决申请可以追溯到 20 世纪 80 年代》(40 Years of FOIA, 20 Years of Delay：Oldest Pending FOIA Requests Date Back to the 1980s) 2007 年 7 月发布，共 37 页。本篇报告实际是第三篇报告《一则政府信息公开申请庆祝它 17 岁生日》的延续。同样是以一起在 20 世纪 80 年代就提出而一直未获答复的申请为切入点，考察了各机关信息公开工作中的迟延情况，但是本篇报告与第三篇报告相比，内容与数据更为充分详实，增加的评论与建议也更具有实践意义和学术价值。

7.《喜忧参半的信号，喜忧参半的结果：布什的总统令是如何未被实施的》(Mixed Signals, Mixed Results: How President Bush's Executive Order On FOIA Failed to Deliver) 2008 年 3 月 16 日发布，共 24 页。这是"解密资料库"已发布的系列调查报告的最后一篇，不论从标题还是内容上都透露出了全面总结的迹象，而直到本章截稿之时，"解密资料库"仍然没有发布新的调查报告。本篇调查报告以检验布什总统于 2005 年底签署旨在促进与改善《信息自由法》实施状况的 13392 号总统令的实施效果为切入点，深入分析了联邦行政机关政府信息公开工作的现状，指出了政府信息公开工作改革带来的改善以及仍然严重存在的问题。调查用"喜忧参半"来形容美国政府信息公开工作的现状可谓贴切之至。

奈特开放政府调查报告的另一特点是在结构上规范、完整。其结构在经历了多次调整后，形成了统一的格式。每篇报告均包括摘要、目录、致谢、引言、观点、结论以及附录等项目。摘要部分概括全文的要点并将支持这些要点的主要数据列于其后；引言部分叙述本次报告的背景与目的；观点部分是报告的主体部分，在对数据进行分析整理的基础上概括提炼出若干个论点，并将相应的数据列于论点之后，通过对数据的分析对论点予以论证；结论部分以简明的语言描述本报告反映的问题及原因，有的报告还在结论部分提出了改革的建议。格式上的统一不仅为公众的阅读理解提供了方便，也为研究整理相关调查内容提供了便利。

（二）调查报告的主体

上文已经提到发布本系列调查报告的是一名为"解密国家安全资料库"的公益性非政府组织。该组织位于美国乔治·华盛顿大学校园内，但并非隶属于该校的机构，而是由奈特基金会等非政府组织资助的独立研究机构。其宗旨是"揭开政府秘密的面纱，引导新闻界寻找真相并让所有人得知真相"。[1]该组织系统地追踪美国政府储存的未公开过的记录以及那些有助于了解美国政府作出决策过程的记录和相关历史背景文件的解密情况，并且为保持其研究的独立性而不接受任何来自官方的资助。该解密资料库主要通过以下五种途径获得所需信息：（1）通过《信息自由法》赋予的权利申请公开相关文件；（2）通过"强制性解密审查"（Mandatory Declassification Review）程序要求公开或获得有关解密文件；（3）通过查阅总统文件集；（4）通过查阅国会记录；（5）通过查阅公开审理案件中的法庭证据材料来获取有关政府文件。解密资料库将以上通过合法渠道获得的政府文件储藏于自己馆内，随时提供给需要的个人和组织。同时，解密资料库也致力于使公众的知情权扩大到美国以外的地区，并在中欧、中美洲和其他地区发起信息自由立法，为这些地方的档案馆和图书馆提供技术及服务以便从它们那里获得更多有用的信息。

就奈特开放政府调查报告而言，奈特基金会为解密资料库完成本项调查提供了主要资助。奈特基金会是美国一旨在促进新闻业发展的私人非营利性的基金会，由创立于 1940 年的奈特纪念教育基金会（Knight Memorial Education Fund）发展而来。其建立之初旨在资助阿克仑城经济上有困难的大学生完成学业。美国《艾克隆灯塔报》和《迈阿密信使报》在最初的 10 年里为此基金会提供了主要的资助。1950 年该基金会开始向地方教育机构、文化机构、社会服务

---

①参见解密资料库网站资料：www.nsarchive.org，2009 年 10 月 8 日最后登录。

机构以及新闻业相关的组织提供资助，1993 年正式更名为约翰·S. 和詹姆斯·L. 奈特基金会。截至 2007 年，奈特基金会的资产已经高达 2 531 240 140 美元。

奈特基金会将自己的任务定位为："寻找机会改变新闻业以帮助他们尽可能地挖掘潜能，确保每个团体的公民都有权在民主国家中得到他们发展所需要的信息。"①促进新闻业的发展以及确保公民获得需要的政府信息是解密资料库和奈特基金会共同的宗旨，在这一宗旨的指引下，它们合作完成了奈特开放政府系列调查报告，并使该系列调查构成了其活动宗旨的具体诠释。

（三）系列调查报告的研究方法

奈特开放政府调查所使用的研究方法具有特色并且富于创新性。解密资料库的重要工作方式之一，是依据《信息自由法》等法律向被调查的联邦机关提出信息公开或提供相关解密资料的申请，要求相应机关公开解密资料库所需的数据信息，然后经过分析概括，形成其调查报告。②这些调查报告通常首先从程序角度考察有关机关信息公开的情况，而后再从实体角度汇总和分析有关机关答复中的具体内容和数据，形成对信息公开制度现状的认知和评判，最后撰写成包括提出改进建议的专题调查报告。采用这种调查方式或研究方法具有诸多的益处。

其一，解密资料库以申请人的身份亲历信息公开申请的过程，可以直接客观体验并如实地反映各行政机关信息公开工作的实际情况，特别是对于程序的遵守情况。相关调查数据显示，各行政机关收到解密资料库申请后的答复情况是大不相同的。比如解密资料库向联邦的 35 个行政机关提出申请，要求其公开为实施"敏感但未归入密级"信息保护政策所制定的包括培训资料、命令、备忘录等资料在内的信息。这 35 个行政机关中只有 4 个在法律规定的 20 天期限内答复了解密资料库的申请，大部分机关的答复时间超出了 20 天的法定时限，而实际答复时间从 24 天到 702 天不等，另有两个行政机关则一直没有答复。③通过对行政机关答复情况的统计分析，可以清楚地看到行政机关对《信息自由

---

① 参见奈特基金会网站资料：http://www.knightfdn.org/about_knight/，2009 年 10 月 8 日最后登录。

② 40 Years of FOIA, 20 Years of Delay: Oldest Pending FOIA Requests Date Back to the 1980s，http://www.gwu.edu /~nsarchiv /NSAEBB/NSAEBB224/press.htm，2009 年 10 月 8 日最后登录。

③ Pseudo-Secrets: A Freedom of Information Audit of the U.S. Government's Policies on Sensitive Unclassified Information，http://www. gwu.edu/~nsarchiv/NSAEBB/NSAEBB183/press.htm，2009 年 10 月 8 日最后登录。

法》中答复时限程序规定的遵守情况。时限程序规定在信息公开法制中至关重要，直接影响到申请人对政府信息的有效和及时利用，影响到个人和组织的信息公开法定权利的实现与行政主体对信息公开职责义务的恰当履行。行政机关对于公开时限程序的遵守情况也反映了其对待信息公开的态度。采用此种直接体验的研究方法，甚至不用考察行政机关所公开信息的内容，就可以从一个重要方面考察出该机关对待信息公开的态度和表现了。

其二，亲历信息公开申请程序所取得的数据信息是最直接客观的信息并且在程序上最直接简便。如果绕开法定的信息公开申请程序，要获取诸如各行政机关的"十件拖延最久的未决申请"等信息是十分困难的。而直接启动政府信息公开申请程序，可以名正言顺地要求行政机关对此类研究所需数据、信息承担法定公开义务，有利于获得来自行政机关的第一手信息，避免信息在传播过程中真实度和可信度减弱等情况发生。

当然，在积极肯定奈特调查采用的这一"亲历信息公开申请程序，以取得相关的数据信息"的研究方法的同时，笔者也有一点质疑，即其以"亲历信息公开申请程序，以取得相关的数据信息"作为分析研究的基础数据的客观性和真实性虽然毋庸置疑，但毕竟只是信息公开申请程序中的个案资料，仅以其个案资料作为评价信息自由法实施状况的唯一基础资料，其普遍性和共性难免受到质疑。

首先，解密资料库提出的信息公开申请相对于一般的申请可能更为复杂，给行政机关及时回复申请造成了一定的困难。比如解密资料库要求行政机关公开其为实施司法部长备忘录、布什的 13392 号总统令、保护敏感但未归入密级信息等文件和政策的所有材料。面对这样复杂的信息公开申请，联邦机关需要对机关内所有文件进行分类和整理，而机关内从事信息公开工作的员工有限，这可能使机关在客观上很难在法定时间内完整回复这种申请。

其次，解密资料库所申请的信息或者是涉及国防、外交、国家安全等比较重大敏感信息，或者涉及行政机关自身履行公开义务行为的合法性问题，因而需要行政机关作出更为审慎的处理。比如解密资料库要求机关公开本机关十件拖延最久的未决申请，如果机关回复此申请，一是自己承认了存在行政违法行为，二是如果机关提供的信息与其向国会提供的信息不一致，那么机关就有对国会报告不实的嫌疑。因此对于此类申请，行政机关往往不由自主地有所拖延，而在一般的申请中是不存在这类问题的。

此外，解密资料库所经历的信息公开程序是不完整的。这些申请没有经过复议和诉讼程序就对行政机关的政府信息公开状况作出了评估。这就使一些本可以在复议和诉讼阶段获得救济的申请未能得到恰当的统计，因而作出的评估也是不够全面和准确的。[①]

## 二、系列调查报告发现的主要问题

尽管系列调查报告存在上述问题，但仍不失为一项重要并具有特色的美国政府信息公开实际样态的调查研究样本之一。全面了解本系列调查报告所指出的美国政府信息公开实施中的问题，具有重要的理论与实践意义。综合七篇系列调查报告所指出的主要问题，有下列各项。

（一）积压与迟延回复

《信息自由法》自1967年7月4日实施以来一直面临的最突出问题之一就是积压与迟延回复。当该法1966年在国会获得通过时，并没有设定行政机关回复申请的期限，这对于追求程序正义的美国司法制度而言或许是立法上的一个败笔。这一疏漏无疑已经成为导致行政机关在处理政府信息公开过程中出现无故拖延、大量积压、申请人无限等待等这些人们不愿意看到的现象频繁发生的重要原因之一。面对这一问题，国会在1974年修改了《信息自由法》，要求行政机关要在10个工作日内回复申请。遗憾的是，法律的修改并没能使大多数行政机关按时履行义务，而当申请人将纠纷诉诸法庭之时，联邦法院又常常以开放美国诉水门特种部队案[②]（Open America v. Watergate Special Prosecution Force）及其后来的判例允许行政机关迟延回复申请，使得申请人的信息权益难以得到有效保护。行政机关长期不能在法定期限内履行公开义务，导致国会在1996年再次对回复期限问题作出修改，将行政机关答复的期限延长为20个工作日。上述法律修改的历程表明国会对于行政机关迟延回复以及法院在开放美国诉水门特种部队案中所持立场不予认同。但行政机关仍然将一些重要的信息公开申请拖延1年、5年、10年，甚至更久。

在目前发表的七篇奈特开放政府调查报告当中，涉及积压和迟延回复问题

---

[①] 在多篇奈特开放政府调查中的方法论部分都交代了这些信息公开申请都没有经过复议和诉讼程序。这表明解密资料库本身也承认这种程序的不完整性可能影响到相关考察与评价的准确性。

[②] 547 F 2d 605(D.C. Cir. 1976.

的共有五篇。其中《迟到的正义是非正义》、《一项政府信息公开申请庆祝它17岁生日》和《四十年的政府信息公开，二十年的迟延》三篇调查报告专门论述了积压和迟延回复问题。

分析系列调查报告列举的典型案例和数据，可以看出美国政府信息公开中的积压与迟延回复存在着如下特征。

1. 一部分申请被拖延时间之长超出想象。系列调查报告中提及的拖延最久的未决申请是1987年5月5日提出的，该申请至2007年调查报告完成之时仍然没得到解决，历时20年之久。另有两项申请分别于1988年和1989年提出。[①]解密资料库向87个行政机关及其主要部门提出了信息公开申请，要求其公布本机关"十项拖延最久的未决申请"。通过对回馈数据的整理，解密资料库发现其中有5个机关有迟延超过15年的申请，更多的机关中存在迟延超过5年、10年的申请。可见申请被拖延时间之长。

2. 积压与迟延回复问题普遍存在于行政机关的信息公开工作之中。在系列调查报告中，几乎每个联邦行政机关及其主要部门都存在着不同程度的积压与迟延回复。就2007年解密资料库向87个行政机关提出的要求公开"十项拖延最久未决申请"的申请而言，有27个机关没有回复解密资料库的申请。这从另一个侧面表明了积压和迟延回复问题的普遍存在。

3. 行政机关不能明确本机关积压和迟延回复的程度。大多数联邦行政机关都承认自身存在积压和迟延回复的情况，但是对于积压和迟延回复的程度往往不能具体确定，反映机关对这一普遍性问题的心中无数与麻木。例如解密资料库在2005年和2007年分别向40个行政机关提出了信息公开申请，要求这些机关公开其"十项拖延最久的未决申请"，其中有一部分机关在2007年回复文件中公布的积压申请提出的年代要早于其在2005年公布的积压申请提出年代。[②]可见在两次清理积压申请的工作中，行政机关统计积压申请的结果是不同的。这表明行政机关并不能清晰地追踪和整理本机关的问题，从而也就不可能有效地解决这一长期困扰。

4. 行政机关没有能力减少积压。在布什总统2005年底签署旨在促进与改善

---

①40 Years of FOIA, 20 Years of Delay: Oldest Pending FOIA Requests Date Back to the 1980s, http://www.gwu.edu /~nsarchiv/ NSAEBB/NSAEBB224/press.htm, 2009年10月8日最后登录。

②40 Years of FOIA, 20 Years of Delay: Oldest Pending FOIA Requests Date Back to the 1980s, http://www.gwu.edu /~nsarchiv /NSAEBB/NSAEBB224/press.htm, 2009年10月8日最后登录。

《信息自由法》实施状况的 13392 号总统令之后，大部分行政机关都根据该总统令设定了减少积压的目标。然而，在行政机关制定这些雄心勃勃的目标之后，积压并没有大幅度地减少，甚至有 30%的行政机关报告自己的积压数量仍在增加。[1]此种情况的出现，一是由于行政机关存在的已有积压数量过大，难以在短期内迅速处理；二是新产生的积压，其速度超过了行政机关处理积压的速度。从而使那些雄心勃勃的减少积压目标可望而不可即。

（二）"伪秘密"

在 2001 年"9·11 事件"以后，《纽约时报》（*New York Times*）曾以头版评论批评在政府网站上仍然登载着"如何把危险的细菌变成致命武器"等可能危及到国家和公众安全的信息。[2]这一报道引发了强烈反响，使美国政府在信息公开问题的态度上发生了骤然转变，以致前所未有地强调信息的保密。上台未久的布什政府于 2002 年 3 月发布的卡特备忘录（Card Memorandum）[3]强调了对于"敏感但未归入密级"信息的保护，从而使这一分类标准被大肆地使用于各类信息之上，大量的信息从网站上被删除，同时行政机关往往以"敏感但未归入密级"为由拒绝公开本应公开的信息，形成了政府信息公开中的众多"伪秘密"。对于美国政府的此种做法，公众表示不满并认为此种信息分类的方法不符合法律的规定并且存在虚假分类。

其实，从国家安全和公共利益的角度出发，"9·11 事件"后美国政府制定对于敏感信息予以适当保密的政策本无可厚非，但是由于该政策在紧急情况下出台，缺少必要的论证和规划，加之行政机关亦存在着以此政策为挡箭牌而尽量减少信息公开的本能，从而使该政策严重阻碍了个人和组织依法获取政府信息权利的实现。

系列调查报告指出，行政机关在执行该政策时存在着如下的问题：

1. 行政机关执行依据不统一。"敏感但未归入密级"信息政策强调行政机关在适用《信息自由法》规定的九项免除公开条款时，被赋予了更多的自由裁量权。但是行政机关在被授予了更多的自由裁量权之后，对这一权力却缺乏应有

① Mixed Signals, Mixed Results: How President Bush's Executive Order On FOIA Failed to Deliver, http://www.gwu.edu /~nsarchiv /NSAEBB/NSAEBB246/eo_audit.pdf，2009 年 10 月 8 日最后登录。

② William J. Broad, A Nation Challenged: The Biological Threat; U.S. Is Still Selling Reports on Making Biological Weapons, *The New York Times*, at A1, Jan.13,2002.

③ 关于卡特备忘录及其相关备忘录的内容简介可参见本文脚注 5。

的规制。在联邦层面上没有统一的规则来规范行政机关执行该政策的行为。系列调查报告中的数据显示，65％的行政机关表示他们执行该政策的依据仅仅是行政机关内部的一些规则、命令或者指南；另有30％的行政机关表示在执行该政策时，根本就没有依据。①这就造成了联邦范围内各行政机关在信息性质认定上的不统一。

2. 缺少规定谁有权力认定和撤销"敏感但未归入密级"信息的规则。截至目前，在联邦层面上仍没有规定机关中谁有权力将一条信息划为"敏感但未归入密级"信息的明确规则，而行政机关内部也没有具体的实施细则规制权力的行使。系列调查报告的数据显示，29％的行政机关中任何一名公职人员都有权力将一则信息定位为"敏感但未归入密级"的信息。而这意味着拥有18000名公职人员的国防部每个人均有权作出该项决定。这必然导致规则的混乱和此种权力的滥用。②当然，虽然有35％的行政机关规定只有高级官员有权决定一则信息是否属于"敏感但未归入密级"信息，但是规则中却没有对所谓高级官员的级别作出具体规定，在实践中仍然缺乏可操作性。在有关取消对"敏感但未归入密级"信息的认定问题上，43％的行政机关都没有规定谁可以采用何种程序，来撤销将一则信息认定为"敏感但未归入密级"的决定。

3. 行政机关不当运用该政策以掩饰自己的行为不当。有将近四分之一的行政机关滥用此信息归类方法，以此为挡箭牌，将一些不愿公开的文件或者公开有可能暴露其行政行为中存在问题的文件定义为"敏感但未归入密级"信息，从而达到不向公众公开的目的。

4. 行政机关以该政策为依据对于申请主体加以限制。《信息自由法》中对于申请人的主体资格本是没有限制的，既不要求是本国公民，也不要求申请人充分说明其对所申请获得信息的用途。任何人均可以向任何行政机关申请公开任何非保密信息，本是信息自由法的立法初衷。③然而，在保护"敏感但未归入密级"信息政策制定之后，许多行政机关对于申请人的主体资格进行了限制。有的行政机关要求申请某一信息的主体应当是政府雇员或者采用"需要知道"

---

① Pseudo-Secrets: A Freedom of Information Audit of the U.S. Government's Policies on Sensitive Unclassified Information，http://www.gwu.edu/~nsarchiv/NSAEBB/NSAEBB183/press.htm，2009年10月8日最后登录。

② Pseudo-Secrets: A Freedom of Information Audit of the U.S. Government's Policies on Sensitive Unclassified Information，http://www.gwu.edu/~nsarchiv/NSAEBB/NSAEBB183/press.htm，2009年10月8日最后登录。

③ 参见 5 U.S.C. §552（a）（2）（D）.

（need to know）标准，要求申请人必须说明所申请的信息与其有特定的关系，否则行政机关对于此类信息不予公开。此外，非公民获取政府信息的权利受到了一定程度的限制。比如，系列调查指出，现在在美国一些外国人申请行政机关公开政府信息，特别是公开某项"敏感"信息，一般情况下难以得到满意的答复。很多行政机关认为，外国人不能成为某些信息的申请主体。行政机关的这些做法看似在执行新的信息公开政策，以保护敏感信息，但实际上往往导致行政机关对自由裁量权的滥用，阻碍了政府信息的正常公开渠道，严重损害了公众获取政府信息的法定权利。

（三）网站建设不力

《信息自由法》在1966年获得国会通过后经历了多次修改，其中1996年通过的《电子信息自由法》（以下简称E-FOIA）具有重要意义。这次修改在信息自由法实施30年后将互联网技术引入其中，旨在为信息公开法制注入新的活力，提高政府信息公开效率。即通过充分利用互联网，增加政府主动公开的信息数量，使得公众可以通过互联网获得更多的信息，以节约资源，减少公民申请政府信息公开的频率，提高行政机关效率。这一信息自由法修正案的目的在于更大程度地保障公民的知情权，同时节省在信息公开工作上花费的时间和金钱。但这一初衷令人拍手称赞的法案，在执行过程中却面临着很大的问题。系列调查报告表明在E-FOIA实施10年以后，大多数行政机关均没有达到E-FOIA的要求，其网站建设存在着大量问题。"空链接"、"死链接"在行政机关网站上并不鲜见，同时存在着难于导航和更新不及时等问题。

1. 机关网站上内容不全，不符合要求。（1）国会要求行政机关网站上应当主动公开行政机关命令、政策、日常记录、行政机关员工指南四项内容，但只有21％的行政机关网站符合这一要求，而大多数行政机关的网站上仅仅包含其中的一两项或者两三项，且大多数行政机关都没有将网站作为减轻其自身信息公开工作负担的主要途径之一。（2）只有6％的行政机关在其网站上包含电子信息自由法及司法部《信息自由法》指南中要求的全部十项要素。依据E-FOIA的立法目的以及司法部的指南，行政机关网站上应当包含如下事项要素：①一份政府信息公开申请应当送往何处（邮递、传真或者电子介质发送的地址）；②收费说明；③减免费用规定；④快速处理程序；⑤答复时间；⑥免除公开条款；⑦行政复议权利；⑧向何机关递交行政复议申请；⑨要求司法审查的权利；⑩记录或主要信息系统的索引。（3）只有36％的行政机关在网站上提供了政府信

176

息目录和指南，而这些目录和指南大多数是不全面的或是帮助不大的，只有26％的行政机关拥有可以通过网站提交的信息公开申请表格。[1]

2. 网站存在大量空链接和死链接。在许多行政机关网站的首页上，可以看到几乎所有应当包括的内容。但是，当点击这些链接之时，频繁出现的却是"文件未找到"（"File Not Found"）的提示语。这种空链接、死链接在表面上，似乎是网络技术出现了问题，但实际上，往往是这些行政机关并没有将相关内容链接在相关目录之下，甚至根本就没有制作和整理这些内容，只是做了一个"空壳"罢了。网站并没有真正地作为政府信息公开的有效工具而被充分利用。

3. 许多行政机关的网站设计欠佳且难于导航。很多行政机关的网站上提供了大量的政府信息，诸多申请人可以通过网站查找所需信息并无需提出信息公开申请，但是由于许多网站设计不友好或者难于导航而使网络使用者难以找到这些信息。[2]这也是网络资源未被充分利用的重要原因之一。

4. 行政机关的改进网站建设目标不切实际。在2007年的奈特开放政府调查报告发布之后，一些行政机关便采取了各种各样的方法检查网站对于 E-FOIA 的遵守情况并且设定了改进网站建设的目标。但是从最后一篇调查报告所提供的数据可看出，这些改进目标要么十分远大而由于能力和资源有限不能被实施；要么是非常概括而缺乏可操作性。说明有关机关在设定目标以前并没有认真研究网站的建设情况，没有调查过公众对于网站的反映以及网站的使用记录。因此，这些目标的设定往往不切实际，难以获得所期望的实际效果。

## 三、产生问题的原因

系列调查报告认真分析了产生上述问题的原因。本章通过对系列调查报告指出原因的归类研究，认为产生上述问题的原因可以概括表述为如下四个层面。

（一）程序层面

过于机械的程序是造成信息公开申请被大量积压的主要原因之一。在信息公开实务中，大多数行政机关均坚持处理信息公开申请"先进先出"的原则。

---

[1] 系列调查中指出，现在在美国一些外国人申请行政机关公开政府信息，特别是公开某项"敏感"信息，一般情况下难以得到满意的答复。

[2] File Not Found: 10 Years After E-FOIA, Most Federal Agencies are Delinquent, http://www.gwu.edu/~nsarchiv /NSAEBB /NSAEBB216/index.htm，2009 年 10 月 8 日最后登录。

即先提出的申请先行处理，后提出的申请置后处理。这种看似合理的自然公正程序却使信息公开程序经常因为在先申请过于复杂而停滞下来。例如，1987年《旧金山纪事报》（*San Francisco Chronicle*）的记者赛思·罗森菲尔（Seth Rosenfeld）向联邦调查局提出了一项关于联邦调查局在加利福尼亚州伯克利（Berkeley）活动情况的申请。自此项申请提出后，联邦调查局在过去的25年里先后向罗森菲尔先生提供了20多万页的材料，但是直到2006年1月份，该申请仍然没有处理完毕。[①]在遵循"先进先出"的申请处理原则情况下，必然会因此影响到对此后申请的处理进度。此外，仅就解密资料库本身向行政机关提出的申请而言，这些申请不但复杂而且频繁。此类申请一旦成为其他后续申请的在先申请，必然会给处理其他申请带来不利影响。

程序不合理的另一个方面表现为一项申请如果被最先收到申请的行政机关转送其他行政机关处理之后，移送机关就不再关心此申请的处理进度，同时移送机关也没有权利和义务敦促被移送机关按时或者尽快作出答复，这也使得许多被移送的申请犹如石沉大海。[②]

（二）技术层面

如前所述，在信息公开过程中，申请人等待机关答复几年甚至几十年的实例并不罕见，而行政机关中缺少信息公开追踪定位系统，往往使申请人无法得知自己申请的排序及处理进度，使得申请人的等待常常变得不知终期或遥遥无期。

另外，缺乏追踪定位系统的行政机关往往本身也不能明确本机关到底收到了多少信息公开申请，这些申请何时提出，哪些申请已届处理截止日期，哪些申请已超过处理截止日期，等等。在系列调查报告中还提到，有些行政机关甚至丢失了申请人的申请。由此引发的问题是：一个无法准确定位本机关受理信息公开申请情况的机关根本不可能有效地处理相关申请。幸运的是，在2007年底美国国会通过的《信息自由法》最新修正案中，已经把要求行政机关建立追踪

---

① A FOIA Request Celebrates Its 17th Birthday: A Report on Federal Agency FOIA Backlog，http://www.gwu.edu /~nsarchiv/NSAEBB/NSAEBB182/press.htm，2009年10月8日最后登录。

② 40 Years of FOIA, 20 Years of Delay: Oldest Pending FOIA Requests Date Back to the 1980s，http://www.gwu.edu /~nsarchiv/NSAEBB/NSAEBB224/press.htm，2009年10月8日最后登录。

定位系统作为一项硬性规定[1]，这将使信息公开申请的处理进度更加透明，从而有助于提高答复信息公开申请的效率。当然，这项修正案的实施效果如何，还有待于继续追踪考察。

（三）资源层面

按照2005年12月布什的13392号总统令的要求，联邦行政机关纷纷制定了减少本机关政府信息公开申请积压的目标，并且建立了以"公民中心"（citizen centered）和"结果导向"（results oriented）为原则的政府信息公开申请三层客户服务系统。[2]这些措施虽然在一定程度上改善了联邦行政机关政府信息公开工作状况，但是调查表明，积压仍然在快速增加，行政机关对此束手无策。系列调查报告认为，没有"胡萝卜"即资源的不足，是造成行政机关无法及时处理大量积压申请的一个十分重要的原因。行政机关没有足够的人力和财力一方面处理大量的积压申请，同时又能及时答复新提出的申请。

笔者认为，从宏观层面上讲，美国宪法确立的三权分立体制导致了行政资源受到国会的严格控制，行政机关无从投入更多的人力和财力资源以支撑政府信息公开工作。从微观层面上讲，政府信息公开工作在联邦任何行政机关中都不是该机关职责的主体部分，因此各机关不会也不可能在这项工作上投入过多的人力和财力，通常情况下，只有一至三名职员负责一个机关的政府信息公开工作。这就使资源的短缺成为信息公开工作所面临的一个重要问题。

（四）制度层面

政府信息公开除了遭遇没有"胡萝卜"的资源短缺以外，在制度层面上缺乏强制执行和监督机制也是机关怠于履行信息公开义务的重要原因，即没有"大棒"。[3]无论是最初的《信息自由法》，还是《电子信息自由法》，抑或是布什的13392号总统令，都没有为信息公开建立强制执行机制，这使得行政机关可以不履行法律义务，也使得一些行政机关通过非正当的途径消极地处理信息公开申请。比如有些行政机关并不是积极地答复信息公开申请而是希望申请人在漫

---

[1] Openness Promotes Effectiveness in our National Government Act of 2007，http://www.cornyn.senate.gov/doc_archive /OPEN2007.pdf。2009年10月8日最后登录。

[2] Mixed Signals, Mixed Results: How President Bush's Executive Order On FOIA Failed to Deliver, http://www.gwu.edu /~nsarchiv/ NSAEBB/NSAEBB246/eo_audit.pdf，2009年10月8日最后登录。

[3] Mixed Signals, Mixed Results: How President Bush's Executive Order On FOIA Failed to Deliver, http://www.gwu.edu /~nsarchiv /NSAEBB/NSAEBB246/eo_audit.pdf,2009年10月8日最后登录。

长的等待中失去耐心而撤回申请,以至于一些机关会不时地致电或致函申请人,询问其对那些年代久远的申请是否仍有兴趣等待,如果在机关规定的期限内申请人没有答复,那么该申请将被视为撤回。系列调查报告将这种方法称之为"使申请人在漫长的等待中退出"(wait out the requester)。[①] 行政机关将此类难于处理的信息包袱推给申请人自行消解的做法,极大地影响信息公开的效果。

值得庆幸的是,国会于 2007 年底通过的《信息自由法》最新修正案给了这部法律更多的"牙齿",要求行政机关承担更多的义务。但是在这部修正案中仍然没有对改进报告制度、强制执行措施等问题作出具体规定。因此,这部最新修正案能否真的起到改进政府信息公开的实际作用,人们仍需拭目以待。

## 四、系列调查报告的意义及启示

奈特开放政府系列调查报告,从公众参与和社会评议的角度,以"解密资料库"这一非政府的社会公益研究机构亲历亲为的实证研究,指出了美国《信息自由法》实施中存在的若干突出问题并剖析了产生的原因。其采用典型事例说明与数据分析相结合的研究方法,在纵向上分析了美国信息公开政策的沿革与演变,勾勒出信息公开的宏观场景;在横向上指出了联邦各行政机关在政府信息公开工作中的不同表现,描绘出美国信息公开的细节。可以说,该系列调查报告已经成为政府信息公开社会评议实践的一个范本。其在制度建设方面的意义在于:

1. 反映了公众的组织化参与。公众参与是以代议制为核心的现代民主政治与法治体系中的重要组成部分之一。公众参与的深度与广度是衡量一个国家民主发达程度的重要标准之一,是推动社会制度有序变革的基础力量。这种力量通常不会因为触及既得利益阶层和统治机构体系的利益而衰竭与疲惫。奈特开放政府系列调查报告反映了美国公众在政府信息公开方面的组织化的有序参与。解密资料库基于公众力量和其他社会资源的有效整合而形成了一个专业化的非政府研究组织。其通过依法向有关行政机关提交信息公开申请以获取国家解密资料并更方便地提供给公众的方式,参与到信息自由法实施的实际运行过

---

①据调查数据显示,最多地采用这一方法清理积压申请的行政机关是财政部,该部门在提交给国会的 FY2006 年度报告中提到,财政部有 60 个申请人撤回申请,其中 48 个申请人是因没有及时答复而被视为撤回申请的,因申请人未及时答复而被视为撤回的申请数量高达 129 个。

程之中，显然跨越了传统的"个人参与"的局限，把公众参与这一现代民主政治与法治体系的要素提升到了组织化水平。

2. 体现了对政府信息公开的机制化监督。公众监督也是现代民主政治与法治体系的基础要素之一。但通常的公众监督主要表现为公民的个人监督和作为公众舆论的新闻媒体监督。但是，在面对人类社会迄今为止的最强大的组织力量——国家行政机关系统时，公民个人监督所具有的个体、零星、分散、软弱等先天不足，已经在公共治理实践中彰显无疑。而曾经被认为代表社会良知的新闻媒体在面对不断发展的政府监管与市场机制时，也日益难以摆脱强大的国家管理机构与社会既得利益集团的影响，甚至依赖之。因此，自上世纪后半叶，首先在比较发达的欧美国家出现了非政府组织（NGO）这一新生的社会力量，为发展和形成良性治理增添了新的要素与活力。在本章中，我们已经看到解密资料库等非政府组织通过发布系列调查报告方式，综合运用了政府信息公开申请与答复机制、国家保密文件解密机制，并将二者结合，形成了对于信息自由法的机制化监督。这已经超越了以往个人和组织通常满足于主要作为《信息自由法》的受益者而获取信息的角色。这种将自身定位为既是《信息自由法》的受益者，同时又超越作为个人和组织主要关注自身利益的视野，而自觉作为《信息自由法》实施状况的社会督导者的新定位，显然把以往的个人监督、公众参与提到了一个新水平，创新了美国信息公开法制的监督机制，实现了非政府组织对政府信息公开的机制化监督。

3. 对政府信息公开实施状况作出了专业化系统化的评议。众所周知，美国《信息自由法》在监督保障机制方面的重要特色之一是规定了比较完整的机关报告制度。比如，《信息自由法》明文规定各行政机关要向联邦司法部长提交年度报告；每个机关要通过各种方式向公众公开上述报告；司法部长在每年4月1日以前要向国会众参两院提交其本身的报告，并保证在每个互联网接入点都能以电子方式获得其报告；等等。但是，仅有完整的机关报告制度而没有专门与专业化的社会评议制度，不免美中不足。在此背景下出现的奈特政府系列调查报告无疑已经成为政府信息公开社会评议制度的一个突出范例。联系到此前，另一非政府组织"公民组织"（Public Citizen）负责人 Amanda Frost 撰写的《联邦信息自由法：从实施该法三十年之中所获得的教益》一文曾把"可运用的司法审查，保证了行政机关遵守本法"作为《信息自由法》取得"非凡成功"的四项基本经验之一①，不禁深感美国非政府公益组织对《信息自由法》实施状况的高水平的专门与专业化的社会评议，已经与《信息自由法》明文规定的机关报告与实施状况发布制度紧密配合并相得益彰，已经在实践中为《信息自由法》发展出一项具有制度创新意义的、由社会公益组织对其实施状况进行专业化专门化并系统化的社会评议活动，进而影响到我国在初创的《政府信息公开条例》中，也明文规定了"社会评议"这一监督制度。②

奈特开放政府系列调查报告给予正在蓬勃发展的信息公开法制化的世界潮流与我国的信息公开法制以下有益启示。

其一，避免了将美国信息公开制度"神话化"。基于美国已经被广泛认同为当代政府信息公开制度理念与实践的主要发源地之一，且使得诸多国家在研讨政府信息公开制度以及构建本国政府信息公开法制之时往往"言必称美国"，结果使以《信息自由法》为代表的美国政府信息公开制度经常被其他国家"完美化"，但源于其本土的奈特开放政府系列调查报告却让我们直观真切地看到了美国信息公开制度一直普遍存在着的诸多问题。这就避免了对美国信息公开制度的"神话化"，有利于减少在政府信息公开法制建设与学术研究中的盲从性和片面化，有利于对已经被作为相关立法范本的美国政府信息公开法制的客观认识和冷静分析，有助于克服"制度万能"的迷失，并启示我们，在迄今为止的人类社会治理中还没有创设出一种尽善尽美的法律制度，而只有在持续发展的实践中不断探索总结，才可能开辟出一条通向日臻完善的信息公开法制途径。

其二，政府信息公开法制的有效实施不仅源于国家机关之间的互动，更依赖于公众与国家机关的互动。1966 年制定的美国《信息自由法》已经构建起国家立法、行政与司法三权相互监督制衡的政府信息公开法制的监督机制，并重视了对个人和组织获取政府信息权利的保护与救济。但限于当时民主政治与法

①参见 THE UNITED STATES FREEDOM OF INFORMATION ACT: LESSONS LEARNED FROM THIRTY YEARS OF EXPERIENCE WITH THE LAW By Amanda Frost, Director of Public Citizen's Freedom of Information Clearinghouse. "Public Citizen" 系建立于 1970 年的一家全国性的、非营利的消费者权益保护组织（consumer advocacy organization），旨在国会、行政和司法体系中广泛代表消费者权益。参见 http://www.citizen.org/litigation/free_info/foic_rep/articles.cfm?ID =6127，最后访问时间 2009 年 10 月 8 日。

②自 2008 年 5 月 1 日起实施的《中华人民共和国政府信息公开条例》第二十九条规定："各级人民政府应当健全政府信息公开工作考核制度、社会评议和责任追究制度。"在《条例》中明文规定"社会评议"制度，体现了《条例》在政府信息公开立法思想上的先进性，已成为《条例》的一个亮点，尽管其仍存在着缺少具体规则的缺憾。

治发展水平的制约，还缺乏在今天看来对社会公众与国家权力机关互动的规定。而一个没有社会公众与国家权力机关互动的机制则没有活力，进一步说，只有在社会组织基础上形成的公众的组织化活动才能赋予政府信息公开监督机制以源源不断、永不停歇的活力。这是笔者在对 2003 年至 2008 年美国奈特开放政府发布的七篇系列调查报告展开了本项专题研究后获得的另一重要启示。

　　其三，政府信息公开法制发展的社会基础与根本动力源于公众的组织化参与。早年的美国《信息自由法》已经通过个人和组织申请公开制度和不服公开申请的申诉与司法审查制度，还有比较完整的机关公开报告制度打开了公众参与的大门，但经验已证明这种仅仅赋予"任何人"（any people）以信息公开申请权利和申诉与提请司法审查的救济权利，仍然不足以对行政机关拖延和怠于履行信息公开职责行为形成有效制约。只有这些散落于个人和组织的权利得到非政府组织的"组织化"的行使，才可能使信息公开法制的监督机制得以有效地发挥作用。从而揭示出政府信息公开法制发展的社会基础与根本动力源于公众的组织化参与，同样的经验也已在日本获得了证明。①这启示我们要深化对"公众参与"制度的内涵与运作方式的理解与认知。

---

①关于日本各地名为"市民行政监督员"等社会公益组织对推动信息公开法的制定与有效实施也发挥了重要作用的实例，可参见赵正群：《交际费、食粮费情报公开诉讼及其意义——日本行政诉讼在 20 世纪 90 年代的新发展》，罗豪才主编：《行政法论丛》第 5 卷，北京：法律出版社 2002 年版。

# 第十三章　欧洲信息自由与电子政务法述评*

**摘要：** 信息自由立法和电子政务立法是提高政府行政效率和健全民主制度的重要措施，信息自由和电子政务法律制度的完善程度，在一定程度上决定着一个国家的综合国力和现代化程度。欧盟和德国的信息自由与电子政务立法在世界上居于领先地位，我国应借鉴欧盟和德国先进立法经验，完善我国相关法律制度。

**一、信息自由与电子政务法概述**
**二、欧洲信息自由法律制度**
**三、欧洲电子政务法律制度**

**关键词：** 信息自由　电子政务　欧盟　德国

## 引言

在现代信息社会，信息、通信和参与公共事务管理愈来愈重要，在技术上亦愈来愈容易实现。人们对行政的理解也发生了变化：行政不仅指国家和政府的权威行为，而且愈来愈多地被理解为以合意为导向的与公民的合作，这一与公民合作意义上的行政要求在政府和公民之间平等分享信息[①]。信息时代人们对信息自由的要求和对行政的新的理解促进了电子政务的产生。无论是信息自由，还是电子政务，离开了法律的规范和保障都将成为无源之水、无本之木，无法正常地发展。因此信息自由和电子政务立法成为当今世界各国法律界面临的重要课题。各国完成这两个课题的速度和质量，将在相当程度上决定其将来在国

---

*本章撰稿人为秦瑞亭博士，南开大学法学院副教授。本章完稿于 2006 年 6 月，2011 年 3 月修订。

[①]Deutscher Bundestag Drucksache 15/4493, Begruendung zu §1.

际社会的实力和地位。目前欧洲尤其是欧洲一体化的产物——欧洲联盟，在这两个领域的立法和实践居于世界领先地位。我国的信息自由和电子政务立法刚刚起步，无论在立法形式还是立法内容方面，都与西方法治发达国家存在不少差距。[①]章文准备以德国的信息自由和电子政务立法与实践为主要研究对象，介绍、评析欧洲的信息自由与电子政务法律制度，以期为我国相应立法与实践提供借鉴与参考。之所以选择德国，一是由于其法律体系、法律思维及法律概念、术语与我国的相似性，二是由于其在欧盟的领导地位和其悠久的法治传统。

## 一、信息自由与电子政务法概述

信息自由即信息公开，指信息传播的及时、畅通与公开。[②]信息自由制度确保公民及时获取和了解各种政府信息，从而通过自己对政府行为的评价影响和参与政府决策与对公共事务的管理。在国家的信息权力日益膨胀的今天，信息自由是公民行使民主权利，参与政府决策的决定性前提条件。有生机和活力的民主要求公民能以批判的态度伴随、讨论和影响政府活动，这些都以信息自由得到保障为前提。诚如列宁所说："没有公开性而谈民主制是很可笑的。"[③]信息自由还有助于防止暗箱操作和腐败现象的滋生，完善公民对政府行为的监督，提高政府行为在公众中的接受程度。从这个意义上讲，信息自由是防止腐败，建立透明政府的基石，是现代民主的重要支柱。

由于前述原因，资产阶级国家早在 200 多年以前就开始了信息自由立法。瑞典 1766 年便制定了《新闻自由法》，规定"官方文件"在所涉议题已经结束或形成结论之后，文件内容即向公众公开。[④]目前世界上约有 60 个国家制定了专门的信息自由法，其中包括了大多数法治发达国家。联合国 1998 年通过了《关于环境事项方面获取信息、参与公开判决程序和获得法院救济的公约》，对环境领域的信息自由问题作了具体规定。我国政府已签署的《公民权利和政治权利国际公约》[⑤]第 19 条明确规定，人人有接受和传递各种信息的权利，此项权利包括寻求、接受和传递各种消息和思想的自由，而不论国界，也不论口头的、

---

① 我国目前尚未出台信息自由和电子政务方面的法律。我国中央人民政府网站于 2006 年 1 月 1 日才正式开通，国务院颁布的《中华人民共和国政府信息公开条例》于 2008 年 5 月 1 日开始施行。
② 董岩、张萌：《中外信息公开情况综述》，《人民日报》2005 年 04 月 13 日第 14 版。
③《列宁全集》第一卷，北京：人民出版社 1995 年第 2 版，第 417 页。
④ 董岩、张萌：《中外信息公开情况综述》，《人民日报》2005 年 04 月 13 日第 14 版。
⑤ 我国政府于 1998 年 10 月 5 日签署该公约，该公约目前在我国香港和澳门生效。

书写的、印刷的、采取艺术形式的，或通过他所选择的任何其他媒介。该规定从国际法的高度保证了每人都享有信息自由的权利，无论其位于何处，也无论其具有何国国籍。

由此可见，信息自由是公民的基本权利，即知情权。信息自由的权利主体是公民，义务主体是国家和政府。政府信息公开是原则，不公开是例外，这已成为不可逆转的国际发展趋势。

电子政务是信息化时代人们对民主政治建设的需要，也是民主政治在信息时代发展的必然结果。增强政府工作的透明度和公开性是电子政务建设的重要目标之一，因此信息自由立法同时也是电子政务立法的一个重要组成部分。目前国际社会尚未缔结全面规范电子政务建设的国际公约，从各国国内立法来看，电子政务立法一般包括电子政务组织法、电子政务安全法、电子政务财政法、电子签名法和信息自由法等组成部分①。目前世界上电子政务立法最为发达的地区是美国和欧盟。以美国为例，其电子政务立法包括了下述一系列法律、法规和政策性文件，共同构成了复杂、烦琐却相当完善的美国电子政务法律规范体系②：

1. 法律、法规：以信息自由为主要内容的《电子信息自由法案》、《个人隐私保护法》、《公共信息准则》、《削减文书法》、《消费者与投资者获取信息法》、《儿童网络隐私保护法》和《电子隐私条例法案》；以基础设施为主要内容的《1996 年电信法》；以计算机安全为主要内容的《计算机保护法》、《网上电子安全法案》、《反电子盗窃法》、《计算机欺诈及滥用法案》和《网上禁赌法案》；以电子商务为主要内容《统一电子交易法》、《国际国内电子签名法》和《统一计算机信息交易法》；以知识产权为主要内容的《千禧年数字版权法》、《反域名抢注消费者保护法》；

2. 政策性文件：《国家信息基础设施行动议程》与《全球电子商务政策框架》。

## 二、欧洲信息自由法律制度

（一）欧盟立法③

随着欧洲一体化程度的日益加深，欧盟开始成为欧洲发展的主导性力量，

---

① http://www.china.org.cn/chinese/2005/Jun/897504.htm。

② http://industry.ccidnet.com/art/43/20050914/332975_1.html。

③ Bericht der Kommission über die Anwendung der Verordnung (EG) Nr. 1049/2001 im Jahr 2004 &

   Arbeitsdokument, from: http:// europa.eu.int/comm/secretariat_general/sgc/acc_doc/index_de.htm.

欧盟立法已经成为欧洲法律制度的重要组成部分。欧盟是目前世界上信息自由立法最为发达的地区之一。早在 1993 年和 1994 年，欧洲理事会和欧盟委员会便制定了关于保证成员国国民自由获取信息的法律规范。1999 年关于建立欧共体的《阿姆斯特丹条约》生效以后，该条约第 255 条明确规定了公民自由获取欧洲议会、理事会和委员会的文件资料的基本权利。《欧洲宪法条约》第 II-102 条、第 III-399 条和《欧盟基本权利宪章》第 42 条对公民的信息自由权利从宪法的高度作了保证。2003 年 11 月 17 日　欧盟通过了《关于公共机构信息继续使用的指令》（ die Richtlinie 2003/98/EG über die Weiterverwendung von Informationen des öffentlichen Sektors erlassen）[①]，以指令的形式对欧盟公民的信息自由权作了进一步的规定。另外欧盟成员国和欧共体都已签署了联合国 1998 年《关于环境事项方面获取信息、参与公开判决程序和获得法院救济的公约》，欧共体已通过第 2003/4/EG 号指令将其转化成了欧共体法律。

2001 年 5 月 30 日欧洲理事会和议会《关于公众获取欧洲议会、理事会和委员会的文件的法规》（以下简称《欧盟信息自由法规》）[②]，进一步对该基本权利的适用范围、限制和行使方式作了具体规定。这一法规适用于欧洲议会、理事会和委员会占有的所有文件资料，无论其以任何形式被储存。值得注意的是，虽然该法规无疑适用于以 Word、PDF 和 HTML 等电子形式储存的文件资料，但自身内容不断更新的数据库是否属于该法规规定的"文件资料"，目前尚无权威性结论。

按照 2001 年《欧盟信息自由法规》，信息自由权的权利主体是所有欧盟公民和在欧盟成员国有住所或营业所的自然人与法人，信息自由权的义务主体是欧洲议会、理事会和委员会，信息自由权的客体是欧洲议会、理事会和委员会占有的文件资料。欧盟关于信息自由的实践已突破了前述限制。欧洲理事会和委员会在其关于《欧盟信息自由法规》的实施细则中将权利主体扩展到所有自然人或法人，无论其是否为成员国国民或在成员国有无住所。欧洲议会在其关于该法则的实施细则中未明确扩展权利主体的范围，但在实践中对在欧盟无住所的第三国国民向其提出的所有获取信息的申请均予以批准。义务主体方面，虽然该法规规定其只适用于欧洲议会、理事会和委员会，但实践中欧盟其他一些机关，如欧洲地区委员和欧洲经济和社会委员会均颁布了关于信息自由的具体规则，这些具体规则在内容方面已达到了《欧盟信息自由法规》的要求。

---

①ABl. EG Nr. L 345，S. 90.

②ABl. EG Nr. L 145，S. 43.

2001 年《欧盟信息自由法规》已于 2001 年 12 月 3 日生效，该法规无需成员国立法机关的任何行为，自生效时起自动成为所有成员国国内法的一部分。从实践中看，根据该法规提出信息请求的主要是各方面的专家，如高校教师、科研人员、律师和经济领域的一些专业人员等。

综合前述欧盟关于信息自由的立法与实践，可将欧盟信息自由法的基本原则概括如下：

1. 无条件信息自由原则。欧盟信息自由立法赋予一切自然人和法人无条件获取信息的权利，其申请获取信息无需说明任何理由。

2. 广义的"文件"概念。欧盟信息自由立法采用了最广泛意义的"文件"概念，该概念包括了一切被储存的信息，无论储存方式如何。

3. 损害原则。按照欧盟自由信息立法，文件公开会造成《欧盟信息自由法规》规定的公共利益或私人利益的损害是拒绝提供该文件的唯一理由，只有在具备该理由时，申请受理机构方可拒绝提供所申请的文件。在其他任何情况下，信息提供申请都不应被拒绝。

4. 行政救济原则。申请人对任何拒绝申请的决定，包括拒绝提供部分信息的决定，均可向所涉及的机关提出行政异议。该机关必须重新审核申请人的第二次申请。该机关对每个维持原否定性决定的决定必须说明理由，申请人可就该维持原决定的决定向法院提起诉讼或向欧洲市民专员提起申诉。

5. 利益权衡原则。《欧盟信息自由法规》规定，申请受理机关必须在公众的知情权和特定利益的保护之间进行权衡。如果公众对信息公开拥有的利益占据主导地位，那么即使该信息属于《欧盟信息自由法规》例外条款规定的不应公开的信息，该信息亦必须公开。

（二）成员国国内立法：芬兰和德国

成员国国内立法是欧洲信息自由法律制度最重要的组成部分之一。欧洲是当今世界上信息自由立法和实践最为发达的地区。目前世界上约有 60 个国家制定了专门的信息自由法来保证公民的信息自由权利，其中有近一半的国家位于欧洲。①欧盟成员国中，绝大多数国家均制定有专门的信息自由法。这些不同国

---

①据不完全统计，目前世界上制定了信息自由法的国家和地区主要有：阿根廷、澳大利亚、白俄罗斯、保加利亚、爱沙尼亚、中国香港特区、印度、日本、加拿大、列支敦士登、立陶宛、马拉维、莫桑比克、尼泊尔、新西兰、尼日利亚、挪威、菲律宾、波兰、俄罗斯联邦、罗马尼亚、斯洛伐克、南非、坦桑尼亚、泰国、捷克、匈牙利、美国、特里尼达和多巴哥、塞浦路斯、西班牙、斯洛文尼亚、瑞典、葡萄牙、奥地利、荷兰、马尔他、拉脱维亚、意大利、爱尔兰、英国、希腊、法国、德国、芬兰、丹麦等。

家的信息自由法虽在具体内容方面有所差异，但均赋予本国公民以无条件获得各种政府文件的权利，将官方信息的公开规定为原则，不公开是例外。信息自由立法对于一个国家的廉政建设具有重要的促进作用。根据反腐败权威国际组织"透明国际"公布的历年廉洁指数得分，凡"透明国际"廉洁指数得分高的国家，大多有专门的信息自由法来保证公民的信息自由权。位居 2005 年"透明国际"廉洁指数排行榜前四名的国家中，冰岛有 1996 年的《信息法》；芬兰有 1919 年的《新闻自由法》、1951 年的《官方文件公开法》、1999 年的《政府机关活动公开法》和 2003 年《公开媒体演讲自由法》；新西兰有 1982 年的《官方信息法》；丹麦有 1985 年的《信息自由法》。

上述事实说明，一个国家信息自由立法发达和完善的程度和该国政府廉洁程度之间具有一定的内在联系。下文关于芬兰和德国这两个国家的信息自由立法的比较，亦支持笔者的这一结论。

（1）芬兰①

芬兰是当今世界公认的全球最廉洁的国家之一，在 2005 年"透明国际"廉洁指数排行榜中排名第二，位居亚军。芬兰的信息自由有着悠久的历史，目前可以说是世界信息自由程度最高的国家之一。早在 1966 年，芬兰还隶属于瑞典统治之时，对官方信息的知情权在芬兰便已成为"每个人的权利"（Jedermann-Recht）。2000 年 3 月生效的芬兰新基本法将数据保护和信息公开规定为并列的两大基本原则。《芬兰基本法》第 12 条规定，国家机关占有的文件档案和其他记录（Aufzeichnungen）都是公开的，除非法律基于必要原因予以特殊限制。换言之，所有人，不仅仅是芬兰人，都对芬兰官方文件、档案和其他记录享有知情权，这一权利受到基本法的保障。芬兰 1999 年《政府机关活动公开法》对公众对公共机关文件的知情权作了详细规定，该法使社会个人和团体监督公共权力和公共资金运用以及通过自由发表意见影响公共权力的行使和保护自己合法权益真正成为可能。该法规定的官方文件资料不限于文字和图像资料，而是包括能够借助自动数据处理方式复现的官方消息，如储存于 DVD 或 CD-ROM 中的通知性信息（Mitteilungen）。该法第 24 条列举了共 32 款关于需要保密的文件的条款，这些条款主要涉及芬兰国家外交、警察事务、个别申

---

①乔玛·扩普丝：《芬兰的信息自由》（Informationsfreiheit in Finnland），http://www.datenschutzzentrum.de/infor
mationsfreiheit /symposium/IFG_Kuopus.htm。

诉、军事装备、货币政策、商业秘密和职业秘密等方面。芬兰1999年《政府机关活动公开法》规定的信息自由例外条款相当长，但与其他欧盟国家信息自由法中的例外条款相比，仍然简短许多。由于该法的中心目的是强调对政府文件资料的知情权，因此在官方文件公开与保密二者的关系方面，总起来看，公开是原则，保密是例外。一句话，芬兰的信息自由是全方位的，是真实的，是有法律和制度保障的。通过全方位的信息公开制度，不仅可以实现社会个体成员与政府之间的相互监督，而且可以实现政府相互之间和社会个体成员相互之间的有效监督（如社会个体成员可以通过公共数据银行系统获取其他社会个体成员的信息，以实现对后者的监督）。这种全方位的监督是防止各种腐败的最有效的手段和最强有力的武器。

（2）德国

德国面积和芬兰近似，人口是芬兰人口的 16 倍左右。[1]德意志民族整体上严谨、认真、守法，这种民族性格有助于抑制腐败思想的滋生，而且德国法历来以体系严谨、概念准确、理论精深著称于世，德国法律制度在世界上的地位和影响在过去和现在都是芬兰无法比拟的。但令人遗憾的是，在腐败严重程度方面，德国远远超过芬兰。在"透明国际"廉洁指数排行榜中，芬兰从 2000年至 2004 年均稳居冠军宝座，连续 5 年保持"世界最廉洁国家"纪录，2005年被冰岛超过，在排行榜中位居第二。而德国自 2000 年以来在"透明国际"廉洁指数排行榜中的名次一直徘徊在第 15 名至第 20 名之间（2001 年最低，为第20 名），根本无法与芬兰相提并论。这一现象不能不令德国人反思。德国人经过长时期多方面的考察、分析和研究，认为自己在廉洁程度方面落后于北欧国家，缺乏信息自由立法是主要原因。德国长期以来坚持政府文件保密原则，政府文件保密是原则，公开是例外。公民原则上只有在行政诉讼进行时才享有查看政府文件的请求权，且限于主张或维护合法利益的必要范围内。总起来看，2006 年 1 月 1 日之前，在德国除了个别州的信息自由立法赋予公民无条件查看该州政府文件、资料的请求权之外，原则上不存在公民对政府文件的知情权，这应是德国腐败现象愈演愈烈的一个重要原因。2006 年 1 月 1 日，德国历史上第一部适用于德国联邦政府的全方位的信息自由法——《关于获取联邦信息的法律》（以下简称《德国联邦信息自由法》）（Gesetz zur Regelung des Zugangs zu

---

[1]http://www.datenschutzzentrum.de/informationsfreiheit/symposium/IFG_Kuopus.htm。

190

Informationen des Bundes）——开始生效。[①]

该法第 1 条规定：

§1

（1）人人享有根据本法向联邦机关获取信息的请求权，无需证明自己对该信息拥有任何合法利益。其他承担公法上行政任务的联邦机构和设施亦适用本法。联邦机关使用私法上的自然人或法人完成其公法任务时，该自然人或法人视为本法意义上的机关。

（2）机关可以以答复、查阅卷宗或其他方式提供信息。申请人要求使用特定方式时，机关只有基于重要原因方可使用该方式之外的方式，明显较高的行政费用支出尤其被视为重要原因。

《德国联邦信息自由法》是德国民主立法进程中的一个重要里程碑，信息自由的基本原则在该法第一条中正式被承认。自该法生效以后，每个人都享有自由获取德国联邦政府信息的权利，无论是德国人还是非德国人，也无论是居住于德国的人还是不居住于德国的人。私法上的法人亦享有这一权利。[②]德国政府文件保密原则的历史随着该法的实施被画上了句号：自2006年1月1日以后，除了该法明文规定的例外情况外，德国联邦政府的所有文件资料向一切人公开，人人都可按照该法规定申请获取德国联邦政府拥有的任何信息。按照该法，非法人协会不享有获得信息的请求权，但作为协会成员的自然人则享有无条件获取官方信息的权利。信息自由法未按照信息的作者进行区分：源于联邦之外的信息，如州信息、外国信息，国内和国际组织的信息，只要其持续性传送给联邦，则属于联邦官方信息的组成部分。联邦各部为立法做的准备，如立法草案，作为行政活动的重要组成部分，亦适用《德国联邦信息自由法》的规定。《德国联邦信息自由法》规定的信息自由权的义务主体主要是德国联邦政府、德国联邦参议院、众议院、联邦宪法法院、联邦法院和联邦银行，在其承担公法上的行政任务的范围内，亦属于该法规定的提供信息的义务主体。

根据《德国联邦信息自由法》第2条，作为信息自由权的客体的官方信息指以一切形式固定和存储下来的信息，包括能够以书面形式（文字、表格、图像

---

[①]《德国联邦信息自由法》及其立法理由可从德国司法部网站下载。

[②]公法上的法人则适用关于公务协助的相关法规。

等)、电子形式（磁带、软盘、CD-ROM和DVD等）或以胶卷等其他方式储存的一切服务于官方目的的纪录，无论其存储方式如何。但不属于档案组成部分的草案和笔记不是官方信息。

任何自由都不可能是绝对的，信息自由也是如此。信息自由立法的目的是为了更好地、更全面地实现民主政治，若信息的公开会危及国家安全或损害第三人的正当权益，则这种信息公开无疑应被禁止，因为允许这种信息自由会妨碍真正的信息自由的目的的实现。由于这个原因，世界各国的信息自由立法均规定了详细的例外条款，对特定种类的信息予以特殊保护，仅允许法律明文规定的特定主体方可获取这些信息。《德国联邦信息自由法》亦是如此。按照该法第3条规定，在下列情况下，公民请求信息的申请应被拒绝，即在下列情况下不存在获取信息的请求权：

1. 公开该信息可能对下述事项产生不利影响：

（1）国际关系，包括德国的外部利益和德国与外国国家、国家间组织及超国家组织之间的外交关系；

（2）联邦军队的军事和其他安全性利益，如联邦防卫、国外驻军等方面的利益；

（3）国家内部或外部安全，指非军事领域的国家内部和外部安全，如自由民主秩序、对经济秘密的保护等；

（4）国家对金融和竞争的监管，财政机关为了按照同样标准正确公正地确定和征收税款，需要财政部数据库中的许多信息，将这些信息向纳税人公开，将会危害税收控制目的的实现且导致税收收入减少，因此纳税人无权申请获得这些信息，其他如海关管理、维护竞争秩序和市场监管所必需的信息，亦属于信息自由的例外；

（5）对金融的外部控制，审计署进行审计活动中取得的关于公法主体的金融经济活动的信息，这些信息涉及金融的外部控制，属于信息自由权的例外；

（6）防止不正当对外经济交往的保护措施，如为防止非法出口所必需的信息；

（7）正在进行的诉讼程序的实施、公正程序的实现或刑事、行政处罚等程序中的调查。

2. 公开该信息会危害公共安全。公共安全包括法律制度和国家基础设施的安全、公民的健康、名誉、自由、财产和其他权利的不可侵犯。

3. 公开该信息会使国际谈判或国家机关的咨询活动受到损害。进行国际谈判时，德国联邦政府必须保证自己能代表德国利益并根据不可预见的谈判进程及时灵活作出反应，为此联邦政府在实践中须准备多个谈判方案，相关信息的公开将会削弱联邦政府的谈判能力和谈判地位，因此这些信息不允许公民自由获取。

4. 该信息依法律或行政法规不可公开或者属于职业尤其是官方秘密。本着尽可能多的信息自由和尽可能多的必要保护原则，对于税务、社会、统计和收养方面的秘密信息以及为保护生产、经营、或商业秘密不能公开的信息，其公开会导致公共利益或他人利益受到损害，因此对于这些信息，其他公民无权自由获得。

5. 关于不属于信息档案组成部分的临时从其他公务机关取得的信息。公民有权自由获得的限于联邦的信息。对于不属于联邦信息的内容，适用著作权法的一般原则。但一旦非源于联邦的信息成为了联邦信息的组成部分，如成为联邦资料组成部分的源于其他国家或国际组织的信息，则著作权法便停止使用。

6. 该信息公开会损害联邦的财政利益。

7. 该信息系通过保密途径取得，在申请人申请获得该信息之时，第三人对于不公开该信息拥有正当利益。联邦机关，尤其是联邦卡特尔局、联邦电气通信和邮局规范局、联邦宪法保护局和联邦新闻局等机关，在相当程度上依靠公民与其在信息方面的自愿合作。公民自愿向这些机关提供信息，是由于信任这些机关能为其保密，因此法律不应基于信息自由原因强制这些机关向一般公民提供该信息。德国《行政程序法》第 29 条也规定，如果第三人有正当利益要求对档案保密，则公民在行政程序中查阅档案的权利便被排除。

8. 针对军事情报机构和其他承担《安全检查法》第 10 条第 3 项规定的任务的公务机关，不存在信息自由权。

现代社会中，国家掌握着大量关于公民的个人信息。这些信息一方面属于个人数据，受个人数据法的保护；另一方面属于政府文件资料的组成部分，应当受信息自由法的调整。因此任何国家的信息自由立法均必须解决公众的信息自由权与个人数据保护之间的矛盾。按照 1995 年 10 月 24 日《欧共体关于个人数据处理和自由交换中保护自然人的指令》的规定，成员国有义务禁止处理涉及人种、种族、政治观念、宗教或哲学信仰、工会会员资格、健康或性生活方面的个人数据。因此若申请人申请获取前述信息，则申请人的信息自由权应服从对个人数据的保护。按照《德国联邦信息自由法》的规定，对个人数据的保护原则上优于申请人获取官方信息的权利，除非特殊情况下申请人对获取信息享有的利益占据了主导地位。按照该法第 5 条规定，在申请人的信息自由权与个人数据保护发生冲突时，申请受理机构应在申请人知情权和第三人对拒绝信息公开拥有的正当利益之间进行利益权衡，只有第三人同意或申请人的知情权超过第三人对拒绝信息公开拥有的正当利益时，申请人获取第三人个人数据的申请才能被批准。该法还对前述利益冲突的具体情况作了规定。按照该法规定，若所申请信息涉及《联邦数据保护法》第 3 条第 9 款规定的特殊种类的第三人的个人数据，则公开该数据必须经过第三人的明示同意，即在这种情况下，第三人对保护个人数据拥有的利益明显超过申请人的知情权。对第三人的个人数据保护优于申请人的信息自由权的另一种情况是所申请信息系与第三人的职务关系有关联的资料，尤其是属于个人档案和属于职务或特定官方秘密的信息。《德国联邦信息自由法》规定的申请人的信息自由权超过第三人对不公开信息拥有的正当利益的情况是：所申请信息限于第三人的姓名、职称、学位、职务、办公地址和通讯号码，而且该第三人系以专家、鉴定人或类似身份在某一程序中出具意见。

公众的信息自由权还受到知识产权法的限制。在德国，著作权、商标权和专利权均受《德国基本法》的保护，因此申请人自由获取官方信息的权利若与他人的知识产权发生冲突，必须让位于知识产权。

信息自由权属于实体法上的权利，该权利的实现需要程序法的保障。因此欲使公民的信息自由在实践中得到落实，法律还必须对公民行使信息自由权的具体程序问题作出明确规定。按照《德国联邦信息自由法》的规定，提供信息的机关负责受理获取该信息的申请。国家机关使用私法上的自然人或法人履行公法任务时，申请应向国家机关提出。申请涉及该法第 5 条第 1、2 款和第 6 条中的第三人数据信息时，申请书必须附具理由。50 人以上提出形式相同的申请时，适用德国《行政程序法》第 17～19 条的规定。申请受理机构对信息申请可以部分批准，只要提供该部分信息的费用不明显过高且不会损及需保密部分的信息。提供信息可采用口头、书面或者电子方式，提供信息的机关无义务审查信息内容的正确性。申请人查阅官方信息时可以作笔记、影印或者打印，但须尊重他人的知识产权和工商业秘密。申请受理机构应在一个月内向申请人提供信息，在信息内容广泛且复杂无法于一个月内提供时，应于两个月内提供。

该期间于申请送达信息提供机关之时起开始计算。信息申请涉及第三人，且情况表明第三人对于不公开该信息拥有值得保护的利益时，则受理机关须书面通知第三人于一个月内发表意见。信息申请被拒绝时，拒绝或部分拒绝申请的决定须于两个月内公布。申请人对拒绝申请的决定可提出异议或提起履行义务之诉讼。

信息自由意味着公民原则上可以无条件获取一切政府文件和资料，但提供信息本身是需要费用的。虽然国外信息自由的实践表明，允许公民自由获取政府信息并未给政府造成无法承受的财政压力，但由于信息自由权本质上是属于公民的一项私权利，在公民能够承受的范围内，要求公民为该权利的实现支付一定的费用，应不会实质上影响该权利的行使。基于这种考虑，《德国联邦信息自由法》允许德国联邦机关实施该法规定的公务行为时收取费用，但提供简单的答复除外。费用的收取须考虑提供信息所需的行政开支，并保证申请人能有效行使该法第一条规定的自由获取信息的权利。根据该法授权，联邦内务部于2006 年 1 月 2 日公布了提供信息的具体收费标准。按照该标准，复印一页 A4 纸收费 0.1 欧元，彩色复印每页收费 5 欧元。在提供文件资料复印件时，若基于保护公共利益或第三人个人数据方面的原因需要对所申请文件资料进行特别处理因而产生额外的行政费用，则信息提供机构可收取最高达 500 欧元的费用。笔者以为，这一收费标准明显偏高，不利于公民对信息自由权的行使。

## 三、欧洲电子政务法律制度

### （一）欧盟电子政务概述

欧盟对信息自由与电子政务建设一向非常重视。早在 2000 年，欧盟首脑会议便制定了包括数字化欧洲在内的一系列战略规划，这一系列规划以会议地点命名，被称为里斯本战略。欧盟将电子政务理解为运用信息和通信技术提高和改善公共服务的质量，降低企业和政府机构的运行成本，提高公共机构的公开性、透明度和对公民负责的程度。2001 年欧盟电子政务部长级会议将电子政务纳入各成员国的政务议程，2003 年欧盟电子政务部长级会议正式实行政府承诺，由实现联网服务进一步走向有效的应用。[1]

2000 年以来，欧盟为实施里斯本战略中提出的提升竞争力、创新力、就业

---

[1]《欧洲电子政务的成效与未来发展构想》，http://grp.topoint.com.cn/ywlf/view.asp?id=883&type1=4。

率、更公平和可持续发展等目标进行了脚踏实地的努力，在电子政务方面取得了可喜的成就。能够通过互联网接触到政府服务的人数所占的人口比例由 2001 年的 45% 提升到 2003 年的 67%。[①]到 2004 年，欧盟几乎所有的教育和继续教育机构均已拥有互联网设施，截至 2005 年，欧盟 90% 以上的公共服务机构均设立了网上办事处，40% 的基础性公共服务可全部通过互联网提供和使用。在电子政务方面，欧盟原 15 个成员国和欧盟东扩之后的 10 个新成员国之间的差距也日益减小。[②]

电子政务法制建设方面，欧盟自成立以来，制定推出了《有关实施对电信管制一揽子计划的第五份报告》、《电子通信服务的新框架》、《电子欧洲——一个面向全体欧洲人的信息社会》《关于聚焦电信、媒体、信息技术内容及相关规范的绿皮书》、《欧洲共同体委员会信息社会的版权和有关权利的绿皮书》和《促进 21 世纪的信息产业的长期社会发展规划》等一系列政策和规范性文件，颁布了《关于数据库法律保护的指令》、《关于内部市场中与电子商务有关的若干法律问题的指令》、《协调信息社会中特定著作权和著作邻接权指令》、《著作权/出租权指令》、《远程消费保护指令》、《电信部门的隐私保护指令》、《卫星广播指令》、《软件保护指令》等一系列用以规范和指导各国信息化发展的"指令"[③]，2001 年通过了对成员国具有直接拘束力的《欧盟信息自由法规》，已建立了比较完整的欧盟电子政务法律体系。

（二）德国电子政务立法[④]

德国是欧盟成员国中的龙头老大，德国的法治和技术在世界上亦处于领先地位，但德国的电子政务总体上不很发达。2001 年德国的电子政务在欧洲排名第 15 位，远远落后于欧盟其他国家。德国在电子政务建设方面发展速度很快，目前已取得令人瞩目的成绩。2002 年德国人口中约有 63% 使用电脑，2003 年德国有 9% 的家庭和 46% 的企业拥有宽带，2003 年德国有 22% 的民众使用互联网购买 / 预订货物或服务（不包括股票和金融服务）。德国电子政务建设的核心价值是以公众为中心改善政府服务，这也是德国大小官员最为强调的观点。

---

① 《欧洲电子政务的成效与未来发展构想》，http://grp.topoint.com.cn/ywlf/view.asp?id=883&type1=4。

② http://europa.eu.int/scadplus/leg/de/lvb/l24226b.htm。

③ http://industry.ccidnet.com/art/43/20050914/332975_1.html。

④ 除非特别说明，本部分内容主要来源于德国不来梅信息管理研究所 Hanken 先生 2004 年 10 月 22 日在 Lengenfeld 会议上所作的学术报告《电子签名和电子政府》。

从 2002 年开始，随着"联邦在线 2005 电子政务工程规划"（以下简称"联邦在线 2005"）的实施，德国在电子政务方面加速发展，与其他国家的差距也正在逐渐缩小。"联邦在线 2005"是联邦政府为使德国成为信息化社会所制定的重要规划和政策。它确保公民、企业、院校及其他管理机构能更方便、快捷和花钱最少却最有效地享受联邦政府的各种服务。目前在电子政务建设方面，德国早已超越政府网页建设的阶段。现在在中国可通过互联网查阅任何一项德国联邦法律的最新生效文本。德国联邦宪法法院和德国联邦法院的最新判决书，亦可在中国在线阅读或者下载。目前在德国，一些与企业及百姓密切相关的事务，如申报纳税、企业增值税号的查询、企业向统计局上报外贸统计资料、大学生申请优惠贷款等都可直接在网上操作。[①]在德国科隆，选民通过一个安全的 SSL 链接便可获取如出生证、结婚证等文件证明。这个系统可以随时让使用者明了每一个他们所办理的手续步骤。在德国波恩，幼儿园入学申请、营业申请、上岗申请等均可在网上进行。[②]

德国政府推出的一句颇为吸引人的口号是："让数据而不是让公民奔跑"。为确保"联邦在线 2005"的有效实施，联邦政府成立了跨部门的协调机构"联邦在线 2005"项目组，由内政部部长领导。为促进电子政务建设，德国联邦信息技术安全局（以下简称"信息安全局"）与专业公司共同制定了《电子政务手册》，明确了电子政务建设与应用的统一要求。各州按照统一要求，并根据自己的实际情况，建立自主开发的电子政务系统。主要内容包括导言、转变观念、电子政务基础、阶段设计和说明与解决方案以及分阶段实现政府在线的主要步骤等内容。该手册是建议性文件，而非法定标准。该手册与"联邦在线 2005"是德国各州实施电子政务过程中的主要依据。[③]

按照德国学术界主流观点，电子政府是指信息和通信技术在行政、政府企业、公民和非营利机构之间业务往来中的运用。技术辅助手段在行政管理中的运用旨在实现行政的现代化、效率化和民主化，而不是使政府"电子化"，因此理想状态下的电子政府并不完全排斥现行政府中的"人性化"因素，现行政府状态下的信访接待、思想与感情交流等一些人性化的工作方式，在电子政府状态下不是被取消，而是由目前的单渠道（面对面）变为将来的多渠道（面对面、

<hr>

① http://www.china.org.cn/chinese/zhuanti/283284.htm。

② http://www.bizing.cn/news/2005/3-28/17354067135.html。

③ http://www.china.org.cn/chinese/zhuanti/371812.htm。

电子邮件、网上交流等）。也许由于德国法治传统悠久的原因，虽然德国目前电子政务建设总体上在欧盟还不处于领先地位，但其数据保护和电子签名方面的立法已非常发达。1977 年德国便制定了世界上第一部数据保护法，德国目前已具备了由信息自由法、数据保护法、电子商业法、电子签名法和诸多关于电子政务方面的欧盟指令组成的较完善的电子政务法律法规体系。在诸多电子政务法律法规中，电子签名法具有特殊的重要性。因为电子政务包括了行政机关相互之间（G2G），行政机关与公民之间（G2C）以及行政机关与企业之间（G2B）的全部业务，电子政务与传统政务的区别主要在于新的信息和技术手段的运用，而非在于政务本身的内容。电子政府与传统政府之间除了新的通信方式和技术手段的运用之外，在职能方面并无本质的不同。没有电子签名立法，行政机关相互之间（G2G）、行政机关与公民之间（G2C）以及行政机关与企业之间（G2B）的许多电子政务将无法进行，绝大多数的电子政务行为的合法性亦会成为问题。因此在德国电子政务法律法规体系中，本章准备重点介绍德国电子签名法的主要内容及其最新发展。

1. 德国电子签名法[①]

德国现行电子签名法于 2001 年 5 月 22 日生效，该法取代了德国 1997 年的数字化签字法，并将欧盟 1999 年关于电子签名的指令转化为德国国内法。根据该法，电子签名是附属于其他电子数据或者与其他电子数据相联结的用于证明其他电子数据真实性的电子数据。在电子签名程序中，首先须通过特定计算程序制作一个电子文件的符号值（Hashwert），该符号值以压缩形式包含着关于该文件内容的信息。利用私人密钥可将该符号值锁住。通过这种方式产生的数据可作为"数字化印章"和原始文件一起被传递给收件人。若收件人拥有发件人所属的"公共秘钥"，则其可将压缩内容解密，自行制作一个该文件的压缩形式符号值，如果解密后的符号值和收件人自行制作的符号值相一致，则收件人可原则上断定，该文件经过特定"私人密钥"拥有者数字化签名后内容未发生改变。如图 11.1 所示。

德国电子签名法区分四种不同的电子签名：简单电子签名、高级电子签名、专业电子签名和有提供者授权的专业电子签名。

---

①本部分内容主要来源于德国不来梅信息管理研究所 Hanken 先生 2004 年 10 月 22 日在 Lengenfeld 会议上所作的学术报告《电子签名和电子政府》。

简单电子签名并不是毫无疑问归属于某个人，其无法满足特殊安全要求，因此证明力较低。此类签名能够满足非要式合同的要求。

高级电子签名能够满足较高的安全要求，能够代替签名证书所有人的真实性审查，但不能取代书面形式。按照电子签名法，这种签名必须通过一种为签名钥匙持有人完全地、排他地控制的方式制作。主流观点认为，若签名钥匙被所有者存于为非权利人所无法阅读的媒介上，则可认为该签名制作方式为签名钥匙持有人完全、排他地控制。

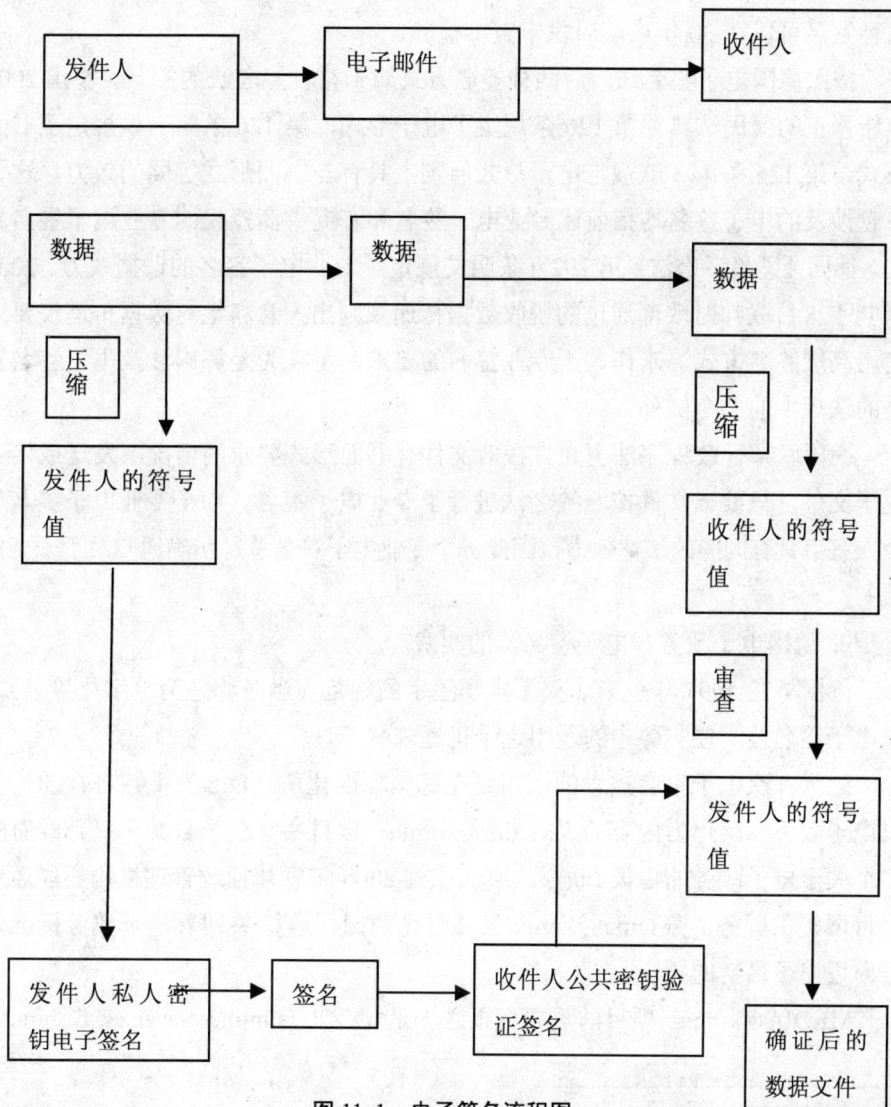

图 11.1　电子签名流程图

199

专业电子签名能够满足高级电子签名的所有要求。专业电子签名须通过一种证书标明签名者的身份且须通过一种合格的签名制作单位制作，若签名制作单位已通过国家批准审核机构的评审或制作者保证了该单位相应的安全，则该制作单位可认为是安全的。

有提供者授权的专业电子签名能够满足专业电子签名的所有要求。此外这种签名方式的服务提供者还通过一个图案来保证经过证明的组织和技术安全。这种签名可以在 30 年内随时供审查、检验。

按照德国电子签名法，后两种签名方式属于符合签名法的签名。德国 2002 年新修正的《民法典》第 126 条规定了电子形式，第 126 条第一款规定了书面形式，第 126 条第 3 款规定电子形式原则上具有与书面形式等同的效力。这些条款涉及的电子签名均指前述专业电子签名和有提供商授权的专业电子签名方式。德国《民事诉讼法》第 292 a 条明文规定了专业电子签名的证据效力。2003 年 1 月 28 日联邦财政部通过的税收数据传递规则出人意料地对数据传递仅要求使用高级签名方式，未作关于专业签名的要求，可视为是德国涉及电子签名安全的法规中的一个例外。

德国联邦行政程序法也允许在对文件有书面形式要求的情况下发送或接受电子文件，只要该文件按照签名法进行了专业电子签名。由于专业电子签名与个人签字具有同等的法律效力，因此一个专业电子签名总是明确地归属于一个自然人。

2. 德国电子政务和电子签名法的实践

德国早在 1997 年就有了关于电子签字的规范（当时称之为数字化签名），但电子签名技术在实务中的运用迄今仍远未普及。

德国首次电子签名技术的运用是在德国标准化所（DIN）主持进行的一个以电子政务标准化为内容的"Media@komm"项目中。该项目源于联邦政府的一个关于电子政务的倡议。联邦政府倡议到 2005 年联邦行政管理机构要能通过因特网提供服务。"Media@komm"项目使德国行政机关朝着电子政务标准化方向迈出了最初的几步。[①]

MEDIA@komm 项目的重要成果之一是 OSCI（Online Services Computer

---

①http://www.echinagov.com/dzzw/ReadNews.asp?NewsID=8813。

Interface）协议。OSCI 将政府机构相互之间以及行政机构和公民之间的电子数据交换予以标准化。标准化后的电子数据交换实施了"双重信封"原则，为了提高安全性和增强对数据的保护，电子文件在签字、加密（第一重信封）后被放置于一个电子信封（第二重信封）里，该电子信封本身包含有具体的运输数据。该运输只能通过一个符合 OSCI 要求的服务商进行，任何其他人均无法接触该被运输的数据内容。

上述电子签名技术的使用者目前主要限于与行政机关往来频繁的经济业主中的公民以及中间商（如汽车贸易商、税收顾问、公证员等）。

继 MEDIA@komm 项目之后，OSCI 和在其基础之上发展起来的软件 Gorernikus 的使用权归属于德国联邦。在 Gorernikus 基础之上，不来梅网上服务有限责任公司为联邦设计了虚拟邮局系统，该系统可为联邦机构提供真实性验证、加密、解密、电子签名的审核和制作等诸多功能的服务。2004 年 8 月 31 日以后，该系统在联邦贸易部德国排污贸易处获得大范围使用。目前所有排污许可证书的申请必须运用专业电子签名技术和加密机制在网上提出。

MEDIA@komm 项目也促进了电子签名在各州的推广和普及运用。Esslingen 州实现了整个建筑申请领域的电子化（www.baner esslingen.de），电子签名技术不仅在申请人与批准机构之间，而且在各政府机构之间被广泛使用。

MEDIA@komm 项目在纽伦堡地区实施的结果导致了库里阿网上有限责任公司的产生。该公司发展出了自己的虚拟邮局系统（"Curia Post"）。这一系统被广泛应用于居民停车证申请程序。

MEDIA@komm 项目在不来梅州实施的一个重要成果是 Governikus 软件系统和在其基础上发展起来的一系列服务。不来梅和不来梅港两个城市已运用电子签名技术推出了 20 余项电子政府服务，其中特别值得一提的是：商品购置、招投标、税收和费用领域的各种表格、登记事宜咨询、预订身份证书，居住登记、注销登记、更改登记等。

2004 年 3 月 15 日，联邦、州及乡镇数据处理合作委员项目办公室与不来梅网上服务有限责任公司签署了维护和继续发展 Covernikus 的框架协议。迄今德国已有愈半数的州加入了旨在使该软件适应州特殊需要的 Governikus 维护管理协议。

从目前来看，注册登记领域是德国电子行政管理最为发达和普及的领域。2004 年 8 月 25 日修正《登记法律框架法》的法律规定自 2007 年 1 月 1 日起续注册登记必须采用电子数据传递方式。依该法规定，只有在注册登记机关技术条件不具备的情况下，续注册登记数据载体在 2006 年 12 月 31 日前方可采用纸张或其他数据载体形式。

德国联邦政府的数项计划显示，在可预见的将来，各种专业电子签名卡将在德国居民中大规模使用。其中主要有：

1. 健康卡。2004 年 1 月 1 日生效的《疾病保险现代化法》为电子健康卡和电子医疗证书的实施提供了法律依据，电子健康卡预计在 2006 年开始实施。

2. 工作卡。新的工作卡程序将保证政府能获得关于所有工人的数据，但实施电子工作卡引起的费用预计将由公民个人承担。

3. 数字化身份证。联邦内务部长曾宣布将来的个人身份证亦可作为签名卡使用，但该项工程的具体费用和实施日期均尚未确定。

## 结语

当今时代，电子政务已成为世界性潮流，信息自由也已成为不可逆转的国际趋势。我国由于历史原因，在电子政务建设和信息自由立法方面均已落后于时代的需要。联合国 2002 年在《电子政府基准全球透视》（*Benchmarking E-Government: A Global Perspective*）中公布了 36 个高层次电子政府能力（High E-GOV Capacity）国家（2.00 分至 3.25 分），其中包括：美国（3.11 分）、新加坡（2.58 分）、韩国（2.30 分）、日本（2.12 分）等。按照该标准，得分在 1.60 分至 1.99 分之间者为中层次的电子政府能力（Medium E-GOV Capacity）国家，得分在 1.00 分至 1.59 分之间者为低层次的电子政府能力（Minimal E-GOV Capacity）国家。我国得分为 1.04，刚满足低层次电子政府能力的要求。①

信息公开方面，"法藏官府，威严莫测"的封建专制社会的观念在我国根深蒂固，至今我国立法未赋予公民普遍的信息自由权。虽然我国最高人民法院和许多高级与中级人民法院都开通了自己的网站，但目前在我国公民甚至无权自由查阅法院的判决书，更不要说查阅诉讼程序进行阶段的取证资料或作为证据的专家鉴定书。

信息自由制度的缺乏和电子政务建设的落后导致了腐败的蔓延，因为政务不公开是腐败的温床，而电子政务建设的落后加剧了政务不公开的程度。廉政

①陈飚：《电子政务环境下的立法漫谈》，载 chinaeclaw.com。

建设方面，根据世界反腐败权威机构"透明国际"公布的廉洁指数，我国从 2000
年至 2005 年廉洁指数得分及在廉洁指数排行榜中的名次如表 11.1 所示：

表 11.1　2000－2005 年"透明国际"廉洁指数中国得分及排名[①]

| 年份 | 廉洁指数得分 | 排名 |
|---|---|---|
| 2000 | 3.1 | 63 |
| 2001 | 3.5 | 57 |
| 2002 | 3.5 | 59 |
| 2003 | 3.4 | 66 |
| 2004 | 3.4 | 71 |
| 2005 | 3.2 | 78 |

"透明国际"作为当今世界研究腐败问题最权威和最全面的非政府国际组
织，其每年发布的廉洁指数反映了全球各国企业界和商界、学者及风险分析人
员对世界各国腐败状况的观察和感受，该指数的准确性和权威性已得到国际社
会的普遍认可。"透明国际"廉洁指数的依据不是每年都相同，但都是采用 10
分制。10 分为最高分，表示最廉洁。由上表可以看出，我国自 2000 年以来廉
洁指数得分均在 3.5 分左右，在被评价的国家中的排名均在 56 名以后，而且自
2001 年以来呈明显下降趋势。无论根据廉洁指数实际得分还是根据我国在廉洁
指数排行榜中的名次，我国都属于腐败程度非常严重的国家。

应当指出，上述状况是非常令人痛心的：它不仅与我国作为人口大国和经
济大国的国际地位极不相称，更与我国追求的实现共产主义的崇高理想和肩负
的解放全人类的历史使命不相符合！因此笔者认为，了解国外关于信息自由与
电子政务的立法与实践，改变我国国民中仍存在的一些对民主政治有害的封建
专制主义观念，借鉴国外先进立法经验，实行政务透明和信息公开，建立和发
展我国信息自由和电子政务法律制度，已经到了刻不容缓的时刻！

1999 年，我国政府开始了"政府上网工程"；2004 年外交部开放档案借阅；
2006 年 1 月 1 日中华人民共和国中央人民政府网站正式开通；2008 年 5 月 1
日《中华人民共和国政府信息公开条例》生效实施。这些事实说明，我国政府
实行信息自由和电子政务的决心是坚定的，工作是踏实的，成绩是值得肯定的。

---

①本表系笔者根据"透明国际"公布的 2000 年至 2005 年的廉洁指数排行榜制作。

但直到现在，我国关于政务公开的许多基本问题，如政府信息公开的标准问题和首席信息官（CIO）制度的建立问题等均未解决，我国国务院颁布的《国务院办公厅政府信息公开指南（试行）》明确规定的政府信息公开方式只有《国务院公报》、中国政府网站和公共图书馆、档案馆等有限几种。①这些信息公开方式全部是采取政府主动公开方式，对于政府没有主动公开但是公民却非常需要的信息，公民能否获得以及如何获得，仍是我国迫切需要解决的一个重要问题。我国不少地方政府网站虽然建立，但网站提供的信息缺乏时效性，所公开的信息不具有实质意义，这不仅背离了"政府上网工程"的初衷，而且进一步增加了政府运作的成本。欲妥善解决这诸多问题，非一朝一夕所能完成。因此，中国的信息自由和电子政务法律制度建设虽然迫在眉睫，刻不容缓，但是，任重而道远！

---

① 详见中华人民共和国国务院办公厅网站：http://www.gov.cn/xxgk/pub/govpublic/zhinan_821.htm。

# 第十四章　欧洲人权法院判例法中的信息自由*

**摘要：** 信息自由主要指私主体有权获取政府部门掌握的各种信息。信息自由一方面要求政府在适当的时间，以适当的方式向民众公布政府在管理社会的过程中产生的信息，也即通常所说的政府信息公开。另一方面，信息自由还意味着政府有义务满足个体获取特定信息的权利。在信息自由已经成为一种世界潮流的情况下，欧洲人权法院的相关司法判决却一直不愿意将私主体获取政府机关所掌握的信息作为一种基本人权予以确认，法院依据《欧洲人权公约》第8条所承认和保护的私生活与家庭生活权对个体进行救济的思路，似乎也存在一定的问题。

一、裁判的依据
二、相关的案例
三、存在的问题
四、最近的发展
五、简短的结语

**关键词：** 表达自由　信息自由　欧洲人权法院　欧洲人权公约

欧洲人权法院是根据《欧洲人权公约》①（以下简称《公约》）第19条成

---

*本章撰稿人为王四新博士，中国传媒大学政治与法律学院教授，博士生导师，主要研究传播法基本理论和人权理论。本章内容曾发表于《南京大学学报》2008 年第 6 期"当代西方研究：信息自由与信息公开"专栏。

①本文涉及的《公约》文本和其他人权条约之具体条文，均参照董云虎、刘武萍编著：《世界人权约法总览》，成都：四川人民出版社 1991 年版。

立的常设性条约机构，其主要职责是审理欧洲理事会①成员国和欧洲人权委员会②所委托的涉及解释和适用《公约》的案件，尤其是涉及人权和基本自由保护的案件。其中，有大量的案件涉及《公约》第10条规定的表达自由和信息自由的保护。

通过大量司法判决及其实施，欧洲人权法院在欧洲理事会成员国范围内，逐渐形成了能够限制国家主权的价值观（尊重基本人权）和公共秩序（民主和法治）。欧洲人权法院还通过对欧洲理事会成员国立法、执法和司法过程中的审查和监督，使《公约》真正成为调整欧洲理事会成员国公共秩序的宪法性文件和基本权利方面的"高级法"或"共同法"。欧洲人权法院关于信息自由方面的判决，也成为各国制定政务公开、信息自由方面的政策和法律的重要依据。了解欧洲人权法院关于信息自由的判决，是了解欧洲理事会各国信息自由法的重要窗口。

信息自由（freedom of information）或在具体含义上与之密切相关的政府信息公开（disclose of government information）、知情权（the rights to know，有学者也将其称为得知权）③，除了是《世界人权宣言》、《公民权利与政治权利国际公约》第19条和《美洲人权公约》第13条、《公约》第10条承认和保护的基本人权外，还是近年来包括中国在内的许多国家纷纷通过立法、执法和司法等在国内法层面予以保护和推进的宪法性权利④。

欧洲人权法院也就信息自由的重要问题，即个体（包括自然人和法人）使用官方文件的权利问题，作出过几个非常重要的司法判决。本章将从这几个重

---

①欧洲理事会（Council of Europe）是第二次世界大战结束之后欧洲政治整合的产物。1949 年 5 月 5 日依据《伦敦公约》（Treaty of London）成立的时候，其签字国只有比利时、丹麦、法国、爱尔兰共和国、意大利、卢森堡、荷兰、挪威、瑞典和大不列颠联合王国等十个国家。1989 年东西方冷战暂时告一段落和东欧社会主义阵营解体后，欧洲理事会吸纳了大量前东欧社会主义国家。现在，欧洲理事会有包括俄罗斯在内的 47 个成员国，还有一个正在申请加入该组织的国家，即白俄罗斯。其官方网站是 http://www.coe.int/。

②欧洲人权委员会是根据《公约》第 19 条规定成立的常设性的条约机构。它有权受理、调解和调查关于缔约国违反公约的申诉，也可以受理个人、非政府组织或个别团体提出的申诉。欧洲人权委员会成立之后，对《公约》的实施发挥了积极作用。1999 年 11 月 1 日，根据《公约》第 11 个议定书规定，欧洲人权委员会停止工作，其相关职能由欧洲人权法院统一行使。法院的官方网站是：http://www.echr.coe.int。

③参见赵正群：《得知权理念及其在我国的初步实践》，《中国法学》，2001 年第 3 期。

④具体情况，请参见Wouter Hins & Dirk Voorhoof, Access to State-Held Information as a Fundamental Right under the European Convention on Human Rights, *European Constitutional Law Review, 3: 114–126, 2007.*

要判决所依据的基本事实和法院的判决意见入手，分析法院在信息自由相关问题上的基本思路，并指出其存在的问题及可能与应然层面上的发展方向。

## 一、裁判的依据

根据《公约》第 33 条和第 34 条的规定，欧洲人权法院受理案件的范围包括《公约》成员国之间因违犯《公约》及其议定书而提起的指控，同时，任何个人、非政府组织或私人团体，都可以以自己所享有的《公约》及其议定书中规定的权利受到侵犯为由，在穷尽了本国的救济措施之后，向欧洲人权法院提出申诉。因为根据《公约》第 34 条的规定，"缔约各方承诺不以任何方式妨碍该项权利的有效行使"。

欧洲人权法院的判决为终审判决，判决作出后送交给欧洲理事会的执行机构，即部长委员会，由部长理事会负责监督判决的执行。根据《公约》第 46 条的规定，欧洲人权法院的司法判决对涉案的成员国有约束力，成员国必须执行欧洲人权法院作出的司法判决。

欧洲人权法院裁判信息自由案件的重要法律依据，是《公约》第 10 条规定的表达自由权。第 10 条第 1 款规定：人人享有表达自由的权利。此项权利应包括持有主张的自由，以及在不受公共机关干预和不分国界的情况下，接受并传播信息和思想的自由。本条不应阻止各国对广播、电视、电影等企业规定许可证制度。第 2 款规定：上述自由的行使带有责任和义务得受法律所规定的程式、条件、限制或惩罚的约束；并受在民主社会中为了国家安全、领土完整或公共安全的利益，为了防止混乱或犯罪，健康或道德，为了保护他人的名誉或权利，为了防止秘密收到的情报的泄漏，或者为了维护司法官的权威与公正性所需要的约束。

在裁决涉及个人使用公共机构掌握的信息的案件时，虽然涉案的申请人大都以《公约》第 10 条的权利和自由受到侵犯为由提起诉讼，但欧洲人权法院并没有依照《公约》第 10 条，而是多次援引了《公约》第 8 条承认和保护的私生活和家庭生活权。该条规定：人人有权使他的私人和家庭生活，他的家庭和通信受到尊重；公共机关不得干预上述权利的行使，但是依照法律的干预以及在民主社会中为了国家安全、公共安全或国家的经济福利的利益，为了防止混乱或犯罪、为了保护健康或道德或为了保护他人的权利与自由，有必要进行干预者，不在此限。

欧洲人权法院裁判信息自由方面的案件的主要依据，还包括法院在先前的判决中确立的原则和能够适用于其他案件的一般法理。在表达自由方面，欧洲人权法院在1976年的海迪赛德（Handyside）案中的一段判词，便因为反映了法院在表达自由的范围、对表达自由的干预以及干预的正当性等一般性问题上的基本立场和认识，以及它对表达自由在民主社会中的极端重要性的充分肯定而为法院处理同类案件时反复引用：

> 表达自由构成民主社会的根基之一，构成社会进步和每个人的发展的基本条件之一。它受制于《公约》第10条第2款，不仅适用于人们乐于接受或视为无关紧要的"信息"或"观念"，而且适用于那些冒犯、惊扰国家或任何人群的"信息"或"观念"。这是多元、容忍和思想开放的要求，没有这些就没有"民主社会"。这意味着，在这一方面加置的所有"形式"、"条件"、"限制"或"刑罚"，都必须与所追求的合法目的适成比例[①]。

在推进和落实《公约》第10条所规定的表达自由权方面，欧洲人权法院做出过大量的判决。在这些司法判决中，不仅总结归纳了保护表达自由的一般法理，而且使《公约》第10条的原则性规定在实践中更容易操作[②]，使表达自由在实践中不断拓展其适用范围，不断获得新的含义。

欧洲人权法院在司法判决中确认：《公约》第10条不仅保护个体（包括自然人和法人）表达意见或传递信息的权利，它还明确保护个体"接受"信息和观点的权利。[③]在欧洲人权法院的司法判决中，同样为随时随地都可能处于寻求、接受信息状态的公众，提供了明确的司法保护。欧洲人权法院认为，公众有权随时通过多种渠道获得他们应当知道的信息。[④]不仅如此，公众还有权获得不同

---

[①] *Handyside v. The United Kingdom Judgment*, 07/12/1976, A24。转引自张志铭：《欧洲人权法院判例法中的表达自由》，《外国法译评》，2004年第4期。

[②] 参见张志铭：《欧洲人权法院判例法中的表达自由》，《外国法译评》，2004年第4期。

[③] 在1990年5月22日的一份司法判决（Autronic AG v. Switzerland, Judgment, 16/12/1992, A252, para 39）中，欧洲人权法院认定：阻止法人接受合法传送的广播节目，违犯了《公约》第10条。

[④] 参见下列案例：*Lingens v. Austria*, Eur. Ct. H.R. (Ser. A., No. 103)(1986) ¶ 42; ECtHR 25 June 1992, *Thorgeir Thorgeirson v. Iceland*, 239 Eur. Ct. H.R. (ser. A) at 28 (1992); *Jersild v. Denmark*, Judgement of 23 September 1994, Series A, No.298; 19 EHRR 1 (1995); etc.

的、多样化的意见和观点。①欧洲人权法院还认为，政府有意采取措施，严格审查学校教科书的做法，有可能使学者屈从于官方的观点，妨碍健康而多样化的言论生态环境的形成，因此，有可能损害人们依据《公约》第10条享有的信息自由权（the right to freedom of information）。②

## 二、相关的案例

在大量的判决中，欧洲人权法院就表达自由的其他方面的问题，都作出过具有指导意义的判决，但涉及人们从公共当局那里获取信息的案例，则相对较少。在这些不多的案例当中，利安得诉瑞典（*Leander v. Sweden*）案③、加斯金诉联合王国（*Gaskin v. United Kingdom*）案④、古拉和其他人诉意大利（*Guerra and Ors. v. Italy*）案⑤是三个非常重要的司法判决。这三个案件涉及不同的国度，也从不同的侧面提出并反映了在确保人们享有信息自由方面存在的问题。

利安得案对《公约》第10条所保护的表达自由的范围所作的解释，与欧洲人权法院在另外两个案件中的解释如出一辙，属于比较有代表性的一种。在利安得案中，法院是这样解释第10条所保护的表达自由的范围的：

> 自由接受信息的权利主要禁止政府限制个体从其他希望或愿意向他传送信息的人那里获取信息。在目前我们处理的案件中，《公约》第10条并不保护个体使用信息的权利……该条也没有使政府有义务向个体传送信息。⑥

通过使用"在目前我们处理的案件"这样的词句，欧洲人权法院的判决并没有彻底否定人们依据《公约》第10条而享有的使用政府信息的权利，也没有完全勾销政府在其他情形下的义务。我们有理由推定，将来也许会有政府有义务、个体有权利使用政府掌握的信息的情形。但只要法院的判决不对公共机构施加普遍而一般的义务，不将人们从公共机构那里获取信息作为一种基本人权，

①*Sener v. Turkey*, Application No. 26680/95, 18 July 2000.

②*Cyprus* v. *Turkey*, Application no. 25781/94 May 10, 2001.

③*Leander v. Sweden* judgment of 26 March 1987, Series A no. 116.

④*Gaskin v. the United Kingdom*, judgment of 7 July 1989, Series A no. 160, §§ 42-44.

⑤*Guerra and Others v. Italy* (116/1996/735/932), 19 February 1998.

⑥*Guerra and Others v. Italy* (116/1996/735/932), 19 February 1998.

即便找到了这样的情形，个体获取、使用公共机构所拥有的信息的权利，也只能是一种个案中的、需要视具体情况才能够确定的权利。

在这些没有承认个体有权使用公共机构拥有的信息的案件当中，欧洲人权法院考虑到了对个体的其他基本权利和自由的救济。在三个案件当中，欧洲人权法院都不同程度地考虑了《公约》第8条的规定，认为公共机构拒绝让个体使用他们请求的信息，可能会影响到他们的私生活和家庭生活。在其中的两个案件中，欧洲法院还认为，政府的做法构成对他们的私生活权和家庭生活的侵犯。

在利安得案中，申诉人利安得先生是个瑞典人，生于1951年，职业是木匠。1979年，他成为瑞典南部卡尔斯科鲁那（Karlskrona）地区海军博物馆（Naval Museum）的临时技术员，但很快他便被瑞典国家警察委员会（National Police Board）以国家安全为由解雇。1980年11月2日，利安得向欧洲人权委员会提出申请，要求委员会审查他的案件。

在申请书中他提出，瑞典政府拒绝他从秘密警察登记册中获取他的私人信息的做法，违犯了《公约》第6条①、第8条、第10条和第13条。②他认为这一信息对于确定他是否应当被开除至关重要，与他被解雇而导致的名誉损害有极大的关联。因此，他有权知道这些信息并在获得了这些信息后，以这些信息来确定是否或怎样获得司法救济。

欧洲人权委员会认为，该案不涉及利安得先生公平审判的权利，不同意按照《公约》第6条受理，但同意依据该公约的第8条、第10条和第13条受理。1987年，欧洲人权委员会就此案写了一份报告。在报告中，委员们一致认为，瑞典政府的做法没有违犯《公约》第8条，案件也不涉及该公约第10条所保护的表达自由之接受信息的权利，委员会还以7票对5票认定瑞典政府并没有违犯该公约的第13条。

案件最终上诉到欧洲人权法院。经过审理，欧洲人权法院裁定：利安得所

---

① 《公约》第6条第1款规定：在决定某人的公民权利与义务或在决定对某人的任何刑事罪名时，任何人有权在合理的时间内受到依法设立的独立与公正的法庭之公平与公开的审讯。判决应公开宣布，但为了民主社会中的道德、公共秩序或国家安全的利益，而该社会中为了少年的利益或保护当事各方的私生活有此要求，或法院认为在某种特殊情况下公开将有损于公平的利益而坚持有此需要，可以拒绝记者与公众旁听全部或部分的审判。

② 《公约》第13条规定：任何人在他享有的本公约规定的权利与自由受到侵犯时，有权向国家当局要求有效的补救，即使上述侵犯行为是担任公职身份的人员所犯的。

申请的由瑞典政府存储和掌握的信息，确实与他的私生活有关。由于瑞典政府不让申请人获得这些信息，还使他无法通过司法途径寻求救济，在这种情况下，瑞典政府的做法，对他的私生活造成了一定的妨害。但欧洲人权法院又同时认定，瑞典政府对他私生活的妨害是有正当理由的。瑞典政府如果让申请人获取他想要的信息，会对瑞典的国家安全造成损害，并且政府的这一理由也符合由法律规定和为民主社会所必需等要求。[1]

在加斯金案中，申请人加斯金先生生于1959年12月2日，由于其母亲在他出生时死亡，他从小就由利物浦市政当局照顾。自他出生到成年，他曾经生活在许多家庭里，由许多临时的"父母"照顾过他。这些"父母"们和参与过照顾过他的医生、教师等职业工作者在照顾他的过程中，留下了许多关于他成长的秘密纪录。按照英国的法律，这些纪录由当地政府秘密保存。当加斯金成年后，他向政府提出申请，想知道那些曾经照顾过他的人是否尽到了应尽的责任，他也想知道他是在哪些地方被别人带大的以及他生活过的那些地方的具体情况。他还说，这些对他个人今后的生活，比如说对他自己建立自己的医疗记录是必要的。他想从政府那里获取这些材料，但政府没有满足他的要求。

英国政府认为，政府保留的这些材料，是依据英国相关的法律应当履行的一种保密义务。政府必须将这些记录保持在私密的、不能为一般人知道的状态，包括不能被本案的申请人知道的状态。政府之所以这样做，还有一个重要的原因，就是这样做可以更好地开展这项工作，因为只有使那些参与这些工作并对这项工作贡献过文字纪录的好心人或职业工作者不被外界知道，他们才不会因为参加这样的工作而受到影响和牵连，他们才会为这项工作留下更多的记录。如果他们留下的这些材料可以随便被申请人或其他人知道，他们将会受到不同程度的影响，参与这些工作的热情就会大打折扣。

在加斯金案中，欧洲人权法院认定：尽管需要平衡提供信息的第三方的机密性利益，但申请人还是有权接受他需要知道的信息并且有权了解其孩童时期和早先的发展状况。这表明政府负有积极义务，如果没有提供信息的第三方或第三方不愿提供信息，则由独立机构来确定是否需要满足申请人获取信息的权利。因为政府没有履行此类义务，导致了申请人的权利受到了损害。因此，英

[1]*Guerra and Others v. Italy* (116/1996/735/932), 19 February 1998.

国政府的做法，至少违犯了《公约》第8条的规定。<sup>①</sup>

最后一个案件是古拉案。居住在一家"高危险"化工厂附近的居民，控告意大利地方当局没有向他们提供足够的信息，使他们无法了解化工厂的污染情况和环境破坏对他们造成的伤害。同时，他们还抱怨说，在他们向政府甚至向法院提起诉讼的情况下，政府都没有让他们知道为拆除这家化工厂、为改变周边已经受到极大破坏的环境，政府采取了什么样的措施。这使得他们有很长一段时间都处于恐惧不安的心理状态之中，严重损害了他们的身心健康和家庭安宁。他们依据《公约》第10条所享有的获取信息的权利，也无法满足。

针对古拉等人提出的指控，意大利政府认为，他们不应当将案件提交到欧洲人权法院，而欧洲人权法院也无权在他们还没有穷尽国内民事和刑事救济的情况下受理此案。意大利政府还认为，古拉等人提出的意大利政府侵犯了他们获取信息的权利，也没有依据。政府认为，《公约》第10条虽然保证人们获取信息的权利，但无论是公约还是理事会的决议，都没有将披露信息作为政府的强制性的、积极的义务。个体依据《公约》第10条强制性地要求政府公布信息的请求，没有明确的法律依据。意大利政府还指出，如果给政府强加这样的义务，在实践中也很难执行。因为政府根本无法确定在什么情况下应当公布信息、公布什么信息以及向谁公布。在这种情况下，强行让政府承担在实践中根本不具有操作性的、能够量化的义务，并非明智之举。

欧洲人权法院认定：严重的环境问题会影响个体福利并阻止他们享受他们的住房，并因此妨碍到他们私生活和家庭生活的权利。因此，在本案中，意大利政府负有积极的义务，应当向申请人提供必要的信息，使申请人能够根据政府提供的必要的信息，来估量他们居住在一家高风险的化工厂附近的危险程度。而意大利政府没有向当地居民提供基本的信息，导致了当地民众无法知晓其居住环境的危险系数，无法据此判定他们所处其中的环境对他们可能造成的危害，政府的这种不作为是对当地居民所享有的基本权利的损害。<sup>②</sup>

在加斯金案和古拉案中，欧洲人权法院都认定，政府尽管没有不当干预私生活和家庭生活的权利，但《公约》第8条给政府施加了积极的义务，政府应当确保人们享有的此类权利受到尊重：

---

① *Guerra and Others v. Italy* v. Italy (116/1996/735/932), 19 February 1998.

② *Guerra and Others v. Italy* v. Italy (116/1996/735/932), 19 February 1998.

尽管《公约》第8条的目的从本质上来讲是保护个体不受公共机构的武断干预，但第8条并不仅仅在于让政府远离私生活和家庭生活，除了要承担这种主要的消极义务外，政府天生就负有尊重私生活或家庭生活的积极义务。[1]

## 三、存在的问题

在利安得案中，欧洲人权法院的论证中存在的主要问题，是它对政府请求的简单认同。之所以说是简单地认同，是因为欧洲人权法院在没有经过认真审核的情况下，甚至在没有审查案件涉及的信息的具体内容的情况下，就采信了瑞典政府的说法。瑞典政府认为申请人获取特定信息会损害瑞典的国家安全，法院也认为在这种情况下，个人获取信息的利益应当让位于国家安全的利益。也即法院并不认为个人从公共机构那里获取与自己密切相关的信息是一项基本人权，即便是一项基本人权，也是一项应当在某些情况下受到克减或限制的人权，政府无须为这一人权的行使和实现负特定的义务。

说欧洲人权法院在该案中的推理有问题，是因为法院的这种思路完全有可能置个体于非常无助的地位，同时为公共机构侵犯个人权利大开方便之门。由于这些信息在个体获取之前完全掌握在公共机构之手，无论个体申请获取的信息是否与公共安全有关，公共机构都可以以公共安全为由，拒绝让个体使用公共机构所掌握的信息，这就将某些信息是否应当公开、怎样公开的主动权，完全交由政府来控制。在这种情况下，受到侵害的可能不仅是个体获取信息的权利，由于个体不能获取信息，还可能损害到他其他方面的权利。在利安得案中，申请人就是因为自己无法获得关键性的信息，致使他在被政府解雇后，无法与政府进行有效的抗争，而失去工作之后，又对他的私人生活、家庭生活，甚至他的声誉，都造成了很大的伤害。

利安得案后来的发展，也活生生地证明了欧洲人权法院不保护个体获取、使用公共机构的信息的裁决是错误的。1997年，即法院就此案作出裁决十年之后，当申请人的律师最终获得阅读相关文件的机会之后，他发现相关文件能够充分证明：政府拒绝利安得先生查看的那份记录，根本不可能危及到国家安全。也就是说，政府当初拒绝利安得先生的理由根本就不存在。更令律师和利安得

----

[1]*Guerra and Others v. Italy* v. Italy (116/1996/735/932), 19 February 1998.

先生气愤的是，利安得先生根本就不是政府有关机构所说的危险分子，将他解雇是完全错误的。[①]

利安得案件申请人的遭遇，还印证了信息自由作为一项基本人权在整个个人自由体系中的地位的作用。信息自由除了如意见和表达自由特别报告员[②]在1995年的一份报告中指出的那样，是言论和表达自由最重要的组织部分[③]之外，还是人权条约所承认和保护的一系列权利和自由的基础。在利安得案件中，正是因为申请人信息自由的权利无法得到保障，才导致了他的家庭生活、私生活受到了严重的影响。无法从政府机构那里获得特定的信息，还导致他本人的名誉受到损害，更为重要的是，他还因此而失去了向司法机关寻求司法救济的权利。

欧洲人权法院在其他两个案件中所作的判决也令人费解。首先，欧洲人权法院在处理此类案件时小心翼翼，从其判决中可以清楚地知道，法院并不想确立普遍适用于其他案件的通则。也就是说，法院虽然认为有必要保护人们获取政府所控制的信息的权利，但只限于法院所处理的几个案件，并不想从中归纳出普遍的原则，将其扩大到其他的案件当中。例如，在加斯金案中，法院就宣布：

> 毫无疑问，文件中的记录确实与加斯金先生的"私生活和家庭生活"有关，其关联的方式使得加斯金先生想要获取的信息属于《公约》第8条保护的范围。
>
> 在是否可以使用私人数据和信息的权利方面，该案裁决不能解读为依据《公约》第8条第1款发表了任何意见。欧洲人权法院并没有应要求就该领域的一般原则发表意见，法院处理的是加斯金先生申请的

①*Leander* 先生冤情大白之后，获得了 40 万瑞典克朗的赔偿，"EU rights law rests on Swedish lies", *The Guardian*, 30 December 1997.

②意见和表达自由特别报告员是联合国人权委员会于 1993 年设立的，设立报告员的主要目的便是探求、确立意见和表达自由，即《世界人权宣言》和《公民权利与政治权利国际公约》第 19 条保护的基本人权，在不同语境下的具体含义。

③Report of the Special Rapporteur, *Promotion and protection of the right to freedom of opinion and expression*, UN Doc. E/CN.4 /1995/31, 14 December 1995, para. 35.

一起具体的案件。[1]

第二个问题，也是更严重的问题，是依赖尊重私生活和家庭生活的权利，严重限制了获取政府所拥有的信息的范围。这一点在古拉案中表现得非常明显。正如欧洲人权法院在判决中试图去做的那样，本案确实需要有较大的突破。涉案的环境问题，已经影响到申请人私生活和家庭生活应当受到尊重的权利。古拉先生是一个代表，他所代表的是许多像他那样，需要通过行使获取信息的权利而寻求正义和参与公共决策的人，但寻求正义和参与公共决策是无法以私生活和家庭生活需要受到尊重而获得的。因为保护私生活和家庭生活的目的，是为个体创造一个安宁、安全的生存空间，使他不受不必要的侵扰，使他能够根据他自己的意愿来安排他自己的生活。法院以私生活和家庭生活之需要作为人们获取特定信息之理由的裁决，将人们获取信息的权利建立在了一个较弱同时又非常有限的理由之上，也削弱了法院裁决的说理性。案件事实本身，是与公共利益有直接关联的环境问题，涉及政府决策、涉及成千上万人的生命和财产安全，而不是一个像加斯金案那样，只涉及某个个体的利益。

第三个问题，即便是欧洲人权法院非常有限的这几个裁决，我们也还是可以对其进行简单的归类，并根据类型来采取不同的解决方案。但欧洲人权法院并没有这样做，而是简单地将上述案件都归为与私生活或家庭生活有关的案件，这也是阻碍欧洲人权法院在处理涉及民众使用政府控制信息的案件中，难以有所突破的原因。

在我们所讨论的几个案件当中，加斯金案明显不同于古拉案。加斯金案是典型的民事案件，一方面只涉及与加斯金案本人有关的私人信息，另一方面，这些信息也不应当进入公共领域并为他人所知悉。欧洲人权法院将政府披露这类信息的义务归结为《公约》第8条是可以说得过去的。但在古拉案中，需要获取信息的人数不仅众多，而且信息的内容还涉及公共利益和政府在涉及公共利益的事件中的表现。与案件有直接利害关系的古拉等人需要获取这些信息，其他无直接利害关系的人，也有权知道政府在这件事情中的表现。在这种情况下，依据《公约》第10条来审理古拉等人的信息自由权和政府所负的义务，即通过

---

[1]*Guerra and Others v. Italy* (116/1996/735/932), 19 February 1998.

判例确立个体享有信息自由权，至少比依据公约第8条更要站得住脚。①

## 四、最近的发展

在涉及信息自由的案件当中，正如前面分析过的案件所提示的那样，欧洲人权法院更多的是将人们获取信息的权利看作是一种消极的权利和自由，即政府不予干涉的权利和自由，法院没有否认政府在这方面负有积极的义务，也没有明确承认政府在这方面负有积极的义务。2000年以来，随着各国和各地区信息自由步伐的加快和欧洲人权法院保护表达自由的力度的加强，以及欧洲理事会的积极倡导和推动，欧洲人权法院注意到了在保护人们依据《公约》所享有的表达自由权方面，政府所负的积极的、强制性的义务，并开始以《公约》第10条的相关规定，作为限定政府限制人们获取由政府所掌握的信息的依据。

在奥兹盖·古迪姆诉土耳其（*Özgür Gündem v. Turkey*）案中，奥兹盖·古迪姆是一家主要办公地点都在土耳其首都伊斯坦布尔的报社，被迫关闭之前，在土耳其拥有45000份的国内发行量和少量的国际发行量。自1992年始，这家报社就不断受到不明势力的武装侵扰。在后来报社提交给欧洲人权法院并且经审理证实的事实当中，比较严重的有：报社先后有7名记者和工作人员被杀害②、报社的报摊和报纸的分销商以及分销员数次遭到武装分子袭击，武装分子还用炸弹、火把数次袭击报社办公地点。报社多次向土耳其内务大臣、总理和副总理以及当地治安警察请求援助，土耳其相关部门也提供了保安措施，但报社认为，土耳其政府相关部门提供的服务远远不能使其满意，正因如此，在报社的安全问题长期无法解决的情况下，报社不得不关门停业。在这种情况下，报社

---

① 本案中，在意大利政府的做法是否违犯《公约》第10条的规定上，欧洲人权委员会的意见与欧洲人权法院的意见略有不同。欧洲人权法院认为此案不涉及《公约》第10条承认和保护的基本权利，意大利政府的做法没有违犯《公约》第10条的规定。欧洲人权委员会的意见认为，本案实际上涉及两个方面的问题：一方面，化工厂对周边环境的损害，影响到居民的身体健康，影响到他们居住环境的质量，毫无疑问，这涉及到古拉等人的私权利，即《公约》第8条保护的权利；但另一方面，也是更重要的一个方面是，这是一个典型的环境问题，环境问题涉及公共的利益，需要公众的参与，而公众要想获得有效的、高质量的参与，从政府那里获得相关的信息，是他们参与的前提。按照《公约》第10条的规定，政府有义务尽快公布相关的信息，民众也有权利获得相关的信息。在这种情况下，意大利政府不公布相关信息的做法，明确违犯了《公约》第10条的规定。参见 European Commission of Human Rights 29 June 1996, *Guerra and Others v. Italy* (116/1996/735/932) 19 February 1998.

② 他们是：Yahya Orhan, Hüseyin Deniz, Musa Anter, Hafiz Akdemir, Kemal Kiliç, Cengiz Altun, Ferhat Tepe.

以土耳其政府违犯《公约》第10条和第14条为由，将土耳其政府告到了欧洲人权法院。

在裁决中，欧洲人权法院认为，依照《公约》第10条，土耳其政府在保障报社行使表达自由方面，负有积极的义务。土耳其政府没有履行好该方面的义务，损害了申请人依据《公约》第10条所享有的表达自由权，因此，土耳其政府违犯了《公约》第10条的规定。[①]在其他的案件当中，欧洲人权法院也强调了在保障个体所享有的表达自由权方面，政府所应当承担的积极义务。[②]为确保人们享有的表达自由权，政府仅仅停留在不干涉、不限制的层面上是不够的，在必要的时候，比如前面案件中申请人享有的表达自由权受到私主体的严重侵犯的时候，还需要政府以实际的行动，为人们更充分地、更全面的享有和行使《公约》承认和保护的基本权利，扫清障碍，创造条件。[③]

在2006年的麦基诉捷克共和国(*Sdru_eni Jiho_eské Matky* v. *Czech Republic.*)案中，申请人是一个非政治性的民间组织（non-political civil association），成立于1991年，致力于环境和农村地区的景观保护工作，倡导在捷克和其他国家、地区使用环境友好型能源。[④]该组织请求捷克政府向该组织披露某家核电站的相关文件和建站计划，提供建设该核电站的论证报告和技术资料，以评定是否有必要建设该核电站，以及建设核电站是否会对周边环境产生不良的影响。但捷克政府以申请人申请的材料涉及公共安全和公共卫生以及其他民事主体的商业秘密和经济利益为由，拒绝了申请人的请求，案件最后被起诉到欧洲人权法院。

欧洲法院的判决虽然没有满足申请人的请求，也没有裁定捷克政府违犯《公约》第10条，但法院的裁决依据《公约》第10条规定的表达自由，特别是接受

---

① *Özgür Gündem v Turkey* (No. 23144/93, 16 March 2000).

② *Fuentes Bobo v. Spain*, (Sect. 4), no. 39293/98, judgment of 29 February 2000; Cf. (Vgt Verein gegen *Tierfabriken v. Switzerland*, no. 24699/94, ECHR 2001-VI) and *Appleby v United Kingdom*, Application no. 44306/98.

③ 事实上，已经有越来越多的人意识到，《公约》所载明的权利和自由，都意味着政府应当承担相应的义务。成员国所负的义务，无论是积极的义务，还是消极的义务，只要是行使《公约》中列明的基本权利和自由所需要的，都需要政府采取积极的措施，切实保障人们能够享受到这些基本权利和自由。因为，即便是典型的消极权利和自由，即只要是国家不"干预"就能实现的权利和自由，比如免于酷刑和其他残酷的、不人道的刑罚的自由，如果政府不采取措施，都可能会影响到人们享有的这项权利。参见A. Mowbray, *The Development of Positive Obligations under the European Convention on Human Rights by the European Court of Human Rights* (Oxford, Hart Publishing 2004) pp. 108-109.

④ www.jihoceskematky.cz/en/index.php.

信息的自由和权利展开。法院非常明确地在判决中认定，捷克政府拒绝披露核电站的相关信息，限制了申请人获取某些信息的权利和自由，构成对申请人所享有的《公约》第10条权利的干预。在这种情况下，法院指出，衡量捷克政府对申请人接受信息的权利和自由的限制是否违犯《公约》第10条，就需要审查捷克政府的做法是否有符合《公约》第10条第2款的要求。

欧洲人权法院认为，捷克政府有充足的理由拒绝申请人的申请。首先，核电站的计划和相关文件涉及其他民事主体（核电站投资和建设方等）需要保密的商业资料，为了不损害他们的商业秘密和商业利益，政府有理由使相关的材料处于保密状态。其次，欧洲人权法院还认为，捷克政府限制申请人获取核电站相关信息的做法，属于《公约》第10条第2款所列举的限制理由之一，即国家安全和公共卫生。如果政府被迫向本案的申请人或其他潜在的申请人公布这些信息，会给恐怖分子或其他试图破坏核电站建设的人或组织以可乘之机，不利于维护核电站的安全，也可能给公共卫生带来巨大的灾难。第三，欧洲人权法院还认为，该组织要求捷克政府向其提供核电站的技术信息，与公共利益没有直接而充分的关联性，不属于大家都应当参与、都有权参与并且必须经过充分的讨论才能确定其走向的公共事件。因此，尽管捷克政府的行为构成对《公约》所保护的表达自由的限制，构成对人们获取信息的基本人权的约束，但考虑到捷克政府的限制有正当的理由而申请人的理由又不是非常充分，因此，捷克政府的做法不构成对《公约》第10条的违犯。

从信息自由的角度来看，麦基诉捷克共和国案在欧洲人权法院的判例中，在欧洲理事会47个成员国迈向信息自由的历史上，具有非常重要的意义。首先，麦基诉捷克共和国案是个典型的信息自由案，具备一个完整的信息自由案应当具备的所有要件：申请人向捷克政府提出正式申请，要求捷克政府提供相关信息；捷克政府以国家安全和公共卫生、他人利益可能受损等理由拒绝提供并引发司法诉讼。在穷尽本国救济措施后，官司打到欧洲人权法院，而且更为重要的是，欧洲人权法院不是像前面提到的古拉等人的案件那样，以《公约》第8条作为裁判的主要依据，而是以《公约》第10条作为裁判案件的依据。这意味着，在裁决信息自由的案件时，《公约》第10条第一次变得可以适用了。

其次，正因为麦基诉捷克共和国案确立了《公约》第10条可以适用于信息自由的案件，至少在以后的类似案件当中，无论当局以什么理由、用什么方式限制人们从公共机构、政府部门那里获取特定的信息，政府的做法都必须考虑

《公约》第10条的要求。依据《公约》第10条第2款的要求，政府限制人们获取由政府掌控的信息时，除了必须有该条所列明的那些具体的理由外，政府所采取的措施还必须由法律明确规定[①]、为民主社会所必需[②]并且与所要追求的合法目的之实现适成比例。[③]

最后，麦基诉捷克共和国案的判决还表明，获取政府或其他公共机构掌握的信息的权利和自由不可能是一项绝对的、在任何情况下都应当满足和保护的。信息自由可能会如麦基诉捷克共和国案所告诉我们的那样，受到他人的利益、国家安全和公共卫生的限制，在将来的案件中，也可能受《公约》第10第2款所列举的其他理由的限制。在政府的限制必须由法律规定、为民主社会所必需和必须与政府所追求的合法目的适成比例的情况下，申请人请求的由政府控制的信息越是涉及到公共利益、越是受到或应当受到公众广泛的关注，政府限制人们获取此类信息的做法就越应当受到严格的审查，政府限制人们主动获取信息的能力，就越应当受到限制。

## 五、简短的结语

欧洲人权法院将个体获取政府控制的信息的权利，建立在个体享有的私生活和家庭生活应当受到尊重的基础上，而私生活和家庭生活的万千差别，使得欧洲法院的此类判决，即便数量再多，也只能停留在"就事论事"的阶段。

---

①这里的"法律"，指的是由享有立法权的机关制定的抽象的、具有普遍约束力的基本法律。既可以指大陆法系国家的议会制定的法律，也可以指英美法国家的国会、议院制定的成文法及法院在司法实践的过程中发展起来的判例法。根据欧洲人权法院相关的判例法，合法性原则还要求限制表达自由的法律必须同时具备三个方面的条件，即限制表达自由的法律必须是"可以获知"和"可以预见"的，法律还应当"为防止政府对表达自由的任意干涉提供有效保障"。参见张志铭：《欧洲人权法院判例法中的表达自由》，《外国法译评》，2000年第4期。

②在 *Silver v. United Kingdom* 案中，欧洲人权法院阐述过"必须是民主社会所必需"这一标准。法院认为，必须为民主社会所必需意味着：要与公约相容，有关的干涉必须（除了其他之外）对应于某种"紧迫的社会需求"并且与所追求的合理目标适度。转引自[英]克莱尔·奥维、罗宾·怀特：《欧洲人权法——原则与判例》（第三版），何成鹏、孙璐译，北京：北京大学出版社2006年版。

③"……要求政府不要无所顾忌地采取限制表达自由的方法，其所采用的方法应当与政府要实现的利益成正相关关系。政府必须合理、谨慎和诚信地行使其限制表达自由的权力，不应以微不足道的政府或社会利益为借口，对自我实现和社会发展具有重要价值的表达自由进行限制。"王四新：《表达自由——原理与应用》，北京：中国传媒大学出版社2008年版，第221页。

当然，这并不是说欧洲人权法院有关信息自由的上述司法判决没有改进的理论依据和基础。正像前文提到的那样，将个体获得政府掌握的信息权利，以及政府向利害关系人披露特定信息的义务建立在《公约》第10条，即《公约》所承认和保护的表达自由权的基础之上，应当是一个比较合理的选择。之所以这样说，有几个方面的理由：

首先，可以弥补《公约》第10条条文本身存在的不足，通过能动的司法，弥补《公约》对表达自由权保护的不足。《世界人权宣言》和《公民权利与政治权利国际公约》第19条以及《美洲人权宣言》第13条，是承认和保护表达自由的条款，它们都将表达自由界定为同时包括寻求、接受和传播各信息和思想的自由，而同样是承认和保护表达自由的《公约》第10条，却没有明确其对"寻求"各种信息和思想的自由的保护，使得《公约》"普遍与有效的承认和遵守"《世界人权宣言》所载明的权利和自由的目的，特别是该宣言第19条载明的表达自由权的"普遍与有效的承认和遵守"打了折扣。在无法修改《欧洲人权公约》第10条条文的情况下，通过法院的司法判决，可以很好地解决《欧洲人权公约》第10条存在的这一缺陷，拓宽本来就应当更广的表达自由的范围，顺应提升立法保护表达自由力度的时代潮流。

其次，虽然《欧洲人权公约》第10条没有明确承认和保护信息自由的权利，但"寻求"信息和意见、思想的权利不仅与"接受"和"传播"信息和思想的权利不矛盾，相反，还构成"接受"和"传播"信息和意见、思想之权利和自由的前提和必不可少的组成部分。也就是说，只有在同时承认人们有主动"寻求"信息的自由和权利的情况下，第10条所承认和保护的表达自由才会更有保障，才会在实际生活中获得更加具体和充实的意义。

寻求信息的自由和权利不仅是个体参与社会公共生活，特别是政治生活的前提，也是个体在不断变化的社会生活中，进行各种决策的依据。一个闭目塞听或无法通过公共机构获取对他的日常生活影响重大的信息的人，不仅他参与民主生活、公共生活的质量会大打折扣，前面提到的欧洲人权法院处理的几起案件还说明，个体的私生活或家庭生活也会受到极大的损害。

最后，法律，尤其是关涉人的基本权利的法律，应当根据变化了的社会生活，在适用的时候，进行有针对性的调整，以使其能够适应社会生活的变化，包括媒介环境的变迁所产生或带来的变化。《公约》制定的年代是20世纪50年代，以计算机为代表的数据、信息搜集、整理和加工处理技术尚处于初级的阶段，以互联网为代表的功能强大的传播媒介还没有问世。公共管理机构掌握的个体信息，特别是对个体参与公共生活并有可能严重影响到个体参与民主生活的质量的信息，因技术限制而不可能很多。在公约成立时过分强调个体有从政府那里获取某些信息并无太明显的现实意义，对政府施加这方面的积极义务，也不是十分必要。

随着传媒技术的发展和以互联网为代表的新传播媒体的普及，信息搜集、加工、分类和进行有目的的加工整理的能力比《公约》制定和生效时都有较大程度的提高，像银行、社会保险、医疗卫生等社会服务业以及政府各职能管理部门，基本上都实现了办公自动化和信息化，每天都会通过使用互联网、电脑等现代化的信息传输和信息处理工具进行管理。同时公民使用互联网和电脑等新型媒体的时间越来越长，每次使用都会产生大量的私人信息。为了管理的便利，提高管理效果，政府也会有意识地去建立各种各样的数据库。在这种情况下，为了保护公民的合法权利和利益，防止公共管理机构滥用职权，除了极少数的例外，需要在实践的层面确保个体享有从公共管理机构那里获取重要信息的权利，相应地，有关公共管理机构也应当承担其信息公开，以满足民众知情权的义务。

# 第十五章  法国信息自由保护的立法与实践*

**摘要：**在法国，信息自由被认为是一项宪法原则。1978 年，法国制定了关于保护公民自由获取行政文件的法律，成为信息自由的基本立法。2005 年，该法增加了公共信息再利用的内容，使信息的自由获取与利用，成为信息自由原则中两个不可分割的方面。实践中，获取行政文件委员会作为一个特殊的独立行政机构，在司法诉讼之外，针对公民与行政机关之间就获取行政文件和再利用公共信息问题发生的争议与分歧，提供了一条独特的解决途径；同时，该委员会对完善信息自由的立法，提高行政机关的透明度，以及促进公民信息权利的保护发挥了重要的作用。

**一、信息自由与信息权的确立**
**二、行政文件的公开**
**三、公共信息的再利用**
**四、法国信息自由保护的局限**

**关键词：**信息自由  公共信息再利用  法国

## 一、信息自由与信息权的确立

在欧洲国家中，法国对信息自由的法律保护历史悠久，积累了丰富的经验。在大革命以前，自由接受和获取信息的观念就已经深入人心。法王路易十四曾有一句名言，他说："不了解情况的人无法避免作出错误地理性分析。"到了大

---

*本章撰稿人为李滨博士，哈尔滨工业大学法学院教授。本章内容曾发表于《南京大学学报（哲学•人文科学•社会科学版）》2009 年第 6 期"当代西方研究：信息自由与信息公开"专栏。

革命时期，由于受到启蒙思想，特别是个人主义哲学思潮的影响，表达自由与信息自由之间被认为存在密不可分的联系，通过出版活动进行信息交流被认为是实现上述自由权利的唯一途径。这一思想最终体现在 1789 年的《人权宣言》第 11 条中，该条指出，自由沟通与交流是人最珍贵的一项福祉，由此确立了表达自由的人权保障原则，同时，表达自由的内涵则包括了自由地获取和传播信息。由于 1789 年的《人权宣言》秉承一切公权力的存在只有在维护和促进个人权利与福祉的前提下才具有正当性的理念，《人权宣言》所宣告的表达自由以及信息自由应当包含这样的含义，即公民有权获得由公权力机构掌握的信息，从而将信息自由的内涵扩展为包括对知情权的保护。在现代，知情权作为一项公民的基本权利，一般认为其是被包含在宪法的基本原则和其他基本权利之中。①在法国，知情权通常被表述为信息自由。随着 1958 年第五共和国宪法的通过和宪法委员会的建立，1789 年《人权宣言》成为宪法渊源的组成部分，也是合宪性审查的重要依据之一。②法国宪法委员会在有关出版自由的合宪性审查决定中指出，公民享有不受限制地、自由获得信息的权利。③由此，信息自由已成为受到宪法保护的一项公民基本权利，《欧洲人权公约》的实施使信息自由的人权地位进一步得到巩固。④

20 世纪下半叶以来，法国学者进一步将信息自由（liberté d'information）与信息权（droit à l'information）相区分，与前者不同的是，后者对信息接受者的利益给予特殊关照，它要求建立专门用来保护该权利的、不同于信息自由和表达自由等其他自由的法律保障机制。⑤ "信息权"的表述凸显了信息自由原则的权利维度，特别是它所具有的请求权特征。因此，信息权是信息自由的应有之义，并构成它最为核心的内容。1978 年 7 月 17 日，法国通过了第 78—753 号"关于改善行政机关与公众关系的各种措施以及其他行政、社会和税收秩序

---

① 胡锦光：《知情权法制化研究的新进展》，《南开学报》（哲学社会科学版），2009 年第 1 期。

② 参见法国宪法委员会 1971 年 7 月 16 日关于结社自由的合宪性审查决定，C.C., Déc. 71-41 DC du 16 juillet 1971, liberté d'association。

③ 参见宪法委员会 1984 年 10 月 10～11 日关于出版企业的合宪性审查决定，C.C., Déc. 84-181 DC, entreprise de presse。

④ 参见王四新，《欧洲人权法院判例法中的信息自由》，《南京大学学报》（哲学·人文科学·社会科学版）2008 年第 6 期。

⑤ P. Trudel, *Le droit à l'information, émergence, reconnaissance et mise en oeuvre*, Les Presses de l'Université de Montréal, 1981, p. 454.

规定的法律"（以下简称为"1978 年法律"），该法第一篇题为"自由获取行政文件"，其中第一条明确规定，公民在自由获取行政文件方面享有信息权。1978年法律对保护和实现上述权利作出了各种具体的规定，构成法国信息自由法律保障制度的基础。这部法律实施三十多年以来，法国对信息自由的保护在立法、行政与司法等方面均取得了较大进步，丰富了信息自由的内涵，使信息自由从一项宪法原则发展成为一项具体的、有可操作性的，并受到司法救济保障的法律权利。

## 二、行政文件的公开

公民有自由获得行政机关文件的权利，这是信息权最为重要的内容之一。1978 年法律的通过对于法国行政行为保密的历史传统而言，不失为一场重大的革命。[1]该法规定了公民有权获取的行政文件的范围、行政机关拒绝提供有关文件的例外情形、文件获取程序与法律救济，等等。其中，根据 1978 年法律成立的"获取行政文件委员会"，是处理有关公民获得行政文件事务的专门机构，成为法国信息自由法律保护制度中独具特色的做法。

（一）可以获取的行政文件范围

为了确保行政行为的透明度和公民的知情权，1978 年法律对可获取的行政文件的范围规定得十分宽泛。原则上，凡是由各级各类行政机关，以及被授予公共服务职能的私立机构所持有的各种文件，不论其名称、表现形式或载体，以及产生的时间，公民均有权要求获取。1978 年法律第 1 条以非穷尽的方式列举了"行政文件"这一概念的范围，包括案卷、报告、研究、简报、纪要、统计、指示、命令、公告、记录、答复、信函、咨询意见、预报与决定等。

不属于行政文件的是：私法上的各种文件[2]；与司法活动有关的文书；由议会上下两院制定和保存的法令、文件，这些资料由议会组织法专门调整，不属

---

[1]E. Derieux, *Droit de la communication*, LGDJ, 4e édition, 2003, p. 11.

[2]但是根据所谓"一体化"原则，当私法上的文件被用于某种行政程序时，如行政许可程序，该私法上的文件就成为行政程序的一个组成部分，被纳入与特定行政程序有关的整套文件之中，成为公民有权要求获得的行政文件。

于 1978 年法律的适用范围；资政院（Conseil d'Etat）①和各级行政法院的咨询意见；审计机构的文件；共和国调解人针对公民申诉作出的答复，等等。另外，公民有权要求获得的文件必须是确定性的最终文本，而不包括文件草案和各种准备性材料。因此，正在由行政机关处理的各种文件，只有当其处理完毕、形成最终文本时才向公民提供。

（二）行政文件的获取方式与程序

1978 年法律区分了两种行政文件的获取方式：一是通过向行政机关提出请求而获取有关文件；二是行政机关主动将有关文件向公众公开。两种方式的适用程序有所区别。

1.经请求获取行政文件

作为一项原则，1978 年法律规定了行政机关和接受委托从事公共服务的私法实体在其行政活动的框架内，负有满足获取行政文件请求的义务。当事人请求获取行政文件，可以向任何作出或者保存有关行政文件的机构提出，因此，被要求提供有关行政文件的机构未必是被请求文件的制定者。②但当某一行政机关在被请求提供某种文件时，如果该行政机关发现提供该文件则超越其权限，或者该文件并非由其支配时，被请求的行政机关应如实告知提出请求的当事人，并将该请求移送至有管辖权的机关。

经请求获取行政文件的途径有三种：一是在行政文件的保存地点现场查阅，除非该文件的保存方式不允许现场查阅；二是当有关文件能够以电子文本的方式储存的，可以通过电子邮件向当事人无偿提供；三是当事人通过信函的方式，要求有关机关提供文件的书面副本，或者以电子介质储存的文件，提出请求的当事人应当承担相关的复制和邮寄费用。③

原则上，对于不针对特定当事人的行政文件，任何自然人或法人都有权提出获取该文件的请求。请求获取行政文件的当事人无须说明其理由和动机，也

---

① 法国的资政院在我国常常被理解为最高行政法院，但这是不全面的，与一般意义上的最高行政法院不同，资政院在拥有最高行政审判机构的职能之外，还有为政府提供咨询的权限。事实上，其咨询职能早于司法审判职能出现，在当今法国的行政体制中仍然发挥着十分重要的作用。

② 但作为例外，如果是根据服务合同，一个机构为了另一个机构的利益而提供了某种服务，并在此服务过程中形成某种文件，前一个机构仅是该文件的保存者，在这种情况下，获取该文件的请求应当向后一个机构提出。

③ 根据 2001 年 10 月 1 日的总理令，收费标准如下：以 A4 纸黑白打印的，每页不超过 0.18 欧元；磁盘为每盘最高 1.83 欧元，CD 光盘为每张最高 2.75 欧元。

无须证明他与被请求获得的文件之间存在利益关系。而对于那些针对特定当事人的行政文件，则只有与该文件直接相关的人及其授权代理人才能提出获取的请求。在例外的情况下，如与行政文件直接相关的人已经死亡，其继承人或亲属可以提出获取该文件的请求。1978 年法律将行政文件区分为针对特定当事人和不针对特定当事人这两种情形并分别加以处理，其目的是在实现行政文件公开的同时，合理地保护个人隐私和商业秘密，在信息自由与人的私生活得到尊重之间寻求平衡。此外，那些一经公开就可能会损害工商业秘密的行政文件，以及涉及医疗档案秘密的文件，也会在请求人的范围上加以限制。不过，在实践中，尽管"针对特定当事人"行政文件的公开受到限制，但这种限制并非绝对。实际上，只有那些包含对特定当事人的品行作出评价或判断，或者某些文件的内容涉及特定当事人的行为方式，一旦公开就会给其造成损害①，或者某些文件的公开会泄露当事人私生活或个人秘密时②，这些文件的公开才受到限制，排除与这些文件不直接相关的人提出的获取请求。当然，涉及上述信息的文件并非是在整体上都不能公开，实践中，一些文件在通过涂销或拆分的处理方式，剔除不应公开的信息后，任何人都可以自由获取。

2. 行政机关主动公开文件

1978 年法律第 7 条指出，凡是包含有对法律进行解释或者规定行政程序内容的文件，包括各种指示、命令、公告、记录或政府各组成部门的答复，都必须主动公开。除了上述必须公开的文件外，行政机关也可以自主决定公开由本机关制作或接收的其他行政文件。在后一种情形下，行政机关享有一定的自由裁量权。不过，凡是涉及个人信息或者前文提到的针对特定当事人的行政文件，行政机关在决定主动公开时，必须事先将文件作相应处理，使文件的公开不会泄露特定当事人的身份。需要指出的是，凡是已经向公众主动公开的行政文件，行政机关就被免除向特定请求人提供该文件的义务。

---

① 根据获取行政文件委员会（Commission d'accès aux documents administratifs, CADA）的意见，这些信息主要包括交通或工作事故的调查报告，申诉文书，急救部门提供援救情况的记录，关于火灾的投诉，居民关于城市规划提出的意见，等等。

② 根据获取行政文件委员会（Commission d'accès aux documents administratifs, CADA）的意见，属于个人隐私的信息有：个人的基本情况，如出生日期、住址、电话号码和国籍；家庭情况，如婚姻与家庭负担、亲属关系；其他实用信息，包括受教育和职业情况、银行账户、获得社会保障与救济的情况、收入、机动车牌照号码。

226

在某些情形下,行政机关主动公开有关文件具有特殊的法律意义。根据 1978 年法律第 8 条的规定,凡是以国家、地方、公立机构或授权从事公共服务的私人组织作出针对特定当事人的单独决定时,只有履行了事先告知的程序,该决定才对特定当事人具有法律约束力。

当事人通过向行政机关提出请求而获取行政文件时,必须事先指明其要求获得的文件,因为行政机关没有义务满足内容过于模糊的获取文件的请求。根据 2005 年 12 月 30 日通过的第 2005-1755 号行政命令,大多数行政文件都应完全公开,根据其重要程度不同,行政文件有不同的公开途径,包括通过发表于国家官方公报之上,或者是通过官方简报以及在其他公众可自由查阅的登记簿上加以记载或发出通知等方式公开。行政文件通过上述不同途径加以公开,其目的是为了帮助当事人检索到他所需要获取的文件,从而能够进一步提出明确的获取行政文件的请求。目前,在法国,大多数行政机关都建有本机关的信息中心,当事人可以在信息中心检索有关文件,进而向相关行政机关提出获取所需文件的请求。

行政机关主动公开文件还存在另一种特殊情形,这就是根据 1978 年法律或其他专门法律的规定,对于那些不得公开或向当事人提供的文件,根据《财富法典》①第 213-1 条和第 213-2 条的规定,这些文件根据其性质不同在经过 30 年或者 35 年之后就转变成为可以合法公开或获取的文件。这就是所谓关于行政文件档案有限保密期的规定。另外,档案管理机构可以根据《财富法典》第 213-3 条的规定,作出缩短档案保密期的决定,从而使有关文件得以被提前公开或获取。

(三)自由获取行政文件的例外情形

作为例外情形,行政文件的公开可能会给某些需要保护的特殊利益带来损害时,行政机关应当拒绝提供该文件。1978 年法律在第 6 条中列举了行政机关应当拒绝提供行政文件的若干情形,包括涉及下列信息的文件:政府和其他行使执行权机关的内部商议的秘密,国防秘密,外交政策的秘密,货币与国家信用,国家安全、公众安全与人身安全,正在司法机构进行的程序或者该程序开始之前采取的各种措施,对税收和海关违法行为的调查,法律保护的其他利益。

---

①这里的“财富”译自法语单词 patrimoine,根据该法典第 1 条的规定,这里的“财富”一词涵盖具有历史、艺术、考古、美学、科学和技术价值的全部公有或私有的动产与不动产。

<sup>①</sup>但是，行政机关不得以有关文件已经被存档为由而拒绝提供。

当然，对于自由获取行政文件的例外情形如何解释和适用，是信息自由保护实践中最为关键的问题，也是在行政机关与相对人之间引起争议的主要原因。对此，1978 年法律设立了一个专门机构，即"获取行政文件委员会"（Commission d'accès aux documents administratifs, 缩写为 CADA），负责协调处理获取行政文件的请求被拒绝时行政机关与相对人之间的分歧。这与其他一些国家的做法不同，例如，在美国，联邦法院，特别是联邦最高法院在判例中对该法中的免除公开条款的精致适用，构成了美国信息公开法制经验的重要组成部分。<sup>②</sup>获取行政文件委员会的介入，并不是以司法裁判的方式来界定自由获取行政文件的例外情形，而是作为司法诉讼的一种特殊前置程序而存在的，成为法国信息自由保护制度的特色。

（四）获取行政文件委员会

获取行政文件委员会是一个履行咨询职能的独立的行政机构。其独立性表现为，该委员会不附属于任何政府部门，并专门负责行政文件公开的事务。该委员会的独立性由其组成人员的特殊安排来加以保证。获取行政文件委员会由11 位来自不同领域和部门的成员组成，包括：3 位法律专业人士，他们分别来自咨政院、最高法院、审计院；3 位议员，分别来自国民议会、上议院、地方议会；1 位大学教授；4 位负责处理特定事务的专员。<sup>③</sup>委员会的上述成员由政府总理任命履职，任期三年，可连任。委员会主席由来自咨政院的法律专业人士，即国务顾问，作为委员会主席，主持委员会的工作。委员会内设秘书处负责行政事务。另外，由政府总理任命一位专员在该委员会内部办公，列席委员会的工作会议。<sup>④</sup>

从性质上看，获取行政文件委员会是一个咨询机构，它的职能是通过提供咨询或发布意见的方式来促进行政行为的透明度，并对有关公共信息再利用的

---

①在实践中，所谓法律保护的其他利益包括以下事项，如劳工事务调查人受理的投诉，税收部门在调查案件过程中搜集的信息，刑法典第 109 条提到的记者搜集的信息，根据税收协定其他国家向法国税收部门提交的有关税收信息，等等。

②赵正群、崔丽颖：《判例对免除公开条款的适用》，《南京大学学报》，2008 年第 6 期。

③负责处理特定事务的专员包括：档案事务专员、竞争和价格事务专员、个人信息保护事务专员、信息公开事务专员。

④参见 1978 年法律的第 23 条。

方式和条件等问题提供建议或作出决定。①首先，对于那些提出获取行政文件请求而被拒绝的当事人，向委员会提出申诉是一种前置于司法诉讼程序的救济手段。具体而言，当事人在其获取行政文件的请求被明示或默示拒绝②之日起两个月内，可以向获取行政文件委员会提出申诉，要求该委员会就行政机关是否应提供相关文件的问题开展调查。③委员会在接受当事人提出的申诉后，有权要求行政机关向其提供存在争议的文件和相关信息，并在接受申诉后一个月内向当事人提供调查意见。④相应地，行政机关也可以就有关文件是否可以公开的问题，主动咨询委员会的意见，由委员会予以答复。但是，在上述两种情形下，获取行政文件委员会的意见都不具有约束力，而仅具有参考意义。对于提出获取行政文件请求的当事人来讲，向委员会提出申诉是提起行政诉讼的法定前置程序，这一安排可以被简单地概括为"先申诉，后诉讼"。另外，在实践中，主动向获取行政文件委员会提出咨询请求的行政机关，大多会主动地接受委员会的咨询意见。这是因为，委员会基本上是遵循相关行政诉讼判例而作出咨询意见的，因此，在随后的行政诉讼中，委员会事先作出的咨询意见通常会被法官所认可和维持。需要强调的是，获取行政文件委员会并非直接向当事人提供有关行政文件，也不直接规定有关公共信息再利用的条件和方式，它只是在行政机关与当事人之间就获取行政文件问题存在的分歧与争议提供解决方案。可以说，独立行政机构的提前介入、提供咨询意见，这是法国在信息自由保护方面不同于其他国家的做法，反映了法国法传统中行政主导这一特色及其影响在当代的延续。

其次，获取行政文件委员会的另一项重要活动是对信息自由保护的相关立

---

① 关于"公共信息再利用"的问题，参见本章第三部分。

② 当事人自提出获取行政文件的请求后一个月内未得到任何答复的，即构成默示拒绝。

③ 当事人向获取行政文件委员会提出申诉时，通常需要填写和提交两个表格，其中一个表格是向有关行政机关提出的，记载当事人请求获取的行政文件的基本情况；另一个表格是向获取行政文件委员会提出的，记载当事人请求委员会作出咨询意见的事项。

④ 获取行政文件委员会对当事人的申诉进行调查后作出的意见通常有以下几种情形：一是支持申诉人关于获取有关行政文件的请求，这是最为常见的情况；二是根据被请求文件内容的原因、文件尚未完成或文件属于草案性质而拒绝申诉人的请求；三是指出申诉人请求获得的文件不属于1978年法律的适用范围，从而得出本委员会无权调查的结论性意见；四是指出申诉人事先没有向有关行政机关提出请求，或者其请求内容不明，或者向委员会提出申诉时超过了两个月的期间，而作出不受理当事人申诉的意见；五是由于文件已经由行政机关向当事人提供或者有关文件根本不存在时，委员会作出驳回当事人申诉的意见。

法进行解释，通过向政府提供改良建议，以促进自由获取行政文件权利的行使。这里仅举两个有代表性的例子来加以说明。一个例子是，当有关文件涉及公务员时，委员会主张对私生活这一概念应作更为严格地解释，以避免行政机关以保护私生活为由，拒绝提供有关文件，其目的是最大限度地符合行政行为透明度原则的要求。根据委员会的意见，有关文件中包含有公务员的姓氏和职务，办公地址，任职活动与升迁，薪金标准时，这些文件仍然可以向外界提供或公开。但是，公务员薪金收入的详情和与任职表现有关的奖金收入，工资文件中属于公务员家庭情况的信息，对公务员任职表现的打分与评估结果，参与考核的分数，这些内容仍属于私生活的范围，有关文件如果包含上述内容时，则不应向他人提供或公开。另一个例子是，获取行政文件委员会在判断有关文件是否已经向公众公开时，坚持严格解释的标准。委员会认为，所谓"已经向公众公开"是指行政文件在时间和空间上的公开方式在实现信息自由的效果方面，应与当事人根据1978年法律行使自由获取行政文件所能取得的效果相同。由于行政机关不负有向当事人提供已经向公众公开的行政文件的义务，如何判断某行政文件是否已经向公众公开，决定着特定当事人请求获取行政文件权利的实现。获取行政文件委员会认为，只有通过下列途径公开的文件，才符合"已经向公众公开"的情形：已经在国家官方公报上登载；提出请求的当事人系某省居民时，被请求获取的行政文件应当已经登载于该省的行政文件汇编之中；有关文件通过法兰西文件出版社（La Documentation française）出版发行的报告而公开；以及有关文件能够通过有偿的电子或信息化查询服务而获得。获取行政文件委员会特别指出，行政文件的张贴或通过新闻出版物发布不能构成所谓的"已经向公众公开"，因而不免除行政机关根据请求向当事人提供行政文件的法定义务。

## 三、公共信息的再利用

1978年法律在制定之初，并未规定已经公开或者经当事人请求而获取的行政文件如何利用的问题。在这一时期，信息自由的内涵仅包括公民享有自由获取行政文件的权利。但是，在客观上，公民对已公开或已获取的公共信息进行合理利用，与信息自由的保护有着密切的联系。一方面，通过行政文件公开而获得的信息，对于公民的生活和生产活动能够产生各种直接或间接的影响，能否充分利用公共信息关系到公民的切身利益。例如，及时获取与市场管制有关的信息并加以利用，对于从事市场交易的主体而言显然是十分必要的。另一方面，在很多情况下，公民请求行政机关提供有关文件，就是为了在实现知情权的基础上，合理安排其活动以实现其预期的目标。可以说，对公共信息的利用是公民要求行政文件公开的直接动机。因此，建立有关公共信息合理利用的法律制度，这是信息自由保护的必然要求。在这方面，欧洲联盟的立法对法国 1978 年法律的修订和完善产生了重要的影响。2003 年 11 月 17 日欧洲联盟理事会和欧洲联盟议会共同通过了"关于公共部门信息再利用的第 2003/98/CE 号指令"（以下简称欧盟 2003 年指令），该指令的目的在于协调欧盟各国关于公共部门信息再利用制度的标准，从而为内部市场的巩固和维护欧盟内部市场的自由竞争秩序提供完备的法律保障。该指令指出，各国公共部门发布的社会、经济、地理、气象、旅游等各个领域的信息，以及关于企业、专利和咨询等方面的资料对于市场活动主体具有重要的经济利用价值，将欧盟成员各国有关上述信息公开和再利用的法律规则加以协调一致，能够促进内部市场的繁荣，也是适应信息化社会中市场主体需要更方便地获取和利用公共信息的要求。根据欧盟 2003 年指令的要求，法国于 2005 年 6 月 6 日修订了 1978 年法律，在该法中增加了一章，名为"公共信息的再利用"。经过修订的 1978 年法律赋予公民对公共信息再利用的权利，并对该权利的行使方式和例外作出了具体规定。

（一）"公共信息再利用"的含义

"行政文件"与"公共信息"并不是两个完全重合的概念，它们之间存在交叉。具体而言，行政文件中包含的信息，有的并不属于公共信息，如行政机关在履行具有工商业性质的公务职能过程中制定或持有的文件所涉及的信息，法律并不禁止对于这些信息的商业利用，1978 年法律也无须加以调整[①]；又如，行政文件中包含的由第三人享有知识产权的信息，对这些信息的利用应由知识产权人控制，因此，也不属于公共信息的范畴[②]。另一方面，有一些公共信息则并非包含在行政文件之中，如高考成绩，但该信息一经行政机关发布，则转变为

---

[①] 参见获取行政文件委员会 2006 年 6 月 29 日第 20062674 号咨询意见、2006 年 7 月 27 日第 20063038 号咨询意见。

[②] 参见获取行政文件委员会 2006 年 9 月 14 日第 20063777 号咨询意见，2007 年 4 月 19 日第 20071573 号、第 20071492 号咨询意见。

公共信息。①

所谓"再利用"，是指将有关公共信息用于公共服务以外的其他任何目的。一方面，行政机关为了公务目的利用自己制定或持有的信息不属于再利用。另一方面，行政机关以外的当事人仅对公共信息进行简单利用，也不构成所谓的"再利用"，例如在报纸上刊登市政府发布的结婚登记公告，在网络上公布行政文件等，这些利用方式仅构成对行政文件制定目的的简单延伸，并没有达到"再利用"的程度。与此相反，记者对行政文件中有关信息的利用，私人公司对行政机关编制的地图进行编辑出版，将经请求而获取的行政文件在网络上公开②，如此等等，则属于对公共信息的"再利用"。

（二）公共信息再利用权的行使方式

1978年法律允许将公共信息再利用于工商业目的，当事人行使这一权利无须得到行政机关的事先授权，也无须将公共信息再利用的事实提前告知有关行政机关。但是，并非所有已经公开的公共信息都可以被再利用，根据经修订以后的1978年法律，凡是含有个人信息的文件，以及受知识产权保护的信息，都不属于可以自由再利用的信息，对它们的利用必须以事先征得权利人的同意，或者对个人信息加以匿名化处理为前提条件。获取行政文件委员会在其咨询意见中重申了上述原则，并进一步指出，对于涉及个人私生活、商业秘密的公共信息，在法律和行政法规有例外规定或特别授权时，可以向第三方当事人提供以实现自由利用。③公共信息的再利用方式受到严格限制，公共信息在再利用过程中不得被篡改或被曲解，该信息的来源和最新版本出现的时间应当被清晰地注明。另外，获取行政文件委员会曾明确指出，公共信息再利用的权利原则上不具有排他性，即任何人都不得排除他人对同一公共信息的利用，除非这种排他权是为了提供公共服务所必要。④

1978年法律第15条规定，行政机关有权自主决定由其制定或持有的文件信息被再利用时是否收费，以及计算费用数额的标准。对此，获取行政文件委员会认为，行政机关收取公共信息再利用费的数额，必须以实际发生的成本加

①参见获取行政文件委员会2006年3月2日第20060881号咨询意见。

②参见获取行政文件委员会2008年4月17日第20081565号咨询意见。

③参见获取行政文件委员会2008年2月21日第20074133号咨询意见、2007年7月5日第20072651号咨询意见。

④参见获取行政文件委员会2007年7月26日第20072043号咨询意见。

上合理利润为基础来确定。凡是需要支付费用的信息，当事人在支付了相应费用之后，行政机关应向其颁发再利用该信息的证书，在该证书中列明公共信息的利用方式与条件，以及当事人支付的费用数额。行政机关颁发公共信息再利用证书的行为，并不具有行政许可的性质，它仅仅表明再利用公共信息的当事人支付了相关费用，而不是一种行政许可。获取行政文件委员会特别指出，颁发证书的程序不得被用来限制公民自由利用公共信息的权利①；此外，获取行政文件委员会也会对费用数额的确定标准加以审查，指出行政机关在决定收取费用时是否依据公平的原则，是否存在歧视等。②

为了便利公民行使公共信息再利用的权利，1978 年法律规定了各行政机关应建立公共信息汇编制度，便于公民查阅和明确公共信息的再利用条件。行政机关应当将其制定或持有的主要文件，通过汇编后制成专门的信息索引系统，其中还应注明哪些是需要事先支付费用、取得证书后才能再利用的信息。不过，实践中，法国的各种行政机关和地方政府中，很少有建立这样一个专门的公共信息索引系统的。获取行政文件委员会也认为，1978 年法律关于建立信息索引的规定，并非要求行政机关将其所有的文件进行汇编，然后建立一个全面的信息索引系统，行政机关可以通过完善已有的各种文件公开途径与方式，来便利公民对公共信息的再利用。③

（三）公共信息再利用违法行为的处罚

1978 年法律在 2005 年被修订时，增加了一项重要的内容，赋予了获取行政文件委员会对违反公共信息再利用法律规定的人员作出处罚决定的权力。在发生如下两种情形时，获取行政文件委员会有权对当事人处以最高 15 万欧元的罚款：一是未经获取证书或违反证书规定的条件利用公共信息；二是在再利用公共信息的过程中，未经行政机关授权擅自修改其内容，或者曲解其涵义。当事人在 5 年内重犯上述违法行为时，最高罚款额可达 3 万欧元。对违法当事人的处罚，应当先由有关行政机关提请调查，经获取行政文件委员会审查后作出决定。例如，根据法国食品卫生安全局的请求，获取行政文件委员会在 2008年 12 月 16 日作出了一项针对某食品公司违法利用公共信息的处罚决定。在该

---

① 参见获取行政文件委员会 2006 年 3 月 2 日第 20060881 号咨询意见、2008 年 7 月 31 日第 20082898 号咨询意见。

② 参见获取行政文件委员会 2007 年 5 月 4 日第 20070034 号咨询意见。

③ 参见获取行政文件委员会 2006 年 6 月 8 日第 20062173 号咨询意见。

案中，某食品公司为了宣传一种新的食用油产品，在广告中声称其产品所含的饱和脂肪酸大大低于法国食品卫生安全局的安全标准建议。但是，经获取行政文件委员会查明，该食品公司的这项广告存在两项违法事实：一是该公司没有正确、全面地注明其广告使用的饱和脂肪酸安全标准建议的来源和最新版本，特别是，在产品广告中，食品公司错误地将"法国食品卫生安全局"表述为"法国卫生安全局"，足以误导消费者；二是广告称"本产品所含饱和脂肪酸仅为法国卫生安全局建议标准的三分之一"，该表述是以每人每日摄取的全部食用油量为基础计算的，而法国食品卫生安全局关于饱和脂肪酸的安全标准建议，是以每人每日摄取的全部脂肪量为基础计算的，显然，"全部食用油量"和"全部脂肪量"是两个不同的概念，因此，该广告曲解了上述安全标准建议。针对上述两项事实，获取行政文件委员会对该食品公司作出了 5 万欧元的罚款决定，并要求该公司将处罚决定在其作出产品广告的媒体上公布。

### 四、法国信息自由保护的局限

法国信息自由的保护在立法与实践上的局限性，集中表现为以下三方面：

第一，可以公开的行政文件范围不够全面。1978 年法律对于"行政文件"的界定遵循了法国行政法学说中的狭义说，即只有由行政机关制定和持有的文件才构成行政文件，因此，公法上的主体根据私法管理公产、公共企业在从事竞争性商业活动中产生的有关文件，以及公法主体根据私法从事活动，例如签订私法上的合同，均不属于行政文件，不属于应当公开的对象，但这些文件同样对公民实现知情权具有重要意义。另外，1978 年法律排除了正在起草制定的文件的公开，这被学者认为不利于促进行政决策的透明度和公众参与。再有，1978 年法律只是行政文件公开的基本立法，除了这部法律以外，还存在许多涉及行政文件公开的特别法，这些特别法设定的公开规则不甚健全，特别是它们排除了获取行政文件委员会的介入，使得该委员会无法发挥应有的作用。

第二，信息自由的保障机制有待强化。一方面，获取行政文件委员会的意见仅是咨询性质的，不具有强制力。对此，一些非政府组织指出应当赋予获取行政文件委员会决定权，必要时，还应赋予该委员会强制执行权，以促使行政机关执行其决定。获取行政文件委员会的工作实效也受到它在人力、物力和财力条件上的制约。另一方面，在司法诉讼中，行政机关往往以有关文件已丢失、被销毁或根本不存在等为由主张免除提供义务。对此，根据有关行政诉讼判例确立的原则，行政机关在主张存在上述免除提供行政文件的不可能情形时，必须已经尽到所有的勤勉义务，即不得以"不可能"的情形为借口来规避其法定义务。[①]但是，对于法院而言，要判定行政机关是否尽到勤勉义务，常常是非常棘手的。同样的情形也存在于，有关文件是否因为涉及工商业秘密、职业秘密以及安全原因而免除行政机关的提供义务。因此，法官的立场和司法能动性程度对于信息自由的保护，在某些情形下具有决定性的作用。这也是信息自由保护实践中的不确定性因素之一。

第三，信息自由的实现程度，特别是行政文件的自由获取与公开，在很大程度上取决于行政机关是否积极采取合作措施。然而，根据获取行政文件委员会的统计，行政机关自觉履行信息公开义务的情况并不令人满意，一些行政机关甚至对获取行政文件委员会的意见置之不理，公然对抗。许多行政机关尚未在其内部指定专人负责行政文件公开的事务，也没有建立相应的信息公开制度，不同部门之间相互推诿，致使行政文件公开工作拖沓、低效，阻碍了公民信息权的有效实现。此外，1978 年的法律对行政机关应当主动公开的文件范围规定得过于狭窄，除了少数法定情形外，其余大部分行政文件是否主动公开仍由行政机关自主决定，对此，行政机关的积极性不足，主动公开的实际效果并不理想。

## 结语

1978 年法律通过确立和保障信息自由与信息权，对于改变行政机关与公民之间相互关系的传统观念发挥了重要作用，同时也成为行政透明度原则的基石。三十多年来，获取行政文件委员会的实践，为如何在公共信息的公开与保密之间寻求平衡，确保公共信息的合理再利用，以及通过行政手段与司法途径相结合的方式促进信息自由的保护等方面，提供了丰富的经验，对其他国家信息公开和知情权的法制化建设进程具有重要的参考价值。现有信息自由保护立法与实践中存在的不足与局限，还需要通过不断改革来解决，而这一过程对于法治国家的建设具有积极的推动意义。

---

①参见咨政院 2007 年 12 月 21 日关于 Djurdjevac Veselin 案的判决，案件号 281.999 et 283.236。

# 第十六章　澳大利亚财政预算信息公开制度述评*

**摘要：** 澳大利亚具有较为完善的政府信息公开与财政预算信息公开法律体系。作为财政预算信息公开的基本法律，《预算诚信章程法》于 1998 年在经过执政党与在野党的多次博弈后获得通过。这部法律确立了合理财政的基本原则，并建立了报告制度和权责发生制两种实施机制，实现了财政预算信息公开的制度化。该法已在澳大利亚财政预算实践中得以实施并起到了积极作用。但是，《预算诚信章程法》的非强制性、用语含糊以及选举前报告易为政客所滥用等问题也影响了该法的实施效果。在构建我国财政预算信息公开制度时可以借鉴澳大利亚《预算诚信章程法》的经验，考虑制定我国专门的财政预算信息公开法律、建立周密健全的报告制度，以及有条件地借鉴权责发生制的部分规则。

一、澳大利亚财政预算信息公开概况
二、作为财政预算信息公开基本法的《预算诚信章程法》
三、《预算诚信章程法》的实施与存在的问题
四、澳大利亚财政预算信息公开制度对我国的启示

**关键词：** 财政预算信息公开　预算诚信章程法　报告制度　权责发生制

　　财政收入的主要来源是税收，作为纳税人的公民有权利知悉并监督财政资金的使用情况，这已经成为西方发达国家的普遍常识。作为资金用度计划的预算因此成为政府财政的重要内容之一，预算编制程序的合法性以及内容的准确性也成为备受公众关注的焦点之一。财政预算信息的公开不但是保障公民知情

---

*本章撰稿人董妍，南开大学法学院硕士，中国人民大学法学院宪法学与行政法学专业博士研究生；耿磊，南开大学法律硕士，现为天津市人民政府法制办公室工作人员。本章内容曾发表于《南京大学学报（哲学·人文科学·社会科学版）》2010 年第 6 期"当代西方研究：信息自由与信息公开"专栏。

权的重要途径，而且也是实现公众参与，进行监督的前提条件。①财政预算信息公开因此而成为诸多西方发达国家财政制度改革的重点内容。澳大利亚于1998年3月25日由议会通过的《预算诚信章程法》(*Charter of Budget Honesty Act 1998*) 专门就财政预算信息公开作了较为详细的规定，其建立的多项财政预算信息公开制度对构建我国财政预算信息公开制度具有一定借鉴意义。

## 一、澳大利亚财政预算信息公开概况

依据现代国家理论以及社会契约学说，政府因人民让渡部分国家权力而取得管理国家的行政权。政府行使管理职能所用的资金主要源于税收，因此政府财政收入理应取之于民，用之于民，财政预算是实现这一目标的具体计划。财政预算信息公开指负有管理国家财政义务的机关将国家基本财政收支情况的相关信息及时、准确地公开发布。这既是政府作为国家管理者应当认真履行的一项行政义务，同时也是保障国家财政预算顺利实施的重要途径。财政预算信息公开在推进良好的政府治理、保障公民知情权、加强财政问责等方面具有重要作用。

有鉴于此，西方发达国家都将提高财政透明度作为财政制度改革的重要内容，就地处大洋洲的澳大利亚而言，其自1983年第一届新工党政府便开始了"新公共管理运动"(New Public Management) 改革。"新公共管理运动"指20世纪70年代末至80年代初，西方发达国家为迎接全球化、信息化和知识时代的来临以及摆脱财政困境，提高国际竞争力和行政绩效而实行的行政改革。这场行政改革运动被看作"重塑政府"、"再造公共部门"的"新公共管理运动"。②财政预算信息公开是这一改革运动的重要组成部分，澳大利亚在改革中强化了政府的预算程序，完善了预算报告制度，增强了政府宏观经济分析和经济预测能力，进一步保障了公众对财政预算信息的知情权，促使澳大利亚的财政预算信息公开体制逐步完善。

澳大利亚国库部、财政部以及支出审查委员会是参与财政预算信息公开的主要行政机关。国库部主要负责宏观经济政策的制定和税收征管，编制政府收入预算，并将其所编制的收入预算连同支出审查委员通过的支出预算一并报内

---

① 公众参与已经成为许多西方国家政府信息公开制度的重要组成部分，对此可参见赵正群、董妍：《公众对政府信息公开实施状况的评价与监督——美国"奈特开放政府系列调查报告"论析》，《南京大学学报》2009年第6期。

② 潘顺恩：《澳大利亚新公共管理运动的概况及启示》，《宏观经济研究》，2005年第3期。

阁审查。财政部在初步审定各部门支出预算的基础上，汇编政府支出预算，有关事务由专设的预算司承担。支出审查委员会由总理、财政部长、国库部长、国库部长助理、基础工业和能源部长、卫生与老年关怀部长组成，负责审核部门预算及财政部门所编制的政府支出预算，是政府的预算审批机关。[①]

澳大利亚具有较为完善的政府信息公开与财政预算信息公开法律体系，早在1982年就制定了《信息自由法》作为信息公开方面的基本法律。[②]《预算诚信章程法》作为深化财政预算信息公开方面的法律，于1998年通过。该法律规定财政部应定期制定和公布财政预算报告及预算执行报告，并规定了财政预算报告的内容、编制程序、编制原则、公布时间等。另外，《总审计长法》、《档案法》、《公共服务法》及《财政管理和责任法》也是与财政预算信息公开相关的重要法律。

以上述法律为基础，澳大利亚建立了较为完善的财政预算信息公开制度，包括财政预算报告制度，权责发生制，预算信息审计制度等。澳大利亚政府重视预算编制和财政预算信息公开，预算编制从每年的10月正式开始到次年5月议会批准，历时约8个月，并且从预算编制开始直到最终的预算报告，都在议会及民众的参与监督下进行，预算草案在议会通过后就在互联网上公布，公众可以随时查询。

## 二、作为财政预算信息公开基本法的《预算诚信章程法》

《预算诚信章程法》作为财政预算信息公开的基本法律之一，在制定过程中颇费周折。但最终还是确立了合理财政原则以及报告制度等多项基本制度，实现了财政预算信息公开制度化。

### （一）《预算诚信章程法》的制定背景

在"新公共管理运动"的影响下，澳大利亚政府更加强调财政预算信息的公开、透明，以加强财政问责，节约行政成本，提高行政效率。但《信息自由法》没有专门规定财政预算公开的内容，因此需要制定一部专门规定财政预算信息公开的法律。另外，邻国新西兰于1994年颁布的旨在转变财政管理方式、增强财政预算透明度的《财政责任法》对《预算诚信章程法》的颁布也产生了一定影响。澳大利亚于1996年加入了国际货币基金组织（IMF）的"数据公布

①《澳大利亚的预算改革》，中国财政部预算司网站 http://www.mof.gov.cn/pub/yusuansi/zhengwuxinxi/guojijiejian /200810 /t20081016_82393.html，2010-9-14。

②可简称 *Freedom of Information Act 1982* 或 AU FOIA。该法已于1986年、1996年、2005年三度修正。

238

特殊标准"（*Special Data Dissemination Standards*，SDDS）。这个系统是 IMF 向成员国提供的一套在数据采集和公开方面的指导标准，以使各国在向公众提供全面、及时、准确、可靠和容易获得的数据方面有共同的依据。《预算诚信章程法》的颁布也是澳大利亚政府履行国际义务，满足 SDDS 要求的措施之一，促进了澳大利亚的财政信息公开更加符合国际货币基金组织的标准。1997 年爆发的亚洲金融危机，对亚洲近邻且是重要经济伙伴的澳大利亚产生了重大影响，使澳大利亚更加重视规范经济行为，客观上加快了其财政预算公开的改革进程。

　　《预算诚信章程法》的通过，经历了执政党与反对党之间的数次激烈政治博弈。早在 1996 年大选前，以自由党为首的反对党联盟在强烈抨击当时执政的工党基廷政府（1991 年至 1996 年）所公布的财政数据，尤其是 1995 年和 1996 年财政赤字的规模有不真实的嫌疑之时，就谋划提出预算诚信章程法案。并在本次大选前的宣言中，由自由党正式提出了该法案。本次大选中，自由党获胜，赢得了执政党的地位。至 1997 年 10 月，参议院本来已经通过了一项包含当时已经转变为反对党的工党作了修改的预算诚信章程法案，但因该法案未被当时已经执政的自由党政府所接受，因此法案的通过计划就此搁浅。直至 1997 年 12 月，自由党的原预算诚信章程法案再次被提交到参议院审议。不过此次提出法案的主体已经是新执政的自由党政府。自由党政府之所以在这个时候重新提出这一法案，主要基于在随后到来的新大选中赢得民众支持的考虑。[①]参议院如果再次拒绝通过这一法案或者通过了带有新执政的自由党政府所不接受的修改内容的法案，自由党政府将有权依据宪法第 57 条启动"双重否决程序"（double dissolution）。[②]此时已经沦为反对党的工党因担心政府启动双重否决程序而导致解散议会，不得不让步。最终于 1998 年 3 月 25 日，在自由党的霍华德政府时期（1996 年至 2007 年），议会通过了这一《预算诚信章程法案》。[③]由于这一法

①澳大利亚的大选通常为三年一次，但 1998 年 10 月，澳大利亚提前举行新一届大选，自由党－国家党联盟在大选中再次获胜，自由党是执政联盟中的主力。

②"双重否决"（double dissolution）源于《澳大利亚联邦宪法》第 57 条的下述规定：遇众议院通过的提案，为参议院所否决或无法通过，或者附加通过了众议院并不会同意的修正案，经过三个月之后，众议院在同一会期或下次会期内再次通过该议案，无论是否带有了参议院已同意和表示的修改，而参议院再次加以否决或无法通过它，或者附修正案通过而众议院并不同意时，则总督得同时解散参议院和众议院。但这种原因的解散，在众议院任期届满前六个月内不得为之。

③John Wanna，*Between a Rock and a Hard Place:the Nonsense of Australia's Charter of Budget Honesty Act 1998*，*Refereed paper presented to the Australasian Political Studies Association Conference* (Australasian Political Studies Association Conference University of Newcastle 25-27 September 2006).

案最早是由自由党人提出的，因此自由党人对这一法律十分推崇，时任国库部部长助理的 Rod Kemp 参议员曾经声称："现在，澳大利亚拥有一套世界领先的预算公开机制。"[①]

(二) 合理财政：《预算诚信章程法》的基本原则

《预算诚信章程法》共八章三十二条。分别就立法目的、基本原则以及诸项报告的内容作出了规定。其中第三章规定了该法的基本原则——合理财政原则。《预算诚信章程法》第四条规定：（1）政府的财政政策应当以保持经济持续繁荣以及促进人民福祉为导向，制定可持续发展的中期战略框架；（2）为了实现这一目标，政府应当以合理财政为基本原则制定财政政策。[②]

1.基本原则条款的逻辑关系

在《预算诚信章程法》第四条中出现了目的、手段和原则三项内容，这些内容之间不是简单的排列组合而是有其内在的逻辑联系。该条第一款指出了政府财政政策的目标有两个：一是保持经济持续繁荣增长；二是促进人民福祉。虽然将这两个目标用并列连词 "and" 连接，但这二者之间并非并列关系。依据近代的宪政理念，国家存在的最终目的是促进人民福祉，或曰现代国家中一切制度和政策的最终目标都应当是促进人民福祉。《预算诚信章程法》所规定的财政预算信息公开制度也不例外。虽然在条文表述中国家财政政策的目标有两个，但是应当说，促进人民福祉才是其终极目标。在条文中出现的保持经济持续繁荣这一目标应当作为实现终极目标的阶段性目标，或者说，保持经济持续繁荣这一目标的实现有利于促进人民福祉这一最终目标的实现。因而，在条文所阐述的两个目标当中，第一个应当为阶段性的初级目标，而第二个应当为终极目标。在阐述两个目标之后，第四条第一款进一步规定，政府应当制定可持续发展的中期战略框架，从条文的阐述和前后的逻辑关系来判断，该框架应当作为实现目标的具体途径和手段。《预算诚信章程法》第四条第二款进一步指出，为了实现上述目标，政府的财政政策应当建立在合理财政原则的基础上。也就是说，《预算诚信章程法》认为，只有以合理财政原则为基础制定的财政政策才能够促成上述两项目标的实现。

因此，《预算诚信章程法》第四条所阐述的两项目标、可持续发展的中期战略框架以及合理财政原则之间的关系可以表述为：在合理财政原则的指导之下，

---

①英文原文表述为"Australia now has a world leading framework of budgetary disclosure"。参见 Press Release No AT/008, 25th March 1998.

②*Charter of Budget Honesty Act 1998*, No.22,1998, clause 4.

以制定可持续发展的中期战略框架为途径，实现保持经济持续繁荣的初级目标以达到促进人民福祉这一终极目标。

2. 合理财政原则的内涵

《预算诚信章程法》第五条从构成要素以及财政风险两个方面详细阐述了合理财政原则的内涵。[①]

依据《预算诚信章程法》第五条第一款的规定，合理财政基本原则包含着五项基本要素，分别是：（1）审慎要素（prudent）。审慎要素要求政府应当审慎地处理可能面临的财政风险，充分考虑包括政府债务在内的经济形势，在此基础上作出判断，制定适合的财政政策。（2）绩效要素（contribution）。绩效要素要求政府制定的财政政策必须有一定的功效，可以产生一定的效益。具体来说，政府的财政政策应当起到保证达到足够的国民储蓄，缓和经济行为中的循环波动等作用，为国内经济秩序的良好运行提供基础和保障。（3）协调要素（consistent）。协调要素要求消费政策、税收政策以及税负应当协调并存。就是在稳定的税负政策并且可预见的前提下，保证消费政策和税收政策与税负在合理的程度上相协调。（4）完整要素（integrity）。指政府制定的财政政策应当保证税收体系的完整，不能使税收体系因财政政策的变动而出现严重缺陷和漏洞。（5）可持续要素（future generations）。要求政府作出的财政决定应当充分考虑其对于今后的财政影响，即财政政策应当立足长远，具有可持续性，不能采用掠夺式发展政策。该要素正是出于经济长远发展的考虑，在政策和制度层面上诠释了促进人民福祉的目标。

这五项要素，就主客观方面而言，审慎要素是主观要素，它从政府制定财政政策的态度出发，要求政府在制定财政政策时要在充分考量相关重要因素后制定稳健的财政政策。后四项要素是客观要素，要求政府制定的财政政策应当达到的上述四项客观目标。从宏观微观层面来说，审慎要素、绩效要素和可持续要素属于宏观要素，这三项要素从宏观上指导着财政政策的发展方向和应当达到的效果；而协调要素、完整要素属于微观要素，这两项要素着眼于具体的制度，为税收体系和消费政策的制定作了具体规定。应当说，合理财政原则之下的五项要素构筑了政府拟定财政政策的指导体系，从不同角度和不同层面促进了合理财政原则的实现。

除了五项要素之外，《预算诚信章程法》的第五条还采用立法解释的方法，阐述了"财政风险"的内容，这些风险大致包括：由过度负债净额导致的风险；

---

① *Charter of Budget Honesty Act 1998*, No.22,1998, clause 5.

公共运输和金融企业经营中的商业风险；税收体系腐败而导致的风险；资产和债务管理过程中的风险等。《预算诚信章程法》要求，政府在制定财政政策时，应当考察这些潜在的风险，采取审慎的态度，制定合理的财政政策，以促进经济持续繁荣与人民福祉。

（三）《预算诚信章程法》的基本制度

《预算诚信章程法》之所以能够成为澳大利亚财政预算信息公开的主要法律之一，不仅在于其确定了合理财政的原则，还因为其制定了多项可行的财政预算信息公开制度，使得财政预算信息公开实现了制度化、规范化和标准化。

1. 报告制度

《预算诚信章程法》第五、六、七部分分别规定了政府年度报告、中期报告以及选举前经济和财政展望报告。这三种报告的主体、报告时间、报告内容各有不同因而具有不同的性质和功能。

（1）年度报告

年度报告是政府向公众公开财政预算信息的最主要的形式，因而是三种报告中最重要的报告形式。年度报告又分为财政预算经济和财政展望报告（Budget economic and fiscal outlook reports）、年中经济和财政展望报告（Mid-year economic and fiscal outlook report）以及最终财政预算结果报告（Final budget outcome report）。

①财政预算经济和财政展望报告（预算报告）

财政预算经济和财政展望报告于每个预算年度开始时由财政部发布[①]，其目的在于为评估政府的财政行为以及在当前经济形势下制定的经济政策提供信息和依据。《预算诚信章程法》用较大的篇幅规定了预算报告中应当包括的内容，其规定较为细致并且具有可操作性。依据《预算诚信章程法》第 12 条的规定，预算报告应当包含下列内容：联邦预算部门和联邦政府部门对于该预算年度以及未来三个财政年度经济形势的估计；作出这种估计所依据的经济形势和其他方面的假定；在上述经济形势和其他方面假定下，讨论该经济预估对于形势变化的敏感度；对于本预算年度和未来三个财政年度税式支出（tax expenditures）[②]的规划和展望；对于可能发生的财政预估效果产生重要影响的风险和易出现问题的警示，这些风险和易出现的问题大致包括可能发生的偶然性债务、在财政

---

①*Charter of Budget Honesty Act 1998*, No.22,1998, clause 10.

②税式支出，tax expenditures，指的是因税收优惠政策而导致的税收收入的减少。

预估中没有体现的政府向公众发布的承诺①，以及政府间尚未完成的谈判等。②

除了从正面规定预算报告应当包含的内容以外，《预算诚信章程法》还特别强调报告中所公布的信息必须包括所有的可能对财政和经济形势预估产生影响的政府决定和其他情形。③也就是说《预算诚信章程法》要求报告所包含的内容应当尽量做到全面地涵盖经济运行中的每个方面，以形成更为准确的财政预测。但是，《预算诚信章程法》中也规定财政部制定政策时决策中的信息是不能公开的④，因为这些问题一是经常涉及商业秘密⑤，公开会对某些企业或者某个行业产生不利影响；二是决策过程中的信息被公开也有可能导致国家秘密的泄露，损害国家利益和公共利益。

考虑到获得足够的信息及相应的制度支持是有效实施报告制度的基础，为了使预算报告制度得以顺利地实施，《预算诚信章程法》以第13条专门为预算报告建立了辅助机制。该条规定，联邦政府各部门有义务帮助财政部发布年度报告，财政部有权利要求联邦政府各部门提供完成报告所需相关信息。联邦政府相关部门在接到财政部的信息请求后应当认真考虑，只要是形成报告所需要的信息和数据，在不违反其他法律强制性规定的前提下，该部门应当及时地向财政部提供这些信息。⑥建立这一辅助机制明显有利于财政部在形成报告时获取更多有效信息，有利于报告内容的全面与准确。

②年中经济和财政展望报告（年中报告）

在每年的1月底之前或者上一预算年度结束后六个月内，财政部应当发布年中经济和财政展望报告即所谓的年中报告，同时将该报告提交议会。如果财政部在应当向议会提交年中报告之时，恰逢议会休会，此时财政部可以不受上

---

① 这里的政府向公众发布的承诺指的是政府曾经向公众作出的可能会动用财政资金的承诺。比如说，政府承诺动用一定数额的资金来改善教育基础设施，那么在以往收付实现制的会计制度中因该项资金尚未支出，所以在预算以及其他的相关账务中是不能得到体现的，但是在新的权责发生制的会计制度下，实现该承诺所需资金也应当记载在账务当中，以便使预算能够更准确地反映资金流动或可能流动的情况。关于权责发生制的内容，后文将作较详细阐述。

② 之所以要特别强调记载政府间尚未完成的谈判是因为有些谈判可能旷日持久，需要大量的财力支持，因此造成了一部分必不可少的支出，这部分支出应当在报告中予以特别强调以保证公众对于财政资金可能的用途形成清晰而全面的认识。

③ *Charter of Budget Honesty Act 1998*, No.22,1998, clause 12（2）.

④ 不公开决策过程中的信息是各国政府信息公开制度的惯例。这主要是希望在政策形成过程中，决策者不受外界舆论的干扰，可以完全凭借自己所掌握的信息和自己的判断无顾忌地作出自己认为合适的决定。

⑤ *Charter of Budget Honesty Act 1998*, No.22,1998, clause 12（4）.

⑥ *Charter of Budget Honesty Act 1998*, No.22,1998, clause 13.

述期限的限制，暂不向议会提交报告而仅将报告向公众发布，待到议会再次举行会议之时再向议会提交。[1]年中报告的目的在于为评估政府财政行为以及制定新的财政政策提供即时的现实依据。

依据《预算诚信章程法》第16条的规定，年中报告应当对最近一次预算报告中税式支出等关键信息予以更新。此外，同预算报告一样，年中报告所公布的信息也必须包括所有的可能对财政和经济形势预估产生影响的政府决定和其他情形。[2]《预算诚信章程法》也为年中报告制度建立了辅助机制，要求联邦政府承担为财政部提供形成报告所需的数据信息义务。

③最终财政结果报告（最终报告）

在每个财政年度结束三个月内，财政部应当向公众发布并向议会提交最终财政结果报告，即所谓的最终报告。与年中报告相同，如果财政部在应当向议会提交最终报告之时，议会正逢休会，财政部也可以不受上述期限的限制，暂不向议会提交报告而仅将报告向公众发布，待到议会再次举行会议时再提交该年中报告。[3]

依据《预算诚信章程法》的规定，最终报告的内容主要是公布上一财政年度联邦预算部门和联邦政府部门的财政运行结果，以让公众了解政府对预算的实施情况。同时，最终报告的内容应当被作为下一财政年度预算报告形成的依据和重要组成部分。

④三种年度报告形式的比较

预算报告、年中报告和最终报告是《预算诚信章程法》规定的政府年度报告的三种形式。就目的而言，预算报告和年中报告的目的应当是规划和展望，依据所面临的经济形势对未来的预算和财政形势作出估计，而最终报告则要如实地报告财政政策实施的结果，特别是预算执行结果，其目的主要是总结回顾。就形成的基础而言，预算报告和年中报告形成的基础是当前经济形势以及各方信息，而最终报告形成的基础是上一财政年度预算结果的真实数据；就内容而言，预算报告的最主要内容是规划和展望，年中报告的主要内容是数据更新，而最终报告的主要内容是数据的整理、分析和汇总。《预算诚信章程法》所规定的这三种发布时间、内容与目的相异的报告种类形成了政府财政年度报告制度体系，使公众对于每个财政年度内财政预算的制定和执行情况都有较为清晰的

---

[1] *Charter of Budget Honesty Act 1998*, No.22,1998, clause 14.

[2] *Charter of Budget Honesty Act 1998*, No.22,1998, clause 16.

[3] *Charter of Budget Honesty Act 1998*, No.22,1998, clause 18（2）.

及时了解，同时也提升了政府的自我约束意识，有利其规范自身预算执行行为，保障预算的有效实施。

（2）中期报告

中期报告指财政部每五年发布一次旨在评估现行政府财政政策在未来四十年内持续影响的报告。依据《预算诚信章程法》的规定，第一份中期报告应当在《预算诚信章程法》实施五年内发布，此后每份中期报告均应在发布上一次中期报告后五年内公布，在报告中应当充分考虑财政政策对于经济形势的影响，作出全面准确的评估。①

同其他报告一样，中期报告也应当在公布的同时提交议会，但是如果报告公布之时议会休会，则待到议会再次召开会议之时再向议会提交，而不受上述五年期限的限制。

（3）选举前经济和财政展望报告（选举前报告）

应当说，这是一种形式比较特殊的报告，在大选前十天内，国库部秘书和财政部秘书应当发布一份选举前经济和财政展望报告，从《预算诚信章程法》的规定中可以解读出该报告的目的在于为经济和财政政策的规划和展望提供新的数据。②

选举前报告由两大部分组成。第一部分是经济和财政信息，这一部分内容主要向公众提供目前经济的形势。其内容与预算报告的内容相同。选举前报告的第二部分内容是该报告的特有内容，即国库部部长、财政部部长、国库部秘书和财政部秘书的声明。《预算诚信章程法》规定，选举前报告应当包含国库部部长和财政部部长表示政府有义务为报告提供必要数据的声明以及国库部秘书和财政部秘书签署的对于报告中数据的真实性和有效性负责的声明。③

为了使相关责任人更好地履行自己的职责，《预算诚信章程法》第 26 条特别对相关官员的职责作了规定。国库部秘书和财政部秘书有责任重新核实形成报告的数据，特别是对财政收入的预计、税式支出预计以及面临风险预计内容的核实，国库部秘书和财政部秘书要对报告中的这些内容的真实性和准确性负责。

同其他报告制度一样，《预算诚信章程法》也规定了相关责任主体有义务为

① *Charter of Budget Honesty Act 1998*, No.22,1998, clause 20-21.

② *Charter of Budget Honesty Act 1998*, No.22,1998, clause 22-24.

③ 声明中保证的真实性、全面性指的是在报告中所用的数据是真实的，并且在报告形成过程中考虑了《预算诚信章程法》所规定应当考虑的所有因素，没有遗漏关键的要素等。

报告的形成提供所需信息，并且这些信息必须在大选两天前向负责准备报告的国库部秘书和财政部秘书提供[①]，以保证报告可以在大选之前顺利发布。

《预算诚信章程法》中规定的政府年度报告、中期报告以及选举前报告三种报告规则相互结合，构成了澳大利亚财政预算信息公开报告制度体系，在促进财政预算信息公开，规范政府行为以及保障公民知情权方面都起到了重要作用。应当说，报告制度是在财政预算信息公开中，采用较低成本和较高的资源利用率，采取最简便的途径，对政府行为予以有效规制和对公民知情权提供有效保障的重要制度之一。

2. 权责发生制

在传统的财政制度中一直将收付实现制作为其会计制度的基础，即只有当发生现实的资金流动时，会计账务上才会有所体现。此种会计制度的缺陷在于无法将一些必然发生但尚未发生的资金流动记载到账目当中，从而不能对财政情况作出一个完整全面的估计，特别是不能预测到可能存在的隐性财政风险，使得财政面临着较大的风险。在 20 世纪 80 年代末，澳大利亚各州普遍面临着财政问题，因此掀起了一场以增加财政透明度为主要目的的会计制度改革。这场改革的重点是在预算制度中，以权责发生制的会计制度代替传统的收付实现制会计制度。在 1998 年通过的《预算诚信章程法》中正式地将权责发生制作为预算的会计制度基础，从而使权责发生制代替收付实现制成为了澳大利亚预算会计制度的基础。

权责发生制的目的在于提高财政预算信息的完整性以及财政预算信息的透明度，其特点在于可以将那些大量游离于政府会计体系之外的负债明显地体现在会计账目之中，披露隐性财政风险，便于对财政形势作出更为完整恰当地估计，制定正确的财政政策，最大限度地避免财政风险的出现。

具体而言，在权责发生制的计量方法下，不论是否发生现金交易，只要发生了经济价值的产生、转变、交换、转让或消失，就应记录这一价值变动。[②]比如政府应当支出一笔资金用于公民养老福利，在传统的收付实现制方法下，只要这笔资金尚未拨出，在会计账务中便没有体现，而在权责发生制的方法下，只要政府拨款的决定已经作出，也就是说只要拨款已属确定之事，在会计账务中就应当予以体现，而不论该笔资金是否已经实际支出。

---

① *Charter of Budget Honesty Act 1998*, No.22,1998, clause 27.

② 澳大利亚权责发生制改革，http://www.mof.gov.cn/pub/yusuansi/zhengwuxinxi/goujijiejian/200809/t20080922_76982. html, 2010-9-21。

《预算诚信章程法》的许多规定都体现了权责发生制的计量方法。一方面，在《预算诚信章程法》第三章明确规定的合理财政原则中特别阐明，合理财政原则的重要内容之一是要预防可能的财政风险[1]，确定这一原则意在表明财政预算信息公开制度的重要作用是防患于未然，对尚未发生的风险给予提前防范，这一原则正好与权责发生制方法相吻合。另一方面，《预算诚信章程法》规定的年度报告内容的设计体现了权责发生制的方法，如在财政预算报告中要求报告政府可能发生的债务、政府尚未实现的承诺以及政府尚未完成的谈判等内容[2]，而这些内容都是尚未发生但是必定发生的政府财政支出。[3]

可以说，权责发生制会计制度确认了现金以外的其他财务资源流动，反映了政府提供服务的全部成本[4]，这些信息具有较强的综合性，可以为评估政府财政政策以及政府行为提供更为准确和全面的基础，能更为全面地披露政府所面临的财政风险，使政府制定财政政策以及作出财政决定时有更为准确的依据，也有利于公民更准确地了解知悉国家财政情况。

### 三、《预算诚信章程法》的实施与存在的问题

《预算诚信章程法》自通过起就受到了来自各方褒贬不一的评价，有学者称这部法律是政党吹嘘和标榜自己的工具[5]，但是，正如前文所述，也有人认为这是"一套世界领先的预算公开机制"。[6]这两种截然相反的态度反映了澳大利亚国家内部对于这部法律甚至整个财政预算信息公开制度尚未形成较为统一的认识，同时也反映出这部法律在实施中的积极作用与存在的问题。

（一）《预算诚信章程法》的实施与积极作用

虽然几经周折才获得通过，但是《预算诚信章程法》甫一生效便成为了澳大利亚财政预算信息公开的重要法律。这是因为该法所确立的原则和建立的一

---

① *Charter of Budget Honesty Act 1998*, No.22,1998, clause 5（1）（a）.

② *Charter of Budget Honesty Act 1998*, No.22,1998, clause 12（1）（e）.

③ 此外，年终报告、最终报告以及中期报告和选举前报告中都有要求财政部公开一些尚未发生但可能发生债务的规定。

④ 参见江秀英：《权责发生制——政府财务信息披露的关键技术手段》，《黑龙江对外经贸》，2009年第8期。

⑤ John Wanna, *Between a Rock and a Hard Place:the Nonsense of Australia's Charter of Budget Honesty Act 1998, Refereed paper presented to the Australasian Political Studies Association Conference* (Australasian Political Studies Association Conference University of Newcastle 25-27 September 2006).

⑥ *Press Release* No. AT/008, 25th March 1998.

系列制度为公众知悉政府财政政策以及获取预算信息提供了有力的制度支持。这部法律的实施给澳大利亚财政预算信息公开工作带来了可喜的改观，以报告制度的形式将财政预算信息公开的形式、时间和内容固定化、格式化，这些规定无疑促进了财政预算信息公开规范化和制度化的发展。该法实施后，联邦政府按时发布法律所规定的各种报告[1]，使《预算诚信章程法》在形式上得到了良好的实施。在各州，这部法律也起到了很好的引导作用。很多州制定的本州财政法律吸收了《预算诚信章程法》的相关内容。例如，昆士兰州的《社会和财政责任章程》（*Charter of Social and Fiscal Responsibility 2004*）[2]吸收了《预算诚信章程法》关于财政目标设定的内容；新南威尔士州的《财政责任法》（*Fiscal Responsibility Act 2005*）规定了二十条财政原则，其中吸收了合理财政原则中的可持续要素[3]；此外，西澳大利亚州的《政府财政责任法》（*Government Financial Responsibility Act 2000*）[4]也吸收了政府财政计划等内容。这表明《预算诚信章程》不但在联邦而且在各州构建规范化制度化的财政预算信息公开制度方面发挥了积极的作用。

此外，澳大利亚法院在裁判相关财政案件时，也开始将《预算诚信章程法》的有关原则和规则写入裁判理由。依据澳大利亚税收办公室（Australian Taxation Office）建立的法律数据库（Legal Database, http://law.ato.gov.au）提供的资料，截止到 2010 年 10 月，澳大利亚已经处理和审理了 53 起有关财政税收案件（其中包括以行政程序处理的案件）。从案件的判决书上看，审理案件的依据多为《财政管理和会计法》（*Financial Management and Accountability Act 1997*）、《审计法》（*Audit Act 1901*）、《总审计长法》（*Auditor-General Act 1997*）和《税收管理法》（*Taxation Administration Act*），尽管迄今尚未见有直接依据《预算诚信章程法》（*Charter of Budget Honesty Act*）裁判的案件。但自《预算诚信章程法》于 1998 年生效之后，在这些涉及财政的案件当中，已见有两起案件的判决书在说理部分引用了《预算诚信章程法》。[5]在由澳大利亚高级法院（High Court of Australia）

---

[1]这些报告均可在澳大利亚政府网站上阅读并下载：http://www.gov.au/，2010-10-20.

[2]*Charter of Social and Fiscal Responsibility 2004.*

[3]*Fiscal Responsibility Act 2005.*

[4]*Government Financial Responsibility Act 2000.*

[5]这两起案件分别是 *Combet v. Commonwealth* 2005-09-29 224 CLR 494 High Court of Australia 和 *Page v. Federal commissioner of Taxation* 2009-4-3, 2009-7-7, 2009 ATC 20-116, Full High Court.见于 Legal Database, http:// law. ato.gov.au.

审理的 Combet 诉联邦政府案[①]中，议会依据《拨款法》（*Appropriation Act*）批准了用于宣传政府财政政策的拨款请求，Combet 认为政府宣传自身财政政策的行为不能动用公共资金，因此，议会的此一批准行为有违宪法。法院经审理，在判决书的第 259 个脚注中指出，《预算诚信章程法》首次确定了公众有权监督财政政策和财政政策的实施行为，这一法律已在议会通过，这意味这一法律应当被遵守和适用。因此推定，包括拨款行为在内的议会预算行为，都是在诚信、透明、负责以及有利于监督的原则下作出的。[②]由此法院驳回了 Combet 的请求。在本案中，法院确立了对于议会批准拨款的预算行为应给予合法推定的规则。这一裁判规则可谓合宪性推定原则在预算诚信领域中的体现。

（二）《预算诚信章程法》存在的问题

《预算诚信章程法》是在澳大利亚面临较为严重的财政危机的情势下，在"新公共管理运动"改革的推动下获得通过的，在指导联邦和各州改革财政预算制度方面起到了重要作用，为促进财政透明，特别是财政预算信息透明提供了重要的制度支持。但是，在《预算诚信章程法》的实施中也面临着一些问题，这些问题在相当程度上制约了其在财政预算信息公开领域中更好地发挥作用。

1. 《预算诚信章程法》的非强制性

《预算诚信章程法》在开篇即写道："本法在司法和程序领域没有创设任何强制性的权利或义务。"[③]这表明立法者在通过《预算诚信章程法》之时即没有赋予其任何强制力，从而使得该法仅仅具有指导性而不具有强制执行性，或可说《预算诚信章程法》被定位为"软法"（soft law）[④]。这使得《预算诚信章程法》所规定的一整套制度体系都不具有强制执行效力。《预算诚信章程法》被定位为"软法"，主要源于澳大利亚对于规范财政预算信息公开制度的研究尚不够深入，同时也缺乏实践经验的考虑。如果贸然将其定位为可强制执行的"硬法"（hard law），则担心可能将这部初衷拟提高政府透明度的法律变成了一部导致行政效率低下甚至有可能泄露国家秘密的"恶法"。因此，将《预算诚信章程法》定位为"软法"也可以说是在财政预算信息公开技术尚

---

①*Combet v. Commonwealth* 2005-09-29 224 CLR 494 High Court of Australia.

②*Combet v. Commonwealth* 2005-09-29 224 CLR 494 High Court of Australia,footnote 259.

③Nothing in the *Charter of Budget Honesty* creates rights or duties that are enforceable in judicial or other proceedings.

④此处的"软法"（soft law）是相对于"硬法"（hard law）而言的，有关"软法"（soft law）问题研究可参见罗豪才主编：《软法与公共治理》，北京：北京大学出版社 2006 年版。

不成熟以及经验尚不丰富情况下的一个无奈的选择。《预算诚信章程法》本就是执政党和反对党博弈和妥协的结果，双方都不希望《预算诚信章程法》对自己的执政产生过于强硬的约束力。于是就出现了这部没有创设任何强制性的权利或义务的"法律"。总之，《预算诚信章程法》的"软法"定位是由立法技术、实践经验以及政治因素共同作用的结果，客观地说《预算诚信章程法》的这种定位存在着一定程度上的合理性。但是，在现行的法律体系当中，特别是对于行政机关还尚未完全接受新制度约束的情况下，"软法"的定位毕竟使《预算诚信章程法》难以发挥其应当发挥的作用，甚至使公众的期望也大大打了折扣。在前文述及的 combet 案中，法院之所以不将《预算诚信章程法》作为审判依据，而将其作为裁判理由的一部分，也是因为该法没有强制力所致。一些澳大利亚学者也对这一现象提出了质疑并予以严厉批评。①笔者认为，这种现象应当引起相应反思，以尽快赋予《预算诚信章程法》相应的强制约束力，特别是赋予《预算诚信章程法》一些关键性制度条款强制力，以保证其可以发挥预期的效果。

2. 用语的不确定性

虽然《预算诚信章程法》单设了"释义"一章②，对于"预算"、"预算年度"、"联邦"以及"外部报告标准"等《预算诚信章程法》中出现的专业词语作了解释，但是这些解释显然仅是用最简练的语言说明其大致的含义而不够详细具体。以致出现了释义不明，定义不准，操作性不强等问题，使得很多包含专门术语的条款在实际运用时面临着诸多困难。此外，《预算诚信章程法》还多次使用了"稳定的"、"合适的"、"充分的"等表示不确定程度的副词或形容词③，没有具体地对这些词语所应当达到的程度给予具体的规制，使得政府在制定财政政策的时候可以随意解释上述词语，从而规避法律规定，出台仅有利于行政当局而非公共利益的财政政策。

《预算诚信章程法》中规定了主体发布报告中所应当包含的内容，但常常

---

①John Wanna，*Between a Rock and a Hard Place:the Nonsense of Australia's Charter of Budget Honesty Act 1998*，*Refereed paper presented to the Australasian Political Studies Association Conference* (Australasian Political Studies Association Conference University of Newcastle 25-27 September 2006).

②*Charter of Budget Honesty Act 1998*, No.22,1998, part 2.

③《预算诚信章程法》在规定各种报告的目的、内容和形式的时候，很多次使用这些含义不明确的程度副词。

仅是对有关项目的规定，而缺少具体和明确的规则标准要求。①这显然给发布报告的机关规避有关规定提供了可乘之机。当局可以利用这些法律上不健全或不够细致的规定，在计量方法上做手脚，导致公布的计量结果和客观真实的计量结果相差甚远，从而使当局在这种差异当中，寻求其想要得到的特殊利益。《预算诚信章程法》这种不确定的模糊规定削弱了报告制度的基础，使报告数据的真实性程度降低，严重影响了报告制度作用的发挥。

3. 选举前报告易为政客所滥用

同诸多西方发达国家一样，选举中的公民投票对澳大利亚的政局发展具有决定性作用，参加竞选的政客们只有赢得选民的支持才有可能竞选成功。因此竞选者在参选过程中均无例外地向选民作出许多承诺，这些承诺往往集中在公民福利等这些公众最为关心的领域。政客们意欲借助选举时对公众作出的承诺来赢得选民的支持已经是西方国家选举中最为盛行的一种手段。但也因此使政客们在选举过程中作出的承诺往往带有虚假，甚至是欺骗性。他们的一些承诺常常不过是他们赢得选民选票的工具而已，一旦竞选成功，完全兑现这些承诺的情况很少。选举前报告设置的主要目的之一就是使这些报告对有关政党政策产生约束力，使政党在竞选成功后能够兑现参选时的承诺。但在实践中，这一报告经常沦为政客们宣传自己政策的工具，他们常常借报告来鼓吹自己如果当选后将采取的政策，以诱惑选民。在这种情况下，报告的真实性和可靠性就成为公众质疑的一个焦点，常有政客在报告中鼓吹自己的一系列的政策，但是当选后却没有实现。因此，选举前报告为政客们所滥用，也成为《预算诚信章程法》在实施过程中所面临的主要问题之一。

## 四、澳大利亚财政预算信息公开制度对我国的启示

澳大利亚《预算诚信章程法》以促进经济增长和增加人民福祉为目的，建立了以报告制度和权责发生制会计制度为基础的财政预算信息公开基本制度，同时辅以其他机制以促进该法的实施。虽然该法存在着诸多的问题，但是就其制度构建方面而言，仍不失为一部优秀的财政预算信息公开法律。比照我国目

---

① 比如《预算诚信章程法》规定在年度报告中应当公布可能的财政风险（*Charter of Budget Honesty Act 1998*, No.22,1998, clause5），管理政府资产所需要的债务，但是对于哪些财产属于政府财产，管理这些财产应当需要什么样的手段，什么样的手段是恰当的等这些内容均没有作出任何规定。这使得管理政府资产所需成本这一项内容的计量方法不明确，计量的结果存在着很大的差异。

前的《预算法》及《政府信息公开条例》中对于财政预算信息公开的规定，可以看到我国财政预算信息公开制度建设还存在着不少问题。认真调查了解，学习和借鉴澳大利亚《预算诚信章程法》所构建的财政预算信息公开制度，无疑可以裨益于我国财政预算信息公开制度的发展和完善。

（一）制定专门的财政预算信息公开法律

财政预算公开原则是预算制度应当遵循的基本原则之一。[①]预算所依据的背景材料、编制审批的过程以及预算的内容都应当向公众公开。财政预算信息公开不但是保障公民知情权的重要途径，而且是公民行使对国有资产的所有权和有关监督权的前提和基本条件。因此，在许多国家中均有专门的财政预算信息公开法律，这些法律促进了财政预算信息的公开透明。[②]澳大利亚的《预算诚信章程法》虽然带有政治斗争与妥协的印记，但是其所规定的合理财政原则为政府制定财政政策提供了基本指导，并且以五个基本要素为评估政府财政政策提供了具体的可操作性标准。同时，《预算诚信章程法》所建立的报告制度、权责发生制等丰富的财政预算信息公开实施制度，也为澳大利亚政府财政预算信息公开提供了制度化的支持和保障。特别值得一提的是，澳大利亚各州政府虽然并不在《预算诚信章程法》约束的主体范围内，但澳大利亚许多州都会自觉地按照《预算诚信章程法》的要求发布财政预算信息公开报告[③]，这表明《预算诚信章程法》在制度建构层面上对联邦乃至各州都产生了广泛的影响，从而比较全面地体现出以法律形式将财政预算信息公开制度引入政府财政管理体系的必要性。

我国在财政预算公开制度的建设中存在的问题之一为，预算报告在审议阶段往往被当作"保密文件"，公众不能知悉或是很少能知悉预算审批的相关情况，更无法参与到预算制定的过程当中。同时，预算审查过程也不够公开。虽然《财政部关于进一步推进财政预算信息公开的指导意见》[财预（2008）390 号]对财政预算信息公开的指导思想和原则、公开的内容和方式以及具体要求作了概括性规定，但仅一份内容不臻完善的部门规章对于构建完整的和体系化的财政预算信息公开制度的作用犹如杯水车薪。针对上述情况，显然有发展我国财政

①华国庆：《预算法基本原则与中国预算法的完善》，《美中法律评论》，2005 年第 5 期。

②林琳：《从美国的预算制度看我国〈预算法〉的修订》，《法制日报》2002 年 3 月 2 日。

③在澳大利各州政府网站上均可查阅到这些州的电子版报告。例如新南威尔士州每年的报告可在 http://www.austlii.com/au /legis/nsw/bill/ 上查阅。

预算公开制度的必要性。而酝酿制定一部专门的财政预算信息公开法，无疑是一种经济高效地发展建构我国专门的财政预算信息公开法律制度的可选择途径之一。

（二）建立周密健全的公开财政报告体系

代议制度之下的报告制度，本是当代宪政体制中的基础政治制度，也是政府信息公开的基础制度之一。[①]以《预算诚信章程法》为代表的澳大利亚财政预算信息公开制度提供的可贵经验，不仅在于其将报告制度进一步引入到财政预算管理制度之中，而且将其发展成为一个周密健全的财政报告体系，使其构成了整个财政预算信息公开制度的核心。如，由《预算诚信章程法》的第五、六、七部分分别规定的政府年度报告、中期报告以及选举前经济和财政展望报告构成了澳大利亚财政预算信息公开报告体系。就我国政府信息公开制度的经验而言，报告制度在整个政府信息公开制度中也起着非常重要的作用。可以说，建立健全的报告制度是建立和实施财政预算信息公开制度必不可少的制度基础。

因为：（1）报告制度本身利于财政预算信息的公开。报告制度要求报告主体将形成的报告公之于众，公民可以通过简便的途径获取该报告，这种形式有利于财政预算信息的公开。（2）报告制度是一项节约成本的便捷制度。报告制度并不要求报告主体为了公布报告作更多额外的工作，而仅仅需要报告主体将财政预算的结果以及形成结果所需的资料公之于众即可。较其他的制度而言，报告制度能够更好地节约成本并且便于操作。（3）报告制度有利于对报告主体产生自我约束。报告主体出于多方面因素的考虑，一般都会遵循自己发布报告中的内容，约束自己的行为，以保证自己在公众当中的威信和良好形象。因此，在我国现有预算报告和政府信息公开报告基础上，继续发展建立较为完善的财政预算公开报告体系，应是澳大利亚财政预算信息公开制度提供的又一重要启示。

（三）有条件的借鉴权责发生制

将传统的收付实现制会计计量方法改为权责发生制会计计量方法是澳大利亚财政预算信息公开制度提供的另一可贵经验。与传统的会计计量方法相比，权责发生制不但能够反映政府财政活动中的现金流动，而且能够反映政府管理资产所需要的成本，能够更准确地反映政府在公共管理职能中的支出。权责发

---

①对报告制度较深入的专门论述可参见赵正群、朱冬玲：《政府信息公开报告制度在中国的生成与发展》，《南开学报（哲学社会科学版）》，2010 年第 2 期。

生制可以披露政府财政隐性成本这一功能，使得政府的全部预算行为都可置于公开之下，避免相关责任者借一些未发生的隐蔽现金流动交易而逃避责任，以更好地体现全面受托管理国家财政的责任观，并能够较为清楚地界定所发生的成本与财政管理绩效之间的对比关系，更全面地评价财政管理绩效。[①]

我国目前的预算会计制度的计量方法仍然采用传统的收付实现制[②]，这种传统的计量方法难以全面反映政府实施公共管理职能的全部成本，许多即将发生但尚未发生的政府债务被隐藏起来。这种情况使得公众对于政府的财政行为难以进行有效的评估，同时政府也难以看到自身财政政策中所隐藏的风险。而这种隐性的财政风险一旦发生便会使相关行政机关措手不及。权责发生制计量方法则提高了对于这种隐性风险的预见性，对于反映政府管理真实成本、提高财政透明度、披露财政隐性风险以及防止政府官员推卸责任都有重要的作用。因此在我国的预算制度中，特别是在一些风险较大的预算项目中，适当借鉴权责发生制不但能够提高我国财政透明度，而且能够大大降低财政所面临的风险。

## 结语

无论是近代以来所确立的宪政理念，还是当代西方各国普遍实行财政预算信息公开制度的立法实践，都已经为财政预算信息的公共产品属性[③]以及建立全面的财政预算信息公开制度提供了充分的理论与实践支持。我国自《政府信息公开条例》实施以来一再出现的申请公开相关财政信息的事例也表明了我国的公民个人和组织已经对财政信息公开产生了较强烈的权利诉求。[④]财政信息公开应当以预算信息公开为首，建立财政预算信息公开制度已经成为当代国家财政制度改革与发展的大趋势，并符合我国建设社会主义法治国家的宪法规范要求。

---

①参见江秀英：《权责发生制——政府财务信息披露的关键技术手段》，《黑龙江对外经贸》，2009年第8期。

②2002年初，国务院设立"金财工程"，并将其作为国家电子政务十二个重点工程之一。该工程要求详细记录每个用款单位每一笔财政资金的运行状态，以切实减少预算执行的随意性。这表明我国预算会计体系中使用的仍然是收付实现制的计量方法。

③关于财政预算信息的公共产品属性可参见李建人：《政府预算信息公开的维度》，《南开学报》（哲学社会科学版），2010年第2期。

④如严义明律师要求财政部公开四万亿投资详情，参见新浪新闻中心：http://news.sina.com.cn/o/2009-01-08/112715 001493s.shtml，2010-09-29；深圳学者吴君亮成立了公共预算观察志愿者团队，立志于搜集有关公共预算的信息，并对此进行讨论和研究；沈阳市民温洪祥在沈阳申请财政预算信息公开等，参见《财政预算公开须警惕地方政府隐藏敏感信息》，http://finance.qq.com/a/20100127/005301.htm，2010-10-02。

2010年8月27日，温家宝总理在全国依法行政工作会议上的讲话中指出："要重点推进财政预算、公共资源配置、重大建设项目批准和实施、社会公益事业建设等领域的信息公开。政府财政资金管理和使用是人民群众和社会各界关注的一个热点。今年我们开始推行财政预算公开，要求把政府所有收支全部纳入预算管理，所有公共支出、基本建设支出、行政经费支出预算和执行情况都公开透明，让老百姓清清楚楚地知道政府花了多少钱、办了什么事；此外，政府性基金收支预算、中央国有资本经营预算等，也要全部向社会公开。"这表明，财政预算信息公开制度的建立已经得到了党和国家的高度重视，并且已经被列入了当前的国家制度建设任务当中。为此，我们有必要认真了解借鉴包括澳大利亚在内的有关国家的经验，以推进适合我国国情的财政预算信息公开制度建设工作。

# 第十七章　国际温室气体减排信息公开制度的构建*

**摘要:** 国际上对温室气体减排信息公开问题的研究,集中在私人减排信息披露领域,西方发达国家的私人减排信息披露制度建设也比较成熟。而对于公共减排信息披露也就是公共减排信息公开问题的研究成果则很少,西方发达国家已经建立的区域性的公共减排信息披露制度也存在很多问题。哥本哈根会议提出了建立包括发展中国家在内的全球统一的减排信息公开制度的要求,中国等发展中温室气体排放大国应该坚持以人均历史排放理论为基点来构造全球指标配额体系、发达国家出资帮助发展中国家建立信息披露的各种软硬件设施的原则,在此基础上建立全球减排信息公开的统一规范与监管体系。

**一、温室气体减排信息披露的文献综述与本章的研究主旨**
**二、国际温室气体减排信息公开制度的现状**
**三、国际温室气体减排信息公开制度的发展趋势与存在的问题**
**四、国际温室气体减排信息公开制度的完善与我国的对策**

**关键词:** 温室气体　减排　信息公开　人均历史排放

人类进入 21 世纪之后,全球气候变化异常,极端气候事件日渐增多,应对全球气候变化问题成为国际社会亟待解决的政治和经济问题。国际社会为此付出了巨大的努力,先后签订了《联合国气候变化框架公约》(以下简称《公约》)、《京都议定书》(以下简称《议定书》)和《哥本哈根协议》(以下简称《协议》),但具有全球法律约束力的温室气体排放配额与减排体系仍然没有建立起来。

---

*本章撰稿人为南开大学法学院副教授韩良,管理学博士、法学博士后。本章内容曾经发表于《南京大学学报》2010 年第 6 期"当代西方研究:信息自由与信息公开"专栏。

2009 年底的哥本哈根会议上发达国家和发展中国家在国际温室气体减排信息公开问题上存在很大分歧，被认为是哥本哈根会议没有达成具有法律约束力协议的原因之一。国际温室气体减排信息公开问题不仅关系到各国的实际减排效果，而且日益成为发达国家不履行《公约》与《议定书》规定的提供资金与技术帮助发展中国家减排义务的借口。笔者在对国际温室气体减排信息披露制度研究的文献进行梳理的基础上，对国际温室气体减排信息公开制度的概念进行界定，对该制度的现状、缺陷及改进等问题进行研究，并对建立统一的国际温室气体减排信息公开制度提出了若干建议。

## 一、温室气体减排信息披露的文献综述与本章的研究主旨

温室气体减排信息披露可以划分成两类：一类是私人减排信息披露（Private Emission Reduction Information Disclosure），另一类是公共减排信息披露（Public Emission Reduction Information Disclosure）。前者是指排放源通过自愿或者强制公开的方式，在政府指定的媒体或者采取其他公开的渠道将其排放温室气体的种类、排放装置、排放数量及强度、减排措施及减排效果等信息向监管机构、机构投资者或者社会公众进行披露。后者是指一国政府或者公共组织将其掌握和拥有的公共减排信息向国际社会和国内公众进行披露。目前国际上，作为公共减排信息披露的基础和前提，对温室气体私人减排信息披露的学术研究成果远远多于对公共减排信息披露的研究。

（一）温室气体减排信息披露的文献综述

目前国际学术界对温室气体减排信息披露的研究重点主要集中在上市公司上，将其作为私人减排信息披露的主体，主要进行了以下研究工作：

1. 减排信息披露基础理论的构建

Mark Stephan 对环境信息披露的基础原因理论架构进行了研究，他认为出于警醒与羞愧的心理因素是导致公司加强环境信息披露力度的主要原因。[1]Peter H. Sand 认为现行的体制有利于政府和公司对其所持有的环境信息保密，为了保护公民对环境信息的知情权，应该建立强制政府公开环境信息的法律制度，应该建立全球污染物排放与转移登记系统，赋予法院能够获得和查证公司

---

[1] Mark Stephan, Environmental Information Disclosure Programs: They Work, but Why? *Social Science Quarterly*, March 2002,83 (1):190-205.

所拥有的秘密环境信息和数据的权力。①Gary F. Peters 等通过对 28 个国家的公司执行碳排放披露计划（Carbon Disclosure Project，简称 CDP）②的抽样调查分析，得出了公司进行碳排放披露的意愿和深度是和该公司所处国家的环保法律规制的严格程度以及市场结构紧密相关的结论。③

2. 公司自愿减排信息披露问题

尽管近期一些国家和地区制定了对公司等私人排放源实施强制的碳减排信息披露政策，但在国际范围内还没有形成一份针对私人排放源具有法律效力的强制性法律文件。因此，许多学者对公司自愿减排信息披露问题进行了研究。Cahan 等人④验证了全球多元化对公司自愿减排信息披露的影响。E. Einhorn 阐明了当公司自愿披露的环境信息可能被受众改作他用时，公司会出于信息披露代价与收益的考虑而改变自愿环境信息的披露策略。⑤Gary F. Peters 等认为在公司进行自愿减排信息披露时，不仅面临缺乏统一减排计量方法学的问题，而且还面临公司之间的排放信息缺乏可比性、由于核证方法局限及利害关系人受众带来的披露信息不实和干扰等问题。⑥Stacey Cowana、Craig Deegan 研究了澳大利亚公司执行澳大利亚国家污染物排放清单（National Pollutant Inventory，该清单是澳大利亚第一份关于排放度量及排放报告方面的规则）的自愿减排报告的

①Peter H. Sand ,The Right to Know: Environmental Information Disclosure by Government and Industry，Revised version of a paper presented to the 2nd Transatlantic Dialogue on "The Reality of Precaution: Comparing Approaches to Risk and Regulation"(Warrenton/VA,15 June 2002)and the Conference on "Human Dimensions of Global Environmental Change: Knowledge for the Sustainability TRansition"(Berlin,7 Decenber 2002).http://ww.inece. org/forumspub -licaccess_sand.pdf.

②碳排放披露计划建立于 2002 年 12 月 4 日,其目的是为世界上规模较大的公众公司提供一种自愿向社会公众进行温室气体减排信息披露的标准和途径,从而建立一条沟通机构投资者、股民和公司管理层之间应对气候变化风险的桥梁。

③Gary F. Peters, Andrea M. Romiv. Carbon Disclosure Incentives in a Global Setting: An Empirical Investigation, September 4, 2009. http://waltoncollege.uark.edu/acct/Carbon_Disclosure.doc.

④Cahan, Steven F.  Asheq Rahman and Hector Perera. Global diversification and corporate disclosure. *Journal of International Accounting Research*, 2005,4: 73–94.

⑤ Einhorn, E. The nature of the interaction between mandatory and voluntary disclosures. *Journal of Accounting Research*, 2005, 43: 593–621.

⑥Gary F. Peters, Andrea M. Romiv. Carbon Disclosure Incentives in a Global Setting: An Empirical Investigation, September 4, 2009. http://waltoncollege.uark.edu/acct/Carbon_Disclosure.doc.

情况，认为目前披露的减排信息对公司内外的受众都是不完全的。[1]

3. 公司减排信息披露对股东和投资者的影响

Martin Freedman、Bikki Jaggi认为，属于《议定书》签字国的公司比不属于签字国的公司对于碳排放披露的力度要大，而大的公司的披露力度也比小公司要大，公司缺乏持续的排放信息披露将会对投资者的社会责任感的培养形成消极的作用。[2]Eun-Hee Kim、Thomas P. Lyon认为，由于《议定书》的生效，公众公司虽然用于碳排放披露计划的费用提高了，但也相应提高了股东的持股价值，机构投资者应该采取积极的应对气候变化策略，以使投资者收益与气候环境取得同步改进。[3]Elizabeth Stanny、Kirsten Ely通过对构成美国标准—普尔500指数的公司碳排放披露情况进行研究，得出了如果不进行碳排放披露将增加机构投资者进行投资审查的成本，并且公司是否按照机构投资者的要求进行碳排放披露和公司海外销售规模大小密切相关的结论。[4]

西方发达国家关于私人减排信息披露的坚实的学术研究成果积淀，为其私人减排信息披露制度建设奠定了良好的基础。以美国为例，2007年4月2日，美国最高法院作出了一个关于气候变化的标志性裁定，将二氧化碳裁定为污染物，并裁定美国环保署具有按照《清洁空气法》对温室气体进行管理和规范的权力。按照最高法院的授权，美国环保署于2009年4月17日公布了温室气体对公共健康和福利具有危害性，应该纳入到《清洁空气法》中进行规范的调查结果，2009年9月22日，美国环保署发布了温室气体强制性报告规则，要求一定规模以上的温室气体排放点源对其排放数据向环保署进行报告。从而在美国建立了全国强制性的私人排放信息披露法律制度。

相对于私人减排信息披露的研究，有关公共减排及环境信息披露的文献很少，目前查到的文献有：Peter H.Sand对欧盟和美国公共持有的环境信息披露现状进行了比较研究，尽管通过数年的努力欧盟建立了公众可以查阅欧盟各个机

---

①Stacey Cowana, CraigDeegan，Corporate disclosure reactions to Australia's first national emission reporting scheme，*Accounting and Finance*，20 April 2010.

②Martin Freedman, Bikki Jaggi. Global warming, commitment to the Kyoto protocol,and accounting disclosures by the largest global public firms from polluting industries，*The International Journal of Accounting*, 2005，40:215-232.

③Eun-Hee Kim, Thomas P. Lyon. When Does Institutional Investor Activism Pay? The Carbon Disclosure Project，Draft October 2007.

④Elizabeth Stanny , Kirsten Ely. Corporate Environmental Disclosures about the Effects of Climate Change，*Corporate Social Responsibility and Environmental Management*,2008,15：338-348.

构持有的文件制度，但欧盟在公共持有的环境信息披露方面与美国相比还有很大差距。[1]Lei Zhang、Arthur P. J. Mol、 Guizhen He 和 Yonglong Lu 对中国国务院颁布的《政府信息公开条例》和中国环境保护部颁布的《环境信息公开办法》开始实施以后的执行情况进行了评估，指出中国政府应该加大两个规范性文件的宣传力度及扩展社会公众的参与度，建立独立的环境信息披露评估与监管体系，扩大各省级环保监管机构之间的信息交流并巩固和加强这两个规范性文件的法律地位。[2]

（二）本章研究的主旨

从前面的文献综述可以看出：国际上对于私人减排信息披露的问题的研究已经非常成熟，但对于公共减排信息披露的问题的研究成果还很少。全球气候变暖的严峻趋势要求无论是发达国家还是发展中国家都要行动起来，承担"共同但有区别的责任"。《协议》签署后，世界上主要国家包括发展中国家都提出了自己的减排目标，各国减排目标的执行情况需要通过减排信息披露的方式来让世界各国知晓，国际上急需建立一种统一、高效的公共减排信息披露机制。因此，对公共减排信息披露问题的研究具有迫切性与现实性。尽管成熟的私人减排信息披露研究学术成果为公共减排信息披露的研究奠定了基础，但公共减排信息披露在信息披露主体、信息受众、披露内容、披露程序等方面与私人减排信息披露均不相同。严格讲，公共减排信息披露的主体还包括各种非政府组织，公共减排信息披露制度尚属于国内法的研究范畴。但由于国际公共减排信息披露制度涉及各国主权，属于国际法的研究范畴，披露的主体是各国政府，本质上又是政府信息公开的问题。因此，笔者将研究主旨放在国际温室气体减排信息公开制度（The systems about information openness of the international Greenhouse gas emissions reduction）上，即一国政府为了履行自身的温室气体国际减排义务，对本国的温室气体排放总量、减排目标、延缓气候变化举措、减排措施的执行状况，以及与他国进行排放权交易的信息向国际社会进行报告、向本国国民公开的制度。

---

[1]Peter H.Sand，Information Disclosure as an Instrument of Environmental Governance，*Max-Planck-Institut fur auslandisches offentliches Recht und Volkerrecht*,2003.63:487-502

[2]Lei Zhang, Arthur P. J Mol, Guizhen He,Yonglong Lu，An implementation assessment of China's Environmental Information Disclosure Decree, *Journal of Environmental Sciences*, 2010,22(10):1649-1656

## 二、国际温室气体减排信息公开制度的现状

尽管国际上关于温室气体减排信息公开的学术研究比较薄弱，但出于现实的需要，国际上形成了三种不同的减排信息公开制度：一是欧盟以 2003 年 7 月 2 日达成的《欧盟排放权交易指令》为基础对其成员国实行强制减排信息公开制度。但该指令不能直接适用于成员国，各成员国必须将指令的主要内容作为其立法的根本，通过成员国的国内立法程序转化为国内法后生效。欧盟 2009 年 4 月 22 日颁布《2009 年交易指令》后，又将海运业和航空业也纳入到强制减排信息披露范围内，该指令的减排信息披露主体将会涉及发展中国家的航空企业与航运企业。二是美国等"伞形国家"①在其国内或者国内某一区域实行强制减排信息公开制度。2009 年 6 月底，美国众议院通过了 The Waxman-Markey 法案，即《美国清洁能源安全法案》，试图建立一个全国性 Cap and Trade 减排制度。该法案还没有获得参议院的批准，因此美国现在还没有形成一个全国性的温室气体减排法律体系与公众减排信息公开法律制度。但美国一些州和区域已经建立了自己的减排法律体系与公众减排信息公开制度。②三是不承担强制减排义务但采取了适当减缓排放行动的发展中国家建立的清洁发展机制项目减排信息披露制度。现分述如下：

（一）减排信息公开的主体

国际温室气体减排信息公开的主体是一国政府，将减排信息公开是政府行使气候行政权，履行受托人义务的体现。根据萨克斯教授的公共信托理论③，水、空气等与人类生活密不可分的环境要素不是无主物，而是全体国民的共有财产，国民可以将他们的共有财产委托政府管理。在信托关系下，政府作为受托人享有管理、处分信托财产即气候资源的权利，委托人即全体国民享有气候资源最

---

① 伞形国家特指当前在应对全球气候变化上与《京都议定书》持不同立场的发达国家利益集团，具体是指除欧盟以外的其他发达国家，包括美国、日本、加拿大、澳大利亚、新西兰等。从地图上看，这些国家的分布很像一把"伞"，故而得名。澳大利亚虽然于 2007 年 12 月 3 日批准加入了《议定书》，但其减排法律与政策不同于欧盟，而自成体系，我们仍将其视为伞形国家。

② 美国加利福尼亚州与佛罗里达州已经通过了州内实施的减排法案，美国还形成了三个区域性的减排计划，计有 the Western Climate Initiative, the Midwestern Greenhouse Gas Reduction Accord, and the Regional Greenhouse Gas Initiative。以上州减排法案与区域性的减排计划均建立了自己的公众减排信息披露制度。

③ 参见 Joseph L. Sax. The Public Trust Doctrine in Natural Resource Law: Effective Judicial Intervention. *Michigan Law Review*. 1970：471-566.

终受益权，有权对政府的管理行为进行监督。

为了履行受托人义务，实现《公约》与《议定书》的要求，各国特别是发达国家在其气候立法中均明确了气候管理行政机关及其管理权限，各国气候管理行政机关是温室气体减排信息公开的主体，承担减排信息公开义务。《欧盟排放权交易指令》规定："为执行该指令的规则，成员国要作出适当的行政安排，包括指定一个或者多个适当的主管机构执行该指令的规则。当指定的主管机构是多个时，多于一个主管机构的地方，必须按照该指令的要求对这些主管机构的工作进行协调。"①英国根据该指令制定的《2008年气候变化法案》建议成立一个新的公共机构——气候变化委员会，以独立评估英国如何完成减排目标。美国加州在其《2006年加州全球变暖解决法案》（*Global Warming Solutions Act of 2006*）中明确规定加州理事会作为对温室气体排放进行监管的行政机关，并规定了其具体的任务和职责。②发展中国家主要是在清洁发展机制中行使气候行政权，目前我国国家发展与改革委员会负责清洁发展机制下的项目审批和监管，参与国际气候谈判，也是温室气体减排信息公开的义务主体。

温室气体减排信息公开的受众应该是相关国际组织和本国居民。相关国际组织主要指《欧盟排放交易指令》中规定的欧盟委员会，联合国清洁发展机制执行理事会（EB）和国际气候变化缔约方大会。其中在欧盟温室气体减排体系内，各个成员国每年要向欧盟委员会提交其执行指令的报告，这是以报告的方式进行减排信息的公开。本国居民可以基于减排信息知情权要求本国气候行政主管机关公开温室气体减排的相关信息。

（二）减排信息公开的内容

温室气体减排信息公开的内容包括以下三个方面。

1．对外公开的内容

根据《议定书》和《欧盟温室气体排放交易指令》的规定，温室气体减排对外公开的信息包括：

（1）配额的分配方法

---

①参见 Article 18 Competent authority: Member States shall make the appropriate administrative arrangements, including the designation of the appropriate competent authority or authorities, for the implementation of the rules of this Directive. Where more than one competent authority is designated, the work of these authorities undertaken pursuant to this Directive must be coordinated.

②参见 UK, Climate Change Act 2008,32th clause: The Committee on Climate Change.

配额分配方法可以分为国际分配和国家内部分配两类。国际分配是指由《议定书》确立的京都模式，以各国 1990 年的排放作为基准排放量，即依据"祖父条款原则"[①]，只适用于《议定书》的缔约国。国家内部分配方式是指《欧盟排放交易指令》中提到的国家分配计划和具体标准。《欧盟排放交易指令》第 9 条规定："每个成员国要发展一个国家计划，陈述要在相应时期分配给他们的配额总量以及如何进行分配。"[②]第 10 条规定："始于 2005 年 1 月 1 日的三年期内，成员国将免费分配至少 95%的配额；始于 2008 年 1 月 1 日的五年内，成员国将免费分配至少 90%的配额。"[③]可见，排放配额的国内分配起初以免费为主，逐渐向有偿拍卖过渡。

（2）登记系统及其操作的方法

《议定书》项下的温室气体排放交易机制的登记系统包括：国家登记系统、清洁发展机制登记系统和国际交易日志，三个部分相互联系，相互制约。《欧盟排放交易指令》的第 19 条第 1 款要求各成员国建立温室气体减排登记系统："成员国要为建立和维护登记簿做好相应准备，以确保对配额的颁发、持有、转让和注销的精确计算。"[④]为此，欧盟的排放权交易登记系统在《议定书》的基础上增加了"欧盟独立交易日志"（Community Independent Transaction Log，简称 CITL）。欧盟的"欧盟独立交易日志"与国际交易日志相连接。

（3）监控及报告

出于监管成本和效率的考虑，欧盟温室气体减排的监管体系中，没有直接指定成员国的减排监管机构，只是作出原则性规定，赋予成员国在监管机制设计上的灵活性。欧盟委员会作为欧盟的常设机构，主要通过审查成员国提交报告的方式实现间接监管。《欧盟排放交易指令》在附件四中专门规定了监控和报告的原则，并要求成员国确保排放装置的每个经营者在每年末向主管机构报告排放装置的排放情况。

---

①参见王振：《欧盟国家温室气体排放交易权对我国的启示》，《企业技术开发》，2006 年 11 月。

②参见 DIRECTIVE 2003/87/EC OF THE EUROPEAN PARLIAMENT AND OF THE COUNCIL of 13 October 2003, Article 9, National allocation plan.

③参见 Article 10, Method of allocation,"For the three-year period beginning 1 January 2005 Member States shall allocate at least 95 % of the allowances free of charge. For the five-year period beginning 1 January 2008, Member States shall allocate at least 90 % of the allowances free of charge."

④参见 Article 19,Registries, "Member States shall provide for the establishment and maintenance of a registry in order to ensure the accurate accounting of the issue, holding, transfer and cancellation of allowances."

（4）核证和合规

核证是由独立的核证主体对排放主体减排后的温室气体排放进行定期的独立评估和事后核定的制度。《欧盟排放交易指令》附件五专门对核证的一般原则、方法和报告作出了专门规定；第13条第3款还规定：成员国要确保经营者提交的报告是根据附件五规定的标准进行核证的，并告知了主管当局。《加拿大温室气体抵消系统之核证规则和核证机构行为规范条例》①明确规定了加拿大的核证机构的资格要求、核证目标、核证规范、核证原则、核证标准、核证范围以及须提交的核证保证，同时还规定了核证的基本步骤和过程。

2．对内公开

温室气体减排信息的对内公开是对国内居民特别是利益相关者的公开，目前主要有两种做法，一种是减排结果的信息公开，另一种是减排过程的信息公开。前者重视结果的正当性，后者重视程序的正当性。

第一种是欧盟内部由主管机关主动将配额或者许可证情况以报告方式向社会公众公布，是行政主导型的信息公开方式，是减排结果的公开。《欧盟排放交易指令》第17条规定："根据第2003/4/EC号指令第3条第（3）款和第4条的限制规定，主管机构要把有关配额分配的决定和温室气体排放许可证要求的排放报告向社会公众公布。"②第二种方式是在减排立法或研讨中引入公众参与，特别是对相关的利益方公开，是减排过程的公开。如2006年《加州全球气候变暖解决法案》第38550条规定："加州理事会将采取公开方式，使所有相关的利益方有机会参与一次或更多的研讨会议，确定1990年的温室气体排放额。并以公众听证会的方式，确定加州2020年温室气体的排放达到的1990年排放限额的水平……"

（三）减排信息公开的形式和程序

1．减排信息公开的形式

减排信息包括各个责任实体的直接减排效果信息和通过排放权交易达成的减排效果信息，前者以提交报告的方式公开，后者以登记系统显示的数据公开。减排信息报告的是在减排期间，已安装的在线检测设备会随时或者定期提供排放数据，实际排放数据与排放配额的差值形成减排效果。各排放源实体将这些

---

①参见 Canada,Program Rules for Verification and Guidance for Verification Bodies.

②参见 DIRECTIVE 2003/87/EC OF THE EUROPEAN PARLIAMENT AND OF THE COUNCIL of 13 October 2003,Article 17,Access to information.

私人减排信息披露或者报告给本国气候行政主管机关，主管机关经过审查后总结出减排效果报告，并将报告提交给其他减排义务国家和国际组织。登记系统的公开包括国家登记系统、清洁发展机制登记系统和国际交易日志的公开，此外还有欧盟委员会实施的"欧盟独立交易日志"的公开。

2．减排信息公开的程序

减排信息不仅要公开，而且要以人们看得见的方式和程序公开。减排信息公开的程序强调透明性，透明性的实现要求引入公众参与，让政府气候行政行为公示在社会公众目光之下。美国加州《2006年全球气候变暖解决法案》中规定加州理事会在确定排放配额时，相关利益方可参与研讨会议或者以公众听证会的形式引入公众参与。欧盟的减排信息公开较加州的做法缺乏透明性，整个信息公开过程更多是通过向监管机构提交报告，政府行政监管机构进行主导和审核，缺少公众参与。《协议》虽要求信息公开的透明性，但缺乏程序性规定，需要今后在国际公约中予以规定。

另外，减排信息公开还应具有及时性，不应该积压与迟延回复。迟到的正义是非正义(Justice Delayed is Justice Denied)，即使像美国这样法治比较健全的国家，积压与迟延回复问题也普遍存在于行政机关的信息公开工作之中[1]，其他国家政府信息公开的迟延问题更严重。各区域及国际公约中的减排信息公开仅仅停留在透明性层面上，忽略信息的积压和迟延回复问题，因此在今后的各国减排信息公开程序上应该增加信息公开及时性的规定，确保这种正义不仅看得见而且能够及时实现。

### 三、国际温室气体减排信息公开制度的发展趋势与存在的问题

（一）国际温室气体减排信息公开制度的发展趋势

1．全球性的减排信息公开制度可望形成

如前文所述，目前尚未形成全球性的温室气体减排信息公开制度，国际上存在彼此独立的三大减排阵营，发展中国家还没有建立自己的温室气体减排信息公开制度，欧盟与"伞形国家"建立的温室气体减排信息公开制度在配额分配、登记和结算、核证等方面也各不相同。尽管2009年底的哥本哈根气候环境

---

①赵正群、董妍：《公众对政府信息公开实施状况的评价与监督——美国"奈特开放政府系列调查报告"论析》，《南京大学学报》（哲学、社会科学版），2009年第6期。

大会签署的《协议》不具有法律效力，但世界上主要的国家，包括发展中国家都作出了减排承诺。值得注意的是，奥巴马总统当政的美国政府态度积极，有可能带动"伞形国家"加入全球性温室气体减排行动。《美国清洁能源安全法案》一旦获得参议院批准。美国将成为全球最大的温室气体排放权交易市场，如果以美国为首的"伞形国家"与欧盟联手，一个全球性的温室气体排放权交易市场将会出现，届时将会促进全球减排信息公开制度的形成。

2. 发展中国家排放大国将成为新的信息披露主体

《公约》倡导"共同但有区别的原则"，《议定书》也没有规定发展中国家具有强制性的减排义务，仅仅规定发展中国家可以在发达国家资金与技术支持的前提下采取适当的气候变暖减缓行动。但由于《议定书》即将于2012年到期，全球面临的气候问题越来越严峻，2009年底召开的哥本哈根会议实际上是对建立2012年以后国际减排领域新格局的一次预演。由于中国等发展中的排放大国受到了来自欧盟、"伞形国家"等各方压力，中国与印度等发展中排放大国提出了"碳强度减排"的目标，即在2005年的基础上，到2020年，中国单位GDP的二氧化碳排放量降低40%~45%，印度单位GDP的二氧化碳排放量降低20%~25%。尽管《协议》不具有法律约束力，发展中排放大国的减排信息公开还不是强制性的法律义务，但只要全球气候变化趋势不发生良性逆转，科学研究不能推翻"人为温室气体排放造成气候变暖"的命题，签订具有法律约束力的国际统一减排协议是迟早的事情，这种具有全球约束力的国际减排协议一旦生效，中国等排放大国不仅将要按照协议进行减排，而且还要对各种减排信息按照一定的形式和程序定期或者不定期向国际社会报告或者披露，接受其他国家和有关国际组织的监督。因此，发展中排放大国将会成为减排信息披露的新主体。

（二）国际温室气体减排信息公开制度存在的问题

1. 减排信息公开制度由发达国家主导

《公约》和《议定书》均规定发展中国家不承担量化的减排义务，因此发展中国家在温室气体减排上没有明确具体的减排目标、减排方案和实施计划，减排信息披露制度也就没有建立起来。目前区域性的国际温室气体减排信息公开制度是发达国家最先提议并建立起来的，减排信息公开的内容与程序也受发达国家主导。发达国家主导减排信息公开制度带来了以下两个后果：第一、没有兼顾发展中国家的实际情况。减排信息公开制度需要强大的资金与健全的基础设施支持，发达国家在实现工业化及信息化的过程中，对几乎所有的排放源都安装了在线检测系统，在全国或者某一区域进行了气候立法、建立了气候行政机构与监管网络。发展中国家的以上制度与基础设施建设几乎还处在空白状态，不对发展中国家进行资金与技术支持投入，片面要求发展中国家公开减排信息，是不现实的；第二、全球气候变化具有科学上极大的不确定性，发达国家垄断了气候变化信息披露的话语权，形成人为排放温室气体造成气候变化的一边倒的舆论，这在科学上是非常不严肃的。哥本哈根会议前爆发的气候门事件①为人们敲响了警钟，一旦人为排放温室气体造成气候变化的命题被证伪，将会给人类社会特别是发展中国家造成巨大损失。因此，如果建立全球性的减排信息公开制度，必须给发展中国家更多的话语权与知情权。

2. 减排信息公开制度的基础脆弱性

现有的国际减排公约是通过国际气候谈判的形式确定下来的，国际社会是一个平权社会，国家主权平等原则成为国际谈判遵循的首要原则。全球温室气体减排涉及的利害关系极其复杂，实施基础非常脆弱。发达国家之间、发展中国家之间在减排基础理论、减排模式等方面分歧很大。国际气候谈判与公约执行中一旦与国家利益相冲突，当事国就可能以国家主权受到或者可能受到损害为由拒绝谈判或者不执行国际公约。除《议定书》具有实质性法律约束力外，《公约》《协议》均明确规定了国家主权原则，并且《公约》仅仅规定了国际社会应对气候变化的原则与方法，是一个框架性协定，《协议》不具有法律效力。如果不从根本上建立全球统一的排放配额制度，单凭依靠国际公约与各个国家的承诺，不仅减排效果会大打折扣，而且减排信息公开制度的将来执行状况亦令人堪忧。

3. 减排信息公开的前提条件分歧较大

目前，在国际温室气体减排信息公开的前提问题上，发达国家与发展中国家存在严重的分歧。发达国家要求发展中国家在认可其排放现状的基础上，才给予发展中国家的减排提供一定的资金支持，并对发展中国家获得资金支持的减排状况提出了"可测量、可报告和可核证"的严格信息公开要求；而发展中国家认为根据《公约》和《议定书》的规定不承担量化的减排责任、不承担减

① "气候门"（climate gate），是指 2009 年 11 月 17 日来自俄罗斯的黑客入侵英国"东英吉利大学"气候研究中心电脑服务器，上传该气候研究中心的文件，披露在英国气象学家之间进行交流的电子邮件证明气候变暖是不可靠的。哥本哈根大会一时间由讨论全球变暖问题转移到讨论全球变暖问题的可信度上。

排信息公开的义务。中国代表提出，发展中国家只有接受了《公约》下的资金机制援助，才需要公开减排信息，接受国际监督。印度前总理瓦杰帕伊认为："发展权不只是属于少数发达国家，广大的发展国家也应该拥有这一权利。"在应对气候变化中，国际社会应当尊重发展中国家的发展权，并为其发展留出一定的排放空间，不顾历史责任，不适当地要求发展中国家承担量化的减排责任，从而限制发展中国家的发展，既不客观，也有失公允。

4. 减排信息公开制度的程序性重于实体性

除学术界外，发达国家政府对如何公正地分配全球的气候环境容量资源，各国的历史累积排放量、人均排放量、人均累积排放量等涉及减排实体公正的信息公开问题避而不谈，目前支持国际减排信息披露的实体内容信息公开严重不足。发达国家将减排信息公开制度的重点片面地放在发展中国家的减排程序和效果上，即坚持国际温室气体减排的"可测量、可报告和可核证"的原则，而这种程序上的要求是建立在检测技术、检测设备、报告与核证系统完备的前提下的。在国际温室气体减排信息公开问题上，坚持实体正义与程序正义并重的原则应该成为发达国家与发展中国家亟待达成的共识。

## 四、国际温室气体减排信息公开制度的完善与我国的对策

《协议》对温室气体减排信息公开的条款进行了非常详细的规定[①]，其一旦生效，将成为具有法律约束力的国际公约，中国等发展中排放大国就不能仅以《公约》和《议定书》为依据而不履行减排信息公开的义务。减排信息公开是大势所趋，因此我们必须转变观念，由原来的被动应对改为积极主动地参与和建设，提出系统的国际温室气体减排信息公开制度完善方案与相关对策。

（一）以人均历史碳排放理论为基点来构造全球指标配额体系

人均历史碳排放也称人均累积碳排放（cumulative carbon emissions per capita），是指一国在某一时间段逐年累积的人均碳排放，包括历史和未来的累积排放，能够涵盖某一国家或地区、一个居民在经济社会发展历史进程中的排放需求。笔者主张我国政府在未来的气候谈判中应该坚持《公约》确立的温室

---

[①] 《哥本哈根协定》第5条第3款"附录 I 非缔约方采取的减排措施将需要在国内进行衡量、报告和审核，在确保国家主权得到的尊重的前提下，通过国家间沟通，交流各国减排措施实施的相关信息，为国际会议和分析做好准备。寻求国际支持的合适的国家减排措施将与相关的技术和能力扶持一起登记在案"。

气体不超过一定浓度目标的原则，根据设定的浓度确定一定年限碳排放的总量，以人均累积碳排放量为原则在全球范围内按照国家进行碳排放指标的分配，称为"人均累积碳排放配额"。人均历史碳排放理论兼顾了人际公平和代际公平，全球指标配额体系应该以"人均累积碳排放配额"为基础进行构建。发达国家自工业革命以来，通过大量消费化石燃料实现了自身及后代的富裕，却消耗了大量的气候环境容量资源，压缩了本来属于发展中国家未来发展排放的空间。因此发达国家的居民在承继了其先人耗费大量化石燃料建成的铁路、公路、隧道、桥梁等基础设施，学校、医院、博物馆等公共设施，宽敞的私家房屋的同时，也承继了先人超额排放温室气体的赤字。[①]"人均累积碳排放配额"可以作为全球标准化的产品在全球内进行交易，通过交易，发展中国家的居民增加了自己的财富，实现了自己的发展权，发达国家的居民补偿了其先人的"侵权责任"。坚持人均历史碳排放理论的目的在于建立一个具有实体公正性的全球减排配额体系。各国取得建立在公平与精确测算基础上的配额后，将专注于国内减排，不会以属于发展中国家与妨碍国家主权等理由不承担减排与减排信息披露的义务，为建立全球温室气体减排披露制度提供一个良好的外在环境与基础。

（二）发达国家出资帮助发展中国家建立信息披露的软硬件设施

尽管《公约》、《议定书》和《协议》都一脉相承地强调发达国家提供资金和技术帮助发展中国家进行温室气体减排，但多年来此项规定仍停留在书面文件中，没有实质性进展。[②]减排信息的获得、报告和公开需要先进的技术、设备和雄厚的资金支持，发展中国家经济发展落后，难以拿出资金用于减排信息披露的软硬件设施建设。建立全球"人均累积碳排放配额"体系后，发达国家无偿提供资金和技术帮助发展中国家建立信息披露的软硬件设施的行为将变成有偿，即可以换取发展中国家的排放配额作为回报。这样有利于调动发展中国家与发达国家两方面的积极性，推进发展中国家减排信息公开制度的发展，形成全球性的减排信息公开制度。

（三）对减排信息公开的内容进行统一与规范

---

① 我国科学家已经计算出各国过去（1900～2005 年）人均累积排放量、应得排放配额以及今后（2006～2050 年）的排放配额，其中，大部分的 G8 国家在 2005 年前已经用完截至 2050 年的排放配额，这些国家居民累积形成的排放赤字价值已超过 5.5 万亿美元。参见丁仲礼等，《2050 年大气 CO2 浓度控制:各国排放权计算》，载《中国科学》2009 年第 8 期。

② 参见杨海霞:《解读国际气候博弈》,《中国投资》,2009 年 1 月。

目前温室气体减排信息公开的内容除前面述及的区域性的配额分配方法、登记系统及操作方法、监控及报告、核证及合规外，还应该增加以下公开内容：

1. 各国历史排放数据

各国历史排放数据是建立全球人均累积排放配额分配制度的基础，应该是减排信息公开的重要内容。我国学者以 2050 年地球大气中二氧化碳浓度控制在 470ppmv 为目标，根据人均累积碳排放理论计算出各国过去(1900～2005 年)人均累积排放量、应得排放配额以及今后(2006～2050 年)的排放配额，并将相关国家或地区分为四大类别[1]：已形成排放赤字国家，如美国；排放总量需降低的国家，如日本；排放增速需降低的国家，如中国；可保持目前排放增速的国家，如印度。各个国家应该对自己国家与他国的历史与现在排放数据非常熟悉，以确定实施何种减排策略。

2. 最新气候科学发展的信息与成果

哥本哈根气候大会期间爆出的"气候门"事件让世人震惊，更让我们认识到，为了降低科学上的不确定性，地球上的每一个居民都有权利明晰气候科学的进展状况，以便公众对气候变化作出正确的应对选择。气候科学发展的信息和成果不能垄断在少数人手中，应该让全世界的人都了解，这是维护全球居民气候生存与发展权的体现。

3. 发展中国家使用发达国家气候补偿资金的状况

发达国家提供气候补偿资金后，对于减排资金的具体运用、减排效益等情况，资金提供国是有权知晓的，资金接受国有义务公开资金使用状况。而且这种信息的公开不仅应该具有相对性，也应该具有对世性，资金接受国的资金使用状况不仅要向资金提供国公开，也应该向所有的国家公开，这样可以为资金的使用状况提供良好的外在监督制度，达到更好的减排效果。

（四）建立全球减排信息公开程序与核查制度

1. 减排信息公开程序

全球性的减排信息公开程序应该强调透明性和及时性。透明性指减排信息公开的方式（报告及全球交易日志）要透明，不弄虚作假、虚报减排效果。及时性是指减排信息经审核后应该及时报告和发布，尽快让公众知晓，使决策者

---

[1] 参见丁仲礼、段晓男、葛全胜、张志强：《2050 年大气 CO2 浓度控制：各国排放权计算》，《中国科学》2009 年第 8 期。

及时调整减排策略,而不应该采取"使申请人在漫长的等待中退出"(wait out the requester)①的方式迟延公开。

2. 建立全球核查制度

由于温室气体减排可能会导致违规甚至是恶性虚报减排效果的发生,从而影响减排信息公开制度的健康、有效发展,建立全球核查制度至关重要。第一,在借鉴清洁发展机制独立第三方核证制度的基础上,各国应该在气候行政管理机关建立专门的减排监管机构,负责对企业的减排行为与中介核证机构进行监管;第二,各国应该依据有关国际公约,组建政府间减排信息公开相关国际组织,负责全球范围内的减排信息公开的核查和认定,并制定统一的违反惩罚措施,通过进一步的国际协商达成具体的全球核查制度。

国际温室气体减排信息公开制度关系到各国的直接减排效果,关系到人类的未来。我们应该转变发达国家强加给我们减排信息公开的观念,坚持在"人均累计历史排放"基础上进行全球排放配额的分配,建立公正的全球温室气体减排信息公开制度。

①赵正群、董妍:《公众对政府信息公开实施状况的评价与监督——美国"奈特开放政府系列调查报告"论析》,《南京大学学报》(哲学、社会科学版),2009 年第 6 期。

附　录

# 附录一  赵正群为《南京大学学报》"当代西方研究：信息自由与信息公开"学术专栏、《南开学报》"政府信息公开条例的实施与我国信息法制的发展"和"信息法制与中国社会发展"专题研究撰写的"主持人语"或"主持者言"

一、《南京大学学报》2008 年第 6 期"当代西方研究：信息自由与信息公开"学术专栏"主持人语"：

信息自由作为一项在世界范围内被普遍承认的基本人权，首先被包含在 1948 年通过的《世界人权宣言》第 19 条规定的表达自由条款之中。即，"人人有权享有主张和发表意见的自由；此项权利包括持有主张而不受干涉的自由，和通过任何媒介和不论国界寻求、接受和传递消息和思想的自由"。美国于 1966 年制定的《信息自由法》则开启了当代信息公开法制化的世界潮流。在不到半个世纪之内，已经有约 70 个国家先后制定了"信息自由法"或称为"政府信息公开法"，并且还有更多的国家仍在持续不断地加入这一行列。反映了人类社会对一种新型制度文明，即信息法治文明的执着追求。《南京大学学报》注重对这一顺应人类文明发展方向的法律制度研究，在 2008 年第 2 期发表了对美国信息公开制度的专论之后，本期继续组织讨论通过司法裁判对信息自由的保护问题，以总结信息自由如何从一项被宣示的基本人权落实为一项可以获得司

法保护的权利的经验，不仅具有学术价值，而且可以裨益于方兴未艾的中国信息公开法制建设事业。　（赵正群）

**二、《南京大学学报》2009 年第 6 期"当代西方研究：信息自由与信息公开"学术专栏"主持人语"：**

伴随信息技术与法治的发展，曾经被包含在《世界人权宣言》表达自由之中的信息自由，已经被发展成为一项受政府信息公开制度予以专门保护的权利。在中国，这一迅速生长的基本人权已经被规范表述为"知情权"，并被写入了于 2009 年 4 月 13 日发布的中国首部《国家人权行动计划 2009~2010》之中。《南京大学学报》在此背景下继续开展对"信息自由与信息公开"的专题研究，在本期"当代西方研究"栏目发表如下三篇专题论文。其中《公众对政府信息公开实施状况的评价与监督》一文，着眼于对美国政府信息公开制度实施过程中的公众监督与社会评议制度的研讨，提出了政府信息公开理论与实践研究中的新课题；《美国信息公开推定原则及方法启示》一文，较深入研讨了支撑政府信息公开制度的一项基本原理；《法国信息自由保护的立法与实践》一文评介了法国获取行政文件委员会，这一政府信息公开工作机构运作的新模式。这从不同角度展示了中国大陆学者对积极推进信息自由与政府信息公开问题研究的真诚努力。期待有更多的国内外学者对这一研究课题产生兴趣并参与相关研究。（赵正群）

**三、《南京大学学报》2010 年第 6 期"当代西方研究：信息自由与信息公开"学术专栏"主持人语"：**

作为人类社会在历史进程中创建出的一种新型制度文明，"信息自由与信息公开"正在世界范围内强劲而又稳步地发展。有关制度建设呈现出从国内制度向着国际秩序，从一般国家法律制度向着专项法律制度的发展趋势。本期"当代西方研究：信息自由与信息公开"栏目发表了反映这一趋势的两篇论文。其中《论国际温室气体减排信息公开制度的构建》一文在应对全球气候变化问题已经成为国际社会亟需解决的政治和经济问题背景下，梳理了国际温室气体减排信息公开制度的研究文献，考察了国际温室气体减排信息公开制度建设的现状与需要改进的方面，拓展了"信息自由与信息公开"的研究领域；《澳大利亚财政预算信息公开制度述评》一文以澳洲 1998 年《预算诚信章程法》为基本素材，专题评价了中国大陆尚了解不多的澳大利亚政府财政预算信息公开制度，为已经成为中国政府信息公开制度建设热点的财政信息公开问题，提供了可资借鉴的资料。与本刊已经发表的同一研究专题的两期栏目相比较（见于本刊 2008 年第 6 期和 2009 年第 6 期），本期两篇论文的作者更为年轻，关注的问题也更为前沿。并一如既往，在评介研究当代西方与相关国际问题时保持了对中国面临相关问题的浓郁关注和思考。本专栏也将一如既往，期待有更多的国内外学者，特别是年轻学者更为积极地拓展本研究课题的视野和学术空间，向本专栏投寄相关研究成果。（赵正群）

**四、《南开学报》2010 年第 2 期 "政府信息公开条例的实施与我国信息法制的发展" 专题研究 "主持者言"：**

中国信息法制事业的正式展开至少可以追溯到 21 世纪与 20 世纪之交。1999 年 1 月中国政府全面启动 "政府上网工程"，提出了建设 "电子政府" 的目标。与此同时，法学界开始了对保障公民知情权与政府信息公开法制问题的专门研究，立即引起社会各界与实务部门的高度关注。此后，历经 "中国加入世贸"、"抗击非典"、"制定行政许可法"、"抗击禽流感"、揭露部分西方媒体对极少数疆独、藏独分子破坏活动的歪曲报道、"5·12 四川抗震救灾" 等国内外重大事件与问题的洗礼，学术界与社会各界对此问题的关注度 "一直有增无减"。正是在面临这一系列重大问题的社会背景下，在相应学术研究成果的支持下，并以多项先行制定的地方政府信息公开规定为基础，国务院 "经过 5 年多的艰苦努力"，终于 2007 年 4 月公布了《中华人民共和国政府信息公开条例》（以下简称《条例》），自 2008 年 5 月 1 日起施行。《条例》的制定与实施，是坚持改革开放，建设社会主义法治国家所取得的一项重要成果，表明中国的信息法制正在走上有序与快速发展的轨道。也使与之密切相关的信息法制问题，成为影响中国社会发展与法治建设的重大问题之一。《南开学报》关注对这一具有重大理论与实践意义课题的研究，早在 2003 年组织的 "SARS 对中国社会影响与对策研究" 专栏中，就已经对此进行过相关研讨（见《南开学报》2003 年第 4 期）。值此《条例》实施两周年之际，再次组织了本次 "政府信息公开条例的实施与我国信息法制的发展" 专题研究，一并发表三篇相关论文。

希望能引起学术界与实务部门的关注，以推进方兴未艾的中国信息法制事业的持续发展。（赵正群）

**五、《南开学报》2011 年第 2 期 "信息法制与中国社会发展" 专题研究 "主持者言"：**

"注意并重视规则的制定本是现代政府最伟大的发明之一。" 伴随数字化生存状态的出现与信息化社会的形成，世界近百个国家正在不约而同地参加到一种新型的法律制度建设，即信息法制建设中来。以致自 20 世纪下半叶以来，逐步形成了一股信息公开法制化的世界潮流，初创出了一种新兴的信息法治文明。同时，日益展开的中国信息法制建设也正在有力地推动着中国社会向着现代化转型。"全面提高信息化水平。推动信息化和工业化深度融合，加快经济社会各领域信息化。积极发展电子商务。加强重要信息系统建设，强化地理、人口、金融、税收、统计等基础信息资源开发利用。构建宽带、融合、安全的下一代国家信息基础设施。推进物联网研发应用。以信息共享、互联互通为重点，大力推进国家电子政务网络建设，整合提升政府公共服务和管理能力。确保基础信息网络和重要信息系统安全。" 这些已被明确写入了《中共中央关于制定 "十二五" 规划的建议》之中。正在蓬勃发展中的信息法部门至少应该包括信息法制基础理论与信息公开法、信息安全法、个人信息保护法、网络管理法、对信息违法犯罪的追究与惩戒等部分。《南开学报》积极支持这一具有重要理论与实践意义问题的研究。继在 2010 年第 2 期组织了 "《政府信息公开条例》的实施与我国信息法制的发展" 专题研究之后，本期进一步开设了 "信息法制与中国社会发展" 专栏，以集中发表有关研究信息法制与中国社会发展问题的论文。本期发表的三篇专论，分别从信息公开法制的理念基础，信息法制的社会环境和财政预算信息公开等角度论述了有关信息公开法制问题。但本专栏今后发表的文章选题，将不仅限于信息公开，而是包括上述所有与信息法制相关的论文。（赵正群）

**六、《南开学报》2012 年第 4 期 "信息法制与中国社会发展" 专题研究 "主持者言"：**

在《中华人民共和国政府信息公开条例》实施四周年之际，国务院于 2012

年 5 月 24 日召开了首次全国性政府信息公开工作会议。会议指出，信息资源作为生产要素、无形资产和社会财富，与能源、材料资源一样，在经济社会资源结构中发挥着不可替代的作用。随着网络信息技术，特别是微博技术的快速发展，一方面，政府信息的及时发布、快速传播有了更好的条件和平台；另一方面，一些热点事件信息尤其是负面消息容易被聚焦放大，不实传言容易滋生蔓延。这不仅对政府信息及时、准确的发布提出了更高的要求，而且也向学术界展示了多角度、多侧面深入研究信息法制问题的必要性。为此，《南开学报》在2010 年推出"政府信息公开条例的实施与我国信息法制的发展"专题研究的基础上，继续 2011 年开始的"信息法制与中国社会发展"专题研究。一并刊出有关行政执法信息公开、纳税人信息保护、盗用个人信息行为的违法性及其法律责任等三篇从不同角度研究信息法制与中国社会发展问题的论文。（赵正群）

# 附录二 国内专家学者对《南京大学学报》"当代西方研究：信息自由与信息公开"学术专栏发表的三篇评论

## 一、胡锦光：知情权法制化研究的新进展*

作为一名宪法学学者，我注意到，《南京大学学报（社科版）》新近在已经具有一定学术影响的"当代西方研究"栏目下又增设了"信息自由与信息公开"这一新的研究专题，并在本专题下发表了《判例对免除公开条款的适用—对美国信息公开诉讼的初步研究》和《欧洲人权法院判例法中的信息自由》两篇论文。由此，引发出笔者如下一些学术感想。

在现代，知情权作为一项基本人权，被世界性人权文件及洲际性人权文件所普遍承认和肯定；知情权作为一项公民的基本权利，少数国家的宪法中作出了明确的规定，虽然多数国家在宪法中没有明确将此作为一项列举的基本权利，但一般认为其是被包含在宪法的基本原则和其他基本权利之中。是否要将知情权明确地规定在宪法之中，作为一项明示的或者说列举的基本权利，目前仍存在一定的争议。大多数学者持肯定的意见。我国宪法没有将知情权列举为为一项公民基本权利，多数学者主张应在未来的修正案中予以增加，近期的呼声较高。

知情权具有多方面、多层次的功能。从宪政的意义上说，公民若不具有知情权，即无从对公权力进行有效的控制和监督，也就无法体现人民主权的基本

---

* 本文系对《南京大学学报》2008 年第 6 期"当代西方研究：信息自由与信息公开"学术专栏发表的两篇政府信息公开法治问题的论文发表的评论，发表于《南开学报（哲学社会科学版）》2009 年第 1 期。作者为中国人民大学法学院教授，法学博士，博士生导师，法学院副院长。

原理；从民主政治的意义上说，公民若不具有知情权，无法参与国家和地方的政治过程；从个人权利保障的意义上说，程序性权利是保障个人实体权利的一项重要机制，而知情权是当事人获得和实际有效行使程序性权利的基本前提；从个人权利救济的意义上说，知情权又是当事人寻求救济特别是司法救济的重要前提条件。

公权力主体的信息公开是基于公民所具有的知情权而形成的一项制度。知情权作为一项公民的基本权利，相对应的，即是公权力主体的告知义务。公权力主体的告知义务，既可能是法定的必须告知义务，也可能是依特定当事人的申请的告知义务。基于前者，各国通常制定了《信息公开法》；基于后者，各国在不同领域的单行法律中分别作出了规定。我国由国务院制定了《政府信息公开条例》（2008 年 5 月 1 起施行），并在其他单行法律中规定了公权力主体的法定必须告知义务和依申请告知义务。如最早涉及此项义务的《中华人民共和国行政处罚法》中明确规定，作为行政处罚依据的规范性法律文件必须公开；在作出行政处罚决定之前，必须告知当事人将要作出的行政处罚决定的事实、理由和规范性法律文件依据；在作出行政处罚决定之后，必须告知当事人诉权。

毋庸讳言，西方发达国家的信息公开制度要比我国成熟得多。我国目前还未能够制定统一的《信息公开法》，而只局限于行政机关的信息公开；同时，《政府信息公开条例》又是由作为最高行政机关的国务院制定的行政法规，即由行政机关自己规定自己的哪些信息应当公开，虽是进步，但其正当性基础令人置疑。在西方发达国家中，信息公开制度比较具有代表性是美国和欧洲人权法院的做法。本期选择这两个具有典型代表性的实例进行介绍和分析，是确当的。同时，通过从美国普通法院的判例和欧洲人权法院的判决这一特定的角度，解读信息公开制度中的公开与不公开的界限，尤其是不公开的正当性根据，对于我们了解制定法的真实内涵，具有不可或缺的价值。

由南开大学赵正群、崔丽颖合作撰写的《判例对免除公开条款的适用—对美国信息公开诉讼的初步研究》一文，以美国联邦最高法院有关信息公开的判例为素材，重点研究了美国《信息自由法》中免除公开条款在适用中的具体界限。美国是一个以个人自由主义为基础的社会，其人权的核心价值在于保障个人的自由，在国家权力的界限及国家权力与个人权利的关系上都奉行以保障个人自由为基本理念。美国是一个判例法国家，联邦最高法院的判决对于下级法院具有拘束力，即最高法院的判决可以作为下级法院未来类似案件判决的依据。

联邦最高法院对于免除公开之信息的认定即是最终的标准。据我所知，赵正群教授的学术兴趣在于对判例法的研究，其对我国、日本及美国等国家的诸多个案进行过解析，同时，对判例法的基本原理也多有著述。因此，本文之分析实为赵教授所擅长之领域和方法。

基于公民知情权保障之需要，公权力主体所获信息之公开为信息公开的基本原则，已无须探讨其正当性基础。而若要限定为不公开的事项范围，必须具有正当性根据。美国《信息自由法》第2款规定了可以免除公开的9类信息，如属于国家秘密信息的机密信息；机关内部人事规则与制度；其他法律特别规定免于公开的事务；商业秘密以及机关从其他人那里获得的其他特定特许或者机密商业信息；在行政机关作为一方当事人的诉讼中，法律规定不得向非机关当事人公开的机关内部或者机关之间的备忘录或者信件；人事档案、医疗档案及其他公开后会明显构成不当侵犯个人隐私权的档案；为执法目的而收集，公开后造成特定损害的档案或者信息；与对银行和其他金融机构的管制有关的事项；地质和地理信息的数据。本文就上述法律规定的免除事项，基于最高法院的判例，逐项进行了分析和探讨，厘清了法律规定的各项事务的内涵和外延。此外，本文在分析判例的同时，也为读者展示了相关立法规定的进展过程。

根据我国《政府信息公开条例》的规定，属于免除公开的信息事项范围：（1）《政府信息公开条例》第14条第4款规定："行政机关不得公开涉及国家秘密、商业秘密、个人隐私的政府信息。但是，经权利人同意公开或者行政机关认为不公开可能对公共利益造成重大影响的商业秘密、个人隐私的政府信息，可以予以公开。"（2）何者为国家秘密、商业秘密、个人隐私，需要根据相关的法律确定。特别是"国家秘密"的事项和范围，需要根据《中华人民共和国保守国家秘密法》予以确定。与美国的《信息自由法》比较，我国的《政府信息公开条例》所规定的免除公开的事项及范围仍然是不甚明确的。因此，本文对于借鉴美国的制度经验，特别是司法实践中所确定的事项范围标准，具有非常重大的参考价值。

由传媒大学王四新博士撰写的《欧洲人权法院判例法中的信息自由》一文，以欧洲人权法院关于信息公开的判决为分析素材，阐述了欧洲的信息公开理念和信息公开制度。与美国所奉行的个人自由主义理念不同的是，欧洲国家普遍地奉行社会团体主义的基本理念，更加重视社会秩序的价值。因此，在信息公开制度的基本内容上与美国展现的风格有所差异。基于《欧洲人权公约》，欧洲设立了"欧洲人权法院"这一在欧洲以外的国家看来较为特殊的人权保障机构及体制。其在权限范围内之地位上高于欧洲的主权国家,高于主权国家之法院所作出的判决。

王四新博士曾赴丹麦人权研究所作高级访问学者,长期从事人权问题的研究,尤其对欧洲的人权研究状况有较为深入的了解和研究。本文从欧洲人权法院的判决的角度,观察欧洲的信息公开问题。我认为,这对于了解欧洲人权法院、欧洲的信息公开制度,都是极有裨益的。

本文重点就《欧洲人权公约》中所规定的信息自由,结合欧洲人权法院作出涉及信息自由的具有代表性的个案,分析了欧洲信息自由的基本特点,特别是分析了欧洲在保护个人信息自由方面所存在的不足。欧洲的情况与我国的理念存在着一定的相似性,因此,欧洲的经验对于我国更具有借鉴意义。

总之,《南京大学学报》2008 年第 6 期"当代西方研究"专栏编发的上述两篇论文。对于我们了解美国和欧洲的信息公开制度,以及在实践中的真实样态,对于推进和活跃我国在这一领域的研究,提高我国信息公开制度的立法水平,完善我国信息公开制度的实施状况,具有不言而喻的意义。

## 二、张千帆:深化域外法治研究 推动中国信息公开*

"信息自由"(freedom of information)最早被作为《世界人权宣言》中表达自由的一部分,现在已发展为保证政府信息公开的制度性权利。在中国,这一迅速生长的重要自由已被规范表述为"知情权",并被写入 2009 年 4 月发布的中国首部《国家人权行动计划 2009-2010》中。在这个对于人民生活至关重要的领域,国外理论和制度实践对于中国显然具有直接的启示。法治国家对信息公开的坚守表明,无论信息公开遇到什么样的困难和阻力,"公开是原则、保密是例外"已经成为各法治国家普遍遵循的原则。《南京大学学报》的"当代西方研究"专栏专门组织了"信息自由与信息公开"专题研究,刊发了多篇中外学者研讨西方国家特别是美国信息公开立法及执行情况的论文,为中国信息

---

* 本文系对《南京大学学报》2009 年第 6 期"当代西方研究:信息自由与信息公开"学术专栏发表的 3 篇外国政府信息公开法治问题论文的评论,发表于《南开学报(哲学社会科学版)》2010 年第 1 期。作者为北京大学法学院教授,政府学博士,博士生导师,北京大学宪法与行政法研究中心常务副主任。

公开事业的发展提供了有益借鉴。[①]其中 2008 年第 2 期刊发了赵正群教授等《判例对免除公开条款的适用》和王四新博士的《欧洲人权法院判例法中的信息自由》，[②]已引起学术界的广泛关注。[③]

本期"当代西方研究"专栏再次聚焦本专题，发表了如下三篇专题论文。赵正群教授与董妍的《公众对政府信息公开实施状况的评价与监督——美国"奈特开放政府系列调查报告"论析》一文着眼于对美国政府信息公开制度实施过程中的公众监督与社会评议制度的研讨，[④]以"解密国家安全资料库"这一非政府组织在 2003 年至 2008 年持续发布的七篇奈特开放政府系列调查报告为基本素材，分析了报告中反映的美国信息公开法治中面临的问题及其原因。论文首先对奈特开放政府系列调查报告进行了介绍，总结出该报告的统一格式以及每篇报告的主要内容，较为详细地介绍了报告的主体，使读者通过了解报告发布主体的情况而更有利于了解报告的立场与观点。并就报告所采用的研究方法作了较深入的探讨，分析了"以申请人的身份亲历信息公开申请过程"这种实证研究方法的优点与存在的问题，从而使有关分析更加客观并具有科学性。论文第二部分着重讨论了系列调查报告发现的美国信息公开存在着积压与迟延回复、"伪秘密"、网站建设不力等三个主要问题。并通过对系列调查报告的梳理，进一步分析了产生问题的原因，概括出了程序层面、技术层面、资源层面和制度层面等四个层面的原因，较清晰地定位了各层面原因在造成上述问题中所起的作用与影响。最后，论文指出了系列报告的意义及启示。认为系列调查报告对政府信息公开实施状况做出了专业化系统化的评议，反映了公众组织化参与以及机制化监督。通过研究系列报告，可以避免神话美国的信息公开制度，并使我们认识到，政府信息公开法治的有效实施不仅源于国家机关之间的互动，更依赖于公众与国家机关的互动，政府信息公开法治发展的社会基础与根本动力源于公众的组织化参与。论文一改以往研究美国信息公开制度偏重于研究法

---

[①] 参见赵正群《南京大学学报》2009 年第 6 期"当代西方栏目主持人语"。

[②] 赵正群等《判例对免除公开条款的适用——一项对美国信息公开诉讼判例的初步研究》和王四新《欧洲人权法院判例法中的信息自由》均刊于《南京大学学报》2008 年第 6 期。

[③] 对上述两篇论文的专题评论可参见胡锦光《知情权法治化研究的新进展》南开学报（哲学社会科学版）2009 年第 1 期。

[④] 赵正群、董妍：《公众对政府信息公开实施状况的评价与监督——美国"奈特开放政府系列调查报告"论析》，《南京大学学报》2009 年第 6 期。

律文本的思路，将研究视野扩展至公众监督层面，为研究美国政府信息公开制度实施情况提供了一个新视角。

胡锦光教授与王书成博士的《美国信息公开推定原则及方法启示》一文提出，信息公开如欲达到建设透明政府、防止权力腐败等目的，必须具有完备的方法论体系，使得信息公开规范的价值能够在司法实践的层面得以实现。[①]论文首先梳理了历史上与《信息自由法》相关的规范性文件，通过美国信息公开制度中始终面临的规范难题，揭示美国信息公开制度的历史脉络并非始终完美无缺而毋宁是面临不断的挑战而一直处于完善的过程之中。在此基础上，进一步讨论了公开推定原则的方法层次问题。指出公开推定原则在方法层次上是针对确定例外信息出现"模糊"困难时的一种方法。并论述了政府信息公开中的举证责任，由从公众负担举证到由政府负担举证责任的演变的进程。同时政府信息公开的标准也经历了从"实质性法律基础"到"合理预见"到"合理性法律基础"再到"公开推定"的演变。这体现了在政局的影响下，美国政府在信息公开态度上从保守——开明——再保守——再开明的态度转变。论文还指出了联邦法院的司法审查对公开推定方法论发挥了重要作用。全面梳理了美国政府信息公开制度由政府主导控制而排除司法审查模式到有限司法审查模式的转变以及不同模式下的不同方法论体系，并提出了构建我国信息公开制度方法论体系的建议，对发展我国信息公开制度具有积极意义。

李滨教授的《法国信息自由保护的立法与实践》一文首先介绍了法国信息权与信息自由的确立过程，梳理了《人权宣言》、1958 年宪法以及《关于改善行政机关与公众关系的各种措施以及其他行政、社会和税收秩序规定的法律》中对于信息自由与信息权的规定，指出信息自由从一项宪法原则逐步发展成为一项具体的、有可操作性，并受到司法救济保障的法律权利。[②]论文具体介绍了行政文件公开的内容，包括可获取的行政文件范围、行政文件获取的方式与程序以及自由获取行政文件的例外情形，较全面介绍了获取行政文件委员会这一区别于其他国家信息公开职能机关的性质和职能。并就公共信息再利用的问题展开了专门讨论，论及了公共信息再利用的含义、公共信息再利用权的行使方式以及对公共信息再利用违法行为的处罚等问题。论文也指出了法国信息自

---

①胡锦光、王书成：《美国信息公开推定原则及方法启示》，《南京大学学报》，2009 年第 6 期。
②李滨：《法国信息自由保护的立法与实践》，《南京大学学报》，2009 年第 6 期。

由保护的局限，主要有可以公开的行政文件范围不够全面；信息自由的保障机制有待强化；行政机关自觉履行信息公开义务的情况并不令人满意等。本论文将研究视野由美国扩大至法国，特别是专门评介了法国获取行政文件委员会这一具有大陆法系特色的政府信息公开组织机构的职能与运作方式，开阔了研究视野，充实了我国尚处于起步阶段的信息公开法治模式的研究。

以上三篇论文对美国和法国信息公开制度的探讨对中国具有重要启示。即便在可以被称谓为当代信息公开制度的母国的美国，信息公开也绝不是没有任何障碍。和中国一样，美国的信息公开法治也不是仅通过一部《信息自由法》就实现的。要让法律落到实处，首先政府要配合，政府对于信息公开的立场往往决定着整个国家信息公开的程度。当然，信息公开只靠政府自觉显然是不够的；至少，法院必须独立行使权力，真正成为政府和公民之间的中立裁判。但是从赵正群教授的论文来看，即便依靠司法审查等司法监督机制也还是不够的。要真正保障公民的知情权，公民自己必须行动起来，监督政府信息公开的实施状况。这些论文向我们展示，信息公开法的落实不仅需要法律保障机制，同时也需要政治保障机制。知情权和参与权是相辅相成的两个方面：信息是理性参与的前提，但是许多信息只有在公民的积极参与和严格监督下才可能变秘密为公开；和其它权利一样，知情权也不是从天下掉下来的，而是要靠公民通过亲身参与争取才能得来。

### 三、朱冬玲：不断拓展信息公开研究领域 推动信息公开法制持续发展*

"信息自由与信息公开"正在世界范围内强劲而又稳步地发展。顺应这一发展要求，有关的制度建设呈现出从国内制度向着国际秩序、从一般国家法律制度向着专项法律制度发展的趋势。①《南京大学学报（哲学人文科学社会科学）》2010 年第 6 期"当代西方研究：信息自由与信息公开"学术栏目发表的两篇论文反映了这一发展变化。同时这一栏目一如既往，在评介研究当代西方与相关

---

* 本文系对《南京大学学报》2010 年第 6 期"当代西方研究：信息自由与信息公开"专栏发表的两篇政府信息公开法治问题论文发表的评论，发表于《南开学报（哲学社会科学版）》2009 年第 1 期。作者为天津市政法管理干部学院副教授，南开大学法律硕士。

① 参见赵正群《南京大学学报》2010 年第 6 期"当代西方研究：信息自由与信息公开"栏目主持人语。

国际信息公开问题的同时，保持了对中国面临相关问题的高度关注和思考，拓展了信息公开的研究领域，深化了信息公开的研究内容，可裨益于我国信息公开法制的发展。

韩良《论国际温室气体减排信息公开制度的构建》一文将信息公开的研究领域从通常的国内法律制度研究拓展到了国际法秩序。文章在认真梳理国际温室气体减排信息披露制度的研究文献的基础上，概括了国际上形成的三种不同的减排信息公开制度，并着重从减排信息公开的主体、减排信息公开的内容、减排信息公开的形式和程序三个方面介绍了国际温室气体减排信息公开制度的现状。在此基础上，进一步指出了国际温室气体减排信息公开制度存在的问题，提出了建立统一的国际温室气体减排信息公开制度的若干建议。目前，温室气体减排问题备受国际社会的关注，但从信息公开角度探讨温室气体减排的研究成果尚不多，将温室气体减排信息公开问题拓展到国际秩序层面来论述国际温室气体减排信息公开制度的研究成果则更为鲜见。论文对国际温室气体减排信息公开制度的现状、存在的问题进行了较为详细的阐述，为构建统一公正的国际温室气体减排信息公开制度提供了宝贵的研究成果。

国际温室气体减排信息公开制度的构建关系到各国的直接减排效果，关系到人类的未来。[①]这已经不是一国国内信息公开制度建设所能解决的问题。2009年 12 月召开的哥本哈根世界气候大会使人们认识到气候变化和环境保护问题的解决迫在眉睫，建立统一公正的全球温室气体减排信息公开制度至关重要。2010 年 11 月 23 日我国国家发展和改革委员会发布了《中国应对气候变化的政策与行动——2010 年度报告》。这一近 4 万字的文件概述了 2009 年以来中国减缓及适应气候变化的政策与行动，阐述了中国参与气候变化国际谈判的立场和主张。2010 年联合国气候大会 11 月 29 日在墨西哥的坎昆召开，经过近两周紧张的磋商，会议通过了两项应对气候变化决议，标志着向全面和具有法律约束力的全球气候行动框架迈出了重要的一步。[②]《论国际温室气体减排信息公开制度的构建》一文，在应对全球气候变化已经成为国际社会亟需解决的政治和经济问题的背景下，提出了建立统一公正的国际温室气体减排信息公开制度的

---

① 参见韩良《论国际温室气体减排信息公开制度的构建》，《南京大学学报（哲学人文科学社会科学）》2010 年第 6 期。

② 参见《墨西哥坎昆大会通过两项决议 国际社会积极评价》，人民网，网址：

　http://www.chinadaily.com.cn/hqgj/jryw/2010-12-13/content_1376669.html，2010-12-13。

若干建议，对构建统一公正的国际温室气体减排信息公开制度具有积极意义。

董研与耿磊的《澳大利亚财政预算信息公开制度述评——以1988年〈预算诚信章程法〉为中心》一文，将信息公开的研究扩展到了一个新的具体领域——外国政府的财政预算信息公开。论文以澳大利亚议会于1998年通过的《预算诚信章程法》为切入点，对该法所规定的合理财政原则作了较为详细的阐述，并对报告制度和权责发生制等两种实施机制作了较细致地研讨和评介。在此基础上，文章又对该法的执行和司法适用情况作了介绍，指出了该法在实践中的积极意义以及存在问题。最后阐述了澳大利亚《预算诚信章程法》所构建的财政预算信息公开制度可以为创建我国专项的财政预算信息公开制度提供有益的借鉴。政府预算本是公法学者应当予以特别关注的问题。但是在我国，从公法角度研究财政预算的著述尚不丰富，从信息公开角度探寻预算财政信息公开制度建构的成果更是少之又少。论文对澳大利亚财政预算信息公开制度的产生、实施及问题都作了较为详细的阐述，无疑可裨益于展开对我国财政预算信息公开制度的建构研究。

财政信息公开问题已经成为我国政府信息公开制度建设中的突出热点问题之一。2010年3月30日，国土资源部在官方网站发布了2010年部门预算，这是我国决定三年内公开中央部门预算后，第一个公开的中央部委部门预算。第二天财政部、住房和城乡建设部、科学技术部相继在各自的官方网站上亮出了2010年收支预算总表。①截至4月12日，共有35个中央部委部门公开了预算收支情况，这是中央部委部门预算首次向社会公开。2010年8月27日，温家宝总理在全国依法行政工作会议上的讲话中曾指出"要重点推进财政预算、公共资源配置、重大建设项目批准和实施、社会公益事业建设等领域的信息公开。政府财政资金管理和使用是人民群众和社会各界关注的一个热点。今年我们开始推行财政预算公开，要求把政府所有收支全部纳入预算管理，所有公共支出、基本建设支出、行政经费支出预算和执行情况都公开透明，让老百姓清清楚楚地知道政府花了多少钱、办了什么事；此外，政府性基金收支预算、中央国有资本经营预算等，也要全部向社会公开。"②这表明建立财政预算信息公开制度，

① 参见《国家公考申论热点三：信息公开 让人民批评政府》，人民网，网址：
http://edu.people.com.cn/GB/13132676.html，2010年11月04日。

② 《温家宝在全国依法行政工作会议上的讲话》，新华网：
http://news.xinhuanet.com/legal/2010-09/19/c-12586056-5.htm.2010-10-02。

已经被列为当前的重要国家制度建设任务。①《澳大利亚财政预算信息公开制度述评》一文专题评介了中国大陆尚了解不多的澳大利亚政府财政预算信息公开制度，无疑为建构我国财政预算信息公开制度提供了可资借鉴的资料。

上述两篇论文是《南京大学学报》自 2008 年第 6 期在"当代西方研究"栏目中专设"信息自由与信息公开"研究专题以来刊出的第三组论文。回顾这三组共七篇论文，可以看到，2008 年第 6 期发表的《判例对免除公开条款的适用——对美国信息公开诉讼的初步研究》和《欧洲人权法院判例法中的信息自由》两篇论文突出了采用判例研究方法，通过对美欧有关信息自由的典型司法裁判的研讨，总结了信息自由如何从一项被国际人权宪章宣示的基本人权落实为一项可以获得司法保护的权利的经验。2009 年第 6 期发表的《公众对政府信息公开实施状况的评价与监督》、《美国信息公开推定原则及方法启示》和《法国信息自由保护的立法与实践》三篇论文突出对信息自由与公开的原理研究，认真论述了美国信息自由法中的"公众参与"和"公开推定"原则，评介了法国信息自由的新模式。2010 年第 6 期发表的《论国际温室气体减排信息公开制度的构建》和《澳大利亚财政预算信息公开制度述评——以 1998 年〈预算诚信章程法〉为中心》两文则突出了对信息自由与公开研究课题的新扩展，将信息公开问题研究从国内一般法律制度拓展到国际秩序和专项信息公开法律制度。

总结上述三组论文的特点，有助于清楚地看到，伴随我国信息公开法制的迅速发展和我国信息公开研究领域的不断拓展，对当代西方国家的信息自由与信息公开问题展开持续，持久的专项学术研究，可谓领域广阔，意义重大深远。谨衷心期望已经具有一定学术影响的包括"信息自由与信息公开"专题研究在内的"当代西方研究"栏目越办越好。

①参见董妍、耿磊的《澳大利亚财政预算信息公开制度述评——以 1998 年〈预算诚信章程法〉为中心》,《南京大学学报（哲学人文科学社会科学)》2010 年第 6 期。

# 附录三 2010年5月11日在《中国社会科学报》为纪念《政府信息公开条例》实施两周年学术专版上发表的两篇文章

## 一、邹平学、叶海波：地方政府实施政府信息公开条例问题论析——以深圳为例*

深圳市政府信息公开立法工作开展比较早,先后于2003年、2004年和2006颁行了《深圳市行政机关政务公开暂行规定》、《深圳市政府信息网上公开办法》和《深圳市政府信息公开规定》。《深圳市人民政府2009年度政府信息公开工作报告》认为:"我市政府信息公开工作虽然取得了初步成效,但也存在一些不容忽视的问题。"中国社会科学院法学研究所日前发布的《中国地方政府透明度年度报告(2009年):以政府网站信息公开为视角》显示,深圳市仅得分55分(百分制),在43个大中城市中排名第21名。这从一个侧面反映出深圳市实施《政府信息公开条例》存在的不足。根据深圳大学宪政与人权研究中心"表达自由与政府信息公开"课题组的调研,我们认为深圳市政府贯彻实施好条例应重点解决如下问题:

第一,界定"过程信息"和执法信息,厘清政府信息公开的范围。调研发现,实践中关于过程信息的理解存在歧义,它是指正处于形成过程中的信息(如讨论的发言),还是指信息形成过程中的阶段信息(如请示、指示、批示),人

---

\* 本文系应主持人之约,为纪念政府信息公开条例实施两周年而撰写的报刊文章,刊于《中国社会科学报》2010年5月11日学术专版。作者分别为深圳大学法学院教授、副教授。

们认识不一。一般认为，为了保护决策成员免受外界干扰和压力，能够充分发表意见，对集体讨论、决策这一阶段决策成员发表的意见等信息不宜公开，同时，对于作为调研结果但未获决策部分讨论接受的信息，因其不确定性，亦不应公开，但因为法律无明确规定，故存在恣意扩大过程信息的范围以逃避公开义务的现象。

此外，对于治安预警或刑事案件信息是否应及时公开缺乏判断基准。去年深圳市曾连续出现好几起绑架学龄儿童的案件，但公安机关以国际惯例为由拒绝公开相关信息，以致流言四起，人心惶惶，社会舆论哗然。在应主动公开的政府信息中，何谓"突发公共事件中的预警信息"，人们认识不一。因此，对上述信息是否公开，通过出台实施细则加以厘清极为必要。

第二，划定跨部门信息公开责任，防止互相推诿。大部制改革后，深圳市、区两级政府的机构分立、撤并的情形较普遍，存在新设部门以档案没有完成移交手续或者存放情况不明为由答复申请者的现象。对于一些比较疑难复杂的申请或跨部门的申请，需要信息公开主管部门承担内部沟通协调的责任，但目前这一机制也不完善。同时，实践中还存在因同一信息的制作单位、持有单位和保管单位不同而各单位互相推诿公开义务的情形。《上海市政府信息公开规定》第三十五条规定以立法明确了多个主体信息公开的具体责任，值得借鉴。

第三，不得对依法申请公开者任意附加理由说明义务。财政预算报告本应属于政府主动公开的重点内容，深圳市的民间"公共预算观察志愿者"以正在从事地方预算研究为由，从 2008 年开始 13 次向福田区申请公开预算，每次均被拒绝，理由是他们提供的申请理由不充分。我们所做的实验性申请公开显示，一些被申请单位以条例第十三条为依据要求依法申请公开者说明其"特殊需要"，以各种方式询问申请者的申请理由及信息用途，其中有的甚至要求申请者提供书面证明材料。其实，条例第十三条中"可以"一词意在于宣示公民的权利，而非课予依申请公开者说明理由的义务。上述政府部门严重误读该条含义和精神，而通过实施细则明确该条含义是必行之道。

第四，规范答复形式，满足申请者特定要求。在我们提交的 20 份实验性申请中，被申请单位多数未按要求答复，部分单位以电话沟通作为答复，另一些回复亦十分随意，无标题和落款，亦不加盖无公章，而通过邮件答复的亦出现以工作人员而非公务邮箱答复的情形（由此引起深圳市首起信息公开案件）。申请人之所以对答复提出形式要求，乃基于申请人对信息用途的特殊要求，如作为证明材料使用的信息，一般要求书面形式才具有相应效力。因此，在相关收费制度已经建立的前提下，规范回复形式乃当务之急。

第五，建立程序机制，落实便民原则。条例规定了便民原则，但如何落实，实践中还存在不少问题。比如在深圳市政府在线或者区级单位的网站上提交政府信息公开申请，网上提交申请完毕后只能看到类似"提交成功"的字样，极少有反馈给申请者一个申请编号之类的回执，使得申请者无从及时、便捷和高效地查询自己申请的信息处理进展情况。有的区一级政府部门网站甚至还不具备网上申请的功能。少有政府部门开通专门针对申请公开政府信息的网上咨询、电话咨询、邮件咨询等渠道，为有申请意愿的申请者提供指导和服务。

第六，明确界定个人信息保护的范围，建立个人信息保护与政府信息公开的完整法制体系。根据条例第十四条第四款的规定，行政机关不得公开涉及国家秘密、商业秘密、个人隐私的政府信息。但是经权利人同意公开或者行政机关认为不公开可能对公共利益造成重大影响的涉及商业秘密、个人隐私的政府信息，可以予以公开。上述规定亦可能成为一些政府机关不愿公开信息的借口或对申请者加以不合理的限制。在一份关于保障性住房申请数量的实验性申请中，被申请单位认为涉及个人隐私，不愿意公开。前不久深圳媒体广泛跟踪报道的机关官员或有车一族申请保障性住房事件中，也有单位认为有关信息涉及个人隐私不宜公开。

第七，建立政府信息公开专项财政预算，满足政府信息公开的经费需求。我们的调研显示，条例出台之前，有部门提供工商信息收费虽然昂贵，但申请者可以获得相关信息。在条例实行后，该部门以无经费和人员配置为由，不再提供申请者需要的信息。政府信息公开是政府的法定职责与义务，应当通过专项财政预算保证条例的实施，使之与政府信息公开收费制度相配合，满足政府信息公开的经费需求。

第八，建立专职信息官员。条例规定各级人民政府及县级以上人民政府部门指定内部机构作为政府信息公开工作机构，负责本机关政府信息公开事务。深圳市市、区政府各部门都设置了内部机构作为政府信息公开的工作机构，但是大部分机构尤其是区级机构的工作人员都是兼任的，并无专职人员负责信息公开工作。实验性信息公开申请显示，在接到公开申请后，有部门曾出现数个工作人员在不同时间不厌其烦地与申请者进行电话沟通和答复，使申请者则不胜其烦。因此，有必要配备专职信息官，以满足公民对政府信息日益强烈的公开需求。

第九，完善监督机制，强化信息公开监督力度。实验性申请显示，一些被申请部门没有按照法定期限回复信息，一些申请没有得到任何答复和解释，还有一些被申请的部门的信息回复明显是敷衍应付。对此问题，尽管申请者可以根据有关规定向有关部门投诉和反映，但不少机构并没有建立完善的内部监管机制，对投诉的处理亦不力。此外，如果遇到公开主体不公开信息而申请行政复议，复议机关做出要求公开的复议决定后，公开义务主体仍不公开，不执行复议决定，申请者无法申请执行。这表明现监管机制仍不完善。

总之，实施好条例，深圳市需要抓好政府信息公开的普及延伸、规范运作和监督检查，同时需要强化建设统一的电子政务运行体系，完善网上审批、网上执法反馈、网上公共服务、网上公共资源交易、网上监督等五大系统。目前最为关键的是应尽快出台地方性的实施细则，使得条例的原则性规定得以具体化和可操作。我们课题组将为出台《深圳市实施〈政府信息公开条例〉实施细则》起草专家意见稿。

## 二、齐爱民：政府信息公开条例的实施与个人信息保护*

《中华人民共和国政府信息公开条例》（以下简称《条例》）是我国第一部有关信息的全国性行政法规。从形式上看，《条例》似乎与个人信息保护的宗旨相反：根据信息公开，民众享有知情权即向政府索取信息的权利，其中包括政府掌控的个人信息；而根据个人信息保护的宗旨，恰恰是个人信息不得非法泄露和使用。或许正是出于这个考虑，各国政府信息公开立法往往都对个人信息给予重视和提供保护。因此，在我国尚未有个人信息保护法出台的今天，《条例》成为保护个人信息的主要行政法规。我国《条例》对个人信息的保护主要体现在以下几个方面。

第一，他人个人信息作为不公开例外。根据政府信息公开法，原则上政府掌控的信息一律应向民众公开，以促进信息共享和社会进步。但任何国家的政府信息公开法也规定了明确的、不予公开的例外情况。《条例》第十四条第四款规定："行政机关不得公开涉及国家秘密、商业秘密、个人隐私的政府信息。"

---

* 本文系应主持人之约，为纪念政府信息公开条例实施两周年而撰写的报刊文章，刊于《中国社会科学报》2010年5月11日学术专版。作者为重庆大学法学院教授，法学博士，博士生导师。

其中，涉及个人隐私的政府信息为个人信息。这个规定，使得对他人个人信息的查询受到必要限制。这是《条例》关于个人信息保护的首要规则，体现了国家对人权的关注。

第二，对自己个人信息的知情同意。根据政府信息公开法，政府对于涉及个人隐私的信息是否公开与披露，一个重要的规则就是当事人的知情同意。如果当事人在知情的前提下，同意公开，则政府机构应该公开这部分涉及个人隐私的信息，否则就是对要求公开者知情权的侵害。《条例》第十四条第四款规定了"行政机关不得公开涉及国家秘密、商业秘密、个人隐私的政府信息"后，又规定"经权利人同意公开或者行政机关认为不公开可能对公共利益造成重大影响的涉及商业秘密、个人隐私的政府信息，可以予以公开"。同时，《条例》第二十三条规定："行政机关认为申请公开的政府信息涉及商业秘密、个人隐私，公开后可能损害第三方合法权益的，应当书面征求第三方的意见；第三方不同意公开的，不得公开。"这就是个人信息保护法贯彻的知情同意原则在政府信息公开法上的体现，是公民对自己个人信息享有决定权的直接表现。

第三，查询个人信息的权利与义务。公民对自己个人信息的查询和获得，是个人信息权的体现和落实。从另外一个方面看，公民对自己个人信息的查询权是公民知情权的一个重要组成部分。保障本人对其个人信息行使知情权，是各国政府信息公开法的共同内容。《条例》第二十五条第一款规定："公民、法人或者其他组织向行政机关申请提供与其自身相关的税费缴纳、社会保障、医疗卫生等政府信息的，应当出示有效身份证件或者证明文件。"这既属于义务性规范，也属于权利性规范。因为它要求公民对自己个人信息的核实负有提供身份证明的义务，但更为重要的是，赋予了公民要求政府机构提供自己个人信息的权利。

第四，更正错误信息的权利和规则。公民对已知的错误信息或者通过查询而获知的错误信息，有权进行更正，这是个人信息权体现和落实的另一方面。《条例》第二十五条第二款规定："公民、法人或者其他组织有证据证明行政机关提供的与其自身相关的政府信息记录不准确的，有权要求该行政机关予以更正。该行政机关无权更正的，应当转送有权更正的行政机关处理，并告知申请人。"该条款是公民核实和更正自己个人信息的保障，类似条款在各国政府信息公开法均有体现。错误的个人信息，如纳税信息、不良金融记录等，往往给公民带来工作机会的丧失和财产上的直接损失,允许公民对错误信息的更正,不仅是公民个人信息权的实现,也直接关涉公民权利的保障。

第五,个人信息保护与公共利益的平衡。法律对公民个人信息的过度保护,可能造成对公共利益的损害。《条例》第十四条第四款规定,行政机关不得公开涉及国家秘密、商业秘密、个人隐私的政府信息,但认为不公开可能对公共利益造成重大影响的涉及商业秘密、个人隐私的政府信息,可以予以公开。同时,《条例》第二十三条规定:"行政机关认为不公开可能对公共利益造成重大影响的,应当予以公开,并将决定公开的政府信息内容和理由书面通知第三方。"这就是政府信息公开法在平衡个人信息是否公开时,对个人信息保护和公共利益以及他人重大权利保护之间的平衡。

从上述方面看,我国政府信息公开条例在公开政府信息、保障公民知情权的同时,对公民个人信息进行了必要的保护。其中,对个人信息保护的规则,成为我国进行个人信息保护的主要依据之一。我国政府信息公开条例确立个人信息不得任意泄露,保障公民对自己个人信息的知情权、查询和更正自己信息的权利,并对个人信息保护与公共利益之间的平衡作出了具有操作性的规定,使得个人信息保护成为我国政府信息公开条例的一个鲜明特色。

# 附录四 各章的英文提要

## Chapter 1　On the Process of Protection the Right to Know and the Government Information Disclosure System in China

Zhao Zhengqun

**Abstract:** China government information disclose system has been established which has been written into National Human Rights Action Plan and the report of the 17th National Congress of the CPC. It has two features: the local regulations parallel to the Center's and the legislations parallel to the practice. It is better implementation in 2009 than in 2008. But there are problems such as regulation falls behind the system development, regulation system and implementation system need improve and poor relief system. In the twelfth Five — Year" Plan period, we should make out "informotion law" and other laws to assume the right for people to know as a basic human rights, to improve the implementation of open government information system and the administrative appeal and litigation system as the core of the relief mechanism, and to expand the scope of public participation.

**Key Words:** Right to Know; Government Information Disclose System; Development Process; Legal Protection

## Chapter 2　Generation and Development of the Government Information Disclosure Annual Report System in China

Zhao Zhengqun and Zhu Dongling

**Abstract:** As a new system of Information Law, publishing government information disclosure annual report of agencies in each level, has received a preliminary practice. Through the empirical analysis on each agency on provincial level in 2008, we found that some agencies didn't take the obligations of the Regulation seriously, the instructions and supervisions to agencies in different level are not enough and the public participation is also not enough. Dealing with the problems, competent authorities should give agencies directions by compiling "Report Guideline" and providing "Report Template". And the competent authorities should also encourage the organizations which are related to public affairs and public interests to fulfill the obligation of publishing reports, show support for social welfare organizations' organized participation in, mechanism monitoring and professional commentary on publishing reports. They would give a great beneficial inspiration to the practice and sustainable development of the new legal system.

**Keywords:** Regulations on Open Government Information; Publishing Annual Report; Social Commentary; Organized Participation

## Chapter 3 The Current Situation of Chinese Local Governments' Information Disclosure Systems: Take Shenzhen City as an Example

Li Weiwei and Pan Yanpeng

**Abstract:** In December, 2003, the Shenzhen municipal government issued The Provisional Regulation on the Disclosure of Shenzhen Administrative Affairs. From the perspectives of information disclosure applicants, with the aim of pinpointing the problems in the practical works of information disclosure procedure, the Government Information Disclosure Team from Shenzhen University School of Law released fifty applications regarding the subject issues. The contents of the applications include: fiscal budgets, Public Housing, information about personals that have been held administrative accountable, and so on. Based on the problems found in their empirical investigation, the Team would like to provide some suggestions and advices on this particular issue.

**Keywords:**the current situation of local governments' information disclosure system,; practical applications,; the future of rule of law in public information disclosure area

## Chapter 4    The Dimensionality of Government Budget Information Opening

Li Jianren

**Abstract:**    In essentially, the information of government budget should be regarded as public product whose property rights are belongs to the public. The object of being opened government budget information has three categories. They are text information, basic information and norm information. It is the text information that is mostly emphasized by The Government Information Opening Statute. As a matter of fact, there is a few of superposition between government budget information and state secret. So the definition of state secret becomes the key factor of the opening of government budget information. We should promote the opening from two aspects. Firstly, we should continue to perfect the system of opening government information. Secondly, we should amend the state secret law.

**Key words:** government budget information; object; public product; state secret

## Chapter 5    On the Value and Path of Open Budget

Hu Jinguang and Zhang Xianyong

**Abstract:** Open budget means that the whole course of the annual financial revenue and expenditure plan, from its working out, its examining and approval, to its executing, should be disclosed to the public in an appropriate manner. Open budget is of great value in ensuring the right to know of citizen, establishing of responsible government and containing financial corruption. In many countries, open budget is regulated by the constitution which is provided with the highest legal effect. This reflects the judgment of the constitution framers to the importance of open budget. Usually, On account of generality of the constitution, open budget is adjusted specifically by basic budget law, disclosure of information law, and representative organ rule, etc. Based on its present actual situation and absorbing foreign beneficial experience, China should push open budget forward gradually by means such as enhancing the integrity, specificity and understandability of the budget, publishing budget review process, putting both active disclosure and disclosure for application into practice, and regulating the matter in detail in the budget law of PRC.

**Key Words:** Open Budget; Intension; Value; Foreign Experience; Path

## Chapter 6   The Implementation of the Regulation on the Disclosure of Government Information and the Theory and Practice of our Country's Disclosure of Financial Information

Yang Jing

**Abstract:** After the Regulation of the People's Republic of China on the Disclosure of Government Information promulgated, the Central Bank of China has been abiding strictly by the "Regulations" and adopting a series of effective public measures to promote the public's right to know the financial information. Enhancing the transparency of monetary policy is an important aspect of the information disclosure of central bank. However, compared with the requirements of international standards and the experience of overseas central bank, the breadth and depth of the monetary policy transparency of the People's Bank of China should be strengthened. While improving the transparency of monetary policy of China, it is also important to note whether it is appropriate to disclose the financial information.

**Keywords:** central bank; disclosure of financial information; transparency of monetary policy

## Chapter 7   On the Government Disclosure System of Environmental Information

Shen Jinzhong

**Abstract:** Following the implementation of the regulation on the disclosure of government information, the disclosure of environmental information focuses on the side of the dissemination of environmental information by government. This system driven by government has its rationality and some disadvantages. The practical effects of the system depend on the appropriate arrangement in details. The development of the system in the future should be based on the principle of public participation. We should improve the system of disclosure of environmental information by enterprises and strengthen the function of the NGO, besides perfection of the dissemination of government information.

**Keywords:**Disclosure of Government Information, Environmental Protection, Public Participation

## Chapter 8　The Protection of Taxpayer's Information under the Taxation Regulation

Li Jianren

**Abstract:** Under taxation regulation opening, taxpayer' information is private goods including taxpayer's business secrets, common business information, individual privacy and negative information. Taxpayer has the ownership to his information. The ownership has four rights including possess, use, income and transfer. The legislation and practice of taxpayer information protection should be employed under the four rights. At present, revenue offices pay more attention to protect taxpayer's secret information about taxation. But they pay relative little attention to the other three rights. To reform present legislation, we should treat taxpayer's information as positive property right but not negative privacy right.

**Key Words:**Taxation Regulation Opening; Taxpayer's Information; Taxpayer Information Protection

## Chapter 9　Institutional Arrangement and Legal Environment of Open Government Information: A Structural and Environmental Perspective

Wang Xixin

**Abstract：** While the Open Government Information Regulation requires government information open to public, the ambivalence of openness and secret keeping reflected in the regulation itself and the inadequacy of judicial protection of individual right to know present huge challenges to the open government information system. Logic contradiction and conflict of legal provisions between open information system and secret-keeping system, together with the weak role of courts in reviewing agency action with respect to government information openness creates both institutional barriers and harsh environment for an open government.

This paper analyzes those challenges and calls for reforms of secret-keeping system and a more active role of courts in the context of open government information context.

**key words**: Information disclosure; keep secret; archives information; judicial review

## Chapter 10    Practical Investigation of China's Information Disclosure System of Administrative Law Enforcement: A Special Research from the Protection Perspective of the Right to Know

Mo Yuchuan and Lei Zhen

**Abstract:**The system of information publicity of administrative law enforcement in China is being developed. Positive and negative experiences from representative fields like quality supervision, industry and commerce administration, and urban management, show that such trends should be concerned: diversification of publicizing mode, production of multiple effect of information publicity, trend of integration and sharing of information, more mutual communication than unilateral release, etc. On the basis of a summary of the outstanding problems of the administrative law enforcement information publicity system, this article proposed paths and directions of perfection, countermeasures and suggestions.

**Key Words:**Administrative law enforcement; Information publicity; System analysis; paths and directions of perfection

## Chapter 11    The Presumption Opening Principle and its Methodology of U.S.A. Information Opening

Hu Jinguang and Wang Shucheng

**Abstract:**Government information opening is the necessity of a transparent government. The practice of government information opening regulation is inseparable from the practice of the methodology. We can classify the government information and the exemption information in legislation to determine the scope of opening information. But it will lead to administrative agency has the unlimited power to judge the information whether to open or not. So we need the methodology to the work of government information opening. Now Obama government reused the presumption opening principle which put the proof burden to the government. It means that if the government cannot prove the argued information belongs to the exemption information so it should to be opened. The practice of "reasonable explanation" and "substantive basis" is only accord with the opening government belief formally. But it is not accord with the essence of FOIA. The theory and practice of presumption opening principle in U.S.A. is useful to reform Chinese government information opening regulation at present time.

**Keywords:** information opening; presumption opening; proof burden

## Chapter 12 Evaluating and Monitoring Implementation of FOIA by the Public: A Review of Knight Open Government Audit of the U.S.A.

Zhao Zhengqun and Dong Yan

**Abstract:** It is not included in the text of FOIA the regulations concerning public participation which seems essential in today's society, though. In the implementation of the regulations, organized public participation in a large scale turns to be a big part of effective implementation and sustained development of FOIA. From 2003 to 2008, the National Security Archive, an NGO, issued consecutively seven Knight Open G-overnment Audits. These have become a template of FOIA commentary. The items concerning application for the disclosure of government info and its reply, and the declassification of the confidential state documents as well make known such problems as backlog and delay, false confidentiality and poorcon-struction of websites, and their causes. Knight Open Government Auditsmirror the organized public participation of FOIA, the mechanism of monitoring the implementation of FOIA, and systematic professional evaluation. These are very instructive to the legalization of information disclosure at home and abroad.

## Chapter 13　Review on European Law of the Information Freedom and E-Government — Germany as an Example

Qing Riuting

**Abstract:**The legislation relating to information freedom and E-government is important measures to improve the effectiveness of government administration as well as to perfect the democratic system. The comprehensive strength and modernization of a nation depends on to some extent how perfect the legal system of the nation relating to information freedom and E-government is. The legislation of European Union and Germany relating to information freedom and E-government is in the leading position of the world. We should learn the developed legal experiences of EU and Germany for reference and perfect the relevant legal system of our country.

Keywords: Information Freedom, E-Government, EU, Germany

## Chapter 14　FOI and the Europe Court of Human Right

Wang Sixin

**Abstract：** Freedom of Information (FOI) mainly means the individual has the rights to access different kinds of information held by the government. FOI On the one hand require government disclose information generated during the process of governing the society in the proper time and right manner, on the other hand, FOI also means government must meet the claims of the individual to access certain kinds of information. In the world wide movement of FOI, the Europe Court of Human Rights is reluctant to make certain that access to government held information as fundamental human rights, under the article 8 of the European Convention of Human Rights in which recognize and protect the right to private and family life to provide remedies for the complains also has some problems.

**Key Words:**freedom of expression, freedom of information, the Europe Court of Human Rights, the ECHR

# Chapter 15 Law and practice on freedom of information in France

Li Bin

**Abstract:** Freedom of information is a constitutional principle in France. In 1978, France adopted the law protecting citizens' right to accede to administrative documents, being the fundamental legislation on freedom of information. In 2005, the law of 1978 was amended, inserting a legal regime of reutilization of public information and making free access and reutilization two inseparable aspects of freedom of information. In practice, the Commission on free access to administrative documents, as a particular independent administrative body, brings a unique resolution, other than litigation, to disputes and divergences between citizens and administration that arise from the access to administrative documents and the reutilization of public information; meanwhile, the Commission has also greatly contributed to ameliorating the legislation on freedom of information, enhancing the transparency of administration, as well as consolidating the protection of citizens' right to information.

**Key words:** freedom of information, reutilization of public information, France

# Chapter 16 Review of the Australian budget information disclosure system

Dong Yan and Geng Lei

**Abstract:** Australia has perfect government information publication and financial budget information publication system. The Charter of Budget Honesty Actas the basic laws of financial budget information was approved in 1998 after the discussion between administration party and out-compulsory of this act, ambiguous language, and the report is easy to be used by the politicians all affects the implementation eparties. This act establishes sound fiscal management; it constructs two implementation -mechanisms of report regulation and accrual basis, realizing the internalization of financial budget information publication. But the non-effect. This act can disclose laws for the establishment of expert financial budget information, building secret and perfect report regulation and favorable conditions;

it provides favorable experience for the application of accrual basis accounting calculation.

**Key words:**Australia, government information publication, financial budget information, Charter of Budget Honesty Act

## Chapter 17   The Research on the Construction of Information Disclosure System of International Greenhouse Gas Emission Reductions

Han Liang

**Abstract:** While the international academic researches on private information of greenhouse gas emission reductions focused primarily on the private information disclosure area and accordingly the system construction of private information disclosure is much mature, the research on the public information disclosure system of greenhouse gas emission reductions is few. The existed regional information disclosure system of greenhouse gas emission reductions established by the developed countries also has some problems. Copenhagen Conference has proposed the establishment of global unified emission reduction information disclosure system including the developing countries. Major emitters of greenhouse gas such as China, should insist the theory of historical per capital emissions as the baseline to construct a global distribution system and the principle that the developed countries should fund the developing countries to build various hardware and software facilities which the information disclosure system needed and finally the unified global information disclosure system of emission reduction regulations and supervision should be set up.

**Key words:** greenhouse gas, emission reduction, historical per capital emission